# 全球化与软实力竞争

温铁军 · 何志雄 · 严晓辉 著

Wen tiejun

He zhixiong

Yan xiaohui

人民东方出版传媒
People's Oriental Publishing & Media

东方出版社
The Oriental Press

**图书在版编目（CIP）数据**

全球化与软实力竞争 / 温铁军，何志雄，严晓辉 著 . —北京：东方出版社，
2024.10
ISBN 978-7-5207-3865-1

Ⅰ.①全… Ⅱ.①温… ②何… ③严… Ⅲ.①农村—社会主义建设—研究—
中国 Ⅳ.① F320.3

中国国家版本馆 CIP 数据核字（2024）第 036549 号

**全球化与软实力竞争**

（QUANQIUHUA YU RUANSHILI JINGZHENG）

------------------------------------------------

作　　者：温铁军　何志雄　严晓辉
责任编辑：袁　园
出　　版：东方出版社
发　　行：人民东方出版传媒有限公司
地　　址：北京市东城区朝阳门内大街 166 号
邮　　编：100010
印　　刷：北京联兴盛业印刷股份有限公司
版　　次：2024 年 10 月第 1 版
印　　次：2024 年 10 月第 1 次印刷
开　　本：660 毫米 ×960 毫米　1/16
印　　张：27.75
字　　数：324 千字
书　　号：ISBN 978-7-5207-3865-1
定　　价：75.00 元
发行电话：（010）85924663　85924644　85924641

------------------------------------------------

# 目 录

# "国仁文丛"（*Green Thesis*）总序

因为有话要说，而且要说在我们团队近期系列出版物的前面①，所以写总序。

我自 20 世纪 60 年代以来，从被动实践中的主动反思到 80 年代以来主动实践中的主动反思，经两个 11 年在不同试验区的历练②，加之后来广泛开展国内外调查和区域比较研究，且已经过了知天命之年……自忖有从经验层次向理性高度升华的条件，便先要求自己努力做到自觉地"告别百年激进"③，遂有 21 世纪以来从发起社会大众参与改良、对"百年乡建"（Rural Reconstruction）之言行一致地接续，而渐趋达至"国仁"思想境界，亦即一般学人必须"削足"才能跟从制度"适履"，但只要纳入主流就碍难达到的"实践出真知"。

因此，我在 2016 年暑假从中国人民大学退休之际，要求为今

---

① 这几年我们会有十几本书分别以不同作者、不同课题成果的名义问世。这些出版物都被要求做单独的"成果标识"。但我们实际上要做的仍然是这几十年的经验归纳总结和理论提升，"实事求是"地形成"去意识形态化"的话语体系。由此，就需要为这个分别标识的系列出版物做个总序。

② 参见即将出版的《此生无憾：温铁军自述辑录》（暂定名），其中对 20 世纪 80—90 年代在官方政策部门开展农村改革试验区及 21 世纪启动以民间为主的新乡村建设试验区工作，两个 11 年的经历分别予以归纳。

③ 参见温铁军：《告别百年激进》，东方出版社 2016 年版。这是我 2004—2014 这 10 年演讲录的上卷，主要是与全球化有关的宏大叙事和对宏观经济形势的分析，甫一出版即被书评人排在当月优选 10 本财经类著作的第一位。

后几年的一系列出版物担纲作序，也主要是想明了指出"国仁文丛"何词何意，亦即：这个丛书是什么思路和内涵。

# 一、释义之意

"国"者，生民聚落之域也。"上下五千年"是中国人开口就露出来的文化自豪！原因就在于，人类四大文明古国除了中华文明得以历经无数朝代仍在延续之外，其他都在奴隶制时代以其与西方空间距离远近而次第败亡。由此看中国，唯其远在千山万水之隔的亚洲之东，尤与扩张奴隶制而强盛千年的西方相去甚远，且有万代众生勉力维护生于斯而逝于斯之域，"恭惟鞠养，岂敢毁伤"，兹有国有民，相得益彰。遂有国民文化悠久于国家存续之理，更有国家历史传承于国民行动之中。

"仁"者"爱人"，本源于"仁者，二人也"。先民们既受惠于光风水土滋养哺育的东亚万年农业，又受制于资源环境只能聚落而居，久之则族群杂处，而需邻里守望、礼义相习，遂有乡土中国仁学礼教上下一致维系大一统的家国文化之说，于是天下道德文章唯大同书是尊。历史上每有"礼崩乐坏"，随之社会失序，必有国之不国，无以为家。是以，"克己复礼为仁"本为数千年立国之本，何以今人竟至于"纵己毁礼为恶"……致使梁漱溟痛感"自毁甚于他毁"的现代性为表、横贪纵欲为里之巨大制度成本肆无忌惮地向资源环境转嫁而致人类自身不可持续！

据此可知我们提出"国仁"思想之于文丛的内涵：

中国人历史性地身处三大气候带覆盖、差异显著的复杂资源地理环境下，只有以多元文化为基础的各类社会群体兼收并蓄、包容共生，才能实现并绵延中华文明数千年的历史性可持续。

这个我们每个人都身处其中的、在亚洲原住民大陆的万年农业文明中居于核心地位的"群体文化"内核，也被道家论述为"一阴一阳之谓道"，进而在漫长的文化演进中逐渐形成了极具包容性的、儒释道合一的体系。[①]

由是，在21世纪初重启中国乡村建设运动之后，我们团队试图把近代史上逐步从实践中清晰起来的乡建思想，寻源上溯地与先贤往圣之绝学做跨时空结合，归纳为人类在21世纪转向"生态文明"要承前启后的社会改良思想。[②]

是以，"道生万物，大德中庸。上善若水，大润民生。有道而立，大象无形。从之者众，大音希声"。[③]此乃百年改良思想指导下的乡村建设运动之真实写照。

基于这些长期实践中的批判性思考，我们团队认同的"国仁文丛"的图形标志，是出土的汉代画像砖上那个可与西方文明对照的、扭合在一起的蛇身双人——创造了饮食男女人之大欲的女娲，只有和用阴阳八卦作为思想工具"格物致知"了人类与自然界的伏羲有机地合为一体，才有人类社会自觉与大自然和谐共生的繁衍。蛇身双人的扭结表明在中国人传统思想中物质与精神的自然融合，既得益于多样性内在于群体文化规范而不必指人欲为"原罪"而出伊甸

---

① 最近10年一直有海内外学者在研究乡建。国外有学者试图把中国乡建学者的思想上溯归源到孔子或老子，国内也有人问我到底偏重晏阳初还是梁漱溟，还有很多人不理解梁漱溟晚年由儒家而佛家的思想演变。其实，我们从来就是兼收并蓄。在儒释道合一的顶天立地和五洲四海的融会贯通之中形成乡建思想。因此，这些海外研究者的关注点对我们来说本来不是问题。

② 本文丛并非团队的全部思想成果，但在"国仁文丛"设计之前的成果没法儿再纳入进来，只好如此。

③ 这些年，我一直试图对承上启下的中国乡村建设运动中形成的国仁思想做归纳，遂借作序之机凝练成这段文言，意味着国仁追求的是一种"大道、大润、大象、大音"的思想境界。

园；也不必非要构建某一个派别的绝对真理而人为地分裂成唯物与唯心这两个体系，制造出"二元对立结构"的对抗性矛盾。

此乃思想理论意义上的"国仁"之意。

行动纲领意义上的"国仁"，十多年前来源于英文的"Green Ground"。

我们搞乡村建设的人，是一批"不分左右翼，但分老中青"的海内外志愿者。[①]大家潜移默化地受到"三生万物"道家哲学思想影响，而或多或少地关注我自 20 世纪 90 年代以来坚持的"三农"问题——农业社会万年传承之内因，也在于"三位一体"：在于农民的生产与家庭生计合为一体，在于农村的多元化经济与自然界的多样性合为一体，在于农业的经济过程与动植物的自然过程合为一体。

据此，我们长期强调的"三农"的三位一体，在万年农业之乡土社会中，本来一直如是。告别蒙昧进入文明以来的数千年中，乡村建设在这个以农业为基础繁衍生息的大国，历来是不言而喻之立国之本。

据此，我们长期强调的三位一体的"三农"，本是人类社会转向生态文明必须依赖的"正外部性"最大的领域，也是国家综合安全的最后载体。

中国近代史上最不堪的麻烦，就在于激进者们罔顾"三农"的正外部性，把城市资本追求现代化所积累的巨大"负外部性"代价向乡土中国倾倒！于是，我虽然清楚"三农"本属于三位一体，也曾经在 20 世纪 90 年代末期和 21 世纪第一个 10 年特别强调

---

① 中国乡建运动之所以能够延续百年而生生不息，乃在于参与者大抵做到了思想和行动上都"去激进"，不照搬西方的左右翼搞的党同伐异。

"'三农'问题农民为首"，主要是因为那个时期的形势严重地不利于农民这个世界上最大的弱势群体。实际上，也就是在做这种特别强调而遭遇各种利益集团排斥的困境中，我才渐渐地明白了前辈的牺牲精神。大凡关注底层民生的人，无论何种政治诉求、宗教情怀和文化旨趣，总难免因慈而悲、因悲而悯，在中国百年激进近现代史中，也就难免"悲剧意义"地、历史性地与晏阳初的悲天悯人①、梁漱溟的"妇人之仁"等，形成客观的承继关系。据此看，20世纪初期的"乡建派学者"也许应该被归为中国最早的女性主义者。②我们作为继往开来的当代乡村建设参与者，有条件站在前辈肩上高屋建瓴、推陈出新，不仅要认清20世纪延续而来的中国"三农"困境，而且要了解21世纪被单极金融资本霸权强化了的全球化，及其向发展中国家转嫁巨大制度成本的制度体系。这个今人高于前人的全球视野，要求我们建立超越西方中心主义意识形态的世界观和宏大叙事的历史观，否则，难以引领当代乡村建设运动，遑论提升本土问题的分析能力。

从2001年中央主要领导人接受我们提出的"三农"问题这个难以纳入全球化的概念以来，即有一批志愿者着手复兴百年传承的"乡村建设"。部分年轻的乡建志愿者于2003年在距北京大约300公里之遥的河北翟城村开始了新时期乡建，起初根本就没有外部资

---

① 参阅温铁军：《"三农"问题与制度变迁》，中国经济出版社2009年版。记得一位学者型领导曾经语重心长地告诫我：农民在现代化的大潮中挣扎着下沉，就剩下两只手在水面乱抓。你的思想无所谓对错，只不过是被溺水者最后抓住的那根稻草，再怎么努力，也不过是落得跟着沉下去的结局……

② 乡建前辈学者梁漱溟因在1953年与毛泽东激辩合作化问题而被后者批为"妇人之仁"。据此，梁漱溟可以被认为是中国20世纪50年代的早期女性主义者。尽管在实事求是的态度面前，打上何种类别的标签并不重要，但如果这是当代学者们的本能偏好，也只好任由其是。

金投入和内部管理能力。因为这种以民间力量为主的社会运动无权无钱，很大程度要靠热血青年们艰苦奋斗。那，年轻人激情四射地创了业，也激情四射地生了孩子，老辈们就得跟上支持和维护。十多年来，有一句低层次的话多次被我在低潮的时候重复：存在就是一切。只要我们在随处可见的排斥下仍然以另类的方式存活下去，就证明了方式的可持续。我们在最开始心里就觉着，应该给这个社会广泛参与的乡建运动将来可能形成的可持续生存系统，提出一个可以做国际交流的概念，一个符合21世纪生态文明需要的、大家可以共享的名号。于是我们就跟海外志愿者们商量，提出了这个英文概念"Green Ground"。若直译，就是"绿色大地"；若意译，则是"可持续基础"。如果把直译与意译结合起来考量，那就是"国仁"。有国有仁，方有国人国祚久长不衰。

从十多年来的乡建工作看，这三个意思都对路。

## 二、文丛之众

俗话说，三人为众。子曰："三人行，必有我师焉。择其善者而从之，其不善者而改之。"如此看文丛，乃众人为师是也。何况，我们在推进乡村建设之初就强调"去精英化"的大众民主。[1]

前几年，一直希望整个团队愿意理解我试图"让当代乡建成为历史"的愿望。尤其希望大家能够结合对近代史中任何主流都激进推行现代化的反思，主动地接续前辈学者上一个世纪之交开始的乡村建设改良运动，在实际工作中不断梳理经验教训。或可说，我

---

[1] 关于精英专政与大众民主的分析，请参阅《人间思想第四辑：亚洲思想运动报告》，人间出版社2016年版，第2—19页。

"野心勃勃"地企图把我们在新的世纪之交启动的新乡建运动，纳入百年乡建和社会改良史的脉络。诚然，能够理解这番苦心的人确实不多。①

这几年，我也确实算是把自己有限的能力最大化地发挥出来，"处心积虑"地安排乡建志愿者中有理论建设能力的人在获取学位之后分布到设有乡建中心或乡建学院的不同高校，尽可能在多个学科体系中形成跨领域的思想共同体。目前，我们在海内外十几个高校设有机构或合作单位，有数十个乡村基层的试点单位，能够自主地、有组织有配合地开展理论研究和教学培训工作，立足本土乡村建设的"话语体系"构建，已经有了丰硕成果。②

总之，我们不仅有条件对 21 世纪已经坚持了 15 年的"当代新乡建"做个总结，而且有能力形成对 20 世纪前辈乡村建设运动的继承发扬。

我们团队迄今所建构的主要理论创新可以表述为以下五点。

一是人类文明差异派生论：气候周期性变化与随之而来的资源环境条件改变对人类文明差异及演化客观上起决定作用。据此，人

---

① 近年来，我不断在乡建团队中强调对乡建经验的归纳总结要尽可能提升到理性认识高度，并且要努力接续百年乡建历史，并带领团队申报了一批科研项目。那么，要完成科研任务，就要花费很多精力。对此，就有一些长期从事乡村基层工作，必须拿到项目经费才能维持单位生存，为此来不及形成理论偏好的同人难以接受，甚至有些意见相左之人表达了误解、批评。这本来不足为怪，对批评意见也不必辩解。总体上看，大乡建网络的各个单位还是积极配合的。但，考虑到这些批评说法将来可能会被人拿去当某些标题党的报道和粗俗研究者的资料，因此，我才不得不以总序的方式让相对客观些的解释在各个著述上都有起码的文字依据——尽管这些话只是简单地写在脚注中。

② 中国有中国人民大学、中国农业大学、中共中央党校（国家行政学院）、清华大学、重庆大学、华中科技大学、北京理工大学、上海大学、西南大学、福建农林大学、香港岭南大学。海外有英国舒马赫学院、美国康奈尔大学，近期正在形成合作的还有国际慢食协会的美食科技大学（意大利）等。

类文明在各个大陆演化的客观进程，至少在殖民化滥觞全球之前应是多元化的，不是遵循在产业资本时代西方经典理论家提出的生产方式升级理论而展开的。这个理论有助于我们构建不同于主流的生态化历史观。

二是制度派生及其路径依赖理论：不同地理条件下的资源禀赋和要素条件，决定了近代全球化之前人类文明及制度的内生性与多元性，也决定了近代史上不同现代化的原始积累（东西方差异）途径，由此形成了不同的制度安排和体系结构，并构成其后制度变迁的路径依赖。这也成为我们开展国别比较和区域比较研究的重要理论工具。

三是成本递次转嫁论：自近代以来，在全球化所形成的世界体系中，核心国家和居于主导地位的群体不断通过向外转嫁制度成本而获取收益，得以完成资本原始积累、实现产业资本扩张和向金融资本跃升，广大发展中国家及底层民众则因不断被迫承受成本转嫁而深陷"低水平陷阱"难以自拔。当代全球化本质上是一个因不同利益取向而相互竞争的金融资本为主导、递次向外转嫁成本以维持金融资本寄生性生存的体系。在人类无节制的贪欲面前，最终承担代价转嫁的是"谈判缺位"的资源和生态环境，致有人类社会的不可持续之虞。

四是发展中国家外部性理论：第二次世界大战后绝大多数发展中国家是通过与宗主国谈判形成主权，这可以看作一个"交易"。任何类型的交易都有信息不对称带来的风险，因转交交易范围之外的经济和社会承载而产生外部性问题，任何信息单方垄断都在占有收益的同时对交易另一方做成本转嫁，由此发展中国家谈判形成主权必有负外部性，导致难以摆脱"依附"地位。但，越是一次性博弈则风险爆发造成谈判双方双输的可能性越大，发达国家在巧取豪夺巨大收益的同时，其风险也在同步深化和加剧。

五是乡土社会应对外部性的内部化理论：中国作为原住民人口大国中唯一完成工业化的国家，其比较经验恰恰在于有着几千年"内部化处理负外部性"的村社基础，其中的村社理性和政府理性构成中国的两大比较制度优势。政府同样是人类制造出来但反过来统治人类自身的成本高昂的产物。遂有政府与资本相结合激进推进现代化之后的经济、社会、文化、资源、环境等负外向性问题，成为中国通往可持续的障碍，才有如此广泛的民众愿意参与进来，以期通过乡村建设使"三农"仍然作为中国危机"软着陆"的载体。

以上五点核心思想，主要体现于我们基于"本土化"和"国际化"两翼而展开的以下五个领域的研究工作中。

一是应对全球化的挑战。在资本主义三阶段——原始积累阶段、产业资本扩张阶段和金融资本阶段，核心国家／发达国家总是不断以新的方式向外转嫁制度成本，乃是全球化给广大发展中国家、给资源环境可持续带来的最大挑战。这个思想，在我们的主要课题研究中，作为全球宏观背景，都有所体现，也发表在我们关于全球资本化与制度致贫等一系列文章中。

二是发展中国家比较研究。团队与联合国开发计划署合作，构建了"南方国家知识分享网络"，开展了"新兴七国比较研究"和"南方陷阱"等发展中国家的深入研究。目前正在进行比较研究的新兴七国包括中国、土耳其、印度、印度尼西亚、巴西、委内瑞拉、南非。已经发表了有关文章和演讲，两部专著也在起草和修改之中。

三是国内区域比较研究。中国是个超大型国家，各区域的地理条件和人文环境差异极大，对各区域的发展经验进行研究、总结和归纳，是形成整体性的"中国经验"并建立"中国话语"的基础。团队已经完成了苏南、岭南、重庆、杭州、广西左右江、苏州工业园区等不同地区的发展经验的分析。已经发表了多篇文章，形成的专著也获得多项国家级、省部级出版奖和科研奖。

四是国家安全研究。国家综合安全是当前面临"以国家为基本竞争单位的全球化"的最大挑战。基于国际比较和历史比较，团队研究表明了新中国通过土地革命建立政权与其利用"三农"内部化应对经济危机之间的相关关系——从历史经验看，新中国在其追求"工业化＋城市化＝现代化"的道路上，已经发生了九次经济危机，凡是能动员广大农村分担危机成本的，就能实现危机"软着陆"，否则就只能在城市"硬着陆"。团队正在开展的研究是以国家社科基金重大项目为依托，探讨如何从结构和机制上改善乡村治理以维护国家综合安全。

五是"三农"与"三治"研究。我们自提出"三农"问题并被中央领导人接受之后，用了十多年的时间来研究乡村"三治"问题（指县治／乡治／村治）。自20世纪80年代农村去组织化改革以来，作为经济基础的"三农"日益衰败，而作为上层建筑的"三治"成本不断上升，二者之间的错配乃至哲学意义上的冲突日益深化！其结果，不仅是农村爆发对抗性冲突，陷入严重的不可持续困境，还在生态环境、食品、文化等方面成为国家综合"不安全"的重要"贡献者"。比形成对问题的完整逻辑解释更难的，是我们如何打破这个"囚徒困境"。也因此，任何层面上的实践探索都难能可贵，即使最终被打上"失败"的标签，也不意味着这个堂吉诃德式的努力过程并不重要，更不意味着这个过程作为一种社会试验没有记录和研究价值。

综上，"大乡建"体系之中从事研究的团队成员众多，且来去自由，但混沌中自然有序，我认为团队在这五个领域的思想创新，在五个方面所做的去西方中心主义、去意识形态的理论探索，已经形成了"研究上顶天立地，交流上中西贯通"的蔚然大观。仅"国仁文丛"的写作者就有数十人，参与调研和在地实践者更无以计数，收入的文字从内容到形式都有创新性，且不拘一格。如果从我20世纪80年代就职于中央农研室做"农村改革试验区"的政策调研和国内外合作的理论研究算起，我们脚踏实地开展理论联系实际的科研实践活动已经数十年了。其间，团队获得了十多项国家级"纵向课题"和数十项"横向课题"，获得了十几项省部级以上国内奖及一项海外奖。在高校这个尚可用为"公器"的平台上，我们团队通过这些体现中国人民大学"实事求是"校训的研究和高校间的联合课题调研，已经带出来数百名学生，锻炼了一批能够深入基层调研，并且有过硬发表成果能力的人才，也推进了分散在各地城乡的试验区的工作水平。

由此看，当代大乡建由各自独立的小单位组成，虽然看上去是各自为政的"四无"体系——"无总部、无领导、无纪律、无固定资金来源"，却能"聚是一团火、散是满天星"，做出了一般海外背景或企业出资的非政府组织"做不到、做不好，做起来也不长久"的事业。诚然，这谈不上是赞誉我们团队的治理结构，因为各单位难免时不时发生各种内部乱象。但，乡建参与者无论转型为NGO（非政府组织）还是NPO（非营利组织），都仍愿意留在大乡建之中，否则再怎么干得风生水起也难有靠自己的思想水平形成"带队伍"的能力！若然，则乡建改良事业得以百年传承的核心竞争力，恰在于"有思想创新，才能有人才培养，才有群体的骨干来带动事业"。君不见：20世纪乡村建设大师辈出、试验点竟以千数，21世纪新乡建则学者咸从、各界群众参与者更有数十万！

这就是大众广泛参与其中的另一种（alternative）社会历史……

由此看到：以发展中国家为主的"世界社会论坛"（World

Social Forum）打出的口号是"另一个世界是可能的"（Another world is possible）；而在中国，我们不习惯提口号，而是用乡建人的负重前行，在大地上写下"另一个世界就在这里"（Another world is here）。

人们说，20年就是一代人。从2001年算起，我们发扬"启迪民智，开发民力"的前辈精神，在21世纪海内外资本纵情饕餮大快朵颐中勉力传承的"大乡建"，作为大众广泛参与的社会改良事业已经延续15年了！再坚持5年，就是一代人用热血书写的历史了。

作为长期志愿者，大家都辛苦，但也乐在其中！吾辈不求回报，但求国仁永续。唯愿百年来无数志士仁人投身其中的乡建事业，在中华文明的生生不息中一代代地传承下去。

以此为序，上慰先贤；立此存照，正本清源。

温铁军
丙申年甲午月
公元二〇一六年六月

# 序 言

## 金融资本时代的冷战演变

中国人都知道"东郭先生和狼"的寓言故事。

就在 2008 年"华尔街金融海啸"爆发，美国随即启动以"超级量化宽松"（QE）为名的对外转嫁成本的"救市"政策之际，一方面是美国为挽救占据本国主导地位的金融资本集团而大规模向国际市场倾泻巨量美元造成全球通货膨胀；另一方面是中国发出"救美国就是救中国"的善意表达，而大规模进口却被"超级量化宽松"推动的能源和原材料高企而挤压，由此中国在"外需下降"的压力下承载了"输入型通胀"的叠加困境，导致 2009 年遭遇实体经济危机付出巨大代价——数万家沿海外向型企业倒闭、2000 多万农民工失去工作[①]……可见，中国竭尽全力支撑了美国乃至世界经济的相对稳定。

在这个阶段，我们国内舆论竟然出现了"东郭化"趋势，太多人愿意善良地认同"你中有我、我中有你，中美两国谁也离不开谁"的畅想，渴望天下太平，期待能再有 20 年和平发展的时间！诚然，官方机构和经济领域也大都愿意相信美国智库曾构想出的

---

① 陈锡文：《根据测算约两千万农民工失业返乡》，央视网 2009 年 2 月 3 日。

"G2"（美中共治）和"Chimerica"（中美国）①；也有很多人愿意相信这次金融海啸发作之前美国高官所提出的"中美战略合作历史最好时期"……

但，就在进入21世纪第二个十年之际，刚刚借助中国人的"善举"渡过金融危机的美方人士公开提出遏制中国崛起的方针，据说要把60%的军事力量部署到中国周边，并高调地以此作为"重返亚太"新战略的主要动作。同时，美国不仅相继挑起和介入中日之间的钓鱼岛冲突、日韩之间的竹岛冲突，成功地以这种"巧实力"运作破坏了东北亚的"区域一体化"整合；而且直接在南海和台海等区域的冲突中，从过去采取巧实力运作的"选边站"强化为直接显示硬实力的军事和政治介入。

2022年发生了世人瞩目的俄乌冲突，美国与其他北约盟国调动大量军事装备支持乌克兰对俄作战。于是，国内有人误以为"祸水西去"。但，10月27日美国五角大楼发布国家安全战略文件，这一长达80页的"非保密"文本明确指出，中国是美国的长期安全挑战。原文用语是这样的：俄罗斯是"迫切威胁"（Acute Threat），中国是"步调挑战"（Pacing Challenge）②。其意如同美国国防部长劳埃德·奥斯汀（Lloyd Austin）在五角大楼所说，**中国是目前唯一既**

---

① 对美国国际经济政策有重要影响的保守派经济学家、彼得森国际经济研究所所长弗雷德·伯格斯滕（Fred Bergsten）首提构建中美经济关系的"G2"（Group 2）模式，被美国学术界称为"美中共治"，但伯格斯滕设想的G2并非与中国分享共同治理世界的权力与尊荣，在伯格斯滕看来，中国是一个逃避经济责任的超级经济强国，有必要通过G2这样的双边机制，规范中国的经济行为。同期，英国经济史学家尼尔·弗格森等人提出"中美国"（Chimerica），以此强调中美经济关系紧密，称中美走入共生时代。

② "Pacing Challenge"是奥斯汀上任后发明的新词，指在挑战美国国防战略方面取得最重大进展的竞争对手，可理解为步步紧逼的挑战。

**有重塑国际秩序的意图，又越来越有实力这样做的竞争者**，与中国不同，俄罗斯无法系统性地长期挑战美国。由此来看，显然美国正在深度介入的俄乌冲突的安全战略地位，是位于应对中国挑战之后的。

其实用东郭先生和狼的故事开头，还是寓意太浅。不如说盖天下大势，合久必分，分久必合。无论个人主观愿望如何，抑或学养深浅，希望大家都能清醒地认识到不可逆的客观规律——中美之间存在"三重矛盾"。

第一重是中国融入全球化以后演变而成的产业资本之间的矛盾。主要是由于中国实体产业资本的规模和结构都已位居全球第一，而美国为缓解国内实体经济外流导致的产业衰落和失业恶化，试图驱赶产业资本从中国回流美国。这类矛盾内在地具有产业资本阶段的"冷战"内涵。所以，美国冷战的遗老遗少从冷战武器库搬出过时的荒唐言辞来攻击中国，也就不足为怪了。

第二重是中国自身金融资本崛起造成与美国金融资本之间的矛盾。主要是由于中国外贸盈余形成巨额外汇储备带动本币大规模增发，遂在金融相对过剩的压力下进入了金融化经济阶段：一是把此前主要回流美国国债市场的做法改为对外投资；二是在推进各国"双边货币互换协定"的同时期相继设立了人民币为结算货币的石油和铁矿石期货市场。这些助推"一带一路"倡议的做法，属于自主地加入了金融资本竞争，被美国认定为对其凭借金融霸权设定国际规则的"挑战"。这类矛盾曾经在"后冷战"阶段的欧元资本集团崛起之际发生过。对此，特朗普曾经说过"欧盟是美国的敌人"，"欧元必须放弃"。美国也长期不断地在欧元区周边发起局部热战和"颜色革命"，最终有效地压制了欧元对美元霸权的冲击。凡此种种，值得记取。

第三重是国家制度与意识形态的矛盾。坚持中国特色社会主义制度，一是持续发挥国有资本"逆周期"调节在应对全球化危机方面的支撑作用；二是"举国体制"对"基本建设""脱贫攻坚""乡村振兴"等重大战略的结构化运作，发挥了"跨周期"打造资产池的作用。中国不仅没有按照美国于20世纪90年代提出的"融入策略"，简单化地照搬美西方意识形态化的理论和制度，而且始终坚持中国特色社会主义道路，追求"中华民族伟大复兴"，因此被美西方认为是"高加索山脉以西"的整个西方文明所不能容忍的"挑战"。

这三重矛盾中的前两个，恰是中国深度融入全球化所客观派生的普遍性矛盾。须知，资本主义历史上的任何国家构成此类竞争，都会恶斗不已；这使很多海内外舆论参照所谓古希腊的雅典与斯巴达的"修昔底德陷阱"，拘泥于"老大"与"老二"争霸的说法。但这类观点不仅连"文明冲突论"的思路都不曾触及；更不曾提及中国几千年虽然在经济总量上称得上老大，实际上从来只崇尚"王道"而非"霸道"，长期以来，不仅没有在国际事务中获取单极霸权的目标，更没有打击老二的欲望……第三重关于意识形态的矛盾虽然有一定的特殊性，但只要看看苏联解体之后，迫切要求融入西方，而美国及其掌控的北约极尽打压遏制必欲"置之死地而后快"的姿态，就可引为"镜鉴"。

在世界历史上还没有其他国家遭遇过这种"三重矛盾"叠加的困境，由此中国被动地成为美国的主要竞争对手，也成为当今世界主要矛盾的"非主要方面"。

由于三重矛盾扭结，造成的是中美经济的对抗性冲突。因此，遏制中国崛起显然已经成为美国"朝野共识"，而不是哪一个政党一时形成的政策。对此，2017年以来美国的民意调查有充分验证。

2017 年美国以中国为主要敌人的民主党下台，新一届共和党总统甫一到任，旋即推出了全面打压、敌视中国的战略框架，除了将贸易和科技问题政治化、武器化，还强化了冷战时期旧的"五眼联盟"，构建起新的"美日澳印军事同盟"，设立美英澳三国针对中国的具有军事同盟性质的 AUKUS……

这一切的背后，是遭遇金融海啸当即靠大规模对世界制造通货膨胀反过来仍然维护了单极金融霸权的以霸作恶的有效性——美国维护金融霸权的手段无所不用其极，不仅必须遏制中国产业资本崛起，也刻意防止亚洲金融资本像欧元区那样形成一体化整合，尤其不能让"亚元"问世以至于进一步削弱已经失去信用基础的"虚弱"美元的全球结算货币地位。因而，美国把战略重心转向亚洲符合其核心利益，遂有美国直接使用军事霸权这种"硬实力"，配合意识形态化的"软实力"，相继破坏中日韩三国的东北亚区域整合，以及东盟十国与中国"10+1"的东南亚区域一体化整合……

在这些似曾相识的地缘战略重构的紧锣密鼓中可见，无论何种政治势力上台，美国政客敌视中国的政治取向高度一致。此乃维护霸权的国家利益使然。

综上所述，对美国来说最重要的战略目标，一是维护其在1989—1991 年苏联东欧阵营解体以来的后冷战阶段掌控世界"地缘战略"的单极霸权；二是在金融资本阶段回应 1995 年组建欧元引起的挑战和 2008 年华尔街金融海啸以来亚洲区域金融整合的挑战。总之，美国在第二次世界大战结束之后勉力构建的"币缘战略"及在后冷战阶段鹤立鸡群的单极霸权，正在被欧亚推动的金融重组压抑成相对霸权。

所以，从 21 世纪第二个十年开始，美国作为世界资本主义的金融资本阶段的领导国家，不仅在"币缘战略"上趋于竞争白热化，而且在"地缘战略"上局部热战也将不断发生……

相对而言，中国尚有调整空间。至少在国家层面已经确立了"底线思维"，试图渐进式地改变此前四十多年亦步亦趋地"摸着石头过河"、跟进西方中心主义现代化模式的资本推动的工业化、城市化的发展主义战略。亦即，中国人唯有自动放低身段，尽可能把此前的"激进发展主义"向2012年确定的生态文明做战略方向调整，才能规避"三重矛盾叠加"内生的"冲突"。否则，只能被动地与在金融资本过度虚拟化的道路上不可能"U形掉头"的美国当其危机内爆之际过量地转嫁成本产生对抗性矛盾……

诚然，中国人都知道"树欲静而风不止"的老话。虽然不情愿，但中国大多数人还是感受到了"和平逐渐远去"对自己平静生活的威胁：当前人类社会最大的不确定性就是处在金融资本霸权及军事霸权巅峰的美国，要把中国树为主要竞争对手，甚至有政客试图对正在向生态文明转型的中国发起包括贸易、科技、教育、金融等多个领域的全方位的封锁和围堵①。尽管中国实际上很不愿意跟风起舞。

为了改出西方可能重蹈覆辙的地缘战略对抗的冷战路径依赖，习近平总书记在2021年1月11日提出了"三新"②的战略思想。以

---

① 新华社2024年3月19日发布的一篇以"起底美国对华认知战扭曲心态"为主题的文章指出，近年在信息技术快速发展的背景下，美国对华心理战、宣传战逐渐向更加成体系的认知战方向演变，形成由美国国务院主导，国防部与情报部门协同，社交媒体、智库及非政府组织一体联动，借助"五眼联盟"、北约等机制互通情报的全方位对华认知战体系。美国针对中国发起的软实力进攻可以追溯到19世纪中后期的"黄祸论"，进而出台了《排华法案》。

② 中共中央总书记习近平在2021年1月11日省部级主要领导干部学习贯彻党的十九届五中全会精神专题研讨班开班式上发表重要讲话，提出中国要按照"新阶段、新理念、新格局"的转型思想应对全球化挑战。参见求是网2021年1月11日。

我们的理解，可归纳为：在"生态文明"新阶段确立"国内大循环为主体的双循环战略"，采用"人民为中心"的发展目标和"两山"思想作为新理念，推进构建生态经济＋数字经济的新结构。这是一种发展阶段的"升维"安排。

而同期国内"练好内功，夯实基础"，仍然是决定性的内因——因为，我们在此前 30 年深度融入全球化的旧阶段所形成的产业资本扩张叠加金融资本崛起及其派生的庞大复杂的利益结构，碍难跟得上中央政府于 2017 年面对全球危机所确立的高瞻远瞩的调整。诚然，2018 年美国挑起贸易摩擦以来我们似乎是被美国拖着卷入对抗性矛盾之中的。

有鉴于此，我们需要明确提出：

新阶段以美国为首的一些西方政客酝酿的针对中国的，是以意识形态软实力为主、军事胁迫和局部热战为辅的综合战争。所谓的软实力战争是指利用西方中心主义的文化霸权和话语权优势，构建意识形态化的政治正确，占据某些道德制高点，通过操控媒体，批评、挑唆、唱衰、抹黑甚至妖魔化与之竞争的国家。

在冷战和后冷战的过程中，向来都伴随着局部热战和代理人战争。我们普通人能做的，除了祈祷逐渐远去的和平再度归来，就是从自我做起，从身边的"平常之事"做起，向推进"人类命运共同体"迫切需要的生态文明转型……

为此，我们在本书提出的主要论点：

**其一，中国从冷战阶段的非主要矛盾向新阶段的主要矛盾演化。**

这确实是个"前所未有"的历史性重大挑战，映射出世界格局的基本矛盾演化：中美如若形成对立关系，势必成为 21 世纪世界复杂矛盾中的"主要矛盾"。根据矛盾论揭示的基本原理，在这组影响世界多种关系的主要矛盾中，占据主导地位的矛盾的主要方面，是因具有军事和金融双霸权巅峰地位而凭一己之私就能够单方面改变制度和规则的美国。相对而言，中国之被动，在于客观上处于矛盾的次要方面，但也不排除在一定条件下可以辩证地反作用于主要方面。

我们以辩证唯物主义哲学方法对中国的被动遭遇做极简归纳，引出了本书的现实意义：中国人只有深刻地理解美国主导全球金融化派生内部矛盾恶化的规律，才能做到"知己知彼而百战不殆"，才能在"与狼共舞"的同时不至于遭遇"东郭先生"的悲剧……

**其二，美国金融资本阶段的内爆危机势必演变为多种形式的反人类犯罪，这不仅符合资本主义历史的一般经验，而且符合美国单极霸权在金融资本阶段运作的一般规律。**

我们认为，中美之间的客观矛盾演变看似在 21 世纪第二个十年突兀而至，实乃资本主义在金融资本阶段规律性衰变走向内爆的阶段性表现。无论美国是否将软实力斗争升级为局部乃至全面热战，都无法挽回失败的结局。因为，早在踏入 21 世纪的门槛之际，美国主导的"盎格鲁－撒克逊－美利坚"模式的掠夺性资本主义就注定了命运多舛。

君不见美国在 21 世纪的第一个十年可谓"危机频出"——在 20 世纪 80 年代以"新自由主义"为名放纵金融资本虚拟化全球扩张，制造了一系列他国的金融危机之后[①]，美国最终也在 2001 年"互联网泡沫"（Dot-Com Bubble）崩溃后遭遇"新经济危机"。同年在政治上被"9·11"恐怖袭击打击之后，布什政府公然发表"十字军

---

① 例如 1997 年的亚洲金融危机、2000 年的阿根廷金融危机。

东征"①的言论，而且美国在伊拉克、叙利亚和阿富汗发动战争的直接成本超过1.6万亿美元；算上退伍军人安置和借款产生的利息等开支，成本竟然高达6万亿美元左右②。被西方自由主义意识形态包装的法西斯罪行导致成千上万人生灵涂炭、数百万难民流离失所，其背后是美元资本集团对欧元资本集团在全球结算和储备货币竞争中崛起的"成功"压制……

而美元资本集团的衰败趋势是其自身"新自由主义"推进金融资本虚拟化扩张的规律使然。由于美国2001年的"新经济泡沫"崩溃推动过剩金融资本大量涌入房地产，在2007年造成了"次贷危机"，接踵而至的是"华尔街金融海啸"。接着，奥巴马政府于2008年又推出约4万亿美元用于救市的"超级量化宽松"政策③，

---

① 美国在"9·11"恐怖袭击后，时任总统布什曾言："这场十字军东征，针对恐怖主义的战争将是一场长期的战争。"（见安维华：《美国要重画中东版图？》，《世界知识》2003年第1期）。2001年，美国联合英国、德国、波兰、捷克、斯洛伐克等北约国家，在10月7日发起对阿富汗基地组织和塔利班的战争，直至2021年4月，美国总统拜登宣布驻阿富汗美军于9月11日撤出，耗时20年、投入超过2.26万亿美元的阿富汗战争结束。2003年美国以伊拉克藏有大规模杀伤性武器并暗中支持恐怖分子为由，绕开联合国安理会，单方面对伊拉克实施军事打击，发动伊拉克战争，2011年12月正式撤出伊拉克，美国投入军费超过7600亿美元。2011年，美国及北约结成"广泛联盟联合行动"对利比亚进行军事打击，投入军费1000亿美元左右。

② 陶士贵：《美国巨额债务的成因及风险研究》，人民论坛2023年第21期。

③ 据统计，2008年美国金融危机后，美联储连续推出三轮量化宽松政策，向市场注入大量流动性。2008—2009年QE1购买机构债务、国债等资产项目约1.75万亿美元；2009—2011年QE2购买长期国债等资产项目约6000亿美元；2012年9月推出QE3，一直到2014年10月，购买MBS、长期国债等资产项目约2万亿美元。因此，几轮量化宽松使美国注入市场流动性超过4万亿美元。徐滢、孙宇豪：《2020年美联储重启量化宽松更有效了吗？——基于与2008年后各轮QE的比较研究》，《世界经济与政治论坛》2021年第1期，第100—122页。

不仅直接成为全球通胀的主要推手，而且这种过分支持金融资本大鳄们的激进救市所恶化的债务高峰，使得后任政府都不可能减债，唯有更多负债——于是，美国高速地驶入了一条没有"U形掉头"的单行道。这所体现的正是金融资本趋向于内爆的客观规律。

于是，全球眼睁睁地看着美国政治家们把政府负债从应对金融海啸之前的不足 10 万亿，增加到 2021 年要求再次突破债务上限之际的 28 万亿美元！其间，政府部门因钱花光了而多次停摆……

实际上这种金融资本恶性扩张甩掉制度成本演化为以国家为主体的恶性负债，其发债动机本来就是"赖债不还"。由此，也造成美国凭借最大军事实力支撑滥用国家霸权，成为世界最大赖债主体，不断发动区域热战，客观上体现的是在国家信用实质性崩塌条件下走上金融法西斯化的趋势；由此，也势必导向更加极端化的人类灾难，包括核战在内的各种可能形式。诚然，这也是其更在意维护所谓意识形态软实力来低成本地推行舆论战，配合其策动各种动乱推出"颜色革命"的"巧实力"的内因。

**其三，以美国为代表的西方自由主义体制实质性地演化为"不负责任"地转嫁成本——打造自由赖债联盟。**

在世纪之交以来发生的一系列客观事件作用下，美国所谓自由主义的国家经济政治体制出现了实质性重大改变：从"有限责任公司"的经济基础支撑"有限责任政府"的上层建筑，实质性地演化出"大到不能倒"的跨国资本集团成为"不负责任公司"，以这种经济基础支撑的就是最大赖债国家"不负责任政府"的上层建筑——从经济到政治都要靠"不负责任"地、公开地对外转嫁制度成本来维持其在世界上的寄生性存在。

尽人皆知，2008—2014 年美国连续出台三轮量化宽松政策，叠加了欧盟与日本跟进的几乎同等规模流动性的量化宽松。这意味着整个西方所谓自由世界官方不约而同的共同行动，"不负责任"地制造出十几万亿美元的巨大金融流动性，大部分注入国际市场，引发了全球通胀危机。西方这种自由地对外转嫁制度成本的排异性的粗暴政策，使得关乎全球老百姓生计的能源、原材料和粮食等的基础价格暴涨。

其中，西方危机压力下的制度成本转嫁的传导机制很少被中国人关注。例如，美国2008年的量化宽松政策造成国际市场上原油价格暴涨到接近当期低点的三倍，随即带动跨国公司在发展中国家大规模圈占耕地用于"生物质能源"生产，遂使粮食种植面积显著下降！同期，连带三十多个欠发达国家因粮食对外依存度过高且存在本国外汇赤字过大的双重困境而被动地陷入"饥饿国家"行列……

另，在以美国为首的西方国家都采取先宽松后紧缩的对外转嫁危机的压力下，原材料出口国大都伴随这种金融政策发生了"过山车"现象——先是因量化宽松获取了"溢价"收益而短期收入增长，后又随美国2014年停止量化宽松造成的原材料和能源出口价格下降而经济下滑……

于是，全球通胀又迅速演化为全球通缩，致使资源型国家的资产价格随即下跌，最终不仅这些国家的经济增长率下降，而且本就过剩的西方资本又得以趁机涌入"割韭菜"。

中国作为世界经济增长的"加工车间"，先紧跟西方量化宽松而被动地接受了"输入通胀"，接着又在西方结束量化宽松之后被动地接受了"输入通缩"！总之，中国这个最大实体经济生产国被迫最大限度地承载着西方金融资本虚拟化全球扩张所转嫁的危机代价！

**其四，美国政客新一轮的意识形态进攻的矛头所向，是"中国特色社会主义"。**

美国在受制于内部矛盾走向社会撕裂的过程中会不断加大对外

转嫁矛盾，强使世界承载其危机代价；受到"中国特色社会主义制度"保护、实体经济和金融财富不断增加的中国首当其冲。

中国有句俗话说"搬起石头砸自己的脚"。美国在进入21世纪的这二十多年间主要采取的是有利于金融资本集团的救市对策，进一步恶化了自身的结构性问题。一方面促使美国实体产业更多外流，另一方面也不可避免地伴生了美国下层社会遭遇失业增加、贫富两极分化和债务危机社会化的全面困境。这些客观的经验过程表明，作为最大金融资本经济体的美国，其规律性爆发危机及不负责任的应对策略，既自残又戕害世界，并且无论怎样努力都不可能有改变内生性危机频发的制度条件。

当世界上大多数国家经济下滑、不能继续承载美国危机代价的时候，唯有中国还勉为其难地保持着自主发展能力，并且在过量地承载着输入型危机代价的恶劣条件下，仍然表现了较高增长。由此，中国这个世界最大的"韭菜"就不可避免地成为西方金融资本"收割"的主要对象。

然而，中国坚持其国内的资本市场有限开放，坚持资本项下人民币不可自由兑换，并且明确强调国家经济主权的核心利益是金融主权，明确坚持中国共产党对大型国有企业的"党组制"，以此实现国家对战略性产业和经济命脉的强有力掌控，这些"中国特色社会主义"体制特征，都使得美国资本无法像在其他发展中国家那样轻易地攻城略地。

于是，美国带领西方国家把中国特色社会主义的政治、经济、社会、文化等当作重点的攻击对象。

须知，美方政客的软实力进攻从冷战武器库中翻出来的一个陈旧武器是"反共不反华"！实际上，只要摧垮"中国特色社会主义"体制，西方跨国资本即可长驱直入……这应该符合美国和西方多国的内在利益动机，因此，这个陈旧武器在西方世界也容易形成共识。

诚然，没人知道哪种体制是世界最好的，而我们确实需要不断地深化改革。但，在面对敌人全面进攻的时候，唯有同仇敌忾才是我们中华民族命运共同体应该有的做法。

**其五，中国深度融入全球化顺势推进包括本币结算在内的区域一体化，是真正构成对美西方"威胁"的根源。**

2008 年华尔街金融海啸爆发及美国多次不负责任的量化宽松，实质性地造成美元体系在世界上显著失信，迫使中国试图利用自己结存的过剩美元外汇储备做出必要的适应性战略调整：一是像欧盟那样构建东亚经济共同体，通过"10+1"（东盟十国＋中国）或"10+3"（东盟＋中日韩）来开展东亚区域一体化整合；二是推进"一带一路"建设和建立"亚洲基础设施投资银行"；三是开展人民币结算的石油和原材料期货交易。

也许有人觉得这些做法只不过是深度融入全球化，在"自由主义"的市场经济原则下自主地使用了国内积存的过剩美元，总体上还是遵循了资本主义的一般经济规律。其中的悖论却内在于美国主导的金融全球化——"越遵循金融资本主义的全球化运作方式就越容易遭遇美元霸权的多重打击"——中国越是自主地对外做投资开发，实际上也越是动了西方殖民主义历史上就不容许发展中国家分享的"奶酪"；由此，中国在非洲、拉美等发展中国家使用美元开展的投资和建设，被西方直接比照自己的罪恶殖民史批判为"新殖民主义"。

于是，先有奥巴马政府大张旗鼓地高调"重返亚太"，要把军事力量的至少六成部署到中国周边；接着是特朗普于 2017 年接手白宫后即在 2018 年 3 月挑起贸易争端，并且明确制定了美国军队撒出中东和西亚并转战东亚的时间表。

可见，美国两党在对华"敌视"和"遏制"战略上不仅没有根本性差别，而且是递进强化的。

也就是说，**中国被动成为美西方政客发动的软实力斗争的对象，其根源恰恰在于其加快融入全球化……**

以上五点，是本书论述的基本观点。

诚然，两千多年前，老子曰"天地不仁以万物为刍狗"，换成现在的流行语就是"苍天饶过谁"。就在即将进入 21 世纪的第三个十年的门槛上，一场突如其来的新型冠状病毒（COVID-19）疫情于 2019 年 12 月在全世界暴发，连带导致全球供应链断裂致使全球化解体①的危机越发深重。

随之是"合久必分"，即各种类型的区域一体化的结构重组势在必行。在这场天灾人祸交互作用的巨大灾难中，世界上疫情发作最严重、死亡人数最多的美国，不仅其对本国人民也"不负责任"的体制特征充分暴露，其主流社会也表现出顺应规律的、金融资本阶段不可避免的"内爆"特征。由此，美国对外转嫁制度成本的做法愈发变本加厉！

由于资本主义必然造成两极分化所内生的阶级对立性矛盾，在疫情之中突出了麕集在大城市贫民窟的下层社会中的"黑弱病残老"的受害和无助，随着黑人"弗洛伊德"被白人警察"跪杀"爆发了"黑命贵"（Black Life Matter，BLM）运动，其在加剧的社会撕裂中愈演愈烈为有规模的暴力冲突，而使社会冲突愈发不可能被官方的"二次分配"自我化解。

于是，官方负债恶性增长压力下的部分政客重演历史上的法西

---

① 本书指以美元为中心的美西方金融霸权支撑的全球化体系的解体。

斯行径，煽动极端仇视外国人的民粹主义来向外转嫁矛盾，不仅在舆论上混淆是非，把美国体制内生性因素造成的抗疫不利嫁祸给中国，直接造成不明是非的下层群众对在美华人的歧视和暴力伤害，连带其他亚裔社群都深受其害；借此，美国政客进一步强化了"反共不反华"的冷战意识形态，加紧对中国的打压。实际上，只要这种以荒谬的谎言来转移国内矛盾和民众注意力的做法屡试不爽，美国形成反华排华的趋势就是难以遏制的。对此，最难以应对复杂困境的，恐怕是精英群体中以多种形式存在于中美之间的"夹心"人群……

在全球抗疫阶段，西方在意识形态化软实力斗争中的进攻对象很多，唯中国共产党作为全民抗疫的领导力量首当其冲。虽然中国的抗疫表现以及为各国做出的巨大贡献有目共睹，却不断遭受美国带领的西方制造的"中国病毒""武汉病毒"等谣言的攻击，甚至还有政客据此提出向中国"索赔十万亿美元"的"莫须有"的非难。

对此严峻局面，已经具有全球视野的中国大多数人民群众的爱国主义的觉悟程度迅速提高，这种不是被官方传播带动而是被"反面教员"的拙劣表演所教育的现象，几十年来世所罕见。最重要的效果，就是青年一代愈发趋向于理性思考，特别是改革开放以来出生的三代人——"80后""90后""00后"，对本源于西方中心主义意识形态的各类舆情的国内变异表达，更是感觉敏锐；那些对西方教科书继续照本宣科的保守群体，也被社会各界越来越多地质疑。

综上所述，可以说2018年以来，对所有中国人而言最大的挑战，就是美国一些政客针对中国发起的软实力战争。而且无论中国如何让步，都挡不住美国对中国采取强行遏制甚至"硬脱钩"的既定方针。

从美国政客明确表达敌意之初，中国主流社会就一再提示"中美两国谁也离不开谁""太平洋足够大，容得下中美两个大国"……但中方释放的善意和采取的善举，对美国没起任何作用！在全球政治经济变局中，美国多次公开宣布中国是最主要的"战略对手"（Strategic Rivalry），而且是排在俄罗斯前面位列第一的敌手①。美国一些政客，一再论证绝不接受中国这个东方大国的崛起，并声称**为了遏制中国，任何选项都可以考虑，当然也包括战争这种极端方式。**

于是，世界的未来走向似乎仍然要被单极霸权国家主导的冷战地缘战略所左右。面对此种逆流，中国向何处去，就又成为一个问题了。

当然，我们对此需要做出分析。

为此，我们提出"底线思维"，同时也有了做好较长时间应对外部环境变化的思想准备和工作准备。在 2019 年秋季学期中央党校（国家行政学院）中青年干部培训班开班式上，习近平总书记指出："凡是危害中国共产党领导和我国社会主义制度的各种风险挑战，凡是危害我国主权、安全、发展利益的各种风险挑战，凡是危害我国核心利益和重大原则的各种风险挑战，凡是危害我国人民根本利益的各种风险挑战，凡是危害我国实现'两个一百年'奋斗目标、实现中华民族伟大复兴的各种风险挑战，只要来了，我们就必须进行坚决斗争，而且必须取得斗争胜利。"

这既包括过去提出的"练好内功，夯实基础，应对前所未有的全球化挑战"，又**增加了"乡村振兴是应对全球化挑战的压舱石"**

---

① 美国国务院，《2017 美国国家安全战略报告》（*National Security Strategy 2017*），见 https://www.whitehouse.gov/wp-content/uploads/2017/12/NSS-Final-12-18-2017-0905-2.pdf。

**的新战略**；并且，随着确立"以国内大循环为主体的双循环战略"而势必推进一系列重大战略调整。

但，这个战略调整是复杂的，矛盾是深刻的。难免有一些已经深度融入全球化、完全纳入国际大循环的发达地区和大城市集群的官员学者和既有的海内外利益关系紧密的企业，来不及跟上新的转型思想，更不可能短期完成转型准备！由于跟不上转型，就有利益相关群体发出很多抱怨，甚至直接地表达各种反对意见，按说这些都应该被视为正常反应；何况没有经历过冷战的青年一代，从和平年代旋即转到对抗性冲突迫近的紧张局面，遭遇到教科书没有涉及的新的思想挑战，也会出现众说纷纭。

只不过，形势不等人！

有鉴于此，尚有"闻鸡起舞"志气的各界朋友的确有必要看看我们团队提供的分析。

本书初稿起草于庚子年，每遇庚子——对于中国人来说，是有着重大历史意义、镌刻着近代史上几个改变国运的灾难性大事的年份——必有大事：1840 年鸦片战争、1900 年八国联军进占北京、1960 年被美苏先后"硬脱钩"进入困难时期、2020 年被美国遏制打压之际暴发新冠疫情。有鉴于此，我们在丧权辱国的《辛丑条约》签订 120 周年之际整理出版此书，乃承接前辈热血、号呼唤醒国人的本意。

> 庚子年霜降起草于福建宁德四坪村屏南乡村振兴研究院
> 辛丑年大暑二稿于新疆乌鲁木齐水磨沟区轩和苑小区
> 壬寅年秋分截稿于北京顺义区龙湾屯镇分享收获农场
> 温铁军

# 第一章
# 导言

随着近十年美西方政客意欲挑起的"新冷战"说法甚嚣尘上，我们在"后冷战"阶段试图靠"韬光养晦"来勉力维持的"和平发展"阶段及与"融入全球化"相适应的思想、理论、经济、社会、军事、外交等相关运作体系，都将不可避免地成为过去。与其寄希望于"后全球化"，莫若加强"底线思维"，积极应对"全球化解体危机"规律性派生的"新冷战"风险……

## 一、概述

### 1. 遭遇"软实力战争"的客观必然性

在 21 世纪第二个十年，中国不得不从过去身处世界"非主要矛盾"，并因而可以具备对美苏两霸做战略性纵横捭阖的、"第三世界"得以"左右逢源"的条件下，直接跃升为人类资本主义历史在"金融资本全球化阶段"的"主要矛盾"的"非主要方面"。这是中国当前遭遇的最大挑战。

由于中国是被"霸权化"的美国——这个矛盾的"主要方面"——

直接置于"非主要方面"的，所以，苏联解体后被动接受"后冷战"的俄罗斯的处境，可为前车之鉴——不论如何，都会与美国实质性地处于对抗性矛盾之中。

诚然，因为中国发展已经形成的硬实力不会那么容易地"自毁"，所以无论如何在软实力上示弱，也不可能再实现1989年苏东"社会主义阵营"解体为标志的后冷战阶段曾经有效的"韬光养晦"……

从过去发生过的经验教训来看，20世纪40年代中期美国乃至西方联合发起的冷战，是帝国主义战争在造成数以亿计人死伤的第二次世界大战派生对立阵营之后演进出的一种低烈度战争形式。

冷战有两个值得深入讨论的要点：

其一，性质论：冷战是帝国主义战争，是占据主导地位的帝国主义霸权动用一切"非大规模热战"的战争手段（包括局部代理人热战、信息战、暴恐、斩首、颠覆等），打击以至摧毁对方的战争。所以，美国一些政治家在对华策略上明确表示：任何选项都可以采用。

其二，条件论：只有对方军事实力相对强大到可能造成己方代价过大的情况下，才有矛盾的主要方面采取冷战为主要对抗手段的时空条件。也就是说：中国作为矛盾的非主要方面、作为被动纳入的一方，只要硬实力中的军事力量弱化，还随时有可能遭遇热战。

冷战（1945—1989年）和后冷战（1989—2009年）都是由美国这个在第二次世界大战结束后获得对西方盟国的主导地位、居于对苏联矛盾的"主要方面"的世界霸权大国发起和主导的。被动地处于矛盾的"非主要方面"的对立国家——苏联及其盟国，则只能"不以人的意志为转移"地被动纳入。基于对这些经验教训的了解，中国如今的遭遇不仅仅是"不以人的意志为转移"的国际斗争，并且还要延续国内历史性地应对自 19 世纪末列强侵略瓜分中国以来的"千年未有之大变局"。

实际上，中国被动成为主要矛盾的非主要方面是客观事物演变的阶段性过程。究其根源，既不是中国哪个重要人物说了什么，也并非哪个头部企业做了什么；而主要归因于中国没有在冷战结束的 1989 年随着整个苏东社会主义阵营解体而"崩溃"。尽管那时候"中国崩溃论"在"后冷战"时期的西方是毋庸置疑的"政治正确"！

于是，美国在与中国的互动过程中顺应自身需求做出了实用性的改变：先是在 20 世纪 90 年代初期以"融入"战略促使中国顺应资本主义历史规律地、全面地融入美国金融资本主导的"全球化"；继而在 21 世纪第二个十年中国拥有庞大制造业生产能力和金融投资能力之际，又粗糙地改为"排斥"战略。

图 1-1 数据来自瑞士信贷集团（Credit Suisse）发布的《2022全球财富报告》。报告显示，2021 年中国成年人口拥有的财富中位数为 26752 美元，比欧洲人的 26690 美元多了 62 美元，原因就在于中国强大的生产制造能力和金融投资能力。截至 2021 年年底，全球家庭财富的总数达到了 463 万亿美元，而这些财富在各个国家的分布远远算不上均衡。全球大部分财富集中在最大的经济体中，中国和美国的家庭的财富加起来占世界个人财富总和的一半。十年前，据估计中国家庭仅拥有世界财富的 9%。到 2021 年这个数字已经翻了一番多，而财富中位数在 2000 年至 2021 年间从 3133 美元飙升至 26752 美元。如果人民币升值一倍，那么中国家庭的财富将与美国家庭相当。这一事实也表明了为何中国会取代欧盟成为美国重点打压的对象——人民币成为美元的重要对手。美国金融资本觊觎中国家庭资产财富，必欲收割而后快。

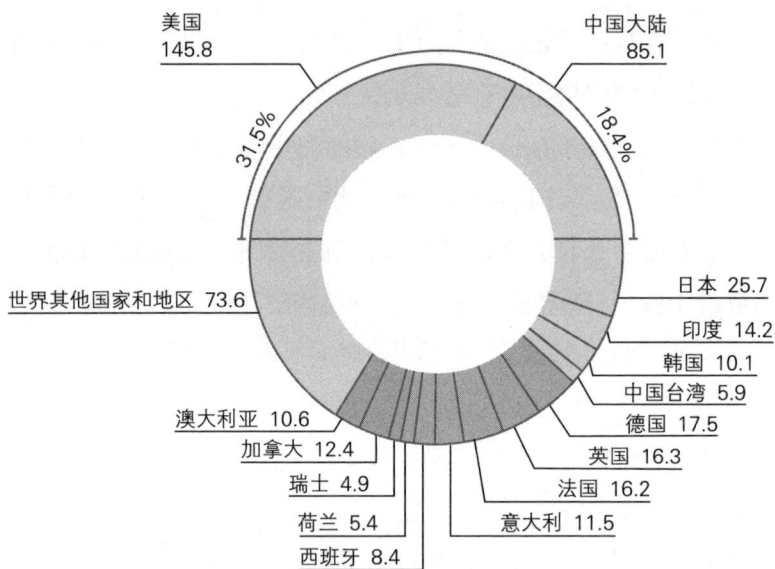

**图 1-1　2022 全球各个国家和地区家庭财富情况（单位：万亿美元）**
数据来源：瑞士信贷《2022 全球财富报告》。

### 2. 解析"软实力战争"的理论工具

既然美国发起的软实力战争阴谋使用的是"老冷战"意识形态，那就无须借助任何现代理论。本书引述的，是为人所熟知的列宁关于"帝国主义就是战争"的论述。

1916 年，列宁对资本主义有一个著名论断：帝国主义是资本主义的最高阶段，帝国主义战争是绝对不可避免的[①]。这是我们的第一个理论依据。今天的美国，正是一个帝国主义时代的超级帝国。当代美国的基本性质是金融资本帝国主义，当然具备列宁所分析的帝国主义特性。须知，美国作为帝国主义阵营中占据主导地位的强国，迫使中国纳入这种战争形式，也是以软实力手段打击直至摧毁为目的的。

---

① 列宁：《帝国主义是资本主义的最高阶段》，人民出版社 2014 年版，第 6 页。

我们的第二个理论依据，是萨米尔·阿明（Samir Amin）的"内爆理论"。2018 年 5 月 5 日，在北京大学主办的世界马克思主义大会上，当代新马克思主义理论家、著名的全球化问题专家、国际政治经济学家萨米尔·阿明对着坐在旁边的林毅夫说："我很热爱中国。中国朋友们，不要幼稚，**就算中国变成资本主义国家，西方也不会放过中国的！**"他还指出，"西方对朝鲜、伊朗的攻击是因为它们离中国很近，并且西方想要使西藏和新疆从中国分裂出去。这是'集体帝国主义'对中国的地缘政治战略。西方就是要拆除所有中国能成为大国的潜力"①。

这是阿明先生在生前最后一次来华访问之际留下的忠告。

从列宁到阿明，都长期生活在西方，正是抵近观察看到了帝国主义的本性，才有如此一致的警世箴言。虽然当代中国经历了相当长一段时间的世界和平与发展，但任何时候都不应该忘记帝国主义走向战争的本性，这是经历过近百年风云变幻的革命先辈对后人的提醒。

当然，过去这个和平阶段对中国来说是所谓的难得的发展时期。然而，世界其他地区并不太平，有的地方暴力冲突甚至比以往任何时候的战争期间都更为频繁。当代中国人拥有这个短暂的和平应该归功于革命和战争年代先辈们的奋斗与牺牲。善于思考和总结的革命先辈们，对于中国自身发展所面临的全球大背景是有极其深刻的分析和研判的。

### 3. 处于"非主要矛盾"的中国曾做出重要研判

具体看，中国的领导人曾经有过三次对国际局势的重大判断。

---

① 《世界著名新马克思主义理论家萨米尔·阿明去世　享年 86 岁》，观察者网 2018 年 8 月 13 日。

其一，毛泽东同志及中央主要领导在20世纪70年代初认定中国未来20年无大战，但仍需继续加强战备。做出这个判断的背景是1969年中苏发生珍宝岛战役后，林彪下达"一号命令"，全国进入了紧急状态，中央领导也分散到全国各地[①]。对于接下来中国是不是要遭遇世界大战，毛泽东同志请四位元帅研判中国周边的形势，最终结论是美苏矛盾仍然是主要矛盾，中国20年内不会打大仗。与此同时，在中苏交恶最严峻的时候，中国领导人长袖善舞，以"小球带动大球"（图1-2）促成了尼克松1972年访华。

图1-2　1971年4月13日，中美两国乒乓球运动员
在北京首都体育馆进行友谊比赛
来源：新华社。

---

① 20世纪60年代，中苏关系恶化，苏联不断在中苏边境挑起事端，施加军事压力，中苏在珍宝岛和七里沁岛的归属问题上产生纠纷。1969年3月，苏联边防军侵入珍宝岛，袭击中国边防部队，双方激战数日，中国发起自卫反击战，击退苏军。

尼克松来华前宣布解除自 1950 年以来对中国长达 21 年的经济封锁。随后，毛泽东和周恩来紧急批准了"四三方案"——引进西方 43 亿美元的设备和技术，改造中国军重偏斜型的工业结构。于是，中国自 1950 年被美国为首的西方国家封锁了 20 多年之后，从 1973 年起再度有了对西方世界的渐次开放，也由此成为对西方负债不断增加、不得不接受债权国提出的"制度转轨"要求的发展中国家之一。国内遂有"开放促改革"之说……

据此看，国家领导人特别强调前后两个 30 年不要相互否定，是有战略考量的。因为从实际经验来看，国家重大战略调整基本上是十年一次。20 世纪 50 年代朝鲜战争，苏联对中国做战略性投资，就有中苏结盟；20 世纪 60 年代苏联撤资，中国转向自力更生，艰苦奋斗，就有全民动员；20 世纪 70 年代因 1969 年中苏军事冲突，中国随即决策转向接受西方的技术和设备，就有制度转轨。这些发展战略和制度转型，都有不以人的意志为转移的国际局势重大变化为背景。前一个 30 年的几次转型，都是毛泽东同志等老一辈革命家集体研判后形成的。事实证明他们的判断是正确的。

其二，邓小平同志 1980 年主政之后也认定：中国还有最少 20 年和平期。尽管这时中国正处在对越自卫反击战尚未终结的情况下，但总体上还是处在和平发展机遇期。

其三，江泽民同志 1990 年接手主政后，也认定中国还将再有 20 年无大战的和平期。虽然有 1999 年南斯拉夫大使馆被炸和后来的南海撞机等事件，但中国无大战还是延续了 20 年。

这三次对长达 20 年的和平期的判断，也都被实践证明了。但是，有两个要点值得注意。第一，那时候中国不属于世界的主要矛盾，而属于非主要矛盾，并且是诸多非主要矛盾中的主导力量；美苏作为"老冷战"阶段的主要矛盾双方，它们的主战场当然是在欧洲。

第二，领导人做出 20 年和平的判断，实际上只相隔了 10 年。由此形成两个断代方式：如果把毛泽东、邓小平和江泽民研判的三个 20 年和平机遇期叠加，就是将近半个世纪的和平发展；那如果只看邓小平和江泽民认定的两个 20 年，则正好就是改革开放的 30 年。

如此来看，中国无大战给出的截止时间恰好是 21 世纪第二个十年……

进入 21 世纪第二个十年，美国一些政客已经明确把中国作为主要敌对力量，强化对中国的遏制战略。于是，美方相关机构对军事形势做出分析：要在军事上打败中国就需要继续加强美国军事和科技的发展，还需十年美国才能有对中国必胜的把握。[①] 同期，中国的对外战略也迅速调整，可见时间约束越来越紧迫。如果此时的领导人再做战略研判，则很难再认为还有超过 10 年的和平发展期。

我们提出的这个关于中国和平发展延续时间的推测，与中国还可以维持 20 年高增长的推断显得不一致，但各自都有客观依据，也都有相对完整的分析逻辑……我们坚持"不争论"，并且倾向于"兼收并蓄"。

其实，早在 20 世纪 90 年代后期，小布什政府就明确提出了"中国威胁论"。只不过 2001 年美国连遭厄运，以中国为敌的时机不对：一方面爆发新经济泡沫崩溃危机，另一方面本·拉登承担了对美国发动"9·11"恐怖袭击事件的责任，使得美国在遭遇资本外流之际不得不本着实用主义原则做出调整，把主要敌人改为宗教极端势力和恐怖主义势力。从 2001 年到 2021 年美军撤出阿富汗，美国的

---

① 《美国尚未做好迎接大国冲突时代的准备》( *The U.S. Is Not Yet Ready for the Era of "Great Power" Conflict* )，《华尔街日报》2023 年 3 月 7 日。

战略重点没有对准中国，实际上又给中国留下了一个 20 年的宝贵和平发展机遇期。现在这个和平机遇期告一段落了，中国被动地成为美国排在第一位的主要敌手。

当此局面，对前文述及列宁关于"帝国主义就是战争"以及阿明提示中国遭遇战争威胁的相关分析，确有必要做回顾。

# 二、帝国主义就是战争

## 1. 列宁理论的主要观点

列宁关于战争的主要观点在《帝国主义是资本主义的最高阶段》一书中得以体现：

> 1916 年 6 月，正当两大帝国主义集团在欧洲进行大规模战争的时候，列宁完成了一本十分重要的著作——《帝国主义是资本主义的最高阶段》。该书于 1917 年 9 月，即俄国十月革命前出版。在这本书中，列宁基于马克思历史唯物主义的基本原理，根据无可争辩的资产阶级统计的综合材料和各国资产阶级学者的自白，来说明 20 世纪初期，即第一次世界帝国主义大战前夜，全世界资本主义经济在其国际相互关系上的总的情况，并以此为基础，探讨了世界大战的起源和结果、世界大战与无产阶级革命的关系，以及资本帝国主义存在的一些问题，从而为我们认识当时正在进行的第一次世界大战和国际政治提供了一个全新的视角。[1]

---

[1] 徐蓝：《100 年后重读列宁〈帝国主义是资本主义的最高阶段〉的启示》，中国共产党新闻网 2016 年 7 月 12 日。

在该书中，列宁运用历史与逻辑统一的方法，考察了资本主义垄断形成和发展的过程，把世界资本主义的重大变化概括为帝国主义的五个基本经济特征：

> （1）生产和资本的集中发展到这样高的程度，以致造成了在经济生活中起决定作用的垄断组织；（2）银行资本和工业资本已经融合起来，在这个"金融资本"的基础上形成了金融寡头；（3）和商品输出不同的资本输出具有特别重要的意义；（4）瓜分世界的资本家国际垄断同盟已经形成；（5）最大资本主义大国已把世界上的领土瓜分完毕。[1]

在帝国主义阶段，金融资本的殖民动力主要表现在三个方面：一是对原料产地的独霸欲望，二是资本输出的利益驱动，三是在金融资本基础上生长起来的政策和意识形态。[2] 为了在对外扩张中获得最大利益，帝国主义国家不可避免地要为夺取世界霸权而不断争斗，以致发动对外战争。据此，列宁指出，"'世界霸权'是帝国主义政治的内容，而帝国主义政治的继续便是帝国主义战争"。[3]

列宁的这一论断，可以说是人类在资本主义历史时期箍在帝国主义国家头上的一个"魔咒"，至今还未被打破。自近代世界资本主义因对新大陆的殖民化屠戮而诞生以来，世界霸权的更替都伴随着帝国主义战争，从殖民主义时期的荷兰到西班牙，从西班

---

[1] 《列宁专题集》，人民出版社 2009 年版，第 176 页。
[2] 参见《列宁专题集》，第 171—172 页。
[3] 《列宁选集（第二卷）》，人民出版社 1995 年版，第 740 页。

牙到英国，从英国到美国，无不如此。这在客观上构成了霸权国家形成于战争的"路径依赖"。

### 2."产业资本在国化"为本源的大规模热战

人类战争史上规模最大、伤亡最多的两次世界大范围热战，都是帝国主义战争，都发生在西方发达国家之间，而且都发生在资本主义的"产业资本"阶段。

我们认为，**两次世界战争残暴杀戮的根源是西方推行殖民化的资本原始积累时期派生的"产业资本在国化"。**

由于海外殖民地被掠夺的财富主要汇聚于宗主国，用于发展工业化所必需的产业资本积累，由此形成了"产业资本在国化"。因而以工业化为外在形态的产业资本主义问世以来就一直是战争不断，并且比过去更加频繁。当年法国大革命之后形成的、被认为是代表新兴资产阶级的拿破仑政权，就以"革命"的名义发动了横扫整个欧洲的世界战争。

从那个时代开始，列强发起的战争就长期被各种意识形态话语所包装，诸如"先进文明对野蛮文明的战争""自由民主对独裁专制的战争"，等等。其实，既然"政治是经济的集中表现"，而"战争是政治的极端形式"①，那么，这些"政治正确"的话语背后无非是产业资本的扩张与恶性竞争，是对掠夺世界的霸权地位的争夺。这种对战争的话语包装本来就很低劣，如同今天针对中国的各种遏制动作，依然老调重弹地搬出在冷战时期就已显荒唐的反共意识形

---

① 以毛泽东同志为主要代表的中国共产党人认为，战争是用以解决阶级和阶级、民族和民族、国家和国家、政治集团和政治集团之间在一定发展阶段上的矛盾的一种最高斗争形式。参见刘先廷：《毛泽东军事辩证法论纲》，解放军出版社1993年版，第125页。

态话语。

与列宁时期帝国主义处于产业资本历史阶段最本质的不同是，当前是金融资本主义历史阶段，但"帝国主义就是战争"的本性其实并没有改变，仅仅只是帝国主义的经济基础和战争形式发生了变化。

在产业资本主义阶段，帝国主义国家的经济基础主要在一国内部，各个国家相继完成第一次、第二次工业革命后，进入了产业同构从而彼此恶性竞争的工业化社会。而国内大工业生产必然发生"生产过剩"这种"资本主义一般内生性矛盾"派生的危机局面，西方工业化国家就只能以掌控世界市场为导向，以国家为单位争夺殖民地的原材料和市场，输出商品和资本，划分势力范围，这就是帝国主义发动战争背后的客观规律。因此，两次世界大战就是帝国主义战争，是内在具有产业资本反人类犯罪的典型代表。至于获胜的帝国主义国家如何洗白自己的罪恶，那是留给战后意识形态化的软实力构建主流话语的任务。

### 3. 冷战是帝国主义热战的延续

当第二次世界大战于 1945 年结束，美苏两大霸权强国重新分割世界驱使人类社会进入到冷战的历史阶段时，列宁提出的"帝国主义就是战争"经典论述依然成立。因为，冷战依然是帝国主义战争的范畴，并且仍然是发生在产业资本主义历史阶段的战争。只不过是因为第二次世界大战结束后形成的两大超级帝国都拥有足以毁灭地球的大量核武器，形成了"核恐怖平衡"，而未能发生直接的对战。但是，它们划分阵营瓜分世界的本质没有变，各自控制着一群类似跟班的第二世界和第三世界国家。

并且，冷战其实并不"冷"，其间多次发生美苏支持的代理人局部战争，如朝鲜战争也可以看作是此类的热战[1]。虽然战场主要是在一国内部，但从 19 个参战国家（美国为首的 16 国组成的"联合国军"以及中朝苏 3 国）、涉及 24 个国家上百万军队的规模看，朝鲜战争已经是一场波及广泛的世界战争了[2]。

所以，无论我们遭遇冷战还是热战，本质都是被动纳入资本主义历史内在矛盾的战争。

资产阶级崛起为主导阶级以后，尤其是资本主义国家通过战争掠夺世界资源和控制世界市场形成了对势力范围的划分，而由此演变为帝国主义，更是体现着这种战争的内在决定性。

即使在冷战期间，依然有大量的无辜平民伤亡，大量的经济和财富损失。据此看，本书之所以沿用"冷战"这个概念，实在是因为从两个超级大国形成开始，这个本来就没有理性内涵的概念已经约定俗成，如今又被人拿出来当作热点词语。所以，我们只能"入乡随俗"（入资本主义之乡随帝国主义之俗）地沿用这个概念罢了。

### 4.冷战的地缘战略及其经济演化

如果说，第二次世界大战之前是西方产业资本过剩的危机压力之下列强不断瓜分殖民地和市场的战争，构成的是多边地缘格

---

[1] 越来越多的解密资料表明当时的中国并不想参战，而是被一系列美、苏、朝鲜之间复杂的政治运作牵引，最终扮演了类似于代理人性质的参战角色。当然，结果就是中国对苏联一边倒，加入苏联阵营并且得到了苏联的产业支持。

[2] 1950 年 6 月 25 日，朝鲜战争爆发。根据联合国安理会第 84 号决议，联合国组建"联合国军"，由美国、英国、法国、加拿大、澳大利亚、新西兰、荷兰、比利时、卢森堡、希腊、土耳其、哥伦比亚、泰国、菲律宾、南非、埃塞俄比亚共 16 个国家组成作战部队，同时意大利、挪威、瑞典、丹麦、印度 5 个国家组成医疗队赴朝参战，加上抗击"联合国军"的中国、朝鲜、苏联，实际涉及的国家有 24 个。

局；那么，在第二次世界大战之后的冷战初期则演变成了美苏双寡头分割势力范围，在各自的地缘控制战略下推进产业转移的战争。美国通过"马歇尔计划"，把第二次世界大战时期大幅扩张起来的过剩制造业向欧洲和日本转移，形成了美国"雁阵模式"的产业布局①。同期，苏联也向东欧和亚洲的中朝印等国家做类似的雁阵式产业转移。

美苏在各自控制的阵营里进行的产业转移和国际分工，可以说代表着资本主义从产业资本阶段向新的金融资本主义历史阶段的早期过渡。此后，美国完成了向金融资本主义阶段的"升级"，苏联则拒绝进入金融资本主义阶段。

在冷战之前的产业资本主义历史阶段，各个产业资本国家彼此实力相当，尚不可能形成某个国家主导的、跨国的全球产业链分工。尽管各国内部已经以信用货币（纸币）为主，但是跨国界的纸币都不被他国承认，只有黄金才是世界贸易的结算和储备货币。实际上，到了冷战时期美苏主导建立起两大阵营强烈对抗，才开始形成产业链在各自阵营内部的国际分工，这才有了美国作为西方资本主义主导国家向以货币霸权为表现的金融资本主义升级的可能。

对于这"惊险的一跃"，历史已经给出了答案：美国成功地迈向了金融资本主义阶段，同时美元取得了全球货币霸权的地位；而苏联则拒绝货币化，停留在产业资本和"换货贸易"阶段，并在20世纪80年代与美国向金融全球化升级进入资本主义新阶段的竞争中失败。

---

① "雁阵模式"（Flying Geese Paradigm）是日本经济学家赤松要总结的，指进口替代战略与出口导向战略的有机结合，最大特点就是通过进口的发展来提高本国的技术水平，从而提高生产能力。东亚国家和地区就是这一模型的典型例证。

1989 年苏联东欧社会主义阵营解体之后，世界进入所谓的"后冷战"阶段，资本主义进入了金融资本帝国主义霸权控制世界的金融全球化阶段，对抗性矛盾逐渐在金融资本集团之间显露。这个时期**以美国为首的西方帝国主义利用自身的金融优势将苏联东欧的实体经济和丰富的资源进行了货币化和资本化，完成了一波巨大的财富收割**，由此，也推动了西欧主要国家启动"欧元进程"。

随之，美欧两大金融资本集团都加入了金融资本主导的全球经济一体化，由此构成"后冷战"阶段新的主要矛盾。

### 5."后冷战"的矛盾演化过程

我们之所以认为，**资本主义世界在 1989—2009 年的 20 年间属于"后冷战"时期**，不仅在于 1989 年柏林墙倒塌标志着苏联东欧社会主义阵营的解体，客观上形成了美国借助"老冷战"历史性地取得控制世界的单极霸权，还在于人类仍然总体上处于资本主义时代，而**资本主义世界在 20 世纪 80 年代以"新自由主义"的名义推行金融异化的制度变迁进入金融资本主义阶段以后，伴随苏联解体在 20 世纪 90 年代演变出了"后冷战"阶段的新的主要矛盾——美元集团与欧元集团的对抗性矛盾。**

"后冷战"阶段早期似乎再也没有两个阵营的划分，从美苏分割控制的"一个世界两个体系"，变成了美国单极霸权独霸全球的"一个世界一个体系"。而中国因陡然陷入资本极度稀缺困境使得占据主流地位的精英群体在思想认识上全面接受全球化的情形，是从 1989 年遭遇美国带领西方全面制裁开始的。在行动上中国则主动寻求与全球经济体系接轨加入 WTO，沿海各地也更多地以引进"三来一补"（来料加工、来样加工、来件装配和补偿贸易）的加工贸易型的低端外资来增加廉价商品的出口。

然而，对于中国来说，这个短期推动沿海各地 GDP 高企的发展方式，客观上阻断了本国上游重工业的设备市场，很快演化为"老工业基地"的衰败和国企管理落后、职工"等靠要"等被深化制度改革归纳出来的所谓"体制问题"。

在后冷战时期，东西方意识形态对抗显著弱化。由于中国尚处于产业资本的低端化阶段，金融总量很小，不可能参与全球金融化竞争，领导人顺势而为地提出"韬光养晦"的战略方针。而美国在"不战而胜"的老冷战雄风之下使用大量美元收割了苏东实体经济的"韭菜"，借此加快升级到金融资本的虚拟化扩张阶段。同期，原"欧共体"作为美国的盟友，也大量使用马克、法郎、里拉等硬通货来"货币化"苏东的实体经济，大规模占有的金融收益形成了欧元问世的基础条件。因此，金融全球化时期的主要矛盾在美欧两个金融资本集团之间，其实质是争夺金融全球化的利益。

原本在老冷战期间，西方资本主义阵营内的美国与法、德等国关于货币霸权的斗争就已经非常激烈，20 世纪 60 年代法国总统戴高乐明确批判美国的国际收支赤字，反对美元的货币霸权，要求回归金本位的世界货币制度，并且带头在纽约把美元储备换成黄金。仅仅是因为苏联这个外部敌人的存在，才使得它们的内部斗争没有撕破脸。但法、德带领的欧洲国家一直在寻求建立欧洲共同体和统一的货币。

苏联正式解体之后，西欧各国的硬通货就近流入坚持所谓"计划经济"而实质是坚持"非货币化"的实物交换体制的东欧国家，获取了对苏联东欧大量资源和实体经济的货币化收益，相当于搞了一次当代"金融殖民化"。于是，近水楼台先得月的西欧得到了苏联解体实行货币化市场交易的制度变迁带来的巨额"制度红利"，伴随着苏东国家贫困化同步发生的是普遍接受过高等教育的年轻人大批流向西方，这客观上成为西方人力资本创造的财富陡然增加的主要原因。

得到巨额制度红利的欧共体遂于 1993 年宣布欧盟成立，欧元也在 1999 年 1 月诞生。由此，斗争逐步演化为金融资本主义阶段的两大巨头——美元集团与欧元集团——的对立统一；在美国单极霸权统治下，美元集团成为金融资本阶段两大集团对抗性矛盾的"主要方面"。

于是，一方面，老冷战的传统意识形态或制度性矛盾，都不再是世界的焦点，那些曾经通过本国产业资本提取原始积累的发展中国家，其主流社会已经总体上认同并跟从了美欧主导的资本主义全球化；另一方面，美国、英国这类占有制度便利借助金融资本全球化获取巨大收益的国家，也顺带发生了一般实体经济大部分外流、就业压力增加的趋势。这些构成了社会两极分化、族裔和群体冲突不断恶化的内因，诚然，这些愈益严重的社会撕裂，很少被国内外的"知识分子"再使用老冷战阶段人们所熟悉的阶级斗争意识形态来做解释。

**在后冷战时期，中国尚处于接收西方转入的低端实体经济的发展阶段，没有条件进入金融资本阶段，因而尚未被纳入到两大金融巨头成为主要矛盾的对抗性冲突之中**；但仍然是美欧两个金融资本集团互相斗争都需要利用的非主要矛盾。特别是欧元在 1999 年甫一问世[1]，其币值较大幅度高于美元，随即遭遇美国连续发起巴尔干战争、伊拉克战争以及欧洲周边的各类"颜色革命"。所以，美元资本集团更倾向于"去意识形态化"地充分利用中国实体经济加入全球贸易的高增长，来支撑美元作为全球贸易结算货币和储备货币

---

[1] 欧元集团曾经在 1999 年派团来到中国，要求中国的外储结构做出增持欧元的调整。

的地位。

中国人较少关注的是，1999年美国在以北约名义发动的巴尔干战争中刻意地增加军费开支并向欧洲成员国分摊，遂使与北约成员国身份重合的欧元区主要国家财政赤字都大幅度增加，打破了《马斯特里赫特条约》给定的欧元合法性底线——财政赤字不超过GDP的3%[1]，这客观上起到了打压欧元的作用。

诚然，美元与欧元两个金融资本集团的对抗性冲突是后冷战阶段的主要矛盾，并且在性质上仍然属于西方资本主义历史时期的"一般内生性矛盾"，然而若拘泥于老冷战意识形态，或跟从着单极霸权把控的"一个世界一个体系"，就难以接受我们这个基于马克思主义政治经济学理论做出的分析。直到房地产商人出身的特朗普这个"政治素人"于2017年宣誓就职成为美国总统，人们才在他开诚布公地提到欧盟是敌人、欧元应放弃的说法中，理解了我们早在世纪之交的讨论中就提出过的金融资本全球化与世界法西斯主义的警示意义……[2]

## 三、从后冷战对抗性矛盾的演变中了解"软实力战争"的手段

毛泽东的《矛盾论》有助于我们理解后冷战的复杂演化进

---

[1]　1992年2月7日欧共体12国外长和财长在荷兰小镇马斯特里赫特正式签订了《欧洲联盟条约》，即《马斯特里赫特条约》。根据欧元区稳定和增长协议，区内各国都必须将财政赤字控制在GDP的3%以下，并且把降低财政赤字作为目标。同时，各成员国必须将国债占GDP的比重保持在60%以下。上述两条也是其他欧盟国家加入欧元区必须满足的重要条件。

[2]　温铁军：《解构现代化》，东方出版社2020年版，第8页。

程——整个后冷战时期美欧两大金融资本集团的斗争一直延续。其间，欧元集团作为资本主义在金融资本阶段的主要矛盾的"非主要方面"，一直被主要矛盾的"主要方面"美元集团所困扰和打压。主要方式仍然是高举意识形态化的"人权高于主权"大旗掩盖其软实力攻击，辅之以养蛊代理人随时启动的族群、教派冲突的"巧实力"。明眼人都看得到的：一是在欧元区周边操控各种区域和次区域冲突，诱迫欧元区国家被动应对西亚和北非的战乱频仍、难民冲击；二是欧元区国家东部联俄战略屡遭破坏，直至2022年2月俄乌冲突爆发，欧盟与俄罗斯战略关系被迫切割；三是利用英国这个美国用来搅乱欧洲的"把手"，亦被称为美国最紧密的战略盟友的国家，搞"脱欧"斗智斗勇。

在人类资本主义历史上率先进入金融资本全球化阶段的美国和欧盟这两大金融资本集团，仍然属于"大西洋体系"，客观上隔海相望、势成犄角，使我们有条件在观察二者的对抗性矛盾演化为区域冲突之际，充分认识到货币金融霸权对所谓全球化的重要意义：**一方面它们面对大西洋体系之外的东方世界，在全球化的名义下合作共同瓜分；另一方面它们同时也成为新时期的世界资本主义主要矛盾的两个方面，彼此争斗。**

### 1. 金融霸权及软实力进攻

列宁关于产业资本阶段的"帝国主义就是战争"的论述说明，战争的根本原因在于参战国家主要是为了本国"在国化"的产业资本争夺商品和资本输出的殖民地市场，以及争夺原材料的来源地。那么，**美国作为20世纪80年代就率先向金融资本阶段升级的帝国主义国家**，因其在1944年布雷顿森林会议中就形成了以美元为中心的世界贸易结算和储备货币体系，以及在20世纪80年代金融资本主导下形成了全球产业链分工布局，**其所争夺的就是更多的商品输入和资本流入（The More Trade Account Deficit = The More Capital Account Surplus）——越多的商品输入构成越多的贸易逆差，就得发挥各种手段驱使那些贸易顺差国的资本更多回流美国。1997 年的亚洲金融危机就是被称为"四小龙"和"四小虎"的东亚工业化国家贸易盈余形成的资本回流美国资本市场造成的。**

中国人较少关注且偶有提出也常常被国内的既得利益集团冠以"阴谋论"来压制的现象，是这个**金融全球化新阶段的对抗性矛盾在后冷战时期的运作形式，发生了重大改变：**

一是无须"热战"，而靠"软实力"即可控制认同西方模式的发展中国家。西方在产业资本阶段采用的商品和产业资本输出方式已经过时，而输出教育、培训、学术交流等软实力养蛊代理人的制度成本则非常低，可以使跟从全球化的各个发展中国家官方主流在西方政商学界联合推行的"比较优势理论"的指导下，积极地以压低原材料、劳动力、环境容量等要素价格的条件招商引资，竞相被纳入到全球产业链的价值分配的底层。因而，被软实力润滑着的内外资本力量的无缝衔接，使得金融帝国主义已经做到了"降维覆盖"，无须通过发动世界战争的传统方式来争夺原材料和市场的控制权，而是各国自愿地将劳动商品和资本顺差送回西方。

二是借助"巧实力"挑起在区域化的族群、教派等矛盾中的代理人名义上的"有限热战"或区域内的暴力冲突，制造题材来操控资本流动。继而，美元集团和欧元集团对于货币结算和储备份额的争夺，对于资本流动的争夺，又往往通过"颜色革命"或地区战争等引发投资者安全顾虑的"巧实力"运作，来实现避险资本的回流，这一做法也可称为"冲突管控"。

因此，虽然金融资本阶段的霸权帝国主义仍然是战争策源地，但因为西方各国已经大多完成了从"产业资本在国化"硬实力战争向"金融资本全球化"的软实力竞争的历史性升级，美国霸权这种有意识形态化竞争条件的资本集团则更多地采取"巧实力"在对手内部运作，或更多地在意识形态斗争中通过"软实力"优势来策动敌对国家的内部动乱。伴随这种巧实力和软实力的低成本运作和高收益回流，金融帝国主义集团即使采取战争方式在地缘战略上牟利，其运作的形式也出现了与意识形态化的软实力进攻相结合的新的变化，主要是更加频繁地利用垄断控制的互联网平台发布虚假信息发起认知战，同时配合在其他主权国家境内的有限军事行动，诸如"精确打击""斩首行动"之类的高科技武器为主的侵略战争。由于这种战争行为仍然造成平民伤亡，遂应被归类为"无差别杀害"的"恐怖主义"。

2022 年 4 月 21 日，在一场由斯坦福大学和奥巴马基金会共同举办的研讨会上，美国前总统奥巴马发表演讲，讨论"数字信息领域对民主构成的挑战"。在演讲中，奥巴马反思了技术是如何改变人们创造和消费媒体内容的方式的。他首先指出，数字技术和社交媒体已经颠覆了报纸、电视等传统媒体，削弱了它们在社会上发挥的作用："今天，我们每个人都能够获得由算法推荐的个性化新闻资讯，而算法奖励的是最响亮、最愤怒的声音（技术公司也由此获益）。冲突的迅速扩散、信息和听众的分裂，让民主变得更加复杂。"[1]

尽管奥巴马讲的是数字信息领域对民主政权的挑战，并批评了普京对美国大选的干预，但事实上美国才是那个最擅长利用其垄断

---

[1]　奥巴马：《虚假信息是对我们民主的威胁》，FSI Stanford，2022 年 4 月 21 日。

的全球互联网平台和数字信息技术对其他国家政权发起舆论战、认知战的国家，等到局面混乱、时机成熟时再推动"颜色革命"颠覆他国政权，特别是针对小国屡试不爽。2022年年初俄乌冲突爆发所引发的网络舆论乱象很好地说明了这一点。俄罗斯官方发布的信息基本上都被封锁，取而代之的是网络上出现的各种半真半假的、修饰过的图片和视频，导致中文网络舆论出现了极端的撕裂和混乱的现象。再比如因新冠疫情引发的舆论现象，同样也是谣言四起，以致官方的主流信息受到质疑，对社会治理甚至国家安全都造成了极大的危害。类似的案例反复出现。

### 2. 美国军事霸权与冷战中的局部热战

中国人权研究会于2021年4月9日发表的一篇报告指出，从1945年第二次世界大战结束到2001年，世界上153个地区发生了248次武装冲突，其中美国发起的就有201场①，约占81%。须知，随着以1991年苏联解体为标志的"老冷战"结束，世界进入后冷战阶段的战略格局发生了重大变化——**美国成为唯一超级大国，其霸权主义和强权政治已经没有任何硬约束条件**。这是美国大量采取战争手段攫取地缘政治利益、维护金融资本霸权的主要原因。

为了彰显支撑金融资本的军事霸权具有无敌于天下的地位，美国频繁在海外用兵，恫吓任何意欲挑战的企图，以此维护其在全球的战略利益。这些战争行为虽然都被包装成"人权""正义""秩序"，但这样的招数使用太多，终究会让这个世界大多数不愿"久跪不起"的人警觉起来……

按照美国官方的统计，**后冷战开始后的整个20世纪90年代**，

---

① 《美国对外侵略战争造成严重人道主义灾难》，新华社2021年4月9日。

**美军平均每年对外用兵 5 次以上**①。如历史学家沃尔特·拉费伯尔（Walter Lafeber）所述："布什和克林顿政府在 1990—2000 年间针对比 1950 年后任何时期都多的冲突派出了美国军队。"实际上，仅在克林顿当政期间，美国在 1993 年、1994 年和 1999 年使用武力就达到 10 次之多。而克林顿的继任者也一样频繁地使用了武力。另据韩庆娜统计得出："**1991—2010 年间，美国年均出兵 5.8 次**……马不停蹄的出兵节奏使其成为对外动武最频繁的国家。"②

后冷战时期占据单极霸权地位的美国在战争中犯下严重的反人类罪，却从未受到惩罚。例如，1991 年美国在联合国展示一袋"洗衣粉"并以此为借口进攻伊拉克，**在伊拉克境内爆炸的贫铀弹超过 3400 吨，平均每平方公里有将近 8 公斤铀化合物遗存**。在伊拉克巴士拉省萨夫万与科威特有一条相接的跨境高速公路，被美军贫铀弹轰炸之后，成为一个巨大毒源，将辐射尘不断散播到周围地区，当地人称之为"死亡公路"。战后辐射物的传播与扩散始终没有停止，癌症及与辐射相关病症发病率仍在不断攀升。还有，美国对塞尔维亚的 3.1 万颗贫铀弹的轰炸。遑论老冷战阶段曾经对越南采用化学武器"落叶剂"造成的成千上万平民及其子孙后代的后遗症……

尽管美国利用所谓"不要大规模的杀伤，不要无差别的杀伤"来包装一些更为精巧的解释，以此掩盖这种战争本质上的反人类"国家犯罪"的属性；但在事实上，美军在每一场战争中都有大量"误炸"平民百姓的行为。对于中国人来说，典型如当年科索沃战

---

① 《美国 1989—1999 十年对外用兵"清单"》，环球网 2020 年 9 月 15 日。
② 王玮：《美国对外使用武力的历史考察》，《世界经济与政治》2016 年第 6 期。

争美国虽然承认了"误炸"中国驻南斯拉夫大使馆，却强硬地拒绝道歉。再如，被美国视为"眼中钉"的阿桑奇的揭秘：

> 2010年4月5日，阿桑奇在美国全国新闻俱乐部向与会的40多名记者，公布了"维基解密"从美国士兵那里获取的一段来自2007年在伊拉克战争时拍摄的视频。驻伊美军在一架阿帕奇军用直升机里向平民开火，视频中美军指挥人员的谈笑声还能被清楚地听到。此次袭击共造成至少18人死亡，其中包括两名路透社记者。这段视频一经曝光，震惊全球。至此，美国终于恼羞成怒，盯上了曝光这段视频的阿桑奇。2010年7月26日，阿桑奇的"维基解密"通过《纽约时报》《卫报》和《镜报》，在网上公开了多达9.2万份的驻阿富汗美军的秘密文件。这些文件里，揭发了144宗由北约部队造成的滥杀、误杀平民事件，总共造成195名平民死亡、174人受伤。而这些文件，仅仅是公开的一小部分。[①]

这些尽人皆知的单边主义战争中的反人类犯罪，在西方的冷战意识形态及其包装作用的人文社会科学领域的知识生产者中，鲜见有哪怕是"纯学术"的理论研究；大资本集团控制的主流媒体，也碍难对无数受难者的控诉做客观表达。

### 3. 冷战软实力竞争中的意识形态劣化

2001年"9·11"事件的发生，是连两次世界大战都从未出现

---

① 《阿桑奇——不得不说的秘密》，凤凰卫视2022年7月3日《大新闻大历史》。

过的对美国本土的袭击，从而在根本上改变了世界各国对国家安全问题的认识。

例如，人们知道美国在阿富汗战争中赶走了 CIA（美国中情局）在老冷战期间亲手扶持起来的塔利班武装，虽然并没有抓住本·拉登，却发现了恐怖分子对美国本土准备发动范围更大、后果更严重的恐怖袭击线索，导致美国的安全性低于欧洲。

这场局部战争中发现的信息，势必对金融资本的流动方向产生重大的影响。客观地看，如果美元资本集团不马上采取维护美元地位的战略性对策，很可能使国际金融资本更多流向欧元区。但，接下来的问题是，已经占据单极霸权、随即放弃了老冷战意识形态武器的美国当时来不及制造新的意识形态软实力。

于是，在金融资本阶段的后冷战时期美欧两大金融集团之间的对抗性矛盾显化，难以再简单地沿用西方在老冷战期间使用的自由主义意识形态加以解释。时任美国总统小布什遂在阿富汗战争后突然提出了"邪恶轴心"论[①]，东拉西扯地把伊拉克、伊朗和朝鲜类比成第二次世界大战时期的德、意、日法西斯同盟，并且也点到中国和俄罗斯。对此，人们若用金融资本主义阶段美欧关系演变成为世界新的主要矛盾的观点来看，则不难发现，美国是在两个主要敌人——欧洲和中国的周边布下两个据点，用来打击国际资本的可能流向。

诚然，欧洲人在 1999 年美国借助科索沃战争把欧元币值打下

---

①　邪恶轴心论来源于第二次世界大战时纳粹德国、意大利和日本组成的轴心国联盟。2001 年美国"9·11"事件后，时任总统小布什宣布展开反恐战争，在 2002 年的国情咨文中，他以"邪恶轴心"指责伊朗、伊拉克、朝鲜支援恐怖主义政权。

来之后，或多或少地觉察到了美国的"币缘"战略意图。由此，在来不及找到意识形态作为遮羞布的小布什生硬地提出"邪恶轴心"论后，法、德、意、西等欧洲主要国家领导人都发表了反对意见，甚至连一向跟从美国跟得最紧的英国，也表示如果美国一意孤行，英国将不会在下次反恐战争中出兵。

美国在频繁发动战争的同时还获得了最具有冷战历史价值也最为荒唐的"战果"——凭借对全球意识形态及与其配套的人文社会科学理论的"指鹿为马"，**使美国的战争总统们拿到了最多的"诺贝尔和平奖"**。这也反过来证实了代表西方最高价值观的评价体系被内涵性地具有排异性的西方中心主义的一元论所左右，内生地具有对人类多元文化的种族主义的排斥性……

此时期，西方意识形态及其作为支撑体系的人文社会科学理论和教育文化，被当作维系全球影响力的软实力，大量实用主义地用于美国霸权的合理化解释，遂使"普世"的西方主流价值观内生性地日益劣化；并且，这种劣化还借助美国文化产业增加值约占 GDP 三分之一的经济支撑以及互联网巨头对全球信息传播的垄断，成为西方社会"民粹化"趋势更易于向法西斯化演变的客观条件。在西方意识形态的浸淫之下，由西方主导的世界出现新的景象。

其一，以美国为首的主要帝国主义国家，由于已经进入到金融资本主义阶段，其国内主要的社会经济关系被金融化，形成了高度虚拟化的泡沫经济和资本市场。这一时期，霸权国家的大部分普通民众家庭因或多或少地拥有金融资产，而得以从整体金融全球化收益中分到一杯羹，这意味着社会公众收入增加更多依赖于本国金融资本从全球掠夺的剩余价值的外溢收益。正类似于恩格斯分析当年大英帝国贵族化的工人阶级一样，最终会走向反革命的道路[1]。

其二，与此相伴生的，是金融资本直接控制影视传播行业和教育文化行业，其受制于大资本的特性，使得这些领域的从业者的贫富贵贱取决于是否能够得到投资人的青睐。这导致西方中心主义思想及其派生的人文社会科学理论体系无可挽回地衰败下去。其中，长期影响世界社会运动的"左右翼"两分法，也在西方社会自身新的利益结构"混沌"变化中越来越没有解释力。由此，大凡仍然遵循本源于西方的"左右翼"话语来指导或发动本国社会斗争的发展中国家的社会政治组织，也就越来越缺乏新形势下对广大民众的动员能力……

须知，帝国主义国家在金融化阶段的经济基础，也是其上层建筑与整个社会意识形态化的体制基础，无论宣称自由民主还是其他"普世价值"，这些意识形态主要是为了配合金融资本进行全球扩张和侵略，诸如轰炸科索沃，入侵阿富汗、伊拉克，颠覆利比亚，暗中支持"伊斯兰国"（ISIS）挑动叙利亚内战等。而有些发展中国家之所以深陷沃勒斯坦的"世界体系论"给出的结构定位，甚至在后冷战阶段遭遇不战而败，乃在于其国内认同"美言"和"美制"的内部代理人被内外联合培养并不断提升，何况还有很多服务于美金运作的买办经济。实践证明，越是被西方软实力完成洗脑的精英执政的、走向霸权的、通过代理人把控的国家，越是飞蛾扑火般地相继成为失败国家……

---

① 恩格斯：《英国工人阶级状况》，人民出版社 1962 年版。

# 全球化不同时期的国家竞争方式

资本主义自殖民化时代以来，经历过三个阶段的全球化扩张，其内涵和层次越来越丰富、越来越深化，直至世界的每一个角落都被资本渗透。这期间必然伴随着无数的战争或竞争，其方式和形式也是多种多样的。通过考察历史和现实，我们可以归纳出全球化在不同时期的国家竞争方式：

一、殖民化时期的对外扩张阶段，以国家（皇家）支持的军队为主体，配合重商主义政策，对他国进行殖民掠夺——抢占土地、人口和资源。殖民战争表现为各宗主国之间为抢夺殖民地或贸易通道进行的竞争。

二、产业资本发展阶段，由于产业资本是在国化的，各工业国以维护本国产业、削弱和摧毁他国产业为主要竞争手段，竞争环境不断恶化的最终结果就是走向战争。20世纪发生的两次世界大战，就是工业国竞争白热化的结果。

三、金融资本主导的全球化阶段，为维护本国金融霸权，消解他国金融防线，即以摧毁其他国家的金融主权为目标。凡是具有主权负外部性的发展中国家，在全球化竞争中均逐渐落败。

由此，当代国家竞争的主要手段可以总结概括为三种"隐形战争"。

贸易战：维护本国产业、占有他国市场。

科技战：限制他国产业升级、维持本国高端产业和技术垄断。

金融战：打击他国金融主权，实施金融殖民，制造全球动乱和恐慌，依靠金融垄断赚取全球金融租。

国家竞争的主要战争工具和资源包括：

巧实力：支持街头政治、挑起"颜色革命"，发动各个国家的内乱。

软实力：构建意识形态化的政治正确，占据道德制高点，抹黑和妖魔化与之竞争的国家。

硬实力：军事威胁、局部战争，制造周期性动乱，配合单方面强行制裁，促使其他国家资本流向本国。

国家竞争的最终目的就是实现金融殖民：核心国家依靠军事霸权支撑的美元货币信用，大量印钱使之流向资本稀缺的后发国家，通过投资形成对发展中国家的债权，利用债务国危机收割实体产业和战略资源，控制后发国家经济命脉；债务国通过出口资源和低价的加工商品获得的外汇大部分被要求购买美国国债，美元回流构成全球资本循环。而美国增发的国债则以增发货币购债而不必兑付，后发国家却不得不偿还先发国家的贷款。由此构成美元资本向全球做双重债务（贸易赤字和财政赤字）对应"美元＋美债"的双重扩张获取收益的全球化规则，这就是"基于规则"的金融殖民的全球秩序。不遵从这一秩序的国家，要么被封锁、打压，要么被策划"颜色革命"，甚至被政变。

参考资料：

温铁军等：《全球化与国家竞争：新兴七国比较研究》，东方出版社 2021 年版。

# 四、"融入论"与针对中国的新"战略"

上文述及，世界资本主义进入金融资本主导全球化阶段以来，美元集团与欧元集团这两大金融资本集团的对抗性矛盾，一度是20世纪90年代后冷战时期的主要矛盾；引发的多起区域战争，特别是发生在欧洲本土的巴尔干战争，实质性地打压了欧元崛起的势头。

在这一后冷战阶段，中国在进出口贸易大幅增加的同时，因为主要使用美元结算和保留美元作为外汇储备并且主要回流到美国的国债市场，也就实际上支撑了美欧两大金融资本集团斗争中的美元资本集团。

这是20世纪90年代美国政治家提出中国"融入论"的重要因素。接着在21世纪第一个十年，中国大量承接美国的产业转移并且向美国大量回流资本，致使美国甚至提出"Chimerica"（中美国）和"G2"（中美共治）概念。而在2008年华尔街金融海啸爆发美国大规模增发货币制造全球通胀向全球转嫁危机之后，中国因遭遇"进口通胀"，遂开始自主支配美元外汇用于海外投资；于是，美国金融资本则立刻认定其为"敌对"对象……

## 1. 中美在21世纪第一个十年的战略合作

20世纪90年代美国提出这个"融入论"之前，正是美国带领西方国家制裁中国，致使西方外资撤出国内进出口受限的时期；中国只能放弃"引进消化吸收"的传统开放政策，靠直接吸引周边国家和地区的"低端制造业"，在沿海大力发展"三来一补"的加工贸易型外向型经济，借以在美国制裁的打击下维持经济增长。实际上是靠海外公司接单在大陆生产来维持与贸易盈余同步的资本流入，弥补国内资本和技术极度稀缺的所谓"两缺口"。[①]

自 2001 年美国爆发"新经济"危机以来的新世纪的第一个十年里，中国吸纳了大量西方转移的实体产业资本，构成对美国金融经济胜出欧元金融集团的重大贡献，我们称之为"双重输出"：一是向美国输出廉价实体性商品，帮助维护美国低通胀；二是把贸易盈余输出到美国的国债市场，维护美国资本净流入。

就在这个所谓的中国"融入"西方世界，为美国主导的全球化做巨大贡献的时期，美国仍然制造了多起针对中国的战争行动或军事"挑衅"……短时间内引发了中国人的抗议；但由于中国跟美国的矛盾尚在"非主要矛盾"阶段，这些事件没有演化成中美对抗性冲突。

这一中国单方面向美国做出巨大贡献并且忍受美国多次军事挑衅的关系，被美国跨国资本称为"中美国"（Chimerica），当时的美国国务卿也称其为"中美战略关系最好时期"。

这些情况，也许会被西方政治家理解为：美国在苏联东欧社会主义阵营解体后推出针对中国的"融入论"，是有效的……

### 2. 中美关系恶化的客观背景

中美关系在新世纪的第一个十年曾被公认为"相向而行"，第二个十年却被指责为"背道而驰"，之所以发生这样的转变也不过是规律使然。

随着中国大部分沿海地区都在遭遇美西方于 1989 年确立的"制

---

① 两缺口理论亦称"两缺口模式"理论，是 20 世纪 60 年代中期由美国著名发展经济学家 H. 钱纳里（H. Chenery）首先提出的用于解释发展中国家经济发展主要障碍和引进外资必要性的一种理论。

裁"的余波中"就坡下驴"般地朝着"三来一补"加工贸易的外向型经济转向，各地方政府纷纷追求这种外部资本在全球布局形成的低端产业能够体现为GDP的高增长，很快就使中国成了"全球化的优等生"。一是形成了世界最全的产业门类、最大的贸易盈余、最大的外汇储备、最多的对美国债投资；二是跨国公司进入靠出口获取外汇的中国，回流外汇占有了人民币的增值收益，使得中国为了对冲外汇流入不得不大量增发本币，于是造成国内金融资本的自主积累和规模扩张，遂符合金融资本扩张规律地形成了国内的"资本过剩"。

由此，中国顺着资本主义世界具有一般性的资本经济演变规律，按照美国"融入"战略，使用中国的外汇储备对海外做直接投资，很快就在新世纪的第二个十年变成了非洲的最大投资国；进而按照一般经济规律试图用人民币做大宗商品进出口结算，使中国金融资本加入全球金融资本的竞争之中。诚然，尽管这在思想理论与制度运行上都符合西方给定的"政治正确"，实际上却"动了西方的奶酪"——因冲击到美国的金融霸权及其掌控全球资本流向的根本利益，使美国终于不再掩饰对中国的战略遏制和战争企图。

这恰是自以为摸准了石头却过不了人家那条河的中国经济界主流群体最纠结也最尴尬的"哈姆雷特之问"——全球化，还是去全球化，这是个问题……

### 3. "集体金融帝国主义"新对抗性战略

美元和欧元这两大金融资本集团的实质都是吸附在共同的全球化产业链体系——广大的资源型国家和加工制造业国家组成的实体经济——上的血蛭，所以，美欧无法用冷战意识形态相互攻击，而是在后冷战阶段重新界定各自的币缘政治势力范围，伺机在对手周边挑起战争。其针对"边缘国家"采用冷战意识形态的软实力发动所谓的"颜色革命"，最终目的不过是扭转资本的流动方向。所以，世界依然处于一种帝国主义的战争形式之中，而不会出现一方将另一方完全毁灭的"冷战"。

当美欧两大金融资本集团拼杀到最后，并意识到谁都不能吃掉对方的时候，恰好出现了一个实体财富不断增长并且走出不同道路、越来越有能力保护自身的国家，于是这两个金融资本集团合流形成所谓的"民主联盟"，其实质是"印钞联盟""赖债联盟"，按照萨米尔·阿明的说法就是"集体金融帝国主义"，其中还包括依附于美国军事与金融霸权的日本。它们对拥有最大规模商品生产和资产财富的中国（其实也包括拥有最多自然资源财富的俄罗斯）垂涎欲滴，必欲瓜分而后快。

2020 年全球已分配外汇储备的市场份额，欧元集团约占 21.29%，美元集团约占 58.92%[①]。

2008 年华尔街金融海啸及随后的欧洲主权债务危机之后，美国、欧盟、日本先后都推出了"零利率＋量化宽松"的印钞政策。新冠疫情暴发后，更是推出了超级量化宽松政策，毫无底线地印钞，美欧央行资产负债表分别扩张 5 万亿美元，日本则是 2 万亿美元左右。而中国自新冠疫情以来，只扩张了 5000 亿美元，为美欧的十分之一。图 1–3 梳理了美国自 2020 年以来的财政金融政策的线索，表明美国是如何通过印钞来解决自身的财政赤字问题的。由此导致的极度过剩的货币金融资本，必然寻找转嫁代价的对象。在

---

① IMF 宏观经济和金融数据库，见 https://data.imf.org/?sk=E6A5F467–C14B–4AA8–9F6D–5A09EC4E62A4。

严重危机的压力下，美欧日三大金融资本集团自然优先放下内部的矛盾，共同对外，试图掠夺东方的财富，这是由同属于金融帝国主义剥削阶级的本性决定的。

简单回顾一下，我们就可以知晓这一民主印钞联盟逐渐形成的过程。美国由于华尔街金融海啸最先开始通过印钞救助那些大型金融公司，以及与此相关联的各种养老基金、共同基金，后者关系着美国老百姓的养老金和家庭资产的安全。欧盟则是因为国债危机最严重的"欧猪五国"（葡萄牙、爱尔兰、意大利、希腊、西班牙）强烈反对紧缩，也不得不通过印钞购买它们的国债，维持其福利社会的稳定。自此，美欧走上了依赖印钞的不归路，但这本质上是一条"损人利己"的罪恶之路。其完全不事生产，只管印钞，必然极具扩张性和侵略性。

2013 年 10 月 31 日，美国、欧盟、瑞士、英国、加拿大和日本等六家央行宣布将原有的临时双边货币互换协议转换成长期、无限额、多边的互换协议，如果市场需要，有流动性需求的央行可按协议规定获得来自其他五家央行的五种货币流动性。2020 年 3 月 19 日，为了应对美元的流动性不足，美联储宣布与澳大利亚、巴西、丹麦、韩国等 9 个国家的央行达成临时流动性互换协议，为这些国家提供 300 亿或 600 亿美元的流动性互换额度。这意味着美国先后形成了"1+5"的金融霸权核心"民主联盟"，然后又把印太战略、AUKUS[①] 等涉及的国家也拉入金融霸权的半核心圈。

---

① AUKUS 是美国、英国、澳大利亚签订的三边安保联盟协定。按照其规定，英美两国将帮助澳大利亚建造核潜艇。美国拜登政府发布的印太战略侧重联盟关系、军事威慑以及在东南亚地区加强存在，以此来对抗中国。澳英美联盟被视为威慑中国的关键环节。

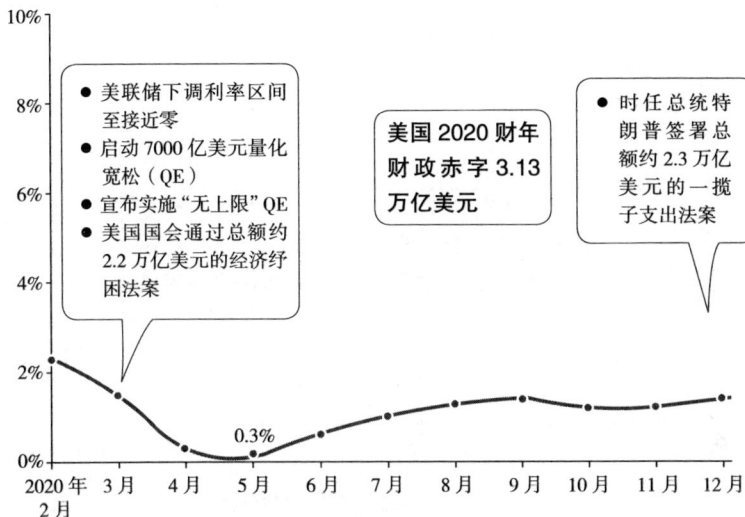

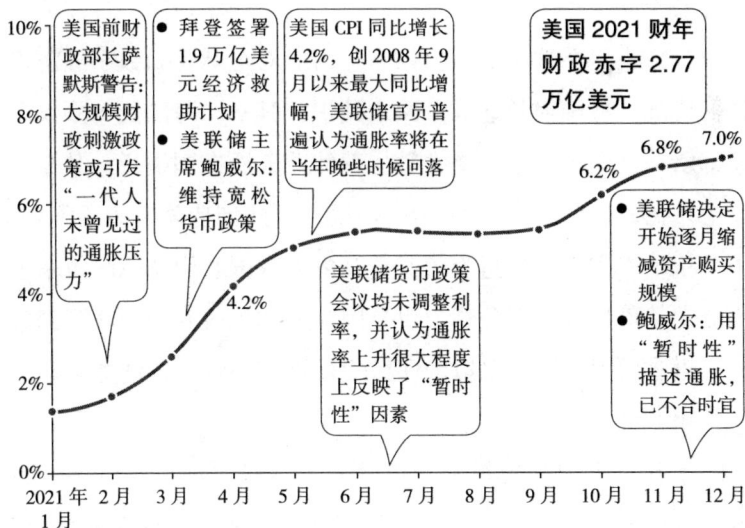

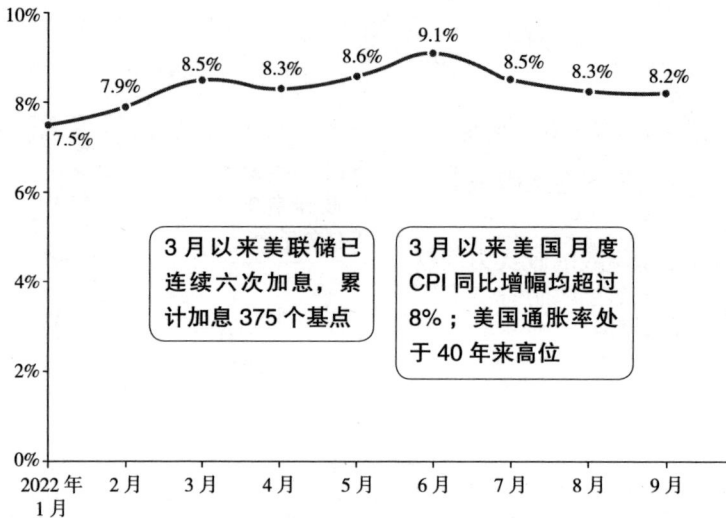

图 1-3　美国"政策毒药"致胀时间线

数据来源：根据新华社微信公众号 2022 年 11 月 10 日发布的文章及图表绘制。

2022 年 6 月，在伦敦举行会谈的七国集团（G7）通过了全球税收改革方案。在这次财长会议中，为应对全球化和数字经济带来的税务挑战，各国财长达成了两个共识：其一，跨国公司不仅需要在总部所在地纳税，还需要在其运营的业务所在国纳税；其二，以国家为基础，征收最低 15% 的公司税，以此创造公平的竞争环境，打击避税。事实上，这是为了避免其内部各国利用减税政策来争夺资本流动从而造成联盟分裂，也是因为增加税收有助于联盟国家的集权，更多的财政收入可以为印钞发债更好地背书，增加金融资本利益集团的货币权力。

除了在以上财政政策和货币政策上达成多项协议以外，为了协调内部的利益关系，以及"意识形态和气候"变化等相关政策，拜登上台后重新加入各种多边机制，一改特朗普的种种"退群"行为。拜登政府重返《巴黎协定》和其他国际组织，增加预算并通过各种基金会支持各国的 LGBT（性少数议题）、人权保护等政治正确的价值观宣传。总体来看，它们试图在政治上形成一个超国家的、全面的、系统性的全球体制，目的就是使发展中国家永远地成为它们的金融殖民地。

### 4. 应对挑战的软实力问题

在金融资本全球化危机的大背景下，中国知识精英因为自 20 世纪 90 年代以来在思想、文化、教育等上层建筑领域真诚地接受了全球化，特别是接受了西方做出的逻辑解释，以至于占据话语权地位的"官产学媒"等各类强势群体，面对美国在 2008 年华尔街金融海啸时中国勉力"救美"之际发起的以中国为主要竞争对手的挑战几无思想准备。特别是对意识形态"软实力"和操控国内涉台、涉港、涉藏、涉疆等动乱的"巧实力"运用多于军事手段"硬实力"的老冷战特性，既缺乏认识和分析，又没有对西方话语的解构能力，遂在重大问题的判断上听任诸多干扰甚嚣尘上。

直到 10 年之后的 2018 年美国发起贸易摩擦全面打压中国企业，促使社会上大多数民众觉醒，才有中美会谈上"我们把你们想得太好了"这样的官方表达。但国内仍然有很多知识分子和主流精英在各类媒体或学术性会议上反对我们提出的"中国是被动纳入"的观点。因为，反对者主要还是认为美国自 90 年代以来是真心接受中国融入全球化的，只要中国按照西方的要求改变政治制度甚至改变本土文化，只要中国在现代化发展的过程中制度性地融入西方，就不至于"惹怒"美国；更有附和这些观点的经济界人士认为中国大量出口制造业产品对美国是不可替代的，因此美国不会针对中国。

可见，面对美国发起这种帝国主义战争性质的对抗性做法，国内各方面，特别是思想、理论、文化、教育等软实力领域，以及统战、宗教、民族、国安等巧实力领域，都需要贯彻应对外部风险的"底线思维"，认真地落实"练好内功，夯实基础"的应对战略的基本要求。

须知，中国内部仅有少数群体是美元集团金融霸权的"利益相关者"，无论性质上是国有还是私有（国内称之为"民营"），都可归类为21世纪中国的"新买办"阶级（或称"群体"）。这个阶级历史性地具有难以改变的卖国主义取向，他们的财产或他们的直系亲属们已经很高比例地实现了与西方世界的"你中有我，我中有你"。其他被美国软实力浸淫几十年的跟从群体，大部分既不了解美国也不了解世界，所秉持的只是最近这几十年照搬西方教科书而演化出来的单方面的臆想。

在大多数发展中国家官方意识形态软实力过于软弱、学科化理论说服力有限且话语权竞争力缺失的现状难以短期改观的不利条件下，社会上其他利益群体之所以逐步觉醒，主要是被美国这个只能从老冷战意识形态中捡拾垃圾武器的"反面教员"及其做出的一系列"图穷匕见"的恶劣的霸权行径给予了教训……

实际上，美国的诸多政治精英长期受老冷战意识形态熏染，他们公开表态，当初接纳"中国融入"的战略目的就是要改变中国的基本制度，只不过现在看起来失败了，所以，他们对于没有尽早对中国动武表示后悔[①]。

诚然，从1991年苏联解体之际提出"中国崩溃论"到10年之

---

① 美国国务卿蓬佩奥于2020年7月23日在尼克松图书馆前的讲话，全文发表于 U.S. DEPARTMENT OF STATE.

后改称"中国威胁论"，美国两党从未放弃过遏制中国发展的战略意图。被西方舆论称为"左派"的奥巴马在白宫接受媒体采访时提到：如果中国 10 多亿人口都能过上跟美国和澳大利亚一样的生活，将会是全人类的悲剧和灾难，地球根本无法承受。[①] 对于中国领导人在 21 世纪之初曾经提出的"和平崛起"，美国断然是不会接受的；即使我们一遭美国反对就马上放弃了"崛起"一词，温良恭俭让地改为"和平发展"，美国政客们也不会减轻一丝一毫的打压。

严酷的事实教育了中国人：一味地忍让顺从不可能在单极霸权把控世界丛林法则的约束条件下求取公平正义。遑论中国在制度上融入资本主义就不会发生战争的臆想。实践表明，中国更多地融入资本主义全球化就是遭遇西方"同仇敌忾"更多地制裁打压的缘由，所体现出的是列宁对西方列强的本质的揭露——"帝国主义就是战争"。

## 五、改出新型国际困境的战略调整

资本主义自成为人类发展的一个历史阶段以来，始终伴随着战争，而且其频繁程度是以往任何历史时期都无法比拟的。产业资本阶段的"在国化"使得工业国家之间的竞争是随时随地发生的，特别是美国首先使用核武器"无差别"杀害数十万日本平民百姓，接

---

[①] 奥巴马于 2010 年 4 月 15 日接受澳大利亚电视台采访时的原文：You know if you talk to Chinese leaders, I think they will acknowledge immediately that if over a billion Chinese citizens have the same living patterns as Australians and Americans do right now, then all of us are in for a very miserable time, the planet just can't sustain it。

着在 20 世纪 50 年代与苏联构成"核恐怖平衡"之后，靠加速研发通信网络及计算机等高科技来加持新战略武器，使资本集团之间的竞争与战争这种极端化的竞争手段愈加密不可分。

所以，越是融入资本主义就越不能避免战争，越是加快融入当代金融资本主导的全球化，就越是激化金融资本主义的内生性矛盾，导致更大规模的战争更快地到来。

### 1. 确立"以人民为中心"的自主发展思想

据此看，中国如果要规避战争、维护和平，就必须做出重大战略转变。尤其应该转变在资本极度稀缺的硬约束条件下形成的"以资本为中心"的激进发展方式。在资本相对过剩的新阶段，中国发挥"集中力量办大事"的体制优势，主动做"跨周期调节"，渐进地向"以人民为中心"的可持续包容性发展做战略调整。这是新时代的中国人提出的"人与自然和谐共生"的现代化和"中华民族伟大复兴"的基本内涵。由此经济基础的战略转型要求政治上必须"不忘初心，牢记使命"，坚持"中国特色社会主义"的内生决定性。

纵观世界帝国主义的演变进程，后发国家缺乏自主性的照搬和跟从的发展方式屡遭败绩……

曾经，苏联解体之后的俄罗斯积极追求西方自由主义意识形态，主动融入西方资本主义体制，采取美国推介的"休克疗法"和全面"制度转轨"，试图彻底照搬西方的制度和文化，结果却被西方打压，一度陷入灾难性境地。最终，落入对抗北约背信弃义全面东扩演变成的"诱迫性"武装冲突。

同理，欧盟各国本是老冷战时期美国最亲密的战略盟友，但仍然内斗不断，为的是货币霸权和资本利益；苏联解体后进入后冷战时期，欧元金融集团和美元金融集团直接进入到形成主要矛盾的对抗性斗争阶段，这期间欧盟周边战争不断。特朗普上台后明确地说出他最大的"心愿"是欧盟解体和弃用欧元，欧盟是美国的敌人。一语道破了后冷战阶段欧元问世以来爆发的美欧两大金融资本集团之间的对抗性冲突。可见，虽然欧洲同属西方模式的资本主义制度和自由主义的意识形态，但并不是因此就不会发生战争。

### 2. 中国适应不同阶段的规律性演变

中国在加快"工业化+城市化"初期的发展阶段，由于朝鲜战争期间接受苏联大量援助的装备生产线，形成以国家为主体的军重工业，这一机制的体现既是自觉的，也是自为的。对此，我们以往的著述对中国工业化经验做了详尽的分析。

总之，我们只有正确地分析历史，才能正确认识现实。

有鉴于此，中国在 2005 年确定进入工业化中期，以及 2015 年提出"工业供给侧改革"之后，明确了"发展的不平衡和不充分"是今后一个时期的"主要矛盾"。为此，一方面要加强科技创新，提高自主防卫能力，才能有条件地对帝国主义战争进行有效的武器批判；另一方面要加强对世界资本主义发展进程的反思，并且尽可能地在自觉地转向生态文明发展新阶段的调整之中，向"生态化"转型，向"国内大循环为主体"的新发展阶段转型。须知，唯有以"举国体制"推行跨周期调节——越过势必与美元资本集团对抗的金融资本虚拟化扩张阶段，才能寻求避免金融战争（美军支撑美金）的另类道路。

诚然，想要避免"帝国主义就是战争"这条列宁"魔咒"，中国只能自觉地改出极端发展主义和粗放消费主义，走生态文明的发展道路。中国从 20 世纪 90 年代老冷战结束之后的一个时期开始，主动纳入全球化带动的产业重新布局，逐渐形成了"大进大出"的经济结构并成了所谓"世界工厂"，拥有以跨国公司为主的最为庞大的工业生产能力。这导致中国在实体经济层面，即生产、贸易和消费的循环上更多地依赖深度融入全球化所带来的国际市场，不仅数亿人口的就业和生存被绑架在这个国际大循环上面，而且还得主动地对西方做"双重输出"。

当然，美国对金融资本主导的全球化的依赖更甚，但和中国的依赖方式不同：其一，美国在金融虚拟经济层面，即在增发货币、国债和资本流动上依赖全球金融化主导的资本市场；其二，中国依赖的全球化产业资本循环和美国依赖的全球化金融资本循环是相互嵌套的，前者是后者的基础。

由此，竟然形成中美两个最大经济体在战略调整上的"双输"锁定：中国难以改出严重污染和低福利的"加工贸易型的外向型经济"，如果想要将低端产业调整为高端产业就会与德国、日本等产业资本国构成恶性竞争，对内就会引发大量失业。美国也无法改回实体经济，只能维持对中国一般消费品过高的进口依存度和中国贸易盈余的流入，否则就不会有大量资本流入构成对金融霸权的支撑……

正如萨米尔·阿明在 2018 年的第二届马克思主义大会上强调的："中国直到今天还没有加入金融全球化。只要没有加入金融全球化进程中去，就可以避免目前资本主义危机带来的震荡。如果加入了，那么不可避免地，中国的成就就会付诸东流，并且像俄罗斯那样受到掠夺。此外，中国不能放弃土地不是一种商品的原则（即不要土地私有化），如果放弃这一原则，中国就没有希望了！中国也就不能在一个和平的环境下成为一个大国。"虽然内外勾连着的中国的金融资本现在蠢蠢欲动，想要大力发展金融市场和虚拟经济，通过吸引全球资本流动来获得超高收益，但受到国家对金融资本的绝对控制[①]，所以中国现在并没有形成一个主要依靠资本流动来生存的社会结构。

### 3. 中国的道路选择

当前的中国面临两条不同的道路：

一条是继续学习和模仿西方式的现代化道路，走向金融化全球依赖，如此势必与美国和欧盟金融集团发生激烈冲突。未来，中国不仅会面临和美欧争夺资本流动的冲突，还会因为美欧的"硬脱钩""去中国化"等政策导致在原材料和能源领域发生关乎生死存亡的争夺大战，而这意味着战争将很难避免。

另一条道路，就是改出资本主义的现代化发展方式，以生态文明为导向，走"国内大循环为主体"、兼顾国内国际双循环的发展路径。同时，中国的金融体系要以坚持服务实体经济为导向而"有序发展"，不能走美国式的虚拟化金融资本"野蛮生长"的道路。

不过，由于第二条道路这个强制性的要求与金融资本追求流动性获利的本质相悖，那就只能寄希望于金融利益集团之外的政治力量。而在当代中国，唯赖大型国企普遍实行"党组"[②]制度的政治

---

① 中国金融管理体系不同于海外的最大特点，是中共中央设有"中央财经工作领导小组"以及"中央金融工作领导小组"、"国家金融安全委员会"等机构。这些机构不对外，对内直接形成金融决策，协调与其他部门的相关问题，并直接处置金融事件。

② 中国的国有金融机构和大型国有企业在决策体系上实行的都是"党组制"，而不是一般企业的"党委制"。

控制体系，才有一定程度的"硬约束"。坚持像这样起到硬约束作用的"中国特色社会主义"体制，中国才能不去世界市场跟单极霸权争夺原材料控制权或者金融市场及货币结算权等，而是"行到水穷处，坐看云起时"——美欧国家过高成本的现代化金融体制若不具备从中国这类实体经济国家收割的能力，而演化为泡沫化债务恶化，最终将走向自我崩溃。

据此看，中国在这个国际困境的应对策略中，练好内功，夯实基础，转向"国内大循环为主体"的双循环战略，应该是一个代价最低的、引领中国人民跨过金融资本主义历史阶段的方法。①

## 六、对资本主义历史阶段自在过程的反思

### 1. 老冷战陈旧意识形态的劣质化过程

美方政治家高调提出"重返亚太"，试图打造遵循"自由主义"原则、更有"魅惑"力的思想武器，策略上则继续在"一个世界一个体系"的全球化大格局下，打造跨太平洋伙伴关系（TPP）；但，这些被西方认定为"左翼"的概念，既不可能用于化解量化宽松造成的全球通胀，也不能满足已经完成全球产业和物流重组的跨国公司代表的大资本的实际需求。延宕十年之后，被西方归类为"右翼"的共和党上台，2018 年主政的美国老年政客群体直接打碎了西方所谓"左翼"秉持的意识形态体系，干脆搬出过去老冷战确立"一个世界两个体系"时期的意识形态中最为劣质的话语，作

---

① 这段分析也是我们长期坚持改良试验，试图以乡建行动改出照搬西方激进的现代化的缘由。

为其攻击中国的思想理论武器。如，重组亚太经济一体化之际，把中美冲突说成是"自由民主"与"独裁专制"的对抗；又如，在打压中国时策略性地提出美国只反共不反中国人民；再如，直接使用文明冲突论，甚至种族主义的论调等。

这样一些即使在西方也被精英群体嗤之以鼻的、非理性的、老掉牙的、肤浅的口号话语，竟然被堂而皇之地搬出来作为其对外扩大影响的软实力！号称自由主义的西方国家为什么不顾市场经济原则一致加入"友岸贸易联盟"的对华制裁？这套老冷战说辞为什么会适用于下层社会的民粹主义情绪，使"右翼"政客在低收入群体当中做政治动员屡试不爽？这难道不值得我们反思吗？

可以认为，美国使用的这套老旧意识形态话语体系的荒诞不经，表明其对金融资本掌控全球市场以及支撑金融霸权的军事霸权的"硬实力"有着强大自信。诚然，金融与军事这两个不断靠制裁来展现的霸权"硬核"，足以迫使大多数处于弱势地位的后发国家跟从"无厘头"的软实力。这一点，在老冷战的美苏对抗时期就是如此。在美国，这一历史可以追溯到1944年"布雷顿森林体系"确立美钞成为美金（美元兑换黄金的"固定兑换率"）的地位之际，金融资本作为经济基础对老冷战阶段的上层建筑和"麦卡锡主义"意识形态起到了支撑作用。

老冷战时期，这么一种非常庸俗化的、具有排斥性的"反共"思想体系，配合"马歇尔计划"战略性援助带动的美金结算体系横扫世界，有效地整合了西方阵营；连美国总统罗斯福和英国喜剧演员卓别林都被造谣说成是"共产党"，而且连带很多坚持正常思考的人也噤若寒蝉。客观地看，直到20世纪70年代美国反动集团深陷越战泥潭演变为国内反战运动，连带使本来由黑人发起的"民权运动"被白人主流社会接受，这之后老冷战那一套意识形态才逐渐被美国社会淡化。

## 2.西方意识形态的魅惑

按说劣质化的西方意识形态及其作为包装的西方人文社科体系，在西方社会并不被广大群众认同，也本不应该进入严肃的、科学的知识生产体系，然而实际上却在助力美国以软实力赢得对苏冷战的过程中改头换面，逐渐演变成了一套打着"科学、民主、自由、人权"等软实力大旗的理论系统。由于时空错位，竟被曲解成是这套思想体系指导西方世界取得了经济繁荣发展，并最终战胜了苏联东欧的落后的集权政治与计划经济体系。

殊不知，在老冷战阶段，恰恰是因为受到苏联这个外在社会主义势力的制约，西方世界才实行了改良性质的民主福利社会制度，因而才取得了相当的社会成就；美国在老冷战时期取得成绩的原因，并不是后来被西方统治精英总结提出的"新自由主义"意识形态。

在资本主义历史时期，人类对身处其中的复杂经验做了很多归纳演绎，各国的知识生产者所做的努力都有积极意义，但也只能是片面的、局部的。

以美国为首的西方国家并不是因为这套老旧意识形态的指导才赢得的冷战，或者说将胜利归因于西方意识形态，并不符合历史实际。因为在冷战这个资本主义历史阶段，无论是美国和西欧，还是苏联和东欧，都处于一个自在的历史的自然演化的发展阶段，无论是双方的哪一方，都没有形成足够自觉的认识。当然，在这个主要矛盾两极之外的中国，作为第三世界的代表，也还处在一个自在的追求国家工业化资本原始积累和军重工业优先发展的过程之中，也不可能有条件形成自觉的认识和反思。

### 3. 苏东体系在老冷战中遭遇败绩的客观原因

先扼要地归纳一下苏联在软实力竞争中屡遭败绩之本源。

实际上，在老冷战阶段苏联停留在非货币经济和换货贸易的所谓计划形态上，某种程度上是因为"上层建筑和意识形态反作用于经济基础"——它把马克思关于金融资本的批判当成了经济基础领域一种重要的制度性限制，所以它不能在自身的经济体系中推进经济货币化和资源资本化，并且因其实体经济的"去货币化"而使得它的经济和西方经济体系处于隔离状态，这就变成了"一个世界两个体系"（一个资本主义世界，划分成市场资本主义和国家资本主义两个体系）。

尽管苏联自认为是社会主义的意识形态，但事实上它依然处于"产业资本国家化竞争"的历史阶段，因此这个体系就具有它内生的自在性。

20世纪70年代的石油危机之后，美国及西方的高利率政策客观上造成了实体经济困境，各类产业大量向海外转移占有要素低价收益再返回美国资本市场，使其经济体系进入到金融化主导的全球化，遂有20世纪80年代经济统计被改为GDP统计为主，即以货币量来计算交易中的增加值；而在那时，苏东国家并不主动推进货币化和金融化，也是有它的利益考量和制度局限的。如此一来，苏联体系在20世纪80年代改为使用西方提出的GDP作为统计核算方式的条件下，就赶不上市场交易完全货币化的美国经济的增长速度。

图1-4显示，1960—1976年期间苏联的GDP增长率高于美国，

1982 年后美国的增长率明显与苏联拉开了差距。

更为深刻的影响是苏联一方面停留在非货币化的实体经济阶段，没能自觉地产生一种理论来分析美苏之间使用 GDP 统计造成差距拉大的真实原因；另一方面，其国内支撑软实力的思想理论界反而把西方的意识形态接收过来，认为是计划经济"搞错"了，进而认为是其自身集中统一的政治体制问题！这两个方面的缺陷交互作用，使得苏联最终在西方新自由主义要求的制度转轨中陷于被动。

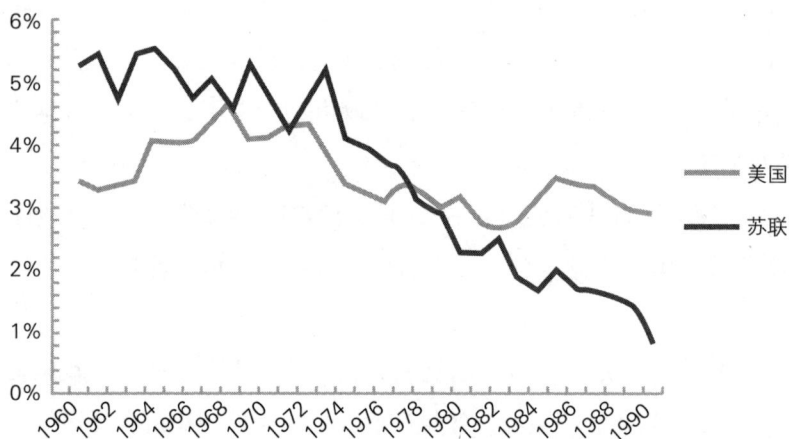

图 1-4　美苏实际 GDP 年均增长率变化（按照 10 年移动平均线计算）

资料来源：根据世界大型企业联合会发布的《总经济数据 2016》（*Total Economy Database 2016*）绘制。参阅［英］约翰·罗斯（中文名：罗思义）：《无论谁上台，中美对抗都不符合双方利益》，见 http://www.guancha.cn/LuoSiYi/2016_11_07_379648.shtml。

### 4. 美国在老冷战中"不战而胜"的原因分析

美国作为老冷战中"不战而胜"的一方，它的新自由主义意识形态也并非"自觉"产生。当年的"语境"是什么呢？所谓新自由主义产生于其产业资本向金融资本的"跃升"过程中，即1971 年布雷顿森林体系解体之后，美国金融扩张犹如脱缰野马，短短 20 年间"创新"了几千种活跃在资本市场上的金融衍生品；而同期实体产业则不断外移，致使国民经济和社会政治向金融化转型。

当年，战后恢复经济的"马歇尔计划"主要是出借可兑换黄金的"美金"给欧洲各国用于进口设备，这给了美国产业资本进军欧洲的巨大市场空间。但欧洲再度工业化之后，客观上使"美金"回归了"美元"——欧洲发展起来的区内贸易大量使用美元，促使美元不断增发，却不可能再按照"布雷顿森林体系"兑换黄金。这时美国阵营内的法德等国反过来要求美国用黄金兑换滞留欧洲的美元盈余（俗称"欧洲美元"），导致美国黄金储备大幅下降，美元难以为继，然后其在一系列的外交行动和战略调整中，于 1971 年惊险地摆脱了美元与黄金维持固定兑换率为主要内涵的"布雷顿森林体系"。

显然，这是美国"化危为机"的一个"跃升"。

然而，一旦美国从产业资本阶段升级到金融资本阶段，就必然出现金融资本追求流动性获利而排斥实体经济的情形。因此，虽然美国的经济出现金融为主的服务业增长看似是一个胜利，好像是形成了先进的、高度现代化的经济结构，是具有全球引领性的产业升级，但最终的结果是较大程度地伤害了本国的实体经济。

可见，美国也在不自觉的、资本主义自在的发展过程中经历了老冷战阶段的经济演变。

由于美国实质性地进入了金融化新阶段，美国的经济从 20 世纪 80 年代开始越来越依赖于国债的增加和货币的超发，不断周期性地降低利率，才能维持股市和消费服务业的繁荣，也体现为

GDP 的不断增长。与此同时，美国就必须依靠最高的军费开支来维持一支最强大的军队，将其制度成本顺利地转嫁出去。比如，要求有美国驻军的日本将大量的贸易盈余回流美国资本市场购买美债和美股，将大量廉价的商品输出到美国，支持其繁荣的景象，让苏联误以为无论如何也比不过而失去自信。这种使"金融资本异化"于产业资本，演变为对盟友也具排斥性的垄断资本，遂以不断在世界各地掀起反共高潮来掩饰其内生的法西斯特性。

尽管美国在老冷战阶段，用这种金融化方式战胜了长期停滞在产业资本阶段的苏联，但在它的实体产业大量外移期间，势必出现大规模失业。虽然高度金融化的美国社会拥有对全球剩余价值再分配的基础，即使普通中产阶级都能享受到金融收益的外溢，拥有越多金融资产的人就越容易暴富，但最后也顺理成章地导致贫富分化严重、社会撕裂，成为使美国病入膏肓的制度痼疾。出于历史原因，美国阶级矛盾和种族矛盾本来就是交织在一起的，尤其在 2020 年暴发的这次疫情的打击下，美国特色的阶级对抗问题更加凸显。

从美国别墅区的富人的价值观角度来说，根本不用戴口罩，他们觉得强制戴口罩妨碍自由主义精神。但这是因为富人的生活环境高度宽松，他们不用挤在密集的街道和公共交通上，不用挤在穷人的社区里。而疫情导致死亡病例的主要原因就是聚集，要么是老人院，要么是贫民窟，要么是黑人社区，总之，"老黑弱残病"的社会下层人民先遭遇死亡威胁。

美国的社会乱象之上，是思想贫乏缺乏自觉思考能力所派生的话语乱象。

我们看到了地产商出身的特朗普总统不断随意地制造出各种

各样无厘头解释的奇葩现象，看到了长期在"自在"社会条件下几乎没有任何思想创新能力的这种排斥性文化。一方面，特朗普当政之后随心所欲地表达他们经历过的老冷战一代的陈旧话语，使美国这些上层建筑意识形态混乱到荒诞不经的状况被揭示得淋漓尽致；另一方面，他自称代表美国工人和美国家庭，还代表"美国梦"，大声疾呼地批判了美国金融资本与媒体集团控制社会所掩盖的腐败已经断绝了美国的发展之路，是这些政治集团造成了下层人民的贫苦；美国媒体却把他称为"右派"。相反，他也把民主党代表的金融资本集团及其政治利益称为"左派"……

实际上，无论哪个美国政党在妄图把自身复杂矛盾向外转嫁的过程中都会深陷冷战意识形态的桎梏之中，既不可能认识到客观规律，也无力扭转这个结构复杂的垄断资本单极化霸权对美国乃至世界的控制。当前美国反科学、反智的行为让人难以理解，但它们的精英和两党政治又在"去中国化"、向中国"甩锅"的问题上空前一致。

所有这些，用美国重新捡拾回来的老冷战意识形态能解释吗？当然不能。因为长期以来的冷战意识形态，这种排斥性的政治文化，实际上使得它即使作为冷战胜利的一方，也长期处在"自在"的演化过程，不能有自觉文化和产生反思的能力，也就不能有真正意义上的思想创新。

### 5. 中国被动成为战略遏制对象的原因分析

中国在后冷战阶段国际贸易的客观地位变化，是被美国为首的西方视为战略遏制对象的原因之一。

图1-5显示了2000—2020年世界各国对中美两国的贸易占比较高的国家数量比例的演变。2000年大部分国家对美贸易占比较高，

高于 75%；20 年后则下降到略高于 25%。这表明在产业资本阶段的竞争上中国在全球贸易中的占比显著提高，意味着被美国列为主要竞争对手的依据是客观的。

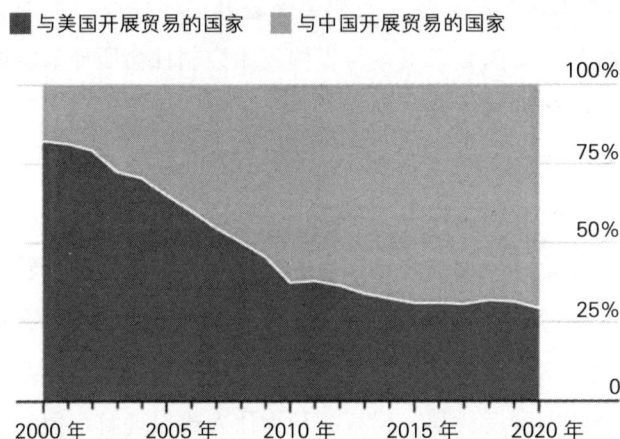

**图 1-5　世界各国对中美两国的贸易占比**

资料来源：IMF Direction of Trade Statistics。转引自英国《经济学家》杂志。

众所周知，当第二次世界大战结束，尤其是朝鲜战争结束后，世界上普遍出现了在殖民解放运动中新建立的发展中国家。这些曾经被帝国主义占领或控制的地区一旦形成国家主权，都会有一个自在地追求工业化资本积累的发展过程。这个本源于西方资本主义的工业化发展过程，无论用什么样的意识形态，国家资本主义也好，民族资本主义也罢，都符合带有民族国家性质的自主追求发展的客观规律。因此，共产党领导下的中国，既可以说是一个自觉地沿着马克思主义所指定的发展工业化、现代化的方向去迅速奔跑的过程，又可以说它是人类进入到资本主义工业化，特别是产业资本发展的这个阶段上的一个另类经验过程。

诚然，这也是所有的进入工业化的发展中国家都不可能跳过的自在过程。

也因此，在新中国的发展中，充满着各种外来的主要是从分割控制中国的西方列强那里承袭的意识形态争论，实质性地体现着梁漱溟所说的因应外来的压力而发生的"自毁甚于他毁"！但是对于大多数人来说，虽然身处这个巨大变化之中的自在过程，却是"不识庐山真面目，只缘身在此山中"。比如，新中国成立以来理论界主流深陷于关于国家资本和私人资本之间的矛盾、计划经济和商品经济之间的争论之中，至今因不能从陈旧概念的长期论战之中解脱而不可能有自觉思考能力。再如，20世纪60年代中国在工业化必须资本积累的同时期遭遇美国和苏联两个超级强权的制裁和硬脱钩，因"外部资本归零"，而只能走自力更生、艰苦奋斗、全民积累的道路，日子当然过得很紧张；但后来的人们往往不愿意研究这个国际大背景约束下的国家资本积累，却在意识形态制造的概念上争论什么是"极左""穷过渡"。当20世纪70年代美国试图"联中抗苏"的时候，中国开始在产业调整上逐步依赖于西方的资本和技术，由此，旧社会的全盘西化与新中国成立初的全盘苏化之间的意识形态争论以是否支持"改革与开放"的形式又出现了。以至于最后智叟们实在没有办法说清楚，那就请领导定调；遂有政治上规避陈旧意识形态的"不争论"，辅之以方法论意义上的"摸着石头过河"。

可是，这个人类在资本主义工业化历史阶段的自在过程，不论美国西方阵营、苏联东欧体系，还是中国及第三世界的自身发展经验过程，倘若解释不清楚，就算国内不争论，依然会陷入低俗化到荒诞程度的西方意识形态的包围之中。现在，当美国一些政客想要主动对中国发起"新冷战"，重拾老冷战意识形态作为软实力进攻的武器，作为西方引领周边国家反华结盟的策略的时候，中国不得不认真反思，才能在思想理论上做好准备，才能积极应对西方世界的软实力进攻。

第二章

# 冷战背景：金融资本全球化及其历史演变

新自由主义全球化正式形成的直接制度性表征，是 1994 年通过、1995 年正式施行的"世界贸易组织"（WTO）取代"关税及贸易总协定"（GATT）。而 WTO 相对于 GATT 的实质性改变，是美国借着老冷战结束派生的单极霸权发挥了最为显著的"比较优势"——作为世界最大粮食出口国和最大金融资本输出国，最有条件把美元进一步锚定在粮食贸易上；遂由美国推出金融和粮食这两个关乎国家安全的重大战略领域的贸易自由化。名义上，则是从第二次世界大战后这两项长期没有被世界各国接受因而久拖不决的所谓"乌拉圭回合"谈判直接融入了 WTO 条款之中。

据此看，人们不能简单地把后冷战阶段发生的全球化，单纯地视为"一个世界一个体系"条件下体现自由贸易的世界经济的发展阶段及其相关政策调整。考虑到当年美国还是石油进口国，其使全球接受美元作为世界主要结算货币的重要补充手段，是美国占世界市场绝对比重的粮食贸易的美元结算；这在本质上是资本主义历史上的阶段跃升及相关制度变迁——从产业资本阶段的全球市场扩张向金融资本阶段的全球金融化控制的转变。

从经济角度来看，资本主义在 20 世纪 80 年代全面推进的这种向金融资本阶段的跃升，对冷战中的实力变化及其结局构成显著影响。

我们的研究指出，正是在金融资本主导的全球化进程中，美国及西方其他国家进入金融资本异化于产业资本的虚拟化扩张阶段，才使滞留在产业资本阶段的苏东国家坚持"非货币化经济"的换货贸易"经互会"（经济互助委员会）体制相对地形成了所谓的"比较劣势"：20世纪80年代西方改为GDP计算货币交易的增加值的经济增长统计体系，苏东国家也跟着改用GDP，却很快因其实物交换贸易的"非货币化"性质而相形见绌。同理，包括中国在内的大多数发展中国家在跟着采纳GDP指标体系的过程中，也因无法统计民间特别是乡土社会每时每刻大量发生的非货币化经济活动[①]，而在面对西方自由市场制度和自由主义思想体系的时候，尴尬地感到自惭形秽……

同属于发展中国家的中国也是在有条件地接受西方产业转移后，当即形成对外负债增加，引发了70年代中期和80年代初期的财政赤字恶化。与一般发展中国家遭遇负债压力则与债权国讨价还价的做法有所不同，中国第一代领导集体的方针路线就对外债务和国内赤字问题如何做重大调整承受着非比寻常的客观压力。

---

① 笔者作为1968年下乡插队的知识青年，在乡村生活中切身感受到所谓市场化政策转变及其用于支撑的比较制度分析的常识性缺憾。例如，我们村里的老百姓日常生活中消费的粮食、蔬菜、肉类、油料、果品，以及烧柴用水，村里的铁匠、木匠、泥瓦匠、剃头匠、裁缝铺、油坊和磨坊等五行八作，绝大部分仍然是传统社会的自给自足的非货币化的物物交换，很难被准确纳入市场交易和官方统计的经济指标，难以纳入国民经济核算体系。即使我所在的人民公社沿公路的各大村都是隔三岔五地轮流开办集市贸易，大量发生了民间市场交易，也无法纳入规范的官方统计。总之，1980年改革之前，农村人口占中国总人口的85%以上，但官方统计部门只能根据自身需求，形成主要用于可被采购的大宗农产品生产数量的统计指标体系，反映不出绝大多数农村人民群众日常开展实体经济的运行情况。

由此，上述这些国际局势演变中发生的阶段性变化引起的尚未来得及认真讨论的说法，也顺理成章地成为毋庸置疑的主流决策依据……

诚然，中国80年代之前出国的人很少，国际比较研究能力很弱。那时候思想理论界的主流大多数缺乏对资本主义国家的实地体验。面对这个美国主导的西方资本主义从产业资本向金融资本升级的历史性的阶段演化，我们国内理论界也确实难以搜集足够的资料来提高认识。同时，中国乃至整个第三世界，都在老冷战后期的地缘战略派生的意识形态竞争中处于被动地位。由此，主流推进的自行反思及形成的相关文本，至少是在被西方大国主导的东西方制度的竞争上，给20世纪80年代才在英美崛起的新自由主义意识形态的软实力降维覆盖留下了余地；也就为"社会主义落后于资本主义"的舆论误导提供了可乘之机。

需要特别提醒后世研究者的是：那个阶段国内的很多论述以及正式发表的文本资料，虽然至今仍然在西方为主的"中国研究"中被广泛引述；但如果作为严肃的研究者用于形成观点的资料依据，恐怕都需要纳入整个资本主义大历史的复杂背景之中重新梳理……

可见，如果要洞悉帝国主义战争性质的、接续第二次世界大战瓜分世界势力范围的"冷战"在不同阶段的时代背景和历史脉络，就有必要对资本主义全球化所经历的历史阶段做分析。

## 一、全球资本主义历史阶段分析

我们的研究指出，全球资本主义发展至今，可以归纳为三个主要历史阶段：一是资本原始积累的全球殖民化阶段；二是因西方宗主国产业的"在国化"而不断爆发世界战争的产业资本全球扩张阶段；三是因生产过剩向外转移制造业使得金融资本掌控世界经济的金融全球化阶段。

在资本主义早期推进殖民化的阶段，西方列强的制胜之道，就是把在欧洲本土上原生的古代希腊罗马奴隶制演化为全球滥觞——使"商船即战船，商人即海盗"的古希腊文化的精髓"复兴"，通过国家为主体的大规模反人类犯罪，在欧洲之外四处复制奴隶制。[①] 欧洲为主的西方国家借助奴隶制的崛起，一方面奠定了西方进入工业文明的条件，另一方面也把人类社会在资本主义时期改变成"三个世界"，随之派生了三类模式：一是殖民地宗主国的老欧洲演化成相对温和的"莱茵模式"；二是被殖民化的新大陆（南北美洲、大洋洲）演化成极端野蛮的"盎格鲁－撒克逊模式"；三是没有完成殖民化的亚洲原住民大陆，演化成与传统文化相结合的"东亚模式"。[②]

三个类型各有千秋，在资源环境和制度文化上都有显著区别，我们对三类不同经验都应该增进了解，不可简单照搬。

---

① 在西欧通过跨大西洋的"奴隶制三角贸易"崛起的同时期，扼守地中海和里海占据欧亚非三大洲的奥斯曼土耳其，也开展了掠夺奴隶的暴力犯罪。只不过因在19世纪中叶的克里米亚战争中被俄国打败，其奴隶制没有像西欧那样得以延续。

② 三种类型中，东亚客观上属于社会经济稳定程度高、贫富差距小、两极分化不严重、对抗性冲突少的模式。对此，我们团队曾经有过政策分析和学术发表。客观上不可比的是，占据东亚模式主导地位的日韩，都因第二次世界大战和朝鲜战争之后的美军长期驻扎而归属于非主权完整意义上的单一民族国家。东亚模式的日韩虽然被国际社会认为是资本主义的"优等生"，却没有如盎格鲁－撒克逊和莱茵模式那样得到西方主流社会的认可。

## 1. 第一阶段：16 世纪末期至第一次世界大战

处于亚欧大陆边缘的欧洲，苦于被伊斯兰国家长期把控欧亚贸易通道，虽然历经两百年九次"十字军战争"却始终无力摆脱被动接受中间商加价盘剥的困境；遂在 15 世纪末试图"绕开"阿拉伯控制贸易通道的势力推出了所谓的"航海大发现"，由此助推了 16 世纪对世界其他大陆的殖民扩张……其对西方资本主义崛起的客观作用是双重有利的，既向外输出贫困人口和罪犯，减少了国内因资本剥夺劳动剩余而必然恶化的"阶级冲突"，又占有了殖民地的资源产品，加快了资本的原始积累。

进而，殖民地瓜分演化为主要发生在欧洲的帝国主义战争，也由此，拥有最多帝国主义列强和控制着最多殖民地的欧洲，虽然在地理位置上仍然居于亚欧大陆的西部边缘，却在列强的对外掳掠并进一步控制的所谓"规则"的基础上构建了"西方中心主义"的、排斥性的"国际秩序"。同时期，也凭借欧洲宗主国为主体的资本主义制度及其派生的思想理论、科技教育和文化艺术，"精神变物质"地把充满掠夺屠杀的西方海盗文化做了意识形态包装，辅以"文艺复兴"的话语建构，神话般地把反人类犯罪的亚欧大陆边缘地带改造成为人类世界向往的文明中心。

16 世纪殖民化运动开始之前的欧洲，物产贫瘠，民不聊生。两个重要因素值得提起：一是生存在北欧地区的维京海盗每遇"气候冷化"港湾封冻，就会顺着遍布欧洲的河流水路乘船南下，到风调雨顺的欧洲平原烧杀抢掠，搞得欧洲人苦不堪言。二是伊斯兰教阿拉伯地区长期掌控欧亚贸易通道，据此转口加价，使得欧洲人对东方商品贸易的逆差严重；中国不需要欧洲的产品，只要白银，这引起欧陆各国陷入绵延了约半个世纪的"白银战争"。

这两个因素导致欧洲在负债累累战乱频仍的压力下，为了应付内部危机，积极地寻找通往东方的新贸易路线，并开拓殖民地抢掠白银。

进入 18 世纪以后，欧洲人在新大陆的掠夺和开垦及开展的更为血腥残暴的奴隶制"三角贸易"，为欧洲本土诸国主要地处港口和要道的工商业城市的产业资本快速积累奠定了厚实的物质基础。诚然，资本主义化的欧洲经济和世俗化社会取得较大的进步，如同恩格斯指出的：连工人阶级都因分享了殖民地收益而淡化了阶级意识。

于是，欧洲人虽然在其本土发展了少数商人和企业主等为主的"第三等级"从过去的贵族和教会手里夺权而享有的平等、自由、民主等理念，却同时在其他大陆复兴了古希腊和古罗马所谓的"自由城邦"时期的奴隶制，对其他民族和国家进行残酷无情的侵略和剥削，甚至对原住民推行种族灭绝的大规模杀戮；即使在国内也奉行双重标准——"人生而平等"的前提：必须是白人基督徒，而且在很长时间里必须是男人，才能享有的权利。进入资本主义的产业资本阶段的欧洲，诸国之间的激烈竞争在欧洲大陆乃至世界各地引发了无数战争。

本书认为，第一次西方殖民主义主导的全球化内生性地具有两个特点：一是以"国家暴力机器"推进殖民化进程中大量发生的"反人类"犯罪，是西方列强进入资本主义"发达国家"的基本经验。二是靠对殖民地的掳掠获取财富并主要输送到宗主国用于"在国化"[①]

---

① 西方有"在地化"（localization）的概念，但不足以描述通过殖民化获取外向型原始积累使资本增密的工业化集中在本国的客观经验过程。因此，我们提出产业资本"在国化"，或可译为 nationalization；与之对应的，则是产业资本阶段的"资本家有祖国"。

的产业资本原始积累，也使得后起工业国进入资本主义通常会"路径依赖"地重新瓜分殖民地。因而势必引发世界大战。

我们认为，正是这两个特点，演变为自殖民化（第一次全球化）以来的世界战争都是以西方列强参战为主的帝国主义战争的基本属性。由此也得出世界大战之后继之而起的冷战同样属于帝国主义战争的派生结论。这些论点，为毛泽东代表的非帝国主义国家提出的"三个世界"理论，做出了基础性的解释。

20世纪初，德国、日本等后起的军事帝国主义新秀奋起效尤，积极扩张殖民地。由于德国早期的国家主义工业化崛起，对地处西亚的土耳其、伊朗，以及地处南亚的印度等后起大国都有刺激作用，遂派生了无力在"海权竞争"中制胜的德国试图推动以"陆权战略"竞争为内涵的"欧亚铁路"——建设从德国莱茵平原穿越巴尔干进入土耳其，再进入伊朗和印度，一路走向亚洲东部的"欧亚大陆桥"——将很大程度上打破已经在海权战略竞争中制胜的盎格鲁-撒克逊霸权国家强力维护的"基于规则的国际秩序"……于是，英法等殖民化主导海权战略的老牌帝国为确保利益及延续本身的优势而不断打压后起之秀，最终，合乎规律地爆发了第一次世界大战[1]。

由于欧洲早已有了马克思主义和社会主义运动，那时也还没有现在这种被资本化媒体所灌输的、糟践群众心智的冷战意识形态，所以，没有谁会愚蠢地给第一次世界大战的参战国打上正义与非正义的烙印；尤其是在中国，由于惨遭《凡尔赛和约》表

---

① ［英］卡尔·波兰尼：《大转型：我们时代的政治与经济起源》，浙江人民出版社2007年版。

达的列强凌辱还没有在历史教科书上被抹去，至今人们还大都保持着对爆发在西方的这种反人类的"帝国主义战争"的常识性认知……

### 2. 第二阶段：第一次世界大战至 20 世纪 80 年代——民族主义反殖独立运动与产业跨国转移

第一次世界大战以来，世界各殖民地几百年来饱受殖民者侵略压迫的民族、部族，纷纷争取自主独立。这也是中国人把 1919 年巴黎和会彰显的帝国主义罪恶当作具有国民觉醒里程碑意义的国际背景，那时候进步人士发动群众抗议帝国主义欺侮中国的五四运动，也因此被称为与构建现代国家直接相关的社会启蒙运动。

20 世纪以来包括中国在内的解殖斗争风起云涌。其中，越是殖民者后裔作为主体的殖民地，越是在争取国家主权反抗宗主国的斗争中趋于对抗性暴力冲突。资本主义核心国发现，继续在国外直接殖民的成本日益高昂。而且随着制造业的利润率下降，先发国也在寻求产业升级。由此，为了减少劳工成本、纾缓阶级冲突、降低国内环境保护的压力，工业化先发国乐于向在殖民地解放运动中诞生的民族国家转移低端制造业。只要先发国能继续掌握核心技术，并确保国际货币金融及贸易制度有利于其资本和技术输出（如资本自由流动），就可以利用其优势以低成本获得发展中国家的低廉劳动力及自然资源，并且把劳资冲突造成的社会冲突和环境破坏等成本甩给发展中国家来承担。

不过，第一次世界大战之前，由于帝国主义掳掠殖民地资源和劳动剩余主要用于其在国内工业化必需的产业资本积累，**构建了**

**以国家军事强权维护本国工业体系的产业资本"在国化"（亦称在地化）制度**，使得直到第二次世界大战期间，帝国主义各国都在强化本国军重工业体系；由此，殖民化后期的宗主国转移到殖民地的工业，主要还是轻型加工业和一般消费品生产，如纺织、火柴、制糖、粮食和油料加工。

这个时期西方宗主国与原殖民地后发国家的矛盾，主要发生在民族资产阶级与跨国公司及其培植的国内买办阶级之间；**后发国家民族资产阶级自身资本积累的成本，及承受外部资本竞争压力形成的巨大代价，共同构成后发国家工业化的"叠加成本"**，且只能对国内弱势群体转嫁。这种叠加成本不仅阻碍着后发国家形成重化工业为基础的资本积累，而且会使内部对抗性冲突演变为被西方意识形态推进的暴力革命……

后来的**冷战对此确有历史性的"解构"意义**。但，叠加成本仍然是内生的。

到第二次世界大战以后的冷战初期，美苏两个分割世界的超级大国各自为了控制势力范围的需要，才向欧洲和亚洲的"前线国家"分别转移了包括装备制造在内的"军重工业"，使得本来"在国化"的资本主义工业化得以在欧洲和东北亚有所扩张，由此构成了产业资本扩张为内涵的第二次全球化。

接着发生的是西方战后再工业化造成的20世纪六七十年代战后"生产过剩危机"。

这时的比较制度现象尤其值得冷战研究者关注。因为，西方不可能像苏东国家维持劳工福利那样制度性地缓解危机而向社会转嫁成本造成社会冲突；遂有老冷战阶段西方主要工业化国家内部"劳资对立"造成对抗性冲突的"阶级斗争"向城市武装革命的演化，例如美国"黑豹党"①、法国"红五月"②、日本"赤军"③、意大利"红色旅"④等相继成立……随着资本与劳动对抗性矛盾的冲突恶化，发生了主要工业化国家大量向发展中国家转出劳动力密集型的、集中体现"资本与劳动对抗性矛盾"的制造业的大趋势。

同期，仍然保留在西方工业化国家的各类产业，也在低技术产业转移中发生了因"技术增密"派生的对"高技术"和科技创新的市场需求，以及加强"知识产权"市场化保护的制度变迁；

---

① 黑豹党创立于1966年的美国奥克兰，1982年正式解散。黑豹党反对美国政府，认为改变世界必须透过对民众的长期组织和动员，他们试着通过大众组织和社区项目规划来造就革命性的社会主义，在黑人社区为穷人小孩提供免费早餐、给予社区民众政治教育等。由于黑豹党坚持武装自卫和社区自治（实际上就是在黑人聚居区建立黑人革命政权）的原则，多位领导人被处死、暗杀、长期监禁。

② 1968年法国爆发"红五月风暴"，先是学生罢课集会，之后警察进行干预，导致流血冲突，数百人受伤，约600名学生被捕。随后法国工会号召全国工人总罢工支持学生，他们占领大楼，筑起街垒，展开巷战。数百万罢工工人占领了300多个重要的工厂、矿山，扣留经理等资方人员，致使全国的铁路、空中、海上的交通中断，生产、通信全部停顿，整个法国的经济生活陷于混乱状态。

③ 日本"赤军"最先于1969年成立，主张推翻日本皇室和日本政府，并在全世界推动革命。1970年3月，赤军派为呼唤世界革命，劫日航飞机"淀号"飞往朝鲜，震惊世界。在海外，其领袖重信房子为"崇高的巴勒斯坦人民解放斗争"领导赤军在以色列首都特拉维夫利达机场制造袭击事件，在新加坡壳牌炼油厂投掷燃烧弹；在日本国内，策划刺杀日本天皇（未成功），后被警方武力镇压。2001年4月，重信房子在狱中写下《日本赤军解散宣言》，宣告日本赤军解散。

④ 意大利"红色旅"成立于1970年，背景是经济滞胀，失业率上升，最初的成员是一些左翼激进的工人和学生。该组织声称它的宗旨是对抗资产阶级，它的标志为一挺机枪和一颗五角星。该组织最著名的行动之一是在1978年绑架并杀害了意大利时任总理阿尔多·莫罗（Aldo Moro）。1984年之后，红色旅分裂为主张武装斗争和走和平路线的两派。1988年后，在警方的多次打击之下，红色旅开始逐渐淡出人们的视线。

此为进入资本与技术双重增密阶段对所谓"基于规则的国际秩序"的改进。

以上经验归纳表明，**资本和技术只在后发国家长期属于"绝对稀缺"要素；而市场经济这只"看不见的手"却只能对"相对稀缺"的要素实现自发配置**……这也是大多数后发国家越是跟从先发国家的"自由主义"意识形态来构建制度，就越是难以实现本国工业化的内因。

### 3. 第三阶段：20 世纪 90 年代至今——金融资本全球化阶段核心先发国加速金融化

伴随上述趋势，资本主义世界的主导国家美国和英国推出"新自由主义"为名的"金融化"转型，开启了"金融资本阶段"的第三次全球化……

对此，本书的研究团队在 2011 年即归纳出"成本转嫁"理论[①]；并且在 2021 年出版的《全球化与国家竞争——新兴七国比较研究》一书中以我们在 2008 年"华尔街金融海啸"爆发前就提出的"成本转嫁"理论创新为主要方法，对发展中国家的经验教训做出了比较深入的分析。

由于 1989 年苏东社会主义阵营解体以后世界进入"后冷战"时期，一方面在政治上，苏联解体属于国际关系和意识形态的重大挑战；另一方面在经济上，占据单极霸权地位的核心国家以金融化手段对苏东国家丧失经济主权之后的实体资产及资源性资产"割韭菜"。

---

① 董筱丹、薛翠、温铁军：《发达国家的双重危机及其对发展中国家的成本转嫁》，《红旗文稿》2011 年第 21 期，第 1 页、第 4—9 页。

在从苏东国家获取巨额"资源资本化"制度性收益的同时，西方所形成的巨大跨国资本跨越了地缘及意识形态壁垒，向发展中国家做大量实体产业转移——利用大多数发展中国家仍然处于"资本绝对稀缺"的发展困境，强化了西方过剩资本的所谓"比较优势"——通过产业资本进入因资源尚未货币化交易而形成"要素价格低谷"的传统业态国家，而得到对后发国家劳动力、资源等要素的单方面垄断定价权，在发展中国家推行"资源资本化"赚取巨额利润。

这是 20 世纪 90 年代后冷战阶段美国单极霸权形成之后最为高光的时刻——毛泽东表述的**"三个世界"毋庸置疑地被纳入"一个世界一个体系"**——几乎所有发展中国家的主流们都认同西方中心主义的资本主义制度体系。即使有人试图保持老冷战阶段的社会主义意识形态，也无力解释单极霸权国家代表资本主义在世界上的高歌猛进……

不过，**任何事物都具有两面性**。

这些先发国在后发国投资形成"资源资本化"的利润回流，客观地促使资本主义核心国加速金融深化，并多次催生形形色色的资产泡沫，不断引发金融危机。然而，2008 年华尔街金融海啸爆发后，占据后冷战阶段单极霸权地位的核心国唯有利用其国际储备货币的地位，借由"无底限量化宽松"——巨量货币增发来化解流动性危机，而发展中国家则眼睁睁地被动承受金融无序及资本大规模流出的风险。于是，连那些事实上在做对外利益输送的利益集团，也不敢再为霸权国家明目张胆地转嫁成本的恶行做所谓制度理性的辩解！

从昔日赤裸的殖民化掠夺发展至今日复杂的金融剥削（亦称"金融殖民主义"），我们提出的"成本转嫁"机制经由金融资本阶段的单极霸权更上一层楼，也使核心国得以借此确保其在国际货币—金融—贸易制度中的寻租地位。

对此变化，可以做如下理解：

20世纪资本主义的第二波——以控制世界市场为内涵的全球化，本是以工业资本"在国化"的发达国家对外扩张为主，但随着第二次世界大战的结束及老冷战的"一个世界两个体系"对抗性矛盾出现而中断。继之而起的是第二次世界大战结束之后再度形成资本主义生产过剩，在这一压力下，西方国家的劳动密集型产业开始向其地缘战略控制下的发展中国家转移。

1989年以后资本主义第三波全球化是伴随老冷战结束而兴起的，首先是具有降维覆盖地位的西方硬通货对苏东国家"非货币经济"全面货币化并以此为起点，对苏东体系的实体资产和资源性资产完成金融化收割；接着，是1995年WTO问世——以西方金融资本强化其全球粮食贸易结算货币地位为主要特征，加快了金融资本全球化过程。

### 4.产业资本全球化阶段的老冷战演变

在前文述及的第二波全球化，即产业资本主导的全球化过程中，完成工业化的主要国家包括英国、法国、德国、美国、日本、意大利等，基本上因为工业化国家的产业同构而处于相互恶性竞争的对立状态。而那些还处于传统农业时代的国家和地区则成为被抢夺原材料和市场的殖民地。

尽管这些发达国家内部因工业化完成了国内市场的统一，实现了信用货币的普遍流通，并建立了以中央银行为主的现代金融货币制度，但是当它们的货币超越国家进入到国际层面时，各国的信用货币因为彼此竞争而不被他国接受。因此，黄金成为产业资本推进以工业品市场扩张为主的全球化时代的唯一世界货币，金本位制度得以确立。

产业资本的全球扩张反过来刺激"在国化"工业的大规模生产，造成生产过剩危机周期性地大爆发，导致这些工业化国家之间因争夺市场和殖民地而爆发战争。

据此看，20世纪的两次世界大战正是这一历史阶段不可避免的产物。帝国主义列强为主要参战国的第二次世界大战结束之后，战败的工业化国家的整个产业结构被摧毁，胜利的工业化国家开始主导把控新的全球政治经济秩序和制度规则，以适应新的全球地缘战略格局。

第二次世界大战后形成的美苏两大寡头强权主要依据战争中形成的军事控制区域演化而成的地缘边界来分割世界，各自引领部分国家组成对立且军事化分割、全面封锁的两大对立阵营。这种被帝国主义性质的世界战争人为造成的所谓"一个世界两个体系"的分割状况，客观上阻断了产业资本阶段的全球贸易；同时借助冷战意识形态划线，迫使世界上的发展中国家不得不选边"站队"。

有些饱受列强侵略盘剥而且不加入美苏队伍的发展中人口大国，如中国、印度、埃及、南斯拉夫、印度尼西亚……自主组建"不结盟运动"，构成后来毛泽东提倡的"第三世界"的早期经验。于是，在西方以冷战意识形态来划线的"一个世界两个体系"之外，就有了处在主要矛盾之外的毛泽东带领中国破解老冷战地缘战略格局的"三个世界"理论。

老冷战阶段西方搞的所谓"一个世界两个体系"的运作形式可以总结如下：

以美国为首的资本主义国家阵营于1944年建立布雷顿森林体系，同时组建以美国注资为主的"世界银行"（WB）和"国际货币基金组织"（IMF）两个世界金融机构，其实质是在第二次世界大战结束之际，美国凭借战后拥有全球四分之三的黄金储备和强大军事实力的大国地位，建立了以美元为中介的金汇兑本位制的国际货币金融系统。这可以说是人类在资本主义为主体的社会阶段中最后一个金本位货币制度。

以苏联为首的社会主义国家在军事上纳入"华沙条约组织"（简称"华约"）阵营，在经济上纳入经济互助委员会（简称"经互会"）体系。后者是出于对"计划经济"的教条化理解而建立了一套"去市场化＋去货币化"的以物易物、换货贸易的体系；其实质是苏联试图以大国强权要求各国建立符合苏联产业资本整体利益的体制内产业链分工体系。

相比于布雷顿森林体系中美国借助国际贸易货币结算地位形成金融霸权的隐蔽性而言，苏联凭借政治强权对整个苏东国家国民经济的直接干预显得更加赤裸裸，遂遭遇其他代表不同利益国家的不满，因此，受西方意识形态软实力浸淫的内部抵抗也更加强烈。

除了这两个阵营之外，"第三世界"在老冷战阶段仍处于"非主要矛盾"。诸多在第二次世界大战中得以诞生的第三世界国家，伴随着殖民主义全球化在第二次世界大战中的基本终结，经由殖民地解放运动纷纷取得独立。但，其中绝大部分国家都没有像中俄那样经历过比较彻底的暴力革命，之所以被西方主流社会赞许，并非在于以和平方式获取的政治主权，而更多在于其与殖民宗主国谈判，在放弃本国资源自主开发权甚至财政金融等核心经济主权的前提下，承接或建立了宗主国模式的高成本上层建筑。由于其不可能得到经济基础的有效支撑，也就留下了帝国主义势力或原宗主国得以再度进入的"治权残缺"后门。

也就是说，很多发展中国家虽然取得法律意义上的政治主权，却没有实质上的经济主权！亦即我们在发展中国家比较研究中揭示的"先天不足"——治权残缺留下被干预的缺口。从体制运作上看，这种发展中国家的"主权负外部性"，实际上留下了列强不断干预的制度缺口。

这是西方采取"巧实力"措施蛊乱后发国家往往屡试不爽的内因⋯⋯实际上，这些新独立的国家大多数保留着殖民地化的、被跨国公司控制的"单一经济"（如香蕉之国、咖啡之国、甘蔗之国⋯⋯）结构，又大多照搬了宗主国上层建筑和意识形态，所以很快就抛弃了解殖革命时代暂时借用的社会主义意识形态，转而拥抱老冷战的西方自由主义意识形态；遂在发展中国家演变成为主流的"发展主义"，主要是希望照搬西方自由市场制度体系来发展本国的民族资产阶级工业化。[①]

其中一些国家**采用进口替代的工业化策略**。但由于民族资产阶级的先天不足，在被金融霸权和跨国资本垄断的国际市场上毫无竞争力，进口替代纷纷失败，最终都陷于债务危机，沦落为纯粹的资源出口国。这就是我们解构所谓的"拉美陷阱"的另类思考[②]。

---

[①] 中国在 20 世纪早期工业化时期，各政党都确立了发展民族资本主义工商业的政策。中国共产党则在 1947 年确立了"新民主主义"的国家战略；直到 1956 年完成对私人工商业的"社会主义改造"才告一段落。但，对此一直有不同意见。在 20 世纪 80 年代国家资本占据主导地位以后再度提出发展私人工商业的政策；20 世纪 90 年代开始全面推进吸引海外产业资本的政策；21 世纪 10 年代推出吸引海外金融资本进入国内资本市场的政策。

[②] 杨万明：《论拉美国家的发展模式转型与发展困境》，《拉丁美洲研究》2006 年第 6 期，第 3—7 页、第 14 页、第 79 页；苏振兴、张勇：《从"进口替代"到"出口导向"：拉美国家工业化模式的转型》，《拉丁美洲研究》2011 年第 4 期，第 3—13 页、第 79 页；侯高岚：《后发优势理论分析与经济赶超战略研究》，中国社会科学院研究生院 2003 年。

也有一些国家**采用出口导向的工业化策略。**但它们基本上都接受了发达国家的低端产业转移，技术含量低，主要依附于美元金融资本及其市场，依靠出卖本国廉价的劳动力和土地资源分一杯羹。

值得一提的是，这些"第三世界"国家接受的冷战意识形态和西方低端产业转移，正是新一轮金融资本全球化的雏形和生长动力。因为这些国家在接受西方产业转移的阶段大部分是集权政治——军人政府、殖民政府或"专制政府"，如东亚的"四小龙""四小虎"，再如南美的巴西、墨西哥、阿根廷、智利，军人集权或警察政治不胜枚举。在这些集权制的国家里，不论其是否认同或具备西方推出的民主政治和自由主义意识形态，依然能够得到发达国家的有意扶持。只不过，当冷战结束，作为对立面的社会主义苏联东欧相继在 1991 年完全解体，西方金融资本大量流向苏联东欧国家推行"货币化"，加快了金融资本异化于实体经济的客观进程；几年后，它们就纷纷陷于金融危机乃至国家破产，被美元金融资本所收割[①]，这也是在 20 世纪 90 年代后冷战阶段，东亚、拉美在不到 10 年的时间里相继发生金融风暴的根源。

令人扼腕的是扶助弱势群体的思想理论界的话语建构能力阙如，致使在属于"第三世界"的出现危机和破产的经济体内部常常发生"当局者迷"派生的街头政治——由于缺乏对世界资本主义历史及其阶段演化的分析能力，更不了解老冷战及后冷战的西方意识

---

① 全毅、尹竹：《超越东亚模式：金融危机中的东亚与中国》，《世界经济研究》2009 年第 10 期，第 75—79 页、第 85 页、第 89 页；顾秉维：《从出口导向型到大国经济——试论我国在东南亚金融危机后的贸易战略选择》，《外国经济与管理》1998 年第 5 期，第 3—5 页。

形态软实力控制在后发国家的浸淫作用，**深陷危机而苦不堪言的群众走上街头的时候，往往自觉或不自觉地服从了危机始作俑者伸进来的幕后推手**……几番巧实力策动的"颜色革命"带来一时的欢呼雀跃之后，发展中国家反而被外部势力控制接受的成本转嫁更多，民众的生存条件反而更加恶化……

也由此，大多数发展中国家的当局者不仅被当代"华尔街金融海啸"爆发以来由西方软实力和巧实力所推动的变局困惑着，而且往往不可能再自觉地参与"第三世界"的联合，大国政治家也碍难再有毛泽东时期大手笔破局的外部条件。可见，中国若继续被各类内外结合的利益群体及知识精英裹挟着坚持发展主义路径，就难有第一代领导集体那种思路清晰的战略调整，凭一己之力试图跳出美国主导西方围堵的软实力陷阱，就愈发困难！

### 5. 第二次世界大战结束后产业资本主义向金融帝国主义的阶段性演变

人类世界进入资本主义历史时期以来的货币金融制度，当然与资本主义生产方式密切相关，包括产业结构、社会关系以及国际秩序等因素。比如一国之内的货币金融制度从实体化向虚拟化的演变，就与该国的工业化大生产和银行金融资本结构性地结合所派生的垄断程度有关，前者是金本位信用货币发展的基础，后者则是法币信用货币的条件，即要求金融资本取得对工业生产和政治权力的主导地位。

当主要工业化国家之间因早期的产业资本"在国化"而出现产业同构、自由竞争的国际关系时，国际贸易的货币金融制度也必然是金本位性质的。国内权力结构的演变和国际权力结构的演变，对货币金融制度有类似的作用。因此，当追求工业化的国家之间出现某种新的权力结构时，才可能诞生新的全球货币金融制度。

原有的工业化阶段众多国家广泛竞争的全球化格局随着第二次世界大战结束而终结。其主要原因，是美国成为实力最强的霸权国家，在投资于西方产业复兴期间逐步将其他国家纳入其主导的产业链分工体系和价值分配体系中。其中关键的制度演变是，1944年布雷顿森林体系在美元与黄金的固定兑换率的基础上，美联储印发的纸钞成为替代黄金的"美金"。同时成立了美国有否决权的世界银行和国际货币基金组织，二者成为美国实现全球利益的战略"工具"，从而冠冕堂皇地作弄被债务造成支付困境的国家推行"深改"，其内在要求主要是放弃核心经济主权。

这个"美金替代黄金"的过渡阶段与老冷战阶段大致重合。一直到1971年美国废除布雷顿森林体系，停止美元兑换黄金；由此，美元从金本位货币变成事实上依靠霸权维护的世界信用货币。对应于美国主导的产业链按国别要素分工的权力格局，美元纸币这种信用货币也就可以跨国界流动了。亦即，美国在推进老冷战的"自由主义"意识形态配套的西方制度演进的条件下，建立了与美金"自由"地用于其势力范围的贸易支付、结算和储备相适应的国际货币金融制度；其在老冷战阶段不断发动的区域热战，客观上起到了以美军支撑美金的作用。

可见，美国和西方政治家在老冷战中宣传的自由主义的内涵，主要服从于第二次世界大战结束之后的资本主义的阶段性演变，不是一般人从教科书中看到的自由主义，更不是世界上被剥削者和被压迫者的解放。

同期，以美国为首的发达资本主义国家在20世纪80年代开始推动以"新自由主义"为名的金融资本主导的全球化的体系性改革，在构建美元国债本位的国际货币金融制度的过程中，一方面将本国过剩的产业资本向发展中国家转移外包，另一方面则使自身演化为以金融证券资产的虚拟经济为主要增长来源的国家；由此，社会关系全面金融化和债务化。

### 6. 后冷战阶段单极霸权对世界的"降维覆盖"

随着苏联东欧社会主义体系于1989—1991年全面解体，老冷战结束，美国陡然获得史所罕见的"单极霸权"，遂在20世纪90年代基于新的国际货币金融制度体系，趁机开始推动新一轮的金融资本主导的全球化。

这个**特定条件下单极霸权国家顺势推进的全球资本体系的结构性调整，形成了"金融资本帝国主义"，应是符合资本主义历史演变规律的客观过程**。

这一轮全球化实质上是金融资本引领和主导的产业链全球分工与重新布局。"新自由主义"意识形态在后冷战时期全面占据发展中国家的思想阵地，使它们因资本稀缺而对西方投资打开大门；占据金融霸权地位的美国凭借其全球主要结算货币和储备货币的单极霸权地位，能够对产业资本和资源输出国家做全方位的"降维覆盖"——它不再像过去那样因不同国家之间产业化同构而导致国际竞争乃至世界大战，这一次的全球化在内涵上是"纵向整合"，是产业链垂直分工，即跨国公司对不同生产要素做出国别分工，全球的生产和消费是一个统一的循环流通体系，各国被跨国公司串联在一起。

而这个发生重大改变的世界经济新秩序，正是国际著名学者萨米尔·阿明等提出的"依附论"以及我们科研团队提出的"成本转嫁论"所描述的"极化"的国际政治经济关系——由"一个世界两个体系"演化为"一个世界一个体系"。由此，随着老冷战的对抗性意识形态斗争显著弱化，后冷战时期居于统治地位的新自由主义，得到对发展中国家上层建筑和意识形态做降维覆盖的历史机遇。

对此，我们认同并且发挥了沃勒斯坦的"世界系统论"，他认为世界被分为核心国家（发达国家）和外围国家（发展中国家），前者在世界经济中居支配地位，后者受前者的剥削和控制，后者依附于前者。

我们结合对 1989—2009 年长达 20 年的后冷战的帝国主义性质及其经济内涵之阶段性演进的归纳，认为今天试图保持自由思考能力的研究者们当然应该加深认识——只需将这种依附性的国际关系与国际货币金融制度联系起来进行分析，就可以顺理成章地发现其中具有某种内在的联系——**金融资本主义阶段的中心国家和产业资本主义阶段的外围国家，重演了一国之内银行金融资本和工业资本之间的关系对本国货币金融制度的影响**。因此，这种后冷战阶段被西方金融资本主导的全球化，可称为后殖民主义时期的"金融殖民"，体现的仍然是帝国主义掌控的国际关系，是主权国家背后不平等的经济殖民关系。

图 2-1 揭示了 2009 年 1 月以来金融资产脱离实体经济虚拟化暴涨的客观现象——各类金融资产价格的涨幅远高于代表实体经济的各类指标的涨幅。这也是"华尔街金融海啸"2008 年爆发形成的后冷战向新阶段演化的重要标志——这一轮资本的全球扩张经过后冷战的 20 年，应该"归功于"金融殖民化全球扩张使得西方国家金融资产规模爆发式增长。一方面大幅度地高于同期全球 GDP 增长速度；另一方面也反噬自身的经济结构，致使社会关系的金融化和债务化，以及各类资产的普遍证券化。

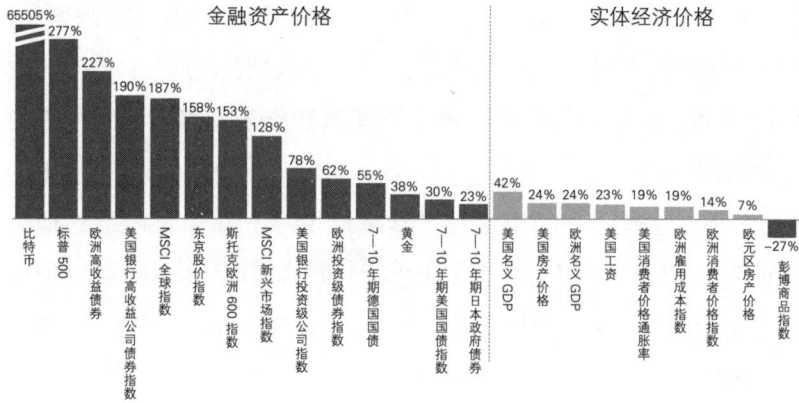

图2-1　2009年1月以来以当地货币计算的金融资产和实体经济总回报表现

*数据来源：Bloomberg，November 2018，见 https://www.newtonim.com/uk-institutional/insights/blog/populist-push/#。*

综合分析美国2008年"华尔街金融海啸"引发2009年全球危机，演化为联合其主要西方盟友对"中国特色社会主义"仍然保持较高增长的无端构陷，再演变为发起软实力进攻的各种情况，则可知美国对外发动软实力战争的经济根源，在于后冷战阶段金融资本全球化的无节制扩张，使其自身已经发展到零利率甚至负利率的金融资本主义终极阶段。

## 二、资本积累的全球化危机及冷战演变的客观规律

资本主义自从被称为"黑暗"的中世纪西方借助殖民化"复兴"的奴隶贸易诞生以来，其内生性矛盾——生产的社会化与财产的私人占有——所派生的生产过剩的经济危机，一直都是在无可避免地周期性爆发着。

然而，这种因为生产过剩和消费不足导致的市场危机还是短时

段的小周期，背后还有一个与政治权力体系及国家强权派生的信用体系紧密相连的资本积累的大周期。这个长时段的大周期的终结，甚至往往伴随着全球政治经济霸权秩序的更替或崩坏。

大周期由多个小周期组成，并且呈螺旋式发展走向终点。这个走向崩坏的资本积累大周期，展现为如下过程：美元金融资本在第二次世界大战结束后的老冷战阶段逐步形成霸权→在以1989年苏联解体为标志的后冷战阶段走向全球顶峰→以2008年华尔街金融海啸为标志的金融虚拟泡沫崩溃开始走下坡路→当下面临全球化解体危机而发起软实力攻击。

### 1. 金融资本全球化扩张造成"内爆"是其内生的矛盾规律使然

萨米尔·阿明是马克思主义学者中的老一辈，他与我们团队一起，归纳了2007年美国次贷危机引发2008年华尔街金融海啸，演化为2009年全球危机的过程。在深入分析之中，他提出关于"金融资本主义内爆"的观点，这也是我们研究团队在多次讨论中总结出的一个客观规律。

诚然，了解这个规律，对于如何应对金融资本全球化最终解体的代价向发展中国家转嫁很重要；对于人们分析帝国主义性质的、不可理喻的冷战，及其在不同阶段的演变过程，更是至关重要。

在19世纪，资本主义还处于产业资本阶段的时候，**因为产业资本的"在地化"（localization），或可称为"在国化"或者"国家化"（nationalization），以至于某种程度上资本家和工人都是有祖国的**。这种产业资本的"在国化"本就是历史所形成的，西方所谓的现代民族国家主要是由资产阶级在反对旧土地贵族的基础上，经过反复的战争由封建君主王朝演变而来。那些新建立的资产阶级国家又因为各自都形成了一套结构相同、互相竞争的工业化体系，势必为争夺殖民地市场继续开战，直至打出一个唯一的全球化的产业链体系。与这个产业链按国别要素分工布局相对应的就是形成一套服务于国际贸易支付结算和储备的、跨国界使用的单一信用货币体系（比如美元），再相应地试图形成一系列"超国家"的政治权力和治理体系（比如当前美国主导的"民主联盟"，但实为"印钞联盟""赖债联盟"，以及 IMF、WB 等多边国际组织，就是它们共同的政府治理机构）。

由此，一方面是马克思当年寄希望于无产阶级的"国际主义"理念下的世界革命，却没有条件发生；因为除了工业化程度很低的中俄爆发的革命因其特殊性而成功之外，其他大部分工业化国家的无产阶级连国内革命都组织不起来，就更谈不上所谓的国际主义和世界革命了，他们似乎更容易跟随资产阶级被动地参与对外战争。另一方面，工业化阶段的帝国主义国家之间虽然意识形态和市场制度都一致，但是仍然迫于在生产过剩大危机压力下的恶性竞争，最终演变成了资本主义在 20 世纪产业资本阶段以国家为单位的两次世界大战。

第二次世界大战结束后，**无论两个超级大国如何采用不同意识形态自我包装，都没有针对产业资本"在国化"的本质问题对症下药**；于是，全球迅疾进入美苏两霸分割世界原材料产地和产品市场的地缘战略对抗，由此看，两霸延续资本主义内生的对抗性冲突，是资本主义性质的"老冷战"阶段的实质性内涵。而在1989—1991 年苏联东欧解体、美国单极霸权控制世界的后冷战时期，由于 20 世纪 80 年代崛起的西方体系不再被一直坚持实体产业"去货币化"的苏东体系在对抗性竞争中形成制约，开始迅速扩张，恰是借助美国"单极霸权"规律性地走向虚拟化的金融资本。

萨米尔·阿明作为发展中国家学者中一个承上启下的马克思主义者，在跟我们团队的讨论中更多看到的是我们对发达国家制度演变的研究资料。我们认为，主导性的资本主义国家在20世纪80年代大规模对外转移制造业的同时期创造了两千多种金融衍生品，名义上是"新自由主义"，实则主要靠虚拟经济大量吸纳本就过剩的金融流动性，实质性地发生了金融资本异化于产业资本；而在21世纪进入"金融资本主义虚拟化过度扩张阶段"。

这使金融资本主导了全球化进程，意味着资本主义达到了一个新的历史高度。此时，跨国公司告别了产业资本阶段"在地化"（在国化）、资本家和工人阶级受制于国界限制的时代，得以使用没有国界限制的金融资本在世界范围内寻找资源和劳动力价格洼地，将产业链各个环节分别配置在不同国家和地区。

在把控金融霸权推动全球化的美国，与金融扩张直接互为表里的跨国公司的确获得了最大化的利润。不仅如此，以美国为主曾经推动的跨太平洋伙伴关系协定（Trans-Pacific Partnership Agreement，TPP）为例，谈判中争议很大的就是这个协议赋予了跨国公司不受一国内部法律制约的某些特权，这些权利体现了政治上的"超国家"性质。跟随美国霸权体系的那些国家，其国内金融资本利益集团也越来越倾向于和美国金融市场绑定，投资美债和美股等美元计价的金融资产，结果反而导致美国金融市场的高度泡沫化，随时面临内爆的风险。

人们看到，资本主义在产业链全球布局的过程中，本来不可移动且受限于国境线的生产要素包括资源、劳动力等，最终都被跨国公司完成了资本化。由于美国金融霸权主导的西方金融全面扩张，确实大幅度地增加了跨国公司的全球竞争和投资能力，而使整个世界的资源资本化进程大大加快了。诚然，资源枯竭和环境污染的速度、贫困和疾病人口增加的速度、贪污腐败与黑恶势力的严重程度，也都在同期大大提升了。

也许，这也恰如马克思当年讲过的，当资本把全部人类都完成了从人到"劳动力要素"的异化之后，资本主义就走向了灭亡。

因为，美国金融资本越是追求在全球化进程中的流动性获利，越是直接恶化了"资本增密、排斥劳动"的内在机制，特别是进入后冷战的20世纪90年代，电子计算机和网络等军事技术解密之后所谓高新科技和金融资本直接结合的过程中，被计算机控制的机器人等新技术排斥的劳动力大量失业，导致贫富差距越来越大，造成严重的社会分化；走投无路的弱势群体随机性发起的无序反抗此起彼伏，这个对抗性矛盾的内部张力必然会导致资本主义的内爆。即使华尔街金融海啸以来无论何种党派的美国历届总统都很认真地、开诚布公地想要通过再工业化来缓解自身的两极分化，也都尽其可能地采取了"美国优先"的产业政策，却都不得不受制于金融资本集团的利益阻碍，几乎不可能重新建立有完整结构的制造业体系。

针对这个阶段所形成的各种矛盾，可以说萨米尔·阿明与我们讨论的观点只是对一个资本主义世界阶段性演进的客观规律的表述，而不是一般意义的主观价值判断。

## 2. 西方金融危机借助超级量化宽松向全球转嫁制度成本

美国及其西方盟友所采用的意识形态，是强化版的所谓"新自由主义"，其试图掩盖的最重要的经济殖民主义内涵，是美国和欧盟、日本等西方世界连续推出"超级量化宽松"的所谓救市政策（图2-2），此类代表"金融殖民化"的政策，实质性地靠其扩张出来的流动性大量进入世界大宗商品市场、制造全球通胀来对外转嫁成本；而每当西方国家流动性泛滥成灾、不得不暂时停止量化宽松，则又会造成短期的"全球通缩"，导致资源输出国的资产贬值，方便跨国公司杀入低价收割。这种损人利己的政策在全球都不得人心的情况下，美国和西方主要盟友试图套用冷战意识形态来站队划线，强制性地推行这种明目张胆地嫁祸于人的金融政策，不顾其客观上已经对世界各国造成的恶劣影响，足见其自身已经病入膏肓无药可救，愈益接近了"内爆"的点位。

图 2-2　美欧央行资产负债表的急剧扩张（单位：百万美元）

数据来源：Tradingeconomics.com。

诚然，中国由于已经深度融入美国金融资本主导的全球化、一度成为美国最大贸易逆差国和美债最大海外债主国，却试图维护国家金融主权而没有那么顺从地被西方金融资本制造的通胀和通缩所收割，因而，在 2008 年华尔街金融海啸爆发、中国主动配合美国救市之后，却被动地成为矛盾的非主要方面。

这是因为中国在美国金融资本虚拟化扩张之中深受其害，在应对金融全球化挑战的经验教训总结中开始凭借"中国特色社会主义"

能够"集中力量办大事"的制度优势，不仅尝试以国家大规模基本建设投资带动系统性的"逆周期"和"跨周期"战略调整，而且有效维持了经济社会发展的相对稳定；遂被美国确立为西方既不能接受也不能理解的"另一种东方文化"，是对盎格鲁－撒克逊为主流的西方文化最有威胁力的主要敌人。

我们不妨先从资本积累的大周期角度来看，任何具有投资常识的普通人都看得到：此前连续的超级量化宽松释放的美元流动性早就严重过剩，使金融资本体系的利率几乎趋零。这意味着资本的有效积累已经陷于停滞状态。同期，美元计价的实物资产价格下跌进而萎缩。

这也意味着剩余索取权凭证，即金融资产的收益率越来越低，利润越来越薄，尽管其总量越来越大，但金融资产整体收益率的下降使它所能支撑的资金利率也越来越低（如图2-3、图2-4）。

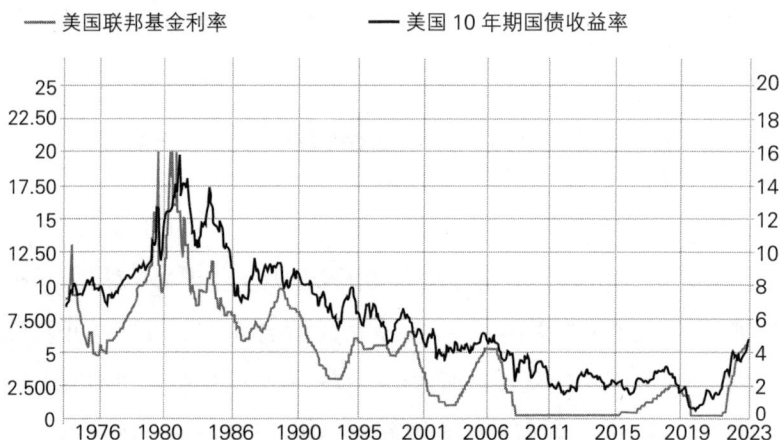

图2-3　美国联邦基金利率与10年期国债收益率

数据来源：https://zh.tradingeconomics.com/united-states/government-bond-yield。

—— 中国 3 个月银行间同业拆借利率　　---- 美国联邦基金利率

中国与美国的基准利率

—— 欧洲央行利率　　---- 日本央行利率

欧元区和日本的基准利率

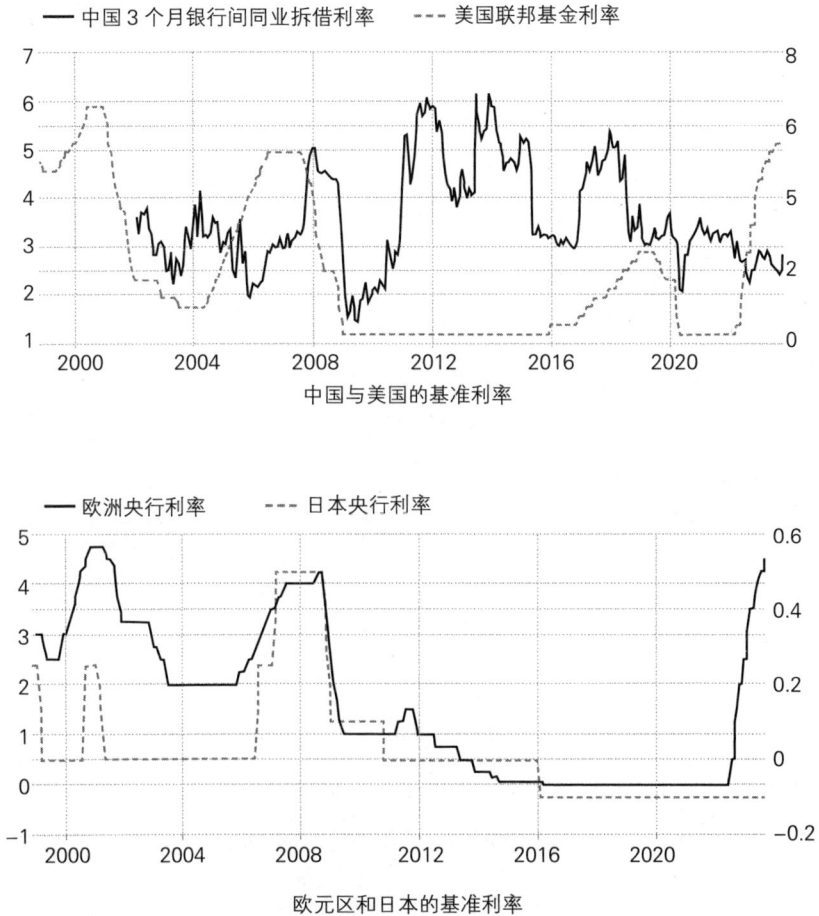

**图 2-4　主要经济体的基准利率**

数据来源：https://zh.tradingeconomics.com/。

注：由于现阶段中国缺乏较明确的短期基准利率，为了使问题简化，此处采用银行间同业拆借利率作为近似替代。

　　美欧相继推出量化宽松，之后日本也在美国允许的条件下推出"质化量化宽松"（QQE）和负利率。相对于无法重回制造业的美国版，日本央行直接发行由国家背书的债券，向海外的日资企业所在国推送，用于定向增发所在国货币专项投于日资企

业来扩大生产投资。日本央行近 20 年的资产负债表扩张如图 2-5
所示。

（单位：十亿日元）

图 2-5　日本央行资产负债表扩张

*数据来源：Tradingeconomics.com / Bank of Japan。*

客观地看，日本这个做法值得研究和借鉴。因为，其间接作
用在于切实有效地提高了产业资本为主的日本在海外的日资企业的
竞争力……并且由于日本版量化宽松释放的流动性也主要是推向海
外，因此，虽然一定程度地扩张了日本海外资产，却并没有在日本
国内制造严重的通胀。

在欧债危机爆发以来的十多年，凡属于有发债能力的政府都在
发债，西方国家的债务总额显著扩张。这与西方在金融资本阶段实
际上发生的金融异化于产业资本、利于跨国公司推进产业"去国化"
加剧全球的恶性竞争有直接关系。

丹麦央行于 2012 年 7 月将其 7 天定期存单利率下调至 -0.2%，
全球首次进入负利率时代。欧洲央行自 2014 年 6 月开始实行负利

率，下调隔夜存款利率至 –0.1%。2014 年 12 月，瑞士央行将超过上限的隔夜活期存款利率下调至 –0.25%。2015 年 2 月，瑞典央行将 7 天回购利率下调至 –0.1%。2016 年 2 月，日本央行宣布对存放在央行的部分超额准备金实施 –0.1% 的利率，成为亚洲首个实施负利率的国家[①]。在新冠疫情的冲击下，美国也开始讨论负利率政策的可能性了。

最终，负利率推高债券资产价格，导致债券资产负收益率成为可能，两者相辅相成，互为表里。彭博数据库统计了部分负收益率债券的持有情况，被统计的负收益率国债、投资级公司债、垃圾债的规模占各券种总规模的比例分别为 26%、5%、33%[②]，其总规模已经超过 16 万亿美元。2010—2019 年负收益率债券规模及其所占比例如图 2-6 所示。2020 年上半年，美国 10 年期国债收益率最低跌到 0.5%，离负利率亦是一步之遥，像三个月的短期国债利率则已经出现了二级市场负利率的情况。

对于金融化时代的资本来说，其主要的存在形式是金融资产，实体资产只占很小的一部分；尽管金融资产规模如此庞大，但其收益率仍然降到零甚至负利率，已经充分说明了大周期体系下资本积累面临前所未有的危机。

---

① 欧阳辉、叶冬艳：《存贷款都是负利率 这个世界怎么了》，《第一财经》2019 年 9 月 2 日。
② 同上。

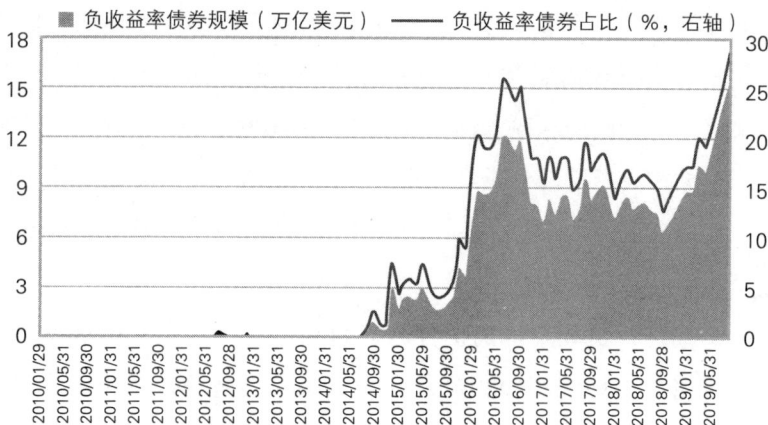

图 2-6 负收益率债券规模及其所占比例 [1]

数据来源：Bloomberg。

因为资本有效积累的停滞，信贷和债务的膨胀势必导致资产泡沫化，与此同时，实体经济出现生产过剩危机，全球生产和贸易扩张趋于停滞。这意味着，尽管各国可以通过不断印钞票和借债来维持金融资产的价格和规模，促使金融体系更加膨胀，但这毫无意义，因为增加多少债务就增加多少资产，而这是纯粹的零和游戏。最关键的还是利率指标，只有利率才是金融资产围绕转动的中心

---

[1] 根据 FactSet 的数据，全球负收益率债券规模已经从 2020 年的超过 18 万亿美元降至 2022 年年底的 2500 亿美元左右，规模暴跌超过 98%。究其原因是全球地缘政治格局大变动和政治经济秩序震荡，还有新冠疫情、俄乌冲突以及美国搞"去中国化"产业链等，一系列全球化危机自 2022 年以来显著推高了美西方世界的通货膨胀，美联储也借机开始激进加息、收紧流动性，试图收割发展中国家，美国从量化宽松、转嫁成本突然转向刺破经济泡沫、挑起热战的侵略性更强的政策，导致资产价格特别是债券价格快速下跌，其收益率也就快速上升，负收益率债券基本上就消失了。但这一调整并不能解决美元金融资本主义的危机，其内部通胀在继续，外部去美元化也在继续，无论美联储的货币政策是量化宽松还是激进加息，都不可能解决长期侵蚀美元霸权的根本问题。

轴，它代表着金融资产或者说资本的增值能力。

全球金融资产规模有多大？ 2011 年突破 300 万亿美元，2021 年已经达到 486 万亿多美元，历年情况如图 2-7 所示。

（单位：万亿美元）

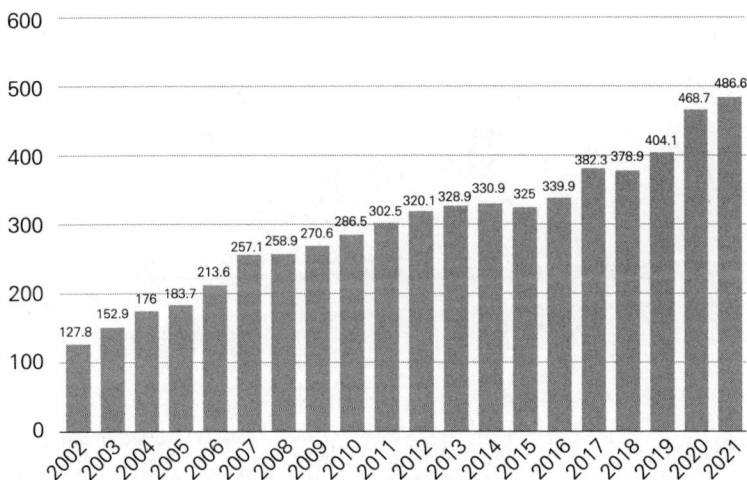

图 2-7　全球金融资产规模

数据来源：https://www.statista.com/statistics/421060/global-financial-institutions-assets/。

这一现象与马克思在《资本论》中分析的利润率长期来看趋向下降的规律一致。因为借贷资本本来就是从职能资本中分离出来的，利息率与利润率长期来看有着相同的变化趋势。

所以，当前世界面临的主要威胁是美国霸权把控的金融资本时代的全球化危机，这个美国金融资本虚拟化无度扩张为主要内因的危机不同于一般性生产过剩的周期性经济危机，它是金融霸权自身对自由市场所依赖的现有的全球政治经济秩序及金融资本游戏规则的颠覆。

但，对于美国来说，过去历次小周期的经济和金融危机都不曾伤筋动骨，依靠美联储的货币政策都能轻松化解；不过，依靠美联储的货币和经济政策并非长久之计。美国之所以在华尔街金融海啸之后假想中国为其软实力对抗的主要敌人，乃在于中国作为世界最大的原住民社会拥有广土巨族，其在国家政治主权控制下仍然存有巨额非资本化的实体经济和非货币化的资源性资产，而且在本币不自由兑换的条件下，并没有被美元收割。如果中国使用主权货币完成自主的"资源资本化"，则可在西方深陷金融资本"内爆"危机的情况下，仍然维持较长时期的"国内大循环为主体"的包容性发展。

### 3. 中国承载金融全球化转嫁成本的"输入型危机"

西方制造的全球流动性过剩进入大宗商品市场引发全球通胀；中国成为西方金融危机代价的主要承载国——因大量进口能源和原材料而不得不承受"输入型通胀"的打击，中小型企业无利可图，沿海数万家外向型企业倒闭，两千多万打工者失业……

2013 年年底美国宣布结束"量化宽松"政策，世界大宗商品市场价格陡然下跌，全球随即进入"通货紧缩"，大量原材料和能源出口国陷入严重衰退致使外需下降，又使中国遭遇被称为"经济下行期"的"第十次经济危机"①：2014 年由于美国停止量化宽松造成全球通缩，中国 GDP 增速跌至约 6%，之后连续 5 年保持略高于 6%。如此持续低迷前所未有，主流政策界对此则表述为"L 形下滑""连续 L 形下滑"；随之是内在体现顺周期调节的"工业供

① 新中国过去（1949—2009 年）的九次经济危机包括：民国晚期延续下来的恶性通胀导致的第一次经济危机，之后四次引进外资带来的八次周期性经济危机。参阅温铁军：《八次危机——中国的真实经验（1949—2009）》，东方出版社 2012 年版。

给侧改革"于 2015 年推出，以及"农业供给侧改革"于 2017 年推出……祸不单行的是，美国于 2018 年动用贸易、科技等手段，强行压低中国对外经济依存度过高的增长所必须依赖的"外需"，使中国的经济增速在 2021 年跌至 5.5%。此外，也有非官方的分析家认为实际增速在 3%—4%，还有人认为实际上是负增长……

此次现象不同于以往的特征主要有两点：其一，先通胀后通缩。虽然如同上一次 2009 年全球危机引发的生产过剩，也属于"输入型危机"，但上次是被美国启动量化宽松大量增加流动性引发世界大宗商品市场价格暴涨造成的"输入型通胀"，而这次则是美国 2013 年年底结束第三轮量化宽松引发世界大宗商品市场价格下跌，造成中国 2014 年开始连续几年的"输入型通缩"。

其二，**有经济低迷的"连续性"，而无经典意义的"周期性"**。中国在 21 世纪第一个十年曾经一度因跨国公司大量进入带动"对外经济依存度"过高的增长，年均增速接近 10%，由此被称为"黄金十年"。2014 年起处于高增长的实体经济掉头向下进入长期不景气。伴随发生的则是加快融入全球化的代价——相对于大量贸易盈余而对冲增发的货币在市场经济条件下必然发生"脱实向虚"。

正所谓"沧浪之水浊兮，可以濯我足"。实际上，中国的第十次经济危机从本质上看，既是加快融入金融资本全球化的输入型危机，也是激进现代化的制度成本危机，而不像过去的 20 世纪那样基本上是传统的工业化阶段的周期性危机的演化过程[1]——那个时代是产业资本阶段内生性矛盾导致的生产过剩表现的周期性危机。

---

① 温铁军：《八次危机——中国的真实经验（1949—2009）》，东方出版社 2012 年版；董筱丹、温铁军：《去依附——中国化解第一次经济危机的真实经验》，东方出版社 2019 年版。

不无遗憾地说，那段与老冷战和后冷战相伴生的历史教训及其演化和变异出来的复杂社会矛盾还没有来得及被人们条分缕析，就有可能被 2008 年华尔街金融海啸引发 2009 年全球危机以来所发生的输入型危机及美国靠单极霸权转嫁危机却在中国受阻所派生的软实力进攻所颠覆。

更为遗憾地说，中国是否能够有效地应对这个严峻的局面，取决于国内外因素的复杂矛盾的交织演化。但，其中难以清理的，是此前产业资本阶段和当前金融资本阶段已经普遍形成的内外利益连接——"天下熙熙皆为西来"——不同利益群体都在竭力构建符合西方主流的话语体系，却不期然遭到西方的全面排异。具体而言，**我们在 2013 年出版的《八次危机》一书对中国经济一般周期性"起承转合"的经验性归纳，已经在"新冷战"阴谋的巨大挑战中，发生工具性失效**。这意味着，我们试图改出主流的话语构建，如果不借助他人使用的"批判的武器"而自觉开展"武器的批判"，则也会有类似的结局……

究其本源，得其实质：这也是 21 世纪第二个十年中国经济进入金融资本全球化阶段之后发生的符合金融资本规律的危机，但其中仍然有延续此前产业资本危机的特性。

就事论事地看第十次持续性经济危机，可认为其肇始于 2009 年以来包括"金砖五国"在内的"新兴市场"国家相继因西方量化宽松造成的全球通胀随后泡沫破灭引起的全球需求下跌，背后的逻辑在于 2013 年美国和西方量化宽松停止后大宗商品价格随即滑落，致使大部分资源出口国支付能力下降，也使中国陷入输入型通货紧缩。对此，中国主流面对 2013 年的 GDP 下滑，在宏观调控上采取"顺周期"的思路（在 2014 年确定进入"经济下行期"之后于 2015 年提出"工业供给侧改革"，主要内容是"三去一降"），然而，在外需下降的压力下，实体经济相对比较显著的危机现象相继发生。首先，在实体经济中无利可图的资金先是逃出实体经济进入股市投机；接着，在有关宽松政策刺激暴涨之后出现 2015 年夏季的"股市暴跌"，造成约 21 万亿人民币蒸发[1]，年底的"汇市暴跌"导致约 1 万亿美元外储流失[2]。其次，则是失去获利预期的资金流出股市、汇市，按照自由市场理论以逐利为目的转向房地产投机，造成 2016—2018 年连续三年房价高企，形成屡禁不止的房地产泡沫化[3]。

这个**伴随美国量化宽松的与狼共舞的国内顺周期演变**过程表明：伴随经济自由化意识形态渐入佳境而发生的是先股市后房市的投机资金运动——众所周知的脱实向虚，推动中国经济虚拟化的延续。

与此同时，中国也在尽力做"逆周期"调节——2015 年提出举国体制下的"脱贫攻坚"战略，2017 年确立作为应对全球化挑战压舱石的"乡村振兴战略"等；尽管未必所有人均可理解和接受，但作为主权国家中的幅员辽阔、有战略回旋余地的大国，势必能够推出符合自身利益的战略调整。

### 4. 中国应对经济危机的战略转型

值得关注的是，中国从 1999 年就提出"以人为本"的指导思想，

---

[1] 《A 股灾情多严重？三周蒸发近 21 万亿市值，逾两成个股腰斩》，《澎湃新闻》2015 年 7 月 13 日。

[2] 《2015 年我国外汇储备出现 20 多年来首次年度下降》，央广网 2016 年 1 月 18 日。

[3] 《严控个人贷款违规流入房市 继续遏制房地产泡沫化》，新华网 2018 年 1 月 29 日。

既表达了"政府善意",又试图改出此前在资本绝对稀缺时期的激进发展主义。随之,则是一系列内在体现"逆周期"宏观调节的"政府善举":

其一是在 20 世纪末和 21 世纪初就开展了一系列以增发国债拉动投资的"西部大开发""东北振兴""中部崛起",和以"城乡统筹"为名的、以改出激进发展主义为实的重大战略调整。客观地看,这些"逆周期"的、化解中国长期存在的"区域差别"与"城乡二元结构"体制矛盾的国家战略投资,确实因不能创造短期市场效益而受到海内外的西化学术界的批评;但在当年的作用,主要是应对 1997 年"亚洲金融危机"派生的外需下降,及其造成国内的"生产过剩"危机。这些 20 多年前就曾经有效地应对了输入型危机的经验,其对当前的前瞻性作用,则主要是打造了应对新一轮更严峻的危机挑战而转向"国内大循环为主体的双循环战略"的雄厚基础。

其二是 2005 年把"建设社会主义新农村"列为国家第十一个五年规划的主要战略,历届政府十几年来已经连续向"三农"投入了十几万亿元的基本建设,并且实现了中央财政承担县以下公共开支的政策,极大缓解了农村基础设施和公共品落后于城市的局面。

其三是 2015 年中央政府确立了五年内消除绝对贫困、完成脱贫攻坚的国家战略,大量贫困地区和贫困人口得到了中国特色的"举国体制"下包括国家财政、金融部门通过东西协作和社会帮扶等各个方面的全面援助。新农村建设与脱贫攻坚这两个缓解城乡差别和贫富差别的国家逆周期投资战略,都吸纳了大量过剩资本,同时,也为"不以利益最大化为唯一目标"的国有企业拓展了业务空间。

其四是 2017 年中央领导人力排众议提出"逆城镇化"思想，直接部署了"跨周期"性质的"乡村振兴战略"，通过扩大县域经济和乡村振兴需要的基础设施投资，大幅度地拉动生态经济增长的长期发展空间，来构建应对全球化危机挑战软着陆基础的"压舱石"①。

**总之，中国从 20 世纪 90 年代的主动融入全球化，到 21 世纪 20 年代应对前所未有的全球化挑战，恰是渐进地适应美国主导世界从后冷战向新阶段转变的演化**；其间，历经三代领导集体交接班仍"一代接着一代干，不翻烙饼不折腾"，前后连贯做调整，既有被动也有主动，均有可圈可点之处。

### 5. 美国推进转型与中国战略对撞是其发起软实力战争的重要背景

在后冷战——1989 年苏东社会主义阵营解体至 2009 年西方危机全面爆发——的 20 年期间，中国经济主流认真跟从"一个世界一个体系"的市场化推行了深刻全面改革，切实地融入了美国作为世界单极霸权所主导的全球化。对此，大多数人简单化地跟从主流而照搬西方的说法，认为中国的经济增长得益于市场化深改和加入全球化；却很少意识到国内的经济危机越来越深地被全球化内生性的"成本转嫁"所影响。

在美国 2008 年启动 4 万亿美元的量化宽松之际，中国也在 2009 年发起了 4 万亿人民币规模的基本建设投资，这个中国版量化宽松虽然拉动 GDP 增长，2010 年达到 12% 以上的最高点，但同步遭遇美国大规模量化宽松造成的"输入型通货膨胀"的直接打击。

---

① 《实施乡村振兴战略》，人民网 2018 年 8 月 23 日。

以前带动中国产业经济高速扩张的世界商品贸易所占有的世界 GDP 比例，在 2008 年达到历史最高峰之后，也在整体上开始走下坡路（图 2-8）。

（%）

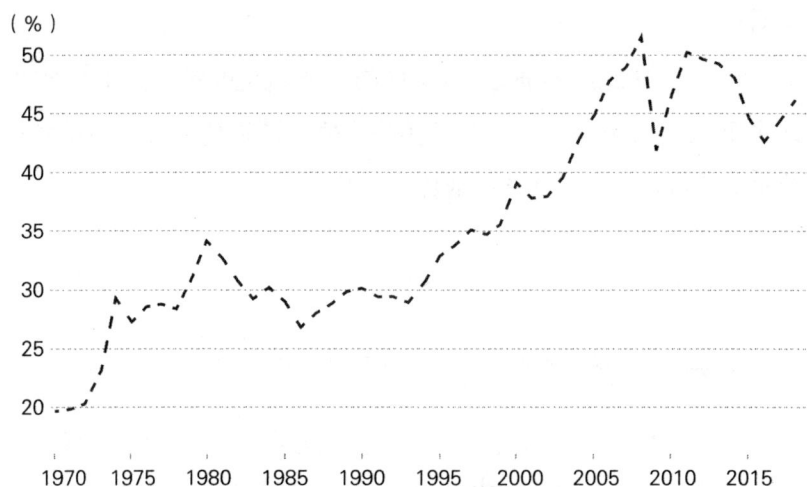

图 2-8　全球商品贸易占 GDP 比例

数据来源：https://data.worldbank.org/indicator。

总之，中国以产业资本规模扩张为主的经济发展模式在这个美元金融资本全球化积累体系中已经走到了尽头，"中国生产、美国消费"这种单向的中美关系模式难以为继。由此，中国试图通过跨周期调整开展战略转型。

客观地看，美国和中国都在应对金融全球化的危机和挑战，都在试图推进战略转型。虽然文人墨客可以在文化上"无问东西"，但分别地处东西的两个大国正在从过去所谓的"战略互补"，被急于向外转嫁制度成本的美国政客粗暴地转化为实质性的"战略对撞"，并且仓促地翻出老冷战意识形态的强化版当作其"软实力"的进攻性武器。

所谓中美两国都在推进战略转型，是指：一方面，中国在符合规律地走向金融化，吸引着全球的资本流动，恶化了本已趋于负利率的国际金融资本竞争局势和金融资本全球化危机；不过，与西方硬通货得以向外转嫁通胀成本最大的不同，是中国在人民币为信用工具的金融资本过剩压力下走不出去。由于这种与生俱来的体制性根本差异，中国只能在乡村振兴、扶贫攻坚等领域进行有利于生态文明战略的跨周期转型；进而，则是构建应对长期外部挑战的"底线思维"，明确"国内大循环为主体的双循环战略"。

另一方面，美国迫于"产业空心化"派生的失业、贫困派生的社会动乱的压力，也开始了回归实体经济的重大转型——两党政治家趋于一致：民主党前总统奥巴马提出"我们可以改变"战略的实际内容，和继任的共和党前总统特朗普提出"让美国再次伟大"的基本内涵是一致的——推动本国虚拟化金融资本经济向制造业为主的实体经济回调。只不过奥巴马 2008 年就任之际，迎头撞上华尔街金融海啸，不得不救助华尔街，因而路径依赖地延续了过去的老路。2017 年继任的特朗普则在吃下美国资本市场连续上涨的"奥巴马红利"之际，依照"再工业化"的逻辑在 2018 年春季对中国发起了贸易、科技、金融等领域争端，试图驱赶实体产业回流美国；但在实质上，像其对手民主党一样，期待着自由进出中国金融市场，促使中国推出资本项下更加开放的政策，让美元金融资本掌握中国金融化的主导权。

这是美国两党空前一致打压遏制中国具有历史必然性的客观背景。于是，基于对战略转型的实质要求而内在地具有向对抗性冲突演变的中美矛盾，客观上成为 21 世纪人类世界的主要矛盾。

诚然，中国作为被纳入主要矛盾的非主要方面，主观上毫无准备，只是被动地从 20 世纪的非主要矛盾陡然跃升，成为美国占据主导地位的主要矛盾的对立方面。相对而言，美国既没有什么战略智库"专家"能够对客观规律认真把握，也没有对向实体经济回调做好充分准备；所以才由一批年迈的老冷战遗孤，捡拾起当年就荒诞无稽的意识形态化武器，莫须有地栽赃陷害，恶毒至极地谣诼中国（图2-9）。

**图2-9　老冷战出自西方一元论的意识形态宣传战**
来源：视觉中国。

也许恰是这种太过荒诞到完全没有底线的意识形态化攻击，使得包括中国人在内的世界大多数人不信这竟然就是美国这种单极霸权国家用于发起软实力攻击的依据；但，居心叵测的政客们依然在牟取政治利益的攻讦中肆无忌惮地以此为据！他们在金融资本法西斯化的阶段采取的做法与第二次世界大战时期老法西斯主义的德国宣传部部长戈培尔一样——"谎言重复千遍就会变成真理"……

无论大多数人主观上是否接受美国发起的软实力攻击，无论客观上是否跟从居于西方软实力主导地位的包装老冷战陈旧意识形态的理论体系，这个延续七十多年的演变历程都是不以人的意志为转移的。

## 三、"不战而胜"的真实经验：全球化危机下的金融扩张

美国在 20 世纪七八十年代开启了这一轮的金融资本全球化。在金融资本虚拟化的压力下，包括钢铁、设备制造等重工业在内的大量产业外包外移；按照西方教科书理论，这看似让全球发展中国家分享工业资本主义的好处，提供了别国搭便车进入工业化的机会。

其实，天下没有免费的午餐。美国开启金融资本全球化的前提是它符合自身演变规律地转向金融化扩张，可以率先进入金融全球化的资本主义高级阶段。这是在 1971 年布雷顿森林体系解体美元成为全球结算硬通货后，美国凭借其最重要的国际贸易结算和储备货币的客观地位，掌握了国际货币金融制度的建构权和话语权，使金融为中心的服务业占比逐步超过 80%，据此率先成为实现了经济结构"高度现代化"的最发达国家。

**美国带领西方在与苏东体制的老冷战竞争中不战而胜，也得益于低成本的金融资本在市场的获利能力远大于从事实体经济的产业资本。**因而，所谓"不战而胜"也是在金融资本全球化的前提下完成的。

### 1. 美国通过掌控金融全球化获利演变成"竞劣"趋势

可以从具体数据来看美国究竟如何通过金融化在全球获利。

以中国为例，作为发展中国家，中国向美国做了"双重输出"的重大贡献：一方面是廉价商品货物的输出，提供了美国低通胀的红利；另一方面是过剩外汇储备向美国债市回流，让美国享受到了低成本的资金。在此过程中，美国对外进行制度成本转嫁，相当于享受"暗物质"收益[1]。

对于美国来说，一种重要的债务是贸易逆差。在后冷战阶段的1996—2010年，美国累计产生了6.98万亿美元经常账户逆差，占全球逆差的60%，同期对外净债务却只增长了2.3万亿美元。亦即，在表面严重失衡的贸易赤字下，美国通过金融效应获得的收益高达4.67万亿美元，其中大部分为2001—2007年间获得，为3.86万亿美元。这被国际学界称为"暗物质"的国家间财富关系，在本质上表明了在当今国际经济金融体系里各国的不对称地位。[2]

再来看，2010—2019年美国累计产生4.3万亿美元的经常账户逆差，同期对外净债务增加了约7.4万亿美元。这意味着**美国在2008年金融危机之后，采取了新的依靠欠债的方式对世界各国进行掠夺**。美国所有部门的有息总债务将近80万亿美元（图2–10），其中外债总额超过21万亿美元（图2–11），这是不可能还完的天文数字，要么突破债务上限继续增发债券，要么赖债成为两害相权取其轻的选择。

---

[1] "国际贸易暗物质"（The Dark Matter of Trade）由哈佛大学里卡多·豪斯曼（Ricardo Hausmann）和阿根廷央行前行长费德里科·施图尔曾奈格（Federico Sturzenegger）提出，借用物理学中"暗物质"概念，形容国际贸易中无形资产存在的感知不到的金融收益。

[2] 徐以升、许元荣：《大分化：全球经济金融新格局》，中国经济出版社2014年版，第6页。

（单位：十亿美元）

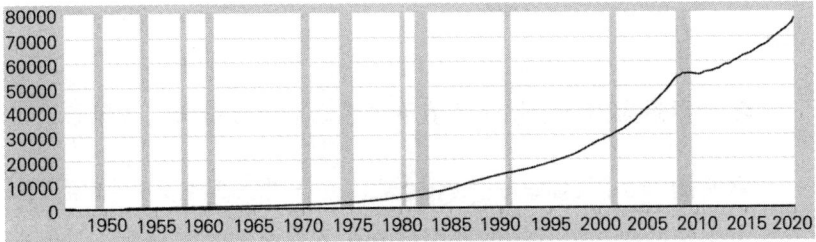

**图2-10　美国有息债务总规模**

数据来源：Board of Governors of the Federal Reserve System（US）。
注：阴影部分表示衰退。

（单位：百万美元）

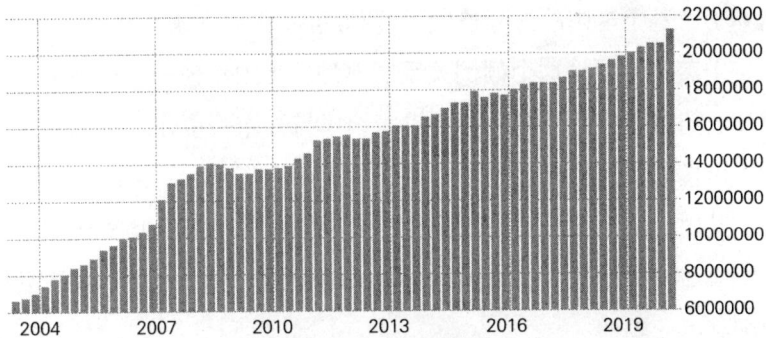

**图2-11　美国外债总额**

数据来源：Tradingeconomics.com / U.S. Bureau of Economic Analysis。

　　相对于资本主义全球化在产业资本阶段的百年历程，从20世纪80年代进入金融资本阶段到现在也不过才三四十年的时间，已经呈现出列宁所说的金融资本的"寄生性"必然派生出"腐朽性"和"垂死性"的阶段特征。沃勒斯坦的世界体系理论进一步揭示为"次第"转嫁代价，表现为用负债来维持所有现代化的上层建筑，包括被赋予"普世价值"的绝对"政治正确"的意识形态和票选程序表征民主的政治制度等。但对世界上大多数没有对外转嫁成本地位的发展中国家而言，这在实质上只是被西方的话语权和制度权所维系出来的一种综合性高负债的"竞劣"（没有最烂只有更烂）趋势。

## 2. 世界最大债务国赖债困境下依靠军事霸权转向"法西斯化"

众所周知，"欠债还钱天经地义"——过去都是后发国家欠西方前宗主国的债，那时的债权国普遍要求债务国改变制度，以提高债权国对债务国的控制能力；现在美国和西方作为高债务国却反过来要求中国这个最大的债权国改变制度来使债务继续增加！于是，中国坚持本国基本制度，也就成了西方拒绝偿债的理由。美国带头破坏了"基于规则的国际秩序"，西方世界赖债变成天经地义。

中美关系就是这个颠倒关系的典型。美国作为一个世界上最高负债、向全球转嫁债务危机的国家，坚持要求一度作为最大债权国的中国按照美国提出的所谓"基于规则的国际秩序"来改变本国制度，其政治家也多次公开提出拒绝向中国偿还债务；甚至特朗普于2020年制造竞选议题时竟然试图把美国疫情防控不力的责任甩给中国好以此赖债。

须知，美国承受过高债务的背后体现的是以高负债支付其全球最大军事开支的霸权逻辑，借此"硬实力"支撑"软实力"和"巧实力"在世界上形成综合作用来维护单极霸权。所以，特朗普团队于2020年面对多重危机强化了以中国为竞争对手的政策，客观上导致金融资本阶段内生性的重大制度缺陷暴露，那就是债务国和债权国的关系颠倒。

一方面，有制度权和话语权的美国和欧洲等债务压力严重恶化的国家，都是想要借软实力进攻威逼中国这一最大债权国默许它们赖债不还的国家；另一方面，按照西方赖债国的制度体系来改变自己本国制度的发展中国家，会因照搬西方的制度成本过高而导致负债增加，却没有西方的赖债实力，最终因不能解决债务困境而深陷合法性危机；在没有自主话语能力解释困境的混乱中继续使用西方冷战话语，往往会堕入"颜色革命"陷阱。

在深度融入全球化的进程中遵从西方制度、信服西方话语，才是包括非洲和拉美在内的发展中国家堕入"债务陷阱"的真正原因。

金融全球化造成的资本主义危机发展到今天出现负利率，表明从美国开始的西方债务人拒绝向债权人还债，反过来蛮横地想要借用软实力进攻来达到赖债的目的，最后演化成债务沉重的美国和欧洲甚嚣尘上的"国家主义＋民粹主义＝法西斯主义"，体现其维护举国拒绝还债的霸权行径，也是为了让这种金融资本能够继续虚拟化扩张。但是，其他国家难以限制美国债务的无序扩张。因为美国仍是单极霸权——目前**在全球 140 多个国家和地区拥有 374 个海外军事基地，驻军 30 万人；美国的军费支出与世界排名前 15 位中的其他 14 个国家的总和相当**（表 2-1）。

表 2-1　2020 年全球各国国防预算概览　（单位：十亿美元）

| 国家 | 预算 | 国家 | 预算 | 国家 | 预算 |
|---|---|---|---|---|---|
| 美国 | 778 | 沙特阿拉伯 | 57.5 | 意大利 | 28.9 |
| 中国 | 252 | 德国 | 52.8 | 巴西 | 27.8 |
| 印度 | 72.9 | 法国 | 52.7 | 澳大利亚 | 26.3 |
| 俄罗斯 | 61.7 | 日本 | 49.1 | 伊朗 | 19 |
| 英国 | 59.2 | 韩国 | 42.5 | 以色列 | 18.2 |

数据来源：IISS。

可见，美国拥有具压倒性优势的全球军事力量，有条件**依靠"美军支撑美金"形成的货币霸权来向债权国赖账**，同时借助"美媒"

（资本控制的媒体文化）传播西方话语软实力和在各国策动街头政治的巧实力，持续性地向全世界转嫁危机代价。美国历年军费开支情况见图 2–12。

（单位：十亿美元）

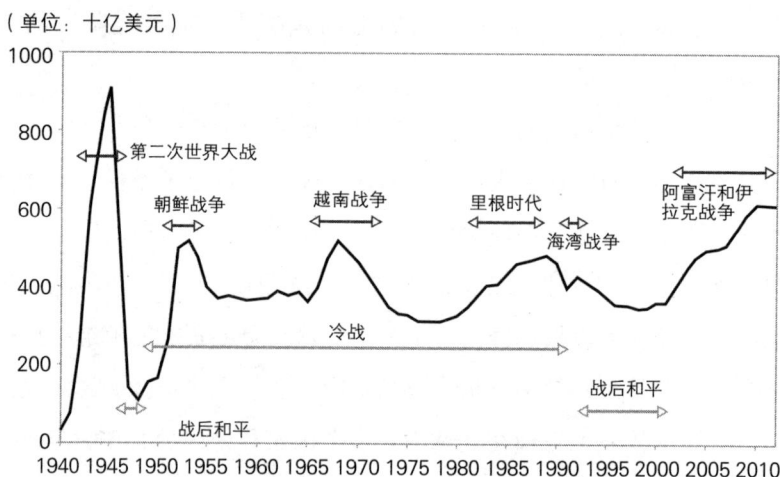

**图 2–12　美国军费开支（以 2005 财年计，经通货膨胀调整）**
资料来源："Budget of the United States Government, Fiscal Year 2013, Historical Tables", Table 6.1—Composition of Outlays:1940–2017, 见 http://www.whitehouse.gov/omb/budget/Historicals。

### 3. 美国的"四美"——硬实力支撑软实力

美国理直气壮地强调要中国遵守"基于规则的国际秩序"。但是，所谓国际秩序到底是基于谁确立的规则，基于什么国际秩序？这样由单极霸权国家单方面制定的所谓规则与军事开支维护的单极霸权具有什么样的决定作用，确应被看作真问题并加以研究。

美国军费支出在其财政支出中的比重，也决定了美国是一个以军事强权来维持货币霸权的国家。以 2019 年为例，仅就实额开支而言，美国的联邦财政支出第一位是医疗保健（约 24%），其次是社会福利（约 23%），第三项是军费（约 15%），费用见图 2–13。但前两项为刚性开支，并且有独立的税项及财政账目，并不属于联邦税收支出。扣除这两项后，实际上军费才是联邦政府的最主要支出（2019 年约占 52%）[①]。

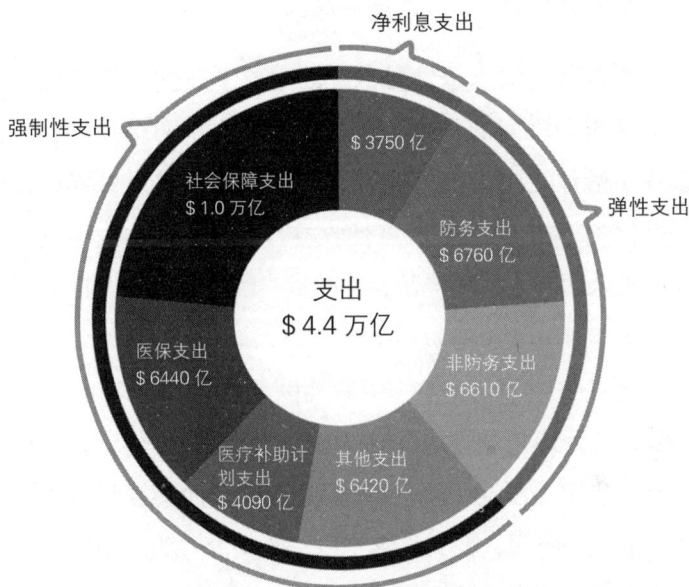

图 2–13 美国财政支出

数据来源：CBO，April 2020，见 https://www.cbo.gov/publication/56324。

诚然，苏东社会主义阵营解体之后，美国进入后冷战阶段就已形成的单极霸权得以享受到次第对外转嫁成本的滋养；而在新阶段更是能够软硬兼施：一是靠"美军"支撑"美金"（包括美债）的硬实力；二是靠"美言"（包装西方意识形态的所谓理论体系）支

---

① 美国国会预算办公室（CBO），见 https://www.cbo.gov/publication/56324。

撑"美媒"全球传播的软实力。我们研究团队揭示出的这个"四美"的全球化滥觞，本是后冷战以来尽人皆知的基本常识。但，即使在中国及其他发展中国家长期被西方意识形态浸淫的舆论界，也碍难看到这种深刻分析，使我们在面对西方软实力进攻中常常感到力不从心……

### 4. 美国拥有单极霸权以来的客观表现

后冷战阶段，构成金融资本阶段主要矛盾的对抗性冲突演化为两大金融集团之间的斗争。本来欧元形成于两个条件：一是苏东国家货币解体之际西欧主要国家的硬通货推进了对资源性资产的"货币化"，占有了巨额制度性收益。二是欧共体改为欧盟之后随东欧板块全面融入欧洲经济，演化成"区内贸易大于区外贸易"，客观形成支撑统一货币的贸易基础。

但，面对20世纪90年代中后期欧元金融资本集团的逐渐兴起，美国为了保持其全球货币霸权地位，屡屡在欧洲周边发动区域战争，或以软实力制造"颜色革命"，借地区冲突以驱赶国际资本离开欧洲来打压欧元，尤其是善于以"硬实力"为后盾利用中东国家的地缘冲突驱使难民涌入欧洲，其以"人权高于主权"的软实力掩盖金融资本帝国主义的本质体现得淋漓尽致。

当然，欧盟仅仅只是受到资本利益的损失，而欧洲外围那些陷于"地缘／币缘"战争的国家的老百姓则失去生命和财产，数以千万计的难民流离失所，大批不同宗教和文化习俗的难民流入欧盟国家，客观上进一步恶化了教派林立、族群多元的欧洲本来就很复杂的社会矛盾……

可见，后冷战阶段美欧两大金融资本集团的对抗性斗争，因其性质上仍然属于帝国主义列强之间的战争，也是近年来欧洲难民问题促使欧盟国家内部右翼政党借助民粹主义推进政治法西斯化的根源。

相比于金融资本帝国主义的战争行径，金融资本更常规的操作是在危机发生过程中直接向边缘国家转嫁制度成本，从而导致边缘国家连带发生输入型危机。

发展中国家的金融危机，不仅发生在经济层面，而且经常引发社会动乱、街头革命甚至政权颠覆、国家分裂。例如，2008年世界出现38个粮荒国家，大部分是粮食进口依存度高的西亚和北非国家。低收入人群之所以遭遇饥饿不得不走上街头，主要原因是西方制造的过剩金融资本直接冲击具有"需求刚性"的粮食市场，导致粮食价格大幅度上涨。根据世界银行数据，2010年短短一年内，大多数按照西方生活方式获取食品的，比如以面包为主食的国家或地区，遭遇到的最大问题是小麦价格上涨100%，玉米价格上涨73%。这直接影响到6800万日均收入在贫困线以下的贫困人口，其中4400多万贫困人口降到赤贫水平[1]。

### 5. 金融资本单极霸权在软实力竞争阶段的困境

前文述及美国遭遇2008年金融危机之后，在严峻困境中既无自省，也无法自拔；遂无赖般地转而嫁祸中国，一些政客试图打造针对中国的所谓"新冷战"，却只能从老冷战的反共意识形态中寻找用于软实力进攻的武器。

无论以何种名义嫁祸于人，在单极霸权规律的作用下，美国掩盖不了向全球转嫁制度成本的真相。其打着民主的旗号助推西亚和

---

① 董筱丹、薛翠、温铁军：《发达国家的双重危机及其对发展中国家的成本转嫁》，《红旗文稿》2011年第21期，第1页、第4—9页。

北非发生"颜色革命"导致的系列政权变化，从根本上来说，就是核心国家由于金融资本危机向全球转嫁代价，弱国无力改变殖民主义留下的"两高一单"（"两高"是指高通胀和高失业，"一单"是指后殖民主义时期发展中国家的单一经济结构问题）而势必引发的政治动荡。其本质，**仍然是高成本的西方政治体制导致的债务危机转嫁，与发展中国家薄弱的经济基础之间的矛盾**。这是当代资本主义全球化的基本制度矛盾在后发国家的爆发，也是金融资本对外法西斯化的表现。①

美国发起的这一轮软实力战争在新冠疫情暴发期间演化成巨大的人类灾难——体现着人类现代性最高层次的西方国家及照搬西方资本主义体制的发展中国家，大都目不暇接地上演着生存还是灭亡的"哈姆雷特之问"；其与中国代表的东亚从"封城"到"封国"这种秉持生民为本所对应的，恰是"不自由毋宁死"的欧美自由主义文化内含的、被进化论"丛林法则"所认同的弱肉强食！如果说疫情检验了文化，那么西方文化具体表现为放弃疫情控制、听任"集体免疫"、不对"老弱病穷黑"承担救治责任……

于是，软实力攻击照搬的旧意识形态倏忽之间坍塌！遂有"民不畏死，奈何以死惧之"——保持最高死亡率的"弱势群体"在美国这个体现西方资本主义文明的核心地区符合规律地发生了美版"颜色革命"，甚至出现了本来在宗教极端势力控制地区才有的"恐怖主义"！人们看到原本贫困率及犯罪率双高的底层社会群体走上街头参加示威活动往往不滞留在贫民区，人们只要冲入富人区，就打破了此前各类族群分而聚居的"熟人社会"尚有的"非

---

① 温铁军等：《全球化与国家竞争——新兴七国比较研究》，东方出版社 2020 年版，第 22 页。

规范约束机制"——愤怒的贫困人群一旦离开贫困区，则不可避免地在大城市商业区演化成打砸抢烧的所谓"街头动乱"。其中最卑鄙的，是那些被政治家操控的主流意识形态蛊惑参与反华的弱势群体，不断有人向最没有话语权的华人老弱妇孺做恐怖主义的"无差别伤害"……为了转移和掩盖国内的阶级矛盾，美国的政客越来越倾向于推行法西斯主义，毫不掩饰地排斥其他种族的美国公民，但由于以黑人为主的美国非白人群体规模越来越大，以至于其国内矛盾"内爆"难免大量冲击低收入群体，其内部的族群矛盾也越发严重，街头政治错综复杂，社会动乱难以处理。

这一切，客观上都表明美国这个资本主义核心国家长期累积的制度成本已经开始"对内转嫁"！萨米尔·阿明强调的金融资本恶性扩张造成两极分化最终"内爆"的理论，正在成为现实。

### 6. 美国的法西斯化历史

美国现在面临着内忧外患，内有阶级矛盾、族群矛盾和财政赤字恶化的债务危机，外有规模巨大的外债和商品进口依赖使贸易逆差加剧国内的恶性循环。正如凯恩斯在分析第一次世界大战后《凡尔赛和约》对德国的无限压制必然导致德国的法西斯主义兴起一样，根本原因就是他从一开始就认识到的重大问题——脆弱的财政以及隐藏在表面之下的政治焦虑[1]。

美国自 1931 年日本法西斯侵华战争爆发以来一直是以军火支持日本的。虽然十年后养痈为患，日军偷袭珍珠港，美国不得

---

[1]　参见凯恩斯：《和约的经济后果》(*The Economic Consequences of the Peace*)，劳特利奇出版社。

已加入了第二次世界大战。[①]美国参战后才使盟国军队在战争中取得了对主要法西斯国家的胜利，但它对法西斯的反省并不彻底，只停留在对种族主义和集权主义的批判，何况与第二次世界大战接踵而至的老冷战的意识形态壁垒，使其刻意回避了资本主义产业资本阶段真正本质性的阶级问题。由此，就更没有对后来形成的金融资本阶段的新法西斯主义做清算和反思的条件。更为严重的问题是，这种思想倾向和政治控制，形成了以美国为主的西方社会科学服务冷战需求的约束条件，直接影响着西化思潮在世界上后发国家的各类精英群体中的覆盖和代际扩散……

### 延伸阅读

**2**

## 美国历史上的法西斯

世界于 1929—1933 年爆发了资本主义经济史上最严重的大萧条，这场空前的经济危机使主要的工业化国家深陷泥潭，法西斯主义思潮迅速传播到资本主义世界各地。美国也深陷其中。

希特勒不仅骗取了德国民众的信任，而且为了迎合西方垄断资产阶级还提出了"反共反苏"的口号。于是，惧怕共产主义思潮的美国的垄断资本主义集团无视希特勒野心勃勃

---

① 1931 年九一八事变，日本驻中国东北地区的关东军突袭沈阳，企图以武力征服中国。这原本是世界反法西斯战争的起点，揭开了第二次世界大战东方战场的序幕，但由于美国长期向日本输出军火，实际上是支持法西斯军队的，直到 1941 年日本海军军舰偷袭美国太平洋海军舰队基地，太平洋战争爆发，才迫使美国加入第二次世界大战。

的风险，从经济上和军事上给予了慷慨的帮助。哈罗德·埃文斯（Harold Evans）在《美国世纪》（1998年）中提到大通银行、花旗银行、摩根财团和洛克菲勒都向德国提供了资金支持，不仅如此，美国还帮助德国开采石油和生产战略物资，向其转让了汽油防爆剂的生产专利权，甚至直接提供战斗机和军火。可以说德国能够在第二次世界大战爆发之初就迅速生产出了现代化武器，美国起到了至关重要的作用。

美国的垄断资本还曾怂恿巴特勒将军武力夺取政权，在阴谋败露以后，仍然鼓动和扶植各式法西斯组织，如"美国自由同盟""争取社会正义全国同盟"。埃文斯在书中还写到，"基督教前线运动"的头目查尔斯·考林（Charles E. Coughlin）在电台宣传法西斯主义时，听众达到4500万人。随着"黑色军团""新德国友联""德美同盟会""三K党""民兵团"等法西斯组织的扩大和活跃，美国本土的法西斯主义活动达到了高潮。

参考资料：

高芳英：《试析20世纪30年代美国的法西斯主义逆流》，苏州科技学院学报（社会科学版）2005年8月第22卷第3期。

今天的资本主义已经进入了金融资本阶段，但法西斯的幽灵还在美国和西方资本主义世界飘荡，无论大多数人主观上是否接受美国发起的软实力攻击，都无法改变金融资本法西斯化并最终发生"内爆"的结果。

# 四、美国重拾冷战策略的客观必然性

历史地看，以中国为代表的东方文明长期依存于聚落而居的村社制度支撑的农耕经济，夏朝以来的"治水立国"动员机制和乡土社会"积贮防灾"的群体文化，使其在几千年来都没有"对外扩张、转嫁成本"的帝国主义制度形成的土壤。自国家诞生以来，华夏大地上国家之间关系的历史，特别是主要大国之间的关系，从来都是以政治妥协为主，军事应对为辅；所谓"丝绸之路"，则是小农村社兼业化经济衍生出来的与沿线国家互通有无的经贸关系。

如果人类世界可以简单地分为东方和西方，则双方差异显著。直到西方殖民主义滥觞全球，不断上演"奉王命抢劫"的海盗诱惑，商战才开始推动国家政治与军事冲突，这派生了对意识形态的需求：一是对以国家为单位的冲突的合法性粉饰；二是对软实力进攻的合法化包装。

20 世纪 90 年代美国获得单极霸权主导世界进入后冷战阶段以来，人们开始习惯于一种被称为"全球化"的新自由主义，及其被贸易和投资自由化包装起来的影响发展中国家政治经济制度变迁的"长臂管辖"。[①] 实际上，美国正是在赢得老冷战的"胜利"后，取得了国际政治经济秩序绝对的主导权，没有了足以构成对抗的军事对手，才得以借助军事霸权维护美国金融资本通过世界各国的流动性获利。由此为了实现霸权国家对他国的"长臂管辖"，就必须打

---

①　长臂管辖权（long-arm jurisdiction）是美国民事诉讼中的一个概念。后来，不仅指美国州际之间的诉讼，也扩大到国际上，包括对外国国民的长臂管辖。美国法院涉及的"长臂管辖"，往往是出于其全球战略和海外利益的考量。美国法院长臂管辖权的本质是域外管辖权，由于它威胁到他国的管辖主权，一直受到其他国家的猛烈抨击。

造"人权高于主权"的意识形态。

### 1. 后冷战向新阶段之软实力战争的演变

后冷战时期从 1989 年苏联解体开始到 2009 年全球金融危机被华尔街金融海啸引爆，大约延续了 20 年。其间，美国搭了全球化的便车，一方面通过向外转移实体产业在低要素价格国家完成布局从而享受低通胀制度受益，另一方面通过金融市场安排持续剥夺发展中国家并转嫁自身危机代价。2008 年华尔街金融海啸教训了全世界，尽管美国财政部前部长约翰·康纳利叫嚣的"我们的美元是你们的问题"意味着主权外部性，却没有哪个国家真有能力改出造成危机的金融资本全球化。

由此，美国才针对敢于维护金融主权的中国拉开了战略性进攻的架势。显然，软实力攻击是美国和西方金融资本试图逼迫中国接受资本项下对外开放借以收割中国经济增长红利的手段。

须知，美国针对中国的软实力攻击本来应该爆发在世纪之交，只是由于国际形势风云变幻，又给了中国一段缓冲期。

强世功认为，美国经济实力的增长进一步激励了后冷战时期美国建构"新罗马帝国"的政治野心，共和党小布什上台之后，在新保守主义政治哲学影响下，已经将中国定位为政治意识形态敌人，成为实现其"历史终结"的打击对象，以至于在中国南海发生了撞机事件。一时间，中美之间面临前所未有的政治和军事紧张。然而，2001 年"9·11"恐怖袭击事件发生后，美国不得不调整其战略，展开了长达十年针对伊斯兰世界的"新十字军东征"[1]。

---

① 强世功:《中美"关键十年"——"新罗马帝国"与"新的伟大斗争"》，《东方学刊》总第 9 期。

在"9·11"爆发的同一年，美国还爆发了"新经济泡沫"崩溃为标志的经济危机 [1]——整个 20 世纪 90 年代美国经济转向高科技产业升级。其中以"IT"为代表的网络体系和以民用电脑为代表的计算机产业，吸纳了大量金融投资，形成过度投机造成的虚拟化扩张，引发IT 泡沫崩溃造成高技术企业暴雷，遂有危机打击下的资本外流……

而中国就是在美国政治经济双重危机爆发的这一背景下，名义上构建了美国战略合作伙伴的关系，特别是**中国经济的蓬勃发展吸纳了大量向海外转移的美国资本，高比例回流的利润为美国化解"新经济危机"、维持金融化繁荣注入了优质资产，提供了金融资本全球化扩张的巨大动力**，也为美国建构世界金融霸权提供了充沛的实体经济支撑。

也是由此，美国才把意识形态化的敌对关系，改为经济互补、利益驱动下的"G2 中美共治"。直到 2007 年美国因房地产杠杆率过高而爆发次贷危机 [2]，随后演化为 2008 年的华尔街金融海啸，并于 2009 年引爆全球危机和 2010 年的"欧债危机" [3]，这使依赖对外

---

① 互联网"新经济泡沫"指自 1995 年至 2001 年间的投机泡沫，在欧美及亚洲多个国家的股票市场中，与科技及新兴的互联网相关企业的股价高速上升的事件。随后纳斯达克指数在 19 个月的时间里下跌了 78%，直到 15 年后才再次站上 5000 点。围绕科技公司的光环褪去，危机中 IT 业界蒸发了 5 万亿美元的市值。

② "次贷危机"也称次级房贷危机，是指一场发生在美国，因次级抵押贷款机构破产、投资基金被迫关闭、股市剧烈震荡引起的金融风暴。次级抵押贷款是一个高风险、高收益的行业，指一些贷款机构向信用程度较差和收入不高的借款人提供的贷款。

③ "欧债危机"即欧洲主权债务危机，是指自 2009 年以来在欧洲部分国家爆发的国债危机，政府的债务负担超过了自身的承受范围引起违约风险。2009 年 12 月，希腊的主权债务问题凸显，2010 年 3 月进一步发酵，开始向"欧洲五国"（葡萄牙、意大利、爱尔兰、希腊、西班牙）蔓延。危机导致欧元遭到大肆抛售，欧洲股市暴跌，整个欧元区面临成立 11 年以来最严峻的考验。

转嫁金融危机代价才能生存的美国与为了规避危机代价才刚开始形成自主"金融化"趋势的中国迎头相撞！

对于发生在单极霸权国家的金融危机，不能低估其历史意义，它是美国从后冷战向新阶段演变的分水岭。

### 2. 美国发起软实力攻击的背景是自毁全球化

2009 年是美国奥巴马政府推出大规模"量化宽松救市政策"借金融危机向全球转嫁成本、输出通胀的起始之年，也意味着美国开启了自毁全球化的进程。三轮量化宽松于 2014 年停止，则又意味着美国输出通缩带动美元回流。接着，是 2018 年新一届总统特朗普对华挑起"贸易摩擦"……

一般情况下，美国这一系列转嫁危机的实际措施大都有效。但，就在 2019 年资本回流美国，带动实体产业刚有了复兴苗头之际，2020 年伴随新冠病毒疫情发生的是，全球产业布局所依靠的供应链被破坏直接冲击全球经济一体化的综合性危机。美元金融资本集团缺乏应对危机的能力，美联储只能继续做美钞印刷机，一方面直接进入股市债市购买资产维持资本价格，另一方面则再次向世界大宗商品市场倾斜过剩流动性对外转嫁危机。这恰是美国短视的利益集团及其政客"自毁"本来是美国主导的全球化的行径。

美国主导金融全球化与中国参与的产业全球化既有联系又有差异。2008 年金融海啸带动美欧日相继推出"救市"的量化宽松，形成一轮大量增发出来的流动性，主要在于向全球转嫁成本，却难以像过去每一次的经济周期扩张那样进入全球实体产业链，并经过生产、流通、消费循环之后获得利润，而是直接被金融投机资本集团用来炒作期货或回购股票，短期导致能源、原材料和资产价格通胀，靠虚拟资产扩张较快地缓解了自身金融危机。然而，一旦债务到期，市场流动性就会遽然紧张，资产就会被迫出售或抵押，拥有充足流动性的跨国资本趁机进场抄底。而这次运作受阻于 2020 年的新冠疫情暴发，其也是 2019 年美联储加息缩表难以为继连带那些融入西方金融体系的国家大都发生危机的根本原因。

近年来披露的资料表明，2019—2020 年新冠病毒疫情最早从美国和欧洲发生而次第演化为在全球暴发，致使已经完成全球产业布局的跨国公司的产业链运作受到严重冲击；曾经因获取全球低价要素而占有全球资源资本化收益的**西方跨国公司的全球资本增密本身不断积累着高风险，终于符合规律地发生产业结构断裂的"全球化解体危机"**。它预示着美元金融资本主义周期的终点，不同于 20 世纪产业资本阶段屡屡发生的周期性生产过剩危机，只需要降息、增发货币、转移产能，重启一轮经济周期就可以解决。

2020 年疫情开始蔓延以来，美国一些政客愈益明显地表现出遏制中国并发动软实力攻击的嘴脸，通过强化或重新构建帝国主义军事同盟直接干预区域矛盾来恶化中国周边形势，以迫使中国贸易盈余回流美国。其根本原因在于，当美国靠利率调控资本流向失灵，或者说在病毒流行破坏物流体系使原有的那套全球金融游戏规则无以为继时，美国只能在所谓的自由市场规则之外采用另一套政治的、意识形态的非市场手段来维持金融霸权，以此对付中国借"一带一路"倡议促进各国本币结算构成对美元霸权的挑战。

美国之所以不遗余力地强推产业资本回归美国本土，实质性地破坏其自身打造的全球化，乃在于被动地受到资本主义一般内生性矛盾的直接影响！对此，即使有美国进步学者揭示出其演化过程的内在规律，也不可能通过大资本控制的媒体来向广大民众传播。

早在 20 世纪 80 年代"新自由主义"确立、美元金融资本向全球扩展的同时期，美国内部也遭遇"产业空心化"和"金融泡沫化"的双重困境，以致贫富差距达到世界之最。同期，经济基础领域的深刻变化，影响到美国一般家庭民众的情绪，影响了低收入群体的生存和就业。但，在美国和西方政客普遍采取的实用主义驱使下，普通老百姓的感知变化被部分政客利用和煽动表达为右翼的民族主义和保守主义，或者极端的民粹主义和排外主义①。众所周知，2017 年特朗普的胜选上台，正是利用了民众这种民粹主义情绪，他所依赖和组建的领导班子中很多都是老冷战时代培养、后冷战时代成长起来的政治精英。在美国社会舆论一面倒地对进步思想构成压制的条件下，这些搞意识形态和政治斗争的老政客不可能有政治理论与思想创新的能力，必然会路径依赖式地借用冷战意识形态及其制度话语对中国发起软实力进攻。

若然，不妨先对冷战以来不同历史阶段做相应的回顾和分析。西方文明主导的人类资本主义历史，在第二次世界大战结束之后进入美苏两个超级大国分割世界、全面对峙的冷战阶段，把世界变成了以"意识形态"服务和配套地缘政治划线的两大帝国主义体系；

---

① 法国巴黎高等师范学院皮凯蒂教授和美国哥伦比亚大学斯蒂格利茨教授对西方国家贫富差距及其社会、政治、经济的影响都有长期和深入的研究。详见 Thomas Piketty, *Le Capital au XXIe siècle*, Éditions du Seuil（2013）; Joseph Stiglitz, *People, Power, and Profits: Progressive Capitalism for an Age of Discontent*, W. W. Norton & Company（2019）。

其中，苏联被毛泽东定义为"社会帝国主义"①。被冷战意识形态包装起来的帝国主义制度框架，因"内在具有政治正确"而被"双寡头"的强权所推行，**其本身并无任何科学性可言，也没有话语建构所要求的理性可言**。然而，这个帝国主义性质的世界大战形成的地缘政治框架，在老冷战阶段被两个同属于西方的超级大国借助各种所谓人文社会科学包装成两个尖锐对立到不可调和程度的政治理论、意识形态体系，遂以此形成浸淫全球发展中国家主流社会的话语权和制度权……

虽然老冷战因 1989 年苏联东欧社会主义阵营解体而演化为 20 世纪 90 年代的"后冷战"，但老冷战结束所产生的世界单极霸权体系和孪生的霸权思想，在后冷战阶段几乎没有对手，且由于过去被称为"第三世界"的发展中国家大部分接受了西方推行的"自由市场经济"，使整个世界几乎无障碍地以"全球化"的名义继承了老冷战的制度遗产。彰显单极霸权的霸气、霸道的美国意识形态，以及为其服务的制度架构权和话语权，依然借助人文社会科学的名义全面而深刻地统治着包括第三世界在内的人类社会。这个包装成"科学"的意识形态体系延续到今天，仍然体现为霸权国家以最低制度成本转嫁危机的客观过程。

### 3. 美国的"变本加厉"与中国的"有限应对"

进入 21 世纪以来的这两个十年，美国多次检讨全球战略的得

---

① "社会帝国主义"一词是 1919 年列宁在《论第三国际的任务》一文中首先使用的，针对的是以卡尔·考茨基为代表的第二国际的机会主义以及修正主义思潮。详见《列宁全集》（第 1 版）第 29 卷，第 458 页。

20 世纪 60 年代，中国称苏联为社会帝国主义国家，指口头上打着社会主义旗号，实际表现似帝国主义行为的社会制度，也称社会沙文主义。

失。其中，不少人检讨美国在"9·11"之后的战略失误，认为以美国共和党为核心的新保守主义过分沉迷于意识形态上的"新十字军东征"，将全部精力投入伊斯兰世界，而忽略了中国在经济和地缘政治上的崛起。这种向外部推诿自身错误的观点几乎成为推动美国政府战略转型的主流。为此，美国建构世界帝国战略的打击重心就势所必然地从伊斯兰世界转向对中国崛起的应对[①]。

**美国为应对中国崛起提出"重返亚太"**，为此，一是奥巴马于2009年宣布从伊拉克撤军；二是2011年击毙本·拉登后则宣布将从阿富汗撤军。而美国在伊斯兰世界的战略收缩之目的是公开宣布的——为了将主要军事力量转向应对中国。2011年奥巴马政府提出了"转向亚洲"战略；2012年提出了"亚太再平衡战略"，宣布美国要将60%的战舰部署在亚洲太平洋地区。2014年，美国策动菲律宾就南海问题提出国际仲裁，向中国施压。而就在这一年，中国台湾发生了"太阳花运动"，中国香港发生了"雨伞革命"，云南和新疆则发生了严重的暴恐袭击事件。美国自2009年转向亚太战略以来所发起的一连串动作，主要目的就是遏制中国崛起。只是2014年俄罗斯收回克里米亚这个典型的地缘政治事件突然爆发，造成美国必须高度关注全球战略西线的陡然失衡，才又使中国被当作主要敌人的时间推迟了几年。

原本赢得对苏冷战胜利后美国一家独大形成控制世界的单极霸权，在推进全球化进程中制定后冷战阶段的"中国融入"政策，就是要把中国纳入西方的体系中，改变中国的政治体制和文化传承。

---

① 在美国，这方面比较著名的论断来自芝加哥大学的米尔斯海默教授。详见John J. Mearsheimer, *The Great Delusion: Liberal Dreams and International Realities*, Yale University Press（2018）。

但，中国以实体经济为主、产业门类齐全，宏观经济部门的自主性远远强于一般发展中国家，只在原材料和制造业等经济领域较大部分地融入了全球化，国家直接掌控的金融资本必须服务于实体经济的制度并没有改变，对经济基础存在决定性作用的政治体制，也没有按照西方世界所希望的方向做出根本性调整。在20世纪90年代诱迫苏联完成解体以来的40多年中，美国的习惯伎俩就是加强对精英群体的洗脑和利诱，促使一国进行符合美国利益要求的制度变革——从一般的自由市场经济制度到金融全面开放，再到国企改革和政治体制变革等。

但，中国人有句老话：形势比人强。1998年中国借助"财政金融不分家"的所谓"旧体制"躲过"亚洲金融危机"，加快WTO谈判进程的同时国内开始大规模做逆周期调节——启动国债投资；2001年12月中国"入世"赶上美国遭遇"新经济危机"，大量跨国资本流入，促使中国借FDI（外商直接投资）加快外需拉动型增长。接下来，美国又遭遇2008年华尔街金融海啸开始向全球转嫁危机，于2012年推出"亚太再平衡"战略，先主导后放弃TPP谈判……一系列形势之下美国所展现出来的行径，实质上都在试图全面改变中国，中国也曾试图进入美国主导的制度建构权和话语建构权的体系之中。但，毕竟中国尚处于实体经济为主的产业扩张阶段，难以适应美国虚拟化扩张的金融经济。

直到2017年特朗普胜选总统后，为强行驱使实体经济回归美国，才基本放弃了此前代表大金融资本利益的民主党的策略，纡尊降贵地对中国改为在实体产业领域展开更直接的全面打压，如2018年以来挑起"美中贸易摩擦"，继而封锁中国的科技企业，再威胁中国金融行业，最后则干脆提出"去中国化"，要把中国排除出全球产业链体系等。

这也是美国搬出产业资本竞争的冷战模式的内在原因。2020年7月23日美国前国务卿蓬佩奥在尼克松总统图书馆发表演讲，其特点不在于宣称对华接触失败，而在于他使用陈旧的老冷战意识形态，形同政治无赖般地挑动反华联盟[①]。蓬佩奥全面否定自20世纪70年代尼克松访华以来四十多年的中美关系，表明了美国政治精英强迫中国"硬脱钩"的巨大决心。

在美国试图重建产业资本竞争力的这种背景下，特朗普政府全面修正并强化奥巴马政府应对中国的全球战略。

在意识形态上，特朗普团队照搬老冷战时期的经验和手段，批判中国"专制独裁"，甚至违背科学常识地批评中国防治疫情的举措"不自由不民主"；除此之外，还试图采用反共不反华的策略从内部分化中国，同时又要借助"冷战"意识形态从外部发起软实力进攻，配合巧实力策动国内的"五独"运动（除了涉港、涉台、涉疆、涉藏问题之外，还有正在蔓延的独立宗教派生的极端势力），总之是要达到阻遏中国崛起，甚至肢解中国的战略意图。

到拜登政府接手，美国政界前赴后继地推出了四次布局——从全面进攻改为重点进攻——对中国施以精准打压和战略包围。一是2021年4月美国国会参议院通过《2021年战略竞争法案》，与中国在全球供应链和科学技术上开展全面竞争。二是2021年6月在政治上联合G7集团发布联合声明，剑指中俄，并随后借新疆维吾尔族人权劳动问题发起对中国的贸易制裁和打压，在联合国第47届人权理事会上，形成中美"90∶40"的国际对抗。三是军事上召开

---

① 美国国务卿蓬佩奥在尼克松图书馆前的讲话，2020年7月26日，见 https://translations.state.gov/2020/07/23/secretary-michael-r-pompeo-remarks-at-the-richard-nixon-presidential-library-and-museum-communist-china-and-the-free-worlds-future/。

北约峰会发表联合公报，声称将提升北约作为跨大西洋政治磋商平台的作用，全力结盟应对中俄的挑战，强化军事威慑和系统性防务。四是在双边关系上不断以公然挑衅的方式突破中方底线，其政界、军界人士先后以各种名义进入中国台湾，实质性升级与中国台湾的关系；美军及其西方盟友的军机军舰不时以保护"自由航行权"名义进入中方已经宣布的南海诸岛领空和领海范围……

美国开打的这一套多种作战形式有机结合的"综合战"，先以突破中方底线的"切香肠"来强拉中国参与其中，确实**成功地转移了对国内矛盾的视线，使超过七成美国人增加了对中国的敌对情绪**；连带造成任何反华法案都在国会高票通过，任何还愿意理性解读中国情况的人都处于"寒蝉效应"之中。

总之，美国已经实质性地复制了老冷战"麦卡锡主义"时期的白色恐怖策略。**美国两党精英在反华反共方面高度一致，成功地使世界上占据单极霸权地位的这一国家驶入了对外发动软实力战争的单行道，政客的回旋余地归零！**由此以后，尽管我们的哲学思想是"上善若水"，也很难与之构建"理性"意义的交往……

应该客观地看到，如果没有突然暴发的疫情破坏了物流链，美国实体产业重建的速度会相当迅速，失业率也会明显下降。另一方面，美国这一套举措，对正在适应性地强调"练好内功，夯实基础，应对全球化挑战"的中国在很多领域已经产生了积极意义的调整。由于双方都是以化解国内矛盾为主，那么副作用就是，美国政客借用陈旧冷战意识形态发起的反共排华的拙劣表演，让大多数中国人短时间内就有所警醒……

在经济上，中国靠"逆周期调节"保持了持续增长，产业升级效果显著，尤其是高科技公司和互联网公司雨后春笋般成长起来。此外，全球遭遇新冠疫情打击，唯中国在新冠疫情期间完成了对公民个人信息采集和大数据系统的全国应用。借此，一方面有效地控制住疫情和舆情；另一方面也实现了全球最高的恢复性增长，甚至已经离开的跨国公司也不得不出于利益考量而重返中国。

在政治上，新一代领导人于2012年顺利完成交接，随即全面推出反腐倡廉、扫黑除恶等重大政治动员性的行动，巩固了能够"集中力量办大事"的"举国体制"，并通过一系列上层建筑领域的改革巩固了党对国家各项事业的领导。国安法得以实施，香港从乱到治，对暴恐分子及其幕后操控势力的抓捕，有力震慑了美国西方资助的反华反共势力。

新一代领导集体确立了"以人民为中心"的新理念和"绿水青山就是金山银山"指导思想下的生态文明新战略，推进中国式现代化，以及"人与自然和谐共生的人类命运共同体"等引领人类文明发展的方针。中国并不直接回应美国，但这些无疑是应对百年未有之变局的积极举措。

# 第三章
# 历史经验："老冷战"的回顾与反思

第二次世界大战的起因，主要是资本主义国家在产业资本阶段的生产过剩危机——工业化区域大国摧毁区域内其他国家的工业生产能力，目的是占领就近的原材料和产品市场——无论使用什么"政治正确"的意识形态来掩盖这种战争目的。战后，客观上形成了美国和苏联这两个"国家资本主义"的世界霸主分割势力范围、实际上分别控制了主要工业化国家的"两大阵营"。

这时候双方都不提实质性的"国家资本主义"；两霸使用的意识形态，仍然是战前和战中用于国民动员的话语体系。但，美国那个自称"新国家主义"的战时总统罗斯福已经去世，继任者改称"自由世界"，意识形态化地推崇"自由主义"。而苏联斯大林还在世，他很清楚如何运作国家资本主义来完成国家工业化，才能获取战争胜利；但战后经济要向社会主义过渡，在上层建筑和意识形态上要明确"社会主义"制度。我们如果在这个基本制度问题上认识不清，就很难在应对软实力斗争中避免落败……

至于"冷战"这个概念是如何被后来的理论家定义的另当别论，其约定俗成地被人类历史所接受，最早是由英国作家乔治·奥威尔在 1945 年 10 月 19 日发表的一篇文章中使用过，用来描述活在核战争阴影下的世界。在奥威尔看来，所谓的"冷战"是指苏联和西方国家之间的意识形态冲突[1]。差不多同时期，美国的投资家兼政治顾问伯纳德·巴鲁克在 1947 年 4 月 16 日的一场演讲中提到"我们必须面对现实，我们今天就活在一场冷战之下"[2]。他用"冷战"这个概念主要是描述美国与苏联及各自盟国之间的地缘政治冲突，之后被媒体广泛引用和采纳。

在第二次世界大战结束后，原先结盟对抗纳粹德国及轴心国的美国及苏联成为世界上仅有的两个超级大国，两国在基本性质上都属于"国家资本主义"，但名义上两国拥有不同的政治和经济体制：美国及其他北约成员国自诩为"自由世界"，实际上是资本主义多头竞争演化为一个寡头控制下的联合阵营，而苏联及其他华约成员国则是自称为"民主国家"组成的社会主义阵营，实际执行苏联主导的集中体制。随之，两方也因此展开了数十年的制度体系及"自由"与"民主"这两大意识形态体系的对抗。1946 年 3 月 5 日，英国时任首相温斯顿·丘吉尔在美国富尔顿发表"铁幕演说"，被认为正式拉开了冷战序幕。1947 年 3 月 12 日，美国杜鲁门主义上台被视为冷战全面开始的标志。1955 年华沙条约组织成立，意味着美苏两极霸权分割势力范围格局的形成。

一般认为，老冷战结束于 1991 年 12 月的苏联被正式解体，但也有观点认为 1989 年柏林墙倒塌等事件是社会主义阵营解体的标志。一直以来，历史学家对冷战的根源和起点都持有不同的看法。我们当然尊重这个学科的专家意见。但在笔者看来，冷战起源

---

[1]　Murray N. Rothbard, *George Orwell and the Cold War: A Reconsideration*, MISES DAILY ARTICLES（2017），https://mises.org/library/george-orwell-and-cold-war-reconsideration-1.

[2]　Bernard Baruch coins the term "Cold War"（2020），https://www.history.com/this-day-in-history/bernard-baruch-coins-the-term-cold-war.

于第二次世界大战结束之后勉强可以成立，但并没有在 1991 年苏联解体时结束。因此，我们权且把在西方帝国主义战争、大规模热战之后不爆发第三次世界大战的这个阶段，相对而言还具有战争性质的对抗形式，叫作"冷战"，文中为区别新阶段新形势，亦称"老冷战"。

## 一、老冷战起源及"一个世界两个体系"

在第二次世界大战结束后，西方虽然被称为"自由世界"，但大半个欧洲依然难以从上千万人的死伤中平复。战火遍及了欧洲大陆的大部分地区，所涉及的地域面积大于第一次世界大战。持续的轰炸使绝大多数大城市遭到了严重破坏，特别是集中了工业生产企业的城市。在不断增长的高失业率、因食品短缺导致的接连不断的罢工以及一些国家的社会动荡下，欧洲经济靠所谓自由市场制度带动增长几乎是不可能的。到 1947 年，欧洲经济依然徘徊在战前水平以下，并几乎看不到增长的迹象。战争对农业的破坏还是导致欧洲大陆许多地方出现了大面积的饥荒，而 1946—1947 年欧洲西北部罕见的寒冬又使这一情况进一步恶化。

战后普遍的贫穷引起了政局的激烈动荡，饥寒交迫的民众对西欧各国政府的不满和反抗情绪与日俱增，阶级矛盾急剧上升。而这些国家的共产党在本国战争期间的反抗斗争中起到重要作用，使其声望急剧增长。在这些国家战后的选举中，共产党取得了普遍性的成功。尤其是意共和法共，意共获得选票达 1/3，法共甚至一度成为议会第一大党。1945—1947 年，西欧有法、意、比等 8 个国家的共产党参加了本国联合政府。

对此，美国时任国务卿马歇尔警告说："要是美国不支持欧洲进行自助，走向暴政统治很可能是不可避免的。"美国政府中的很多人士对苏联的怀疑情绪日渐加深。而且事实上，在东欧与西欧交界的一些国家，亲共亲苏的政党与亲美政党发生了严重的对立冲突，而美国和苏联都或明或暗地进行了干预，支持倾向于自己的政党夺取国家政权，并以此来实现对这些国家的控制权。

为此，已经成为世界第一大经济体的美国是两手准备。一手准备是推出合计投资 140 多亿美元的马歇尔计划，这是符合美国客观需求的控制战略——既能够直接缓解美国为服务于战争而建立的庞大军工生产体系在战后立刻遭遇的产能过剩，而需要把产业转移到欧洲市场，又能使积贫积弱的欧洲得到自身不可能形成的重资本投入来复苏其工业生产。

美国外交史学家沃尔特·拉菲伯在《美国世纪：一个超级大国的崛起与兴盛》中指出，美国必须找到能够出售这些产品的地方，否则美国人就将重新陷入 20 世纪 30 年代的恐慌之中。战后这种情况进一步加剧，在资本主义世界几乎所有的生产领域，美国都占据绝对优势。1947 年，美国的工业生产已占资本主义世界工业生产的 42%，并拥有资本主义世界货币黄金储备的 70%。对外贸易方面，美国商品输出在资本主义出口总额中所占比重不断上升，成为世界最大商品输出国。第二次世界大战前，西欧各国至少占美国出口贸易的 40%。然而，第二次世界大战严重扰乱了西欧的经济秩序，许多欧洲国家因通货膨胀、货币贬值、巨额赤字而无力购买美国的商品。

而马歇尔计划提供的援助中有很大一部分，正是被欧洲人用来进口来自美国的工业品和原料的。也因此，美国迫切需要改变世界大战之前的工业化国家普遍存在的"产业资本在国化"，只有采取跨越大西洋的全面扩张战略，才能将欧洲尽可能地纳入自己的产业链体系；并且，这尤其需要想方设法避免苏联对欧洲的影响和控制。也就是说，要维护美国产业资本为中心的跨大西洋体系，就绝不能让苏联与欧洲构建物流体系及产业链。

从地缘政治理论的发展史来看也是如此，同样作为海权霸主的美国不再像大英帝国时代那样追求"离岸平衡的大陆均势政策"，而是要在主导产业链分工布局的基础上构建统一的大西洋体系，而且在苏联解体后还要进一步打造跨太平洋体系①。地缘政治理论的代表人物之一的英国人麦金德提出世界岛心脏地带理论，其目的不过是挑拨欧亚大陆的均势政策，防止一国做大威胁大英帝国的地位，主要针对的是法、德、俄。美帝国承接英帝国更进一步则是斯皮克曼的边缘地带理论，这些边缘地带基本都是美国军力能够辐射的地方，也是美式全球化产业链分工布局的地方，是美国主动打造的全球化体系，但也不过是整合了边缘地带。

虽然从本质上来说这就是两霸的产业资本体系的竞争，但必须构建"政治正确"。于是，美国的另一手准备就是打出意识形态的牌，利用战后欧洲各国资产阶级对共产主义革命的惧怕，竭力将这些国家拉拢起来。冷战在一定程度上也是意识形态战争，其中最著名的便是1946年2月22日美国驻苏联大使馆的乔治·凯南的"八千字电报"，明确提出了遏制苏联的战略理论。随后，美国总统特别顾问克拉克又向杜鲁门提交了一份题为《美国与苏联的关系》的报告，报告主张美国应准备与英国和其他西方国家联合起来，努力缔造其想象中的世界，并联合一切反苏力量。

---

① 跨太平洋伙伴关系协定（TPP）以及跨大西洋贸易与投资伙伴协议（TTIP）可以看作是美国地缘战略和币缘战略的具体尝试，虽然一度受到美国前总统特朗普"美国优先"政策的干扰，但美西方金融帝国主义的野心不会就此罢休。

针对美国的政策，斯大林采取了类似美国的做法。其基本指导思想：巩固雅尔塔体制的成果，加固东欧阵地；**在理论上明确提出"两个阵营和两个平行市场"**的概念。某种程度上，苏联采取和美国类似的对策，使其成为战后"双寡头"之一，苏联的产业转移也有利于控制东方社会主义阵营，以及影响世界上认同社会主义的发展中国家。

战后，苏联根据打造自身产业阵营的目的，相应地制订了与马歇尔计划类似的莫洛托夫计划来援助东欧经济，以及配合朝鲜战争进行的对中国的产业转移。

延伸阅读

3

## 世界的决裂：大国政治家的别无选择

第二次世界大战结束后，美、苏、英、法外长围绕意大利、保加利亚、罗马尼亚、匈牙利、芬兰五个次要敌国的战后事宜，展开了几个回合的讨论，最终于1947年2月10日在法国巴黎签订了《五国和约》，规定了五国的领土边界、政治民主化、限制军备和经济赔偿等内容。至于德国这个战争首犯，苏、美、英、法分区占领，交由四国总司令盟国管制委员会管理。

上述对战后欧洲的处置埋下了冷战的隐患。起初，美苏双方都按照"雅尔塔协议"的精神，美国从西欧撤军，苏联也履行承诺，在东欧各国举行选举，允许资产阶级政党重返东欧。但是，之后东欧政府选举的发展形势完全超出了斯大林的预期。

对于苏联来说，西部边界缺乏天然的安全屏障，历史上多次大规模入侵都来自西部，所以，为了保障苏联的国家安全，斯大林坚持在东欧地区组建对苏友好的政府。第二次世界大战结束后不久，斯大林就意识到，如果继续按照雅尔塔协议的自由选举方式，苏联将丧失对东欧地区的控制能力。所以，"苏联拒绝执行《被解放的欧洲宣言》，在波兰、南斯拉夫、匈牙利、捷克斯洛伐克、罗马尼亚、保加利亚、阿尔巴尼亚等国建立了一系列对苏友好的政府，使这些国家处于苏联的直接控制之下。苏联的做法使美国企图通过自由选举方式在东欧建立议会制政府从而保持西方影响力的打算落了空，引起美国的强烈不满与敌对"。

相应地，美国恢复了在欧洲的驻军，并推动马歇尔计划，致力于提升西欧国家的实力。

1946年3月5日，丘吉尔在美国富尔顿城发表了反苏联、反共产主义的"铁幕演说"，冷战序幕正式拉开。

参考资料：

1947年巴黎签订的《五国合约》。

徐蓝：《求真·求通·立德——徐蓝学术论文集》，人民出版社2019年版。

老冷战是资本主义在产业资本阶段因产业资本的在地化而具有的以国家与国家之间边界清晰为特征的冲突。老冷战被当年的参与者们说成是"一个世界两个体系"：美国和西欧以及日本所代表的是西方的自由资本主义的体系；而苏联和东欧国家，一段时期内也包括中国，被叫作社会主义体系。

当1991年苏联解体，特别是此前苏联东欧的国民经济整体衰败之后，西方的跨国公司在产业转移和货币化其他国家的实体产业及资源的过程中，获得了巨大的利益。**世界进入后冷战时期**，逐渐变成"一个世界一个体系"，主要是因为西方在老冷战的后期就开始把产业资本，尤其是劳动力密集型的一般制造业大量向发展中国家转移，随后又整合了苏东国家长期坚持的"非货币化"的产业经济；这些额外收益，使西方的主要跨国公司逐步形成了产业链全球化的垂直分工体系。

由此，西方跃升到金融资本主义时代的进程大大加快了。美国在1971年违背了布雷顿森林体系中美元与黄金挂钩的承诺，1973年的《牙买加协定》进一步废除了固定汇率制，实行浮动汇率制，随后又逐步把美元锚定在石油和粮食贸易上，与此同时开始了金融化扩张——20世纪80年代到90年代的约20年间创造了2000多种金融衍生品，全球开始被美元虚拟化扩张驱使进入金融资本主义时代①。在金融资本主导的全球竞争中，西方的硬通货，特别是美元这种硬通货，成为全球贸易主要的结算货币和世界各国主要的储备货币，由此导致从产业资本"在国化"变成**"金融资本无国界""金融资本家无祖国"**的新状况。这是后冷战时期演变成"一个世界一

①　美国先是推出《1980年银行法》废除了对存款利率的限制，金融衍生品市场从此开始井喷式增长。1982年，国会允许银行拿储户的存款购买各种金融产品，华尔街的投机分子瞬间多了起来。1988年，银行业开始游说国会，废除大萧条时期颁布的著名的《格拉斯－斯蒂格尔法》。1999年，美国国会以参议院90对8，众议院362对57的高票废除了这项法律，美国经济在这期间飞速增长，代价则是增长的动能从制造业永远地转向了金融业。

个体系"的内因。

这一阶段全球化竞争和战前的产业资本"在国化"推动的产业资本全球化竞争，已经完全不同了。无论是在内容上、性质上还是在表现形式上都有很大的差别。

在老冷战发起的早期，因为很多具有重大地缘政治意义的国家都存在共产主义政党和资本主义政党之间的生死斗争，在如此对抗性冲突频发的革命环境下，这些国家不得不在政治和意识形态上选边站队加入一个阵营并完全排斥另一个阵营。当时的新中国在成立的一开始就遭遇朝鲜战争，由此也被迫站队。双方阵营在经济上也因制裁和封锁而基本上完全隔离。

从历史演化的角度来看，两霸依据战后实际控制区分割势力范围使老冷战变成"一个世界两个体系"，在理论逻辑和经验逻辑上的起点是一致的。

同理，第一次世界大战和第二次世界大战，按照西方的历史划分，属于在西方的帝国主义国家之间，在地化的、产业同构的产业资本在全球殖民扩张过程中发生的冲突。只不过，两次世界大战期间各主要工业化资本主义国家实力相当，各国明争暗斗、合纵连横、彼此关系错综复杂，不像第二次世界大战结束之后的冷战期间两个超级大国各自引领形成长期稳定的、泾渭分明的界限，尤其冷战前前后后延续四十多年，很大程度上是意识形态扮演了至关重要的角色。

美苏从第二次世界大战中的同盟关系走到冷战对立的局面，形成了两大寡头分割控制世界裹挟各国参与其中的格局，一步步的演化过程可以说具有历史必然性，其间的经验教训更加值得反思和借鉴。

# 二、老冷战中的新殖民主义宣传战

对于这场史无前例的冷战，无论是 1947 年 3 月美国时任总统杜鲁门抛出的"杜鲁门主义"，还是 1950 年 4 月美国国家安全委员会精心策划出台的被视为"美国全球冷战蓝图"的第 68 号文件（NSC68），都非常清晰地将其界定为"两种敌对意识形态之间的冲突"。美苏双方之所以不再直接打热战，各自把控使第三次世界大战打不起来，其中一个重要的政治和军事方面的原因，就是双方都有强大的核武器库，客观上达到了核恐怖平衡的制约条件。所以在冷战期间，配合各自意识形态的软实力斗争，只要不是大规模热战，则各种非理性的、非正义的手段层出不穷，在巧实力斗争上无所不用其极[①]。

美国政府负责意识形态工作的部门出于政府自身的利益考虑，不断在国内制造所谓"苏联共产主义的威胁"的紧张气氛，大肆宣扬苏联共产主义对落后国家和地区的威胁。随着冷战不断向纵深发展，美国政府越来越担心以苏联为首的共产党国家会在原殖民地国家和地区的民众中激发出对以美国为首的西方殖民宗主国的不满情绪，煽动推翻美国援助建立的"友好政权"。为此，美国政府与国内各方面迅速达成冷战共识，增加军事预算，准备在意识形态领域与社会主义阵营展开一场前所未有的较量，以此削弱社会主义阵营力量，进而分化瓦解社会主义阵营，达到维护美国国家安全和确保美国世界领导者地位的目的。

---

① 关于"核均势"与外交政策的经典论述来自美国前国务卿基辛格。详见 Kissinger A. Henry, *Nuclear Weapons & Foreign Policy*, W. W. Norton and Company（1969）。

1950 年 4 月 20 日，杜鲁门在首都华盛顿向美国报纸编辑协会全体会员发表演讲，正式提出在全球范围内发起"真理运动"宣传反击战的倡议。杜鲁门强调，苏联已经在全球范围内向西方世界发起了一场前所未有的和平宣传攻势，目的在于诱惑世界各国民众信奉共产主义。专门负责美国公众事务的助理国务卿爱德华·巴雷特建议杜鲁门总统发起一场针锋相对的宣传反击战，以夺取意识形态话语权，期望在意识形态领域击败苏联。

为了有效开展时任总统杜鲁门倡导的"真理运动"，杜鲁门下令美国国务院全面负责对外宣传的协调工作。但由于美国官僚政治固有的弊端，部门之间为利益而明争暗斗，冷战初期美国对外宣传并未取得预期效果。为了解决这一问题，杜鲁门总统于 1951 年 6 月 20 日秘密下达《建立心理战略委员会的指令》，核心内容是"批准和明确在当前国家安全政策框架内迅速高效地开展和评估国家对外心理宣传行动。该委员会可以最大限度地利用参与对外宣传的机构和部门的一切资源来确保本委员会的政策、目标、计划与国家安全委员会批准的军事行动计划相匹配"，这是美国历史上第一个专门负责对外宣传战和心理战的机构。

艾森豪威尔上台后又下令建立"美国新闻署"（USIA），以加强美国对外宣传攻势。其职责是利用大众传媒技术手段向全世界民众表明，美国政府出台的政策和奋斗的目标与他们的追求始终是一致的，就是要在全球范围内遏制苏联共产主义的扩张，树立美国"世界领导者""民主的橱窗""第三世界国家的朋友"形象，夺取意识形态领域的话语权。①

---

① 史澎海、谢培：《冷战初期美苏宣传战：意识形态话语权斗争及其当代启示》，《西南大学学报（社会科学版）》2022 年第 2 期。

从对外宣传战机制的层面来看,在冷战共识的大背景下,美国可以说是全民参与,对外宣传战机制中不仅包括所有政府部门和机构,而且还包括 180 多万个非政府组织(不含未注册登记的非政府组织)和全国民众,充分彰显了冷战初期美国政府利用一切可利用的资源在全球范围内开展旨在遏制苏联共产主义,反击苏联和平宣传攻势的战略意图和举措。不仅如此,美国中央情报局(CIA)还专门为颠覆共产党政权而制定了指导性实施方案,内容详尽直白到令人震惊。

延伸阅读

**4**

## 美国中央情报局的"十条诫令"

东欧剧变后,美国政府加紧了对中国展开旨在促使中国也像苏联那样解体的一场意识形态战争。其中,"十条诫令"表现得最为直接和突出。"十条诫令"又叫作"十套办法",是美国中央情报局极为机密的行事手册,其中关于对付中国的部分最初撰写于 1951 年,后经多次修改,至今共为 10 项。其全部内容如下:

一、尽量用物质来引诱和败坏他们的青年,鼓励他们蔑视、鄙视、进一步公开反对他们原来所受的思想教育,特别是共产主义教育。替他们制造对色情奔放的兴趣和机会,进而鼓励他们进行"性"的滥交。让他们不以肤浅、虚荣为羞耻。一定要毁掉他们强调过的刻苦耐劳精神。

二、一定要尽一切可能,做好传播工作,包括电影、书籍、电视、无线电波……和新式的宗教传播。只要他们向往我们的衣、食、住、行、娱乐和教育的方式，就是成功的一半。

三、一定要把他们青年的注意力，从以政府为中心的传统引开来。让他们的头脑集中于体育表演、色情书籍、享乐、游戏、犯罪性的电影以及宗教迷信。

四、时常制造一些无风三尺浪的无事之事，让他们的人们公开讨论。这样就在他们的潜意识中种下了分裂的种子。特别要在他们的少数民族里找好机会，分裂他们的地区，分裂他们的民族，分裂他们的感情，在他们之间制造新仇旧恨，这是完全不能忽视的策略。

五、要不断地制造"丑闻"，丑化他们的领导。我们的记者应该找机会采访他们，然后组织他们自己的言辞来攻击他们自己。

六、在任何情况下都要宣扬"民主"。一有机会，不管是大型小型，有形无形，都要抓紧发动"民主运动"。无论在什么场合，什么情况下，我们都要不断地向他们政府要求民主和人权。只要我们每一个人都不断地说同样的话，他们的人民就一定会相信我们说的是真理。我们抓住一个人是一个人，我们占住一个地盘是一个地盘，一定要不择手段。

七、要尽量鼓励他们政府花费，鼓励他们向我们借贷。这样我们就有十足的把握来摧毁他们的信用，使他们的货币贬值，通货膨胀。只要他们对物价失去了控制，他们在人民的心目中就会完全垮台。

八、要以我们的经济和技术优势，有形无形地打击他们的工业。只要他们的工业在不知不觉中瘫痪下去，我们就可以鼓励社会动乱。不过我们必须表面上非常慈爱地去帮助和援助他们，这样他们政府就显得疲软。一个疲软的政府，就会带来更大更强的动乱。

九、要利用所有的资源，甚至于举手投足，一言一笑，都足以破坏他们的传统价值。我们要利用一切来毁灭他们的道德人心。摧毁他们自尊自信的钥匙，就是尽量打击他们刻苦耐劳的精神。

十、暗地运送各种武器，装备他们的一切敌人和可能成为他们敌人的人们。

参考资料：

周珂：《从美国"十条诫令"看西方"文化帝国主义"的时代特征》，《当代世界与社会主义》2003年第6期。

面对美国咄咄逼人的进攻态势，苏联也迅速做出反应，在国家层面成立了苏共中央宣传鼓动部，下设国家情报局（SIB）、国家对外文化交流协会（VOKS）、塔斯社（TASS）、国家广播委员会（BA）、国际出版社（MK）、国家贸易联合会中央理事会国际部（TUCCIO）及其他相关机构。苏联从1948年开始，先后在全国各地建立1400多座干扰设备来专门干扰"美国之音""自由电台""自由欧洲电台"等针对苏联的公开和隐蔽的宣传活动，同时在国内积极开展爱国主义宣传并加强管控。

尽管美国宣称自己是自由世界的领导者，但实际上它是人类历史上最大的帝国体系中的领导国家，传播自由民主意识形态为的是掩盖新独立的前殖民地国家并非真正独立的事实，并掩盖已经成为新殖民主义世界体系的殖民基础。"新殖民主义"这个词在20世纪60年代末通过夸梅·恩克鲁玛的《新殖民主义：帝国主义的最后阶段》（纽约国际出版社1966年版）广为传播。这本书描述了前殖民主义列强通过"经济扼杀"控制新独立国家的结构和运作模式，从而促使世界进入了殖民主义的新阶段。恩克鲁玛是加纳前总理，他的分析主要基于加纳这个新独立国家的经验。

新殖民主义世界体系的自由民主意识形态是一个骗局。它不反对核心大国的干涉和干预性帝国主义政策，这些政策旨在确保世界各国采取符合核心大国利益的经济政策。主导话语利用对自由民主的意识形态操纵，包括对侵犯人权的虚假指控，为军事干预和对那些为捍卫主权而反抗新殖民主义世界体系的国家进行经济制裁提供理由。事实上，新殖民主义世界秩序的结构是为了确保由所谓的独立国家制定的商业法规和经济政策有利于帝国主义在市场准入、原材料和廉价劳动力方面的利益，并确保企业和银行在新殖民主义国家的存在。

当新殖民主义发挥作用时，可以观察到五种机制。第一，延续殖民时代通过征服和武力强加的经济关系，殖民地在强迫劳动的基础上，向殖民宗主国家出口原材料，并进口它们的剩余制成品。第二，由大型和集中的跨国公司、跨国银行和国际金融机构进行统治，它们控制着新殖民地国家的经济和金融机构。第三，在新殖民地国家内部，由一个傀儡资产阶级控制政治进程，该资产阶级将自己嵌入外国经济渗透和剥削的结构中，符合跨国公司和金融机构的利益。第四，由所谓的独立于国家的军队进行社会控制，必要的训练和武器来自美国或其他强大的国家。第五，新殖民主义的意识形态渗透，包括传播为现有政治经济制度辩护和使其合法化的思想。

由此可见，那些在第二次世界大战结束后的殖民解放运动中通过谈判，而非像中俄经过暴力革命取得独立政权的国家，其实并没有真正获得国家主权，在美国新殖民主义意识形态的包装下长期承载了"主权负外部性"带来的成本转嫁和危机。对于这一点，苏联的思想理论界并没有进行很好的分析和揭露，或许这跟苏联自身也受制于冷战意识形态化的宣传战的话语建构有关，毕竟苏联也经常扮演社会帝国主义的角色。

## 三、毛泽东"三个世界"理论对冷战的解构

20 世纪 70 年代的世界局势急剧变化，出现了大动荡、大改组的局面。就在美国经济向金融资本阶段升级并推进金融资本向全球虚拟化扩张之际，毛泽东在 1974 年 2 月 22 日会见赞比亚总统卡翁达，提出了关于"三个世界"的理论，号召联合起来反对霸权主义。毛泽东说："我看美国、苏联是第一世界；中间派，日本、欧洲、加拿大，是第二世界；咱们是第三世界……第三世界人口很多。亚洲除了日本都是第三世界。整个非洲都是第三世界，拉丁美洲是第三世界。"[1]

三个世界的战略思想指明：美国是帝国主义，苏联是社会帝国主义；美苏争霸是两大帝国主义之间的矛盾。亚非拉三大洲应该联合起来，共同面对第一世界互相争夺霸权造成的对抗性冲突。三个世界的理论提出，针对美苏用两套意识形态划分"两个

---

[1] 《毛泽东主席关于三个世界的理论和"一条线"战略》，外交部 2000 年 11 月 7 日。

体系"从而各自裹挟一大批国家为了它们自身的霸权利益站队划线所开展的冷战，很多国家表面上屈服，实际上都有挣脱控制的愿望。

毛主席三个世界理论的提出很大程度上打破了美苏意识形态软实力的垄断和裹挟，有助于很多中间状态的国家摆脱对两霸的政治经济依附，寻求独立自主的发展，也打开了中国和第二世界国家进行合作交流的空间。毛泽东这一思想是基于对中国革命的深刻认识和经验总结，他说过，统一战线工作，就是要把我们的朋友搞得多多的，敌人搞得少少的……毛泽东结合冷战中期的国际局面而提出来的重大理论创新，来自中国革命道路充满波澜曲折的经验过程，毛泽东本人与各种舶来的意识形态有着丰富的斗争经验，才可以透过冷战表象看到世界的本质。中国革命及毛泽东应对老冷战的经验教训，值得后人学习和总结。

老冷战开始之初，正在开展"第三次土地革命"的中国不可能立刻纳入美苏对立性的意识形态斗争中。当时中苏两党认为正在进行土地革命的中国处于"资产阶级革命"阶段。从"五个阶段论"这种对历史演变的线性思维角度来看，中国社会跟西方一样，都要经历五个不同的历史发展阶段，从原始社会到奴隶社会、封建社会、资本主义社会，最后再到共产主义社会①。新中国于1950年确立具有宪法性质的《共同纲领》时，毛泽东也提出，只有在很远的将来，当中国完成了工业化大生产之后，共产党才能再发动广大群众讨论是否应该进入社会主义。此前，20世纪40年代毛主席就发表过《新民主主义论》，认为中国即使革命成功，也要先进入资本

① 马克思：《〈政治经济学批判〉序言》，人民出版社1976年版，第4页。

主义①。有鉴于此，在解放战争节节胜利的形势之下，美国虽然支持国民党政权，但并不打算跟这个还在进行资产阶级革命的中国完全断绝关系。美国大使馆一直跟着国民党撤退，但在南京解放后却选择留下而没有去广州，一直试图跟中共维持一种正式或者非正式的关系。

这也因为，在 1947 年老冷战初期，中国不被美苏纳入互相对立的主要矛盾之中，所以美国对中国的战略定位是非对抗和非重点打压。1949 年新中国成立之初，美国的军事战略防御也只限于第二岛链②。对于中国这样一个传统儒家文化圈的大国，在其传统势力范围内美国基本上不设防。但局势随着朝鲜战争爆发而改变。

朝鲜半岛战争一方是以美国为首组织的"联合国军"，有 16 个国家直接参战；还有另外 4 个国家提供后勤支援，其中的日本除提供后勤支援外，还提供了海空军基地。另外一方除中朝两国军队外，苏联军队实际也参战了，而且苏联背后还有整个苏东阵营在提供战争装备和军火。朝鲜战争往往被称为区域冲突的局部热战，但实际上它是一次二十多个国家出兵参与的世界战争。正是这个战争及其阵营划分的客观作用，改变了中国的发展方针，使得从新民主主义向社会主义的过渡成为"总路线"……

朝鲜战争没有被叫作第三次世界大战，是因为当时苏联刻意回

---

① "新民主主义论"是毛泽东 1940 年 1 月 9 日在陕甘宁边区文化协会第一次代表大会上的演讲，原题为《新民主主义的政治与新民主主义的文化》，载于 1940 年 2 月 15 日延安出版的《中国文化》创刊号。同年 2 月 20 日在延安出版的《解放》第九十八、九十九期合刊登载时，题目改为《新民主主义论》。

② 岛链是冷战时期东西方对抗的产物。"岛链"一词最初是以美国为首的西方国家在第二次世界大战结束之后为了扼杀、封锁当时的苏联和中国等社会主义国家，利用西太平洋海域中一些特殊岛群的战略地理位置而提出来的。第二岛链，由日本的小笠原群岛、硫黄列岛和美国的马里亚纳群岛等岛屿组成。它位于第一岛链以东，故称第二岛链。

避直接参战。朝鲜战争客观上把美国原来的布局打破了，即美苏在第二次世界大战结束之后形成的格局——两个超级大国分割世界。在欧洲有民主德国和联邦德国，在亚洲有韩国和朝鲜、越南共和国和越南民主共和国等，甚至，美国和苏联要求中国划江而治，长江以南交给国民党政府，长江以北交给共产党政府，这样美国和苏联就正好可以分割控制亚洲这个最大的国家了。对于两个超级大国想要瓜分世界的企图而言，发展中国家越是分裂，就越有可能实现。

朝鲜战争爆发后迫使中国被划入苏联阵营，于是中国迅速按照苏联制度，从工业管理、行政系统，到城市的经济基础等推行全盘苏化。特别是1953年朝鲜战争结束时，中国开始提出改造社会主义，要在1956年前完成所谓对私人资本和对农村的个体农民经济的社会主义改造，基本上参照了苏联体制。因此，这就相当于中国被纳入老冷战的苏联体系之中。

不过，到1955年年底，毛泽东就针对城市经济基础与上层建筑照搬苏联模式的问题，开始尝试着推动"改出全盘苏化"。从1956年开始跟苏联发生两党之间的争论，到1960年苏联开始全面撤走援助，中国实现了从1953年开始的全盘苏化到1960年完成的对苏联全面"去依附"，再度成为摆脱两个霸权国家控制的独立主权国家。这是毛泽东提出三个世界理论的历史背景。

20世纪60—70年代，因为中国离开了苏联阵营，老冷战的对抗性冲突就变得清晰了——对立的双方美国和苏联分别成为两个阵营里的霸权国家。两个帝国主义霸权国家都不忌讳使用各种各样的手段，不排除任何可能的选项，包括对中国的核威胁、核讹诈等无所不用其极……

对此，中国在彻底去依附的情况下，提出集中全国的科技力量、工业力量，以及其他各方面的力量搞"两弹一星"。与此同时，在两霸战争威胁的压力下，中国从 1963 年开始了"三线建设"，这是中国经济史上一次极大规模的工业迁移。上述以加强国防为中心的战略大后方建设基本上是只有投入而没有"产出"，必然以压低全民消费和生活水平为代价，所以这就导致出现 60 年代要求的"独立自主，自力更生，艰苦奋斗，勤俭建国"[①] 的口号。

那是一个全民奉献的时代。中国的很多知识分子、学者，甚至都没有个人生活、家庭生活，把自己的全部生命奉献给了维护独立主权的伟大斗争。脱离美国和苏联这两个有着雄厚资本力量的阵营，就只能靠自力更生和艰苦奋斗了。那段历史证明，任何国家想要摆脱两霸的控制，要想不站队，就要支付巨大的代价。这个观点，我们在《八次危机》一书里有详细的描述，本书不再赘述[②]。

从中国传统文化角度来看，毛泽东的三个世界理论符合"三生万物"的哲学思想，对本源于西方中心主义的二元对立体系具有颠覆性；其对外政策也相对有效，实际上是在国际社会孤立了美苏两个超级大国。

老冷战期间，中国积极同第二世界的发达国家开展交流，加强经济关系，同时坚定支持亚非拉的反帝反殖运动，切实跟第三世界的发展中国家站在一起，形成了广泛的国际影响力。于是，毛泽东思想就成了一个国际社会普遍接受的政治思想体系，被称为"毛主义"。

在老冷战时期，毛泽东"三个世界"的思想体系，解构了老冷战美苏搞的二元对立，让这个世界不必以美苏双方提出的意识形态标准划分拥共还是反共。至今，中国还在很多方面继承着，甚至是

---

① 关于"三线建设"的历史背景和发展，可以参考陈夕：《中国共产党与三线建设》，中共党史出版社 2014 年版。

② 参阅温铁军：《八次危机——中国的真实经验（1949—2009）》。

享受着当年毛泽东提出"三个世界"的制度思想遗产。今天，国内大多数官员，包括政治家们，都没有经历过老冷战，不了解相关经验过程，也少有人再去学习了解毛泽东当年化解老冷战两霸先后都对中国进行打压而提出的"三个世界"思想体系，这可能是中国在某些巧实力运作条件下相对被动的原因之一。

## 四、从"成本转嫁论"视角看美国赢得冷战

"冷战"之所以未发展成"热战"，是其作为一种新的大国对抗形式，在美苏两大国都拥有足够的核武器将对方连同整个地球完全毁灭的情况下产生的。自核武器及其远程运载工具大量出现以后，大国之间全面爆发军事热战基本上是不可能的。据此可以判断，核武器和常规武器数量，并不是决定冷战胜负的关键因素。

苏联在 20 世纪 70 年代以后曾经达到经济和军事的双巅峰，并一直保持对西方的进攻态势。到 20 世纪 80 年代初更是形成极端化的军工经济特征：军品一度占到机器制造业的 60% 以上，军事支出占国民总产值的 23%。到 20 世纪 80 年代末，上述比例分别提高到 80% 和 28%。但是，如此不平衡的经济结构，不仅没能成为苏联强大的基石，反而成为其崩溃的根源之一[1]。

苏联在冷战中失败的原因并非西方国家事后所说的制度和文化问题。无论是苏联还是美国，二者都处在资本主义的社会化大生产

---

[1] 关于苏联不可持续的军工研发体系的研究，参见 Mathers、Jennifer G., *The Rusian Nuclear Shield From Stalin to Yeltsin: The Cold War and Beyond*, Palgrave Macmilion（2000）；Schweizer、Peter, *The Reagan Administration's Secret Strategy That Hastened the Colapse of the Soviet Union*, Atlantic Monthly Press（1996）；Ronald Amann、Julian Cooper（eds）, *Industrial Innovation in the Soviet Union*, Yale University Press（1982）。

的历史阶段，所谓制度和文化并没有什么本质上的优劣。而且，不同地理气候条件、不同民族国家之间的制度文化的多样性也让所谓制度失败论难以被证明。

所以，后来者需要基于资本主义经济周期的大背景来考察，并判断美苏两国如何应对资本主义的危机周期以及能否靠阶段性升级顺利走出危机。从一般经验的简单归纳来说，能够成功转嫁代价（制度成本）走出危机的国家，可以成其霸业，否则就会崩溃解体。

第二次世界大战结束后，面对满目疮痍、百废待兴的局面，美苏已经形成庞大规模的工业化生产体系，在战争结束后有了新的用武之地。两大阵营都取得了经济高速增长，西方从整体上进入战后资本主义发展的黄金时代。如果说，第二次世界大战前的多边地缘格局与西方产业资本过剩大危机压力下多个列强不断瓜分殖民地和市场的纷争构成直接相关；那么，战后列强的多头竞争被演变成了"双寡头"竞争，各自为实现地缘控制战略而推进包括军重工业在内的"双雁阵"产业转移格局形成。美国通过马歇尔计划，把第二次世界大战期间大幅度扩张起来的过剩制造业向欧洲和日本进行"雁阵式"产业转移；同期苏联向东欧和亚洲的中朝印等国进行了类似的产业转移。

到20世纪60—70年代，美苏双雁阵形成的产业资本全球布局，演变为更加严重的工业生产过剩，资本主义周期性经济危机再次发作。在与苏东阵营的经济社会相对稳定的对比中可知，美国控制下的西方产业资本重新布局，并未弱化资本主义一般内生性矛盾。并且，在这个"双雁阵"式的产业资本全球扩张期间还发生了两次石油危机，石油价格上涨了十多倍，全球经济因此遭受了严重的打击。作为现代工业化生产体系的"血液"，石油是最基本的能源素材，石油价格影响着几乎所有行业的价格，不可遏制的通货膨胀由此爆发。

生产因过剩而停滞，通货膨胀物价上涨，战后西方世界遭遇到的"滞胀型"经济危机前所未有。而苏联因为自身的"计划经济"价格管控体制，以及石油出口大国的地位，反而从20世纪70年代开始相对于美国取得了明显的竞争优势。虽然苏联也出现了生产过剩，经济增长有所下降，但依靠大量的军事生产和石油出口收益得以维持。这是冷战时期苏联相对于美国最强势的历史阶段。

除了在经济方面遭遇极大困境，美国在外交和地缘战略上还接连遭受了两场重大惨败。随后美国调整策略，在亚太极力拉拢中国，与中国正式建交并支持其反击有苏联支持的越南。在美国的运作之下，东南亚再次成为英美资本输出的势力范围。

在中东，美国起初并没有占得优势，甚至还受累于石油价格的接连飙升。但是，美国在1971年布雷顿森林体系解体后，借助第四次中东战争成功地与沙特阿拉伯等欧佩克石油输出国组织达成协议，将英美控制的中东石油公司股权逐步归还给产油国，在美元脱钩黄金的情况下允许大幅提高油价，并承诺提供军事保护，换取石油出口以美元结算以及出口获得的美元顺差回流美国金融市场购买其债券和股票，等等，由此成功说服了沙特阿拉伯等主要石油输出国接受石油贸易的美元结算货币地位，为美国后来的金融化改革及向金融资本阶段升级、带动美元向全球输出，打下了坚实的基础。正是资本主义从产业资本向金融资本的转型升级，使美国走出了产业资本阶段的生产过剩。

拉丁美洲一直都是美国势力范围的后院，20世纪70年代后期又成为美国金融资本输出和转嫁代价的对象。巴西、阿根廷、委内瑞拉等国，在20世纪50—60年代通过所谓"进口替代"的工业化发展策略一度取得了明显的经济增长，但在20世纪70年代石油危机和生产过剩危机的冲击下，不得不大量借贷美元外债，特别是浮动利率的短期美元外债。美国于20世纪80年代进入金融资本主导的经济增长阶段之后，以大幅度提高利率作为转嫁其制度成本的手段，使得对外负债过高的拉美各国在美国超高利率的打击下纷纷陷于债务连带的财政赤字和货币贬值危机，不仅其国内的资源性资产及公共部门资产成为国际金融资本的口中肥肉，被外资大量低价"收割"；企业破产和工人失业也造成严重的社会动乱，以及大城市的贫民窟化。

可以认为，美国在与苏联的冷战竞争中"不战而胜"，应该部分地归因于向拉美转移制造业的同时转嫁了制度成本，得益于"割韭菜"的制度收益……

在第二次世界大战结束后的三次产业转移中，日本、德国及一些发展中国家，大多通过国际援助和借债的方式启动了工业化建设。之所以全球性的产业转移顺利推进，与布雷顿森林体系中建立的两大金融工具密不可分，即国际货币基金组织和世界银行，它们为发展中国家的工业化起步提供了巨额款项。1971年布雷顿森林体系解体之后，与石油挂钩的货币体系极不稳定，石油美元极度过剩，美国没有采取措施促进国内和发展中国家的合理的社会投资，却选择了利用过剩的石油美元促销美国国库券，导致通货膨胀爆发，人们对美元的预期下降，美元的需求开始下降。进入80年代初期，美联储为遏制通货膨胀、保护美元，大幅提高利率，加重了发展中国家的债务负担；还压缩了对发展中国家的贷款数额，使很多国家深陷"债务危机"。

到1989年，所有发展中国家的债务余额已高达1.262万亿美元，发展中国家债务余额与当年出口额的比率高达187%，其中撒哈拉以南非洲国家的这一比率更高达371%，发展中国家的偿债率为22%，而在债务形势严峻的拉美国家，这一比率高达31%。到

1990年，发展中国家的债务总额已经达到1.341万亿美元。其中受债务困扰比较严重的主要是巴西、墨西哥、阿根廷、委内瑞拉、智利和印度等国。对于在金融市场上不断翻滚的资本来说，这无疑又是一次掠夺财富的饕餮盛宴[1]。

就在拉美国家于20世纪80年代陷于经济衰退后，那些再度成为美国势力范围的东南亚各国成功接下了美国金融资本输出的下一棒。"四小虎""四小龙"在20世纪80年代到1997年亚洲金融危机这段时期进入高速发展阶段。

（单位：十亿美元）

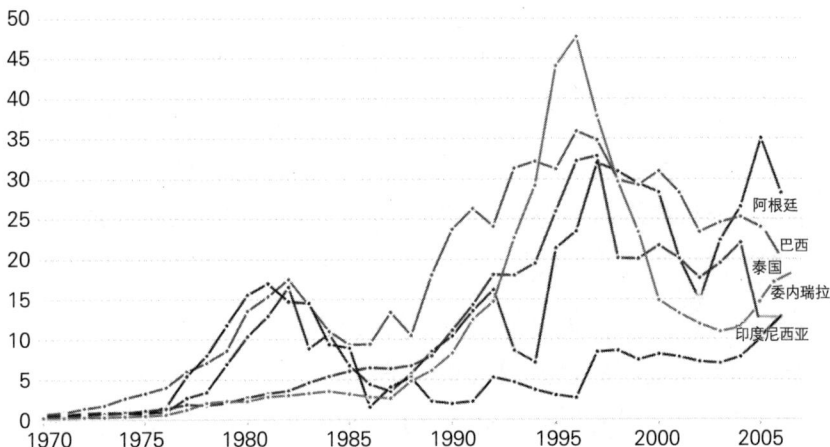

**图 3-1　拉美国家短期外债增长情况**
数据来源：世界银行，https://data.worldbank.org/indicator。

---

[1]　关于拉美国家20世纪70—90年代的债务危机研究，详见菲利普·L.茨威格：《沃尔特·瑞斯顿与花旗银行——美国金融霸权的兴衰》，孙郁根等译，海南出版社1999年版；罗恩·彻诺：《摩根财团——美国一代银行王朝和现代金融业的崛起（1838—1990）》，金立群校译，江苏文艺出版社2014年版；惠争勤：《拉美国家债务危机的经验教训分析及启示》，《北京金融评论》2014年3月；肯尼斯·罗格夫：《从跨国历史的角度来看债务和金融危机》，诺贝尔货币与银行专题研讨会2018年5月16日。

如图 3-1 所示，从 20 世纪 70 年代中期开始，拉美各国短期外债剧增。到了 20 世纪 80 年代中期，由于美国的危机转嫁，拉美诸国经济崩溃，直到 1991 年苏联解体，美国完成了这一波的危机转嫁。

之后美国一家独大，全力推动金融资本全球化，在 1998 年的亚洲金融危机引发的危机中复制拉美"割韭菜"，将这些大量吸纳西方产业资本的发展中国家洗劫了一遍。

客观来说，只要金融资本脱嵌于产业资本追求独立利益，其导向就是加强金融资本主义内在必然的寄生性：内生地具有强烈投机特性的金融资本越是追求流动性获利，越是追求超越产业的自身利益最大化，就越是具有腐朽性和投机性。美国在向金融资本主义转型的同时，其制度成本也转嫁给了发展中国家，后者向美国贡献廉价的商品和贸易盈余形成的廉价资本，维持了美国的跨国公司在资本市场的投资收益，资本溢出效应也缓解了美国内部的矛盾。

综上所述，从 20 世纪 70 年代开始，美国看似在军事和政治方面处于弱势，实际上形势已经悄悄发生了逆转，随着布雷顿森林体系解体，美国开始向金融资本阶段升级、对外转移产业，并成功向拉美和东南亚这两大经济区转嫁了危机和代价，并因为中美战略接近，导致苏联东西两面受敌。

在世界地缘战略大调整之中，第二次世界大战期间及战后一段时间在冷战背景和"支持亚非拉革命"思想的影响下，一些东南亚国家的共产党武装斗争并不利于美国进入东南亚。但从 1972 年中美关系正常化到 1978 年越南出兵柬埔寨，中国不再把东盟视为服务于美国利益的敌对同盟组织，而东盟国家在对待越南的扩张威胁以及抵制苏联在东南亚地区影响的扩大等问题上，也与中国达成了共识，并建立了合作关系。据此可以说，正是包括中国在内的东亚次区域战略格局的复杂转变，为美国资本向东南亚扩张扫平了道路；助力美国成功地走出了 20 世纪 70 年代爆发的资本主义全球性的滞胀大危机。

20 世纪 70 年代的苏联看似无比强大，军事力量一度远超美国，在目睹美国在伊朗的惨败和耻辱之后，苏联共产党总书记勃列日涅夫在国内会议上公开表示，"从越南到伊朗所发生的一系列事件预示着一个新时代的诞生，在这个新时代里面，力量的天平正在偏向反对资本主义的一边（苏联）"。正是基于这种盲目自信，1976 年，苏联开始支持完成全国统一的越南推行"印度支那联邦"计划，试图吞并整个中南半岛。1979 年 12 月，苏联不顾西方各国的坚决反对，派遣大军入侵了弱小的阿富汗，试图进一步控制中亚乃至中东。在经济和社会层面都危机四伏的情况下，苏联大肆推进军事扩张的霸权行径最终以失败收场。

20 世纪 70 年代中期，苏联成为世界第一大石油出口国的同时，也成为世界最大的谷物和食品进口国。尽管与西方存在你死我活的意识形态斗争，但苏联已被深深地卷入西方主导的国际贸易体系之中。到 20 世纪 80 年代，苏联一半以上的外汇收入靠石油出口，而一半以上的外汇支出用于进口粮食和食品[1]。

另一边的美国尽管在 70 年代一度也出现了贸易逆差，并且从 1982 年开始走向了持续的、规模越来越大的贸易逆差，但是，美国却不用担心外汇储备不足的问题，因为就是在 70 年代美元已经成为事实上的国际贸易结算和储备货币，拥有了国际金融霸权。

在这样一个世界经济结构出现重大转变的背景下，资本主义世界的经济基础发生实质性的改变——**美国占据金融资本高地，形成**

---

[1]　关于苏联的粮食短缺情况，可以参见美国中央情报局的报告，见 https://www.cia.gov/library/readingroom/docs/CIA-RDP86T00591R000100140005-4.pdf。

**对包括苏联在内的工业化国家"降维打击"的条件**——处于产业资本阶段的苏联仍然坚持经济"非金融化"，仅仅只是获得了石油涨价而带来的短期贸易盈余，而美国则拥有了相对于产业资本阶段国家的巨大竞争优势。

延伸阅读

**5**

## 美国初试国际金融战

我们在这篇文章中强调两个要点：其一，美国从产业资本阶段向金融资本阶段升级是个客观过程，其以"金融战"推行"金融殖民化"的能力形成于70年代以来应对资本主义危机规律的被动反应，是客观的演化而非主观构建。其二，这种金融战不仅对停滞在产业资本阶段的苏联东欧国家有"不战而胜"之用，相对于"第二世界"的其他资本主义国家也具有屡试不爽的比较优势。依据沃勒斯坦的世界体系论，美国处于"核心"，而"第二世界"处于"半核心"，"第三世界"则是"边缘"。

第二次世界大战结束后美国凭借占据全球近75%的货币黄金储备，主导建立布雷顿森林体系，确立了美元的核心地位，但毕竟美元还与黄金挂钩而不能乱发。因此，当美国在20世纪五六十年代穷兵黩武导致美元赤字规模越来越大时，像日本、法国、德国等资本主义阵营的盟友都表达了不满，法国的戴高乐总统甚至多次要求将本国过剩的美元顺差兑换成美国的黄金，以致美国的黄金储备快速下降。最终，美国凭借霸权地位不顾各盟友国家的反对，关闭了黄金兑换窗口，让美元成为纯粹的"无锚"信用货币。为了维持世界各国对美元的信任，让美元成为国际贸易结算和储备的硬通货，美国必须营造一种世界市场对美元短缺的局面，意味着让整个国际经济出现高额的通胀。接着我们就看到了美国支持以色列发动了几次中东战争，然后整个70年代石油涨了10多倍，粮食涨了近4倍，中东主要石油交易也都以美元作为结算货币，这意味着战争造成的世界各国输入型通胀，给美国消化了大量"无锚"的过剩货币。

20世纪70年代被西方主流经济学界称为"滞胀危机时代"，但并没有指出背后的真正原因。严重的通胀导致世界市场上美元的短缺，也是美国在1980年能够借"新自由主义"之名将利率提高到将近20%的基础，并且借高利率的过重负担将美元外债过多的拉美和非洲拉入了债务危机的陷阱。

可以说，金融资本达到顺畅收割世界目标的美国之所以在20世纪80年代转向新自由主义，接受所谓的"里根经济学"，并非那个政客一夜之间"才高八斗"，而是金融资本集团利用军事霸权将美国升级为金融化的新经济，美联储减税降息，印钞买债，膨胀房地产、股市和债市，以及在两个十年期间发展出几千个金融衍生品。

美国在向金融化转型升级的过程中，特意保留并且强化了军工和信息等战略产业。虽然因高利率造成实体产业被迫外移而逐步失去了一般消费品生产方面的产业竞争力，但是因为脱离黄金束缚的美元本位制的正式确立，使之成为全球国际贸易最主要的结算和储备货币，美联储实际上成为世界的中央银行，意味着以美国为基础的金融垄断资本可以操控全球资本市场流动性和利率，对其他国家形成不对等的金融竞争力。

所以，美国的金融资本不再通过生产赚钱，而是通过兼并、收购企业，发放高利贷，炒作股票、债券、期货以及房地产等金融资产来获利，甚至通过对他国进行"金融战"来收割他国的发展成果。

由此，占据金融资本阶段主导地位的美国经常根据自身利益需要指责其他国家汇率操纵，有时候又会逼迫他国货币升值，比较典型的案例是，美国在80年代的《广场协议》逼迫拥有大量贸易盈余的日元、马克等货币升值，以及2000年年初带领G7集团联合逼迫中国的人民币升值。

在经历了20世纪70年代的两次石油危机和一次粮食危机之后，美国的滞胀危机已经非常严重了。而通货膨胀天然就是央行或者说金融资本的天敌。可以想见，金融资本是否能够获取利益，是否能够增值，完全取决于实际利率，就是名义利率扣掉通胀率。因此，一般来说，金融债权人不喜欢扩张经济的通胀政策，而债务人则相反。

迈克尔·赫德森指出，从两次世界大战中崛起的美国先是通过债权人的地位来控制国际经济，然而20世纪80年代后**美国从债权人演变成债务人并通过债务人的地位来控制国际经济**，其内外政策是随自身利益需要而发生变化的。

这个逻辑的转变过程是，美国在70年代末80年代初，基于金融资本的利益，在高通胀的背景下大幅提高国内利率。20世纪80年代的利率曾达到20%的峰值。可这就牺牲了美国制造业的利益，不仅提升了融资成本，而且推高了美元汇率，不利于制造业产品出口。也是从这个时候开始，美国贸易逆差急剧增加、企业倒闭工人失业增加。为解决问题，美国推出的"里根经济学"，其内容包括减税（尤其是对房地产、企业部门和富人的减税），再加上美联储通过购买政府债券创造货币，并降低利率，结果就是历史上最大的债券市场繁荣，以及在个人、房地产、公司和公共债务以前所未有的速度膨胀的情况下，房地产和股票市场价格飙升。但到了20世纪80年代中期，里根－布什政府（1981—1992年）的官员们面临着贸易和支付赤字以及不断扩大的国内预算赤字，出现了提高利率的压力。这有可能使繁荣的房地产、股票和债券市场放缓甚至逆转，于是，防止这种状况的出现成为美国外交政策的主要目标。

1985年9月22日，来自美国、德国、日本、英国和加拿大的五国集团（G5）金融官员在纽约的广场酒店举行会议。会议由美国财政部时任部长詹姆斯·贝克主导，他的主要政治目标是通过维持经济繁荣来支持共和党重新获得选举。这就要求既不削减美国的预算赤字，也不提高利率。为了应对美国的压力，在美国获取大量贸易盈余的日本通过购买美国国债将其工业出口收入回流到美国，这帮助美国的贸易赤字和国内联邦预算赤字实现了融资，还帮助降低了美国的利率。

法国、德国、英国、美国在协议中，基本上都提出了一些假大空的承诺，比如要紧缩、减税、降低政府开支、稳定物价，顺带抵制贸易保护主义。但日本除了升值本币之外，还实实在在地推出了几项"要命"的政策，比如进一步加强金融市场自由化，让日元充分反映日本经济的实力；减少财政赤字，盘活私营部门，地方政府允许根据当地实际情况加大投资；通过做大私人部门的消费信贷和房屋信贷抵押市场来提高私人部门的消费和投资以达到刺激国内需求的目的。

当时日本是美国的最大贸易顺差国，美国想采用美元对日元贬值的措施，使美国产品更有竞争力，扭转巨大的贸易逆差，降低政府的财政赤字。更主要的是共和党不愿意再加息影响经济繁荣而输掉即将到来的选举，于是逼迫日本将大量贸易盈余回流美国金融市场购买美债美股，1984年日本买了280亿美元，到1989年增加到1800亿美元，这些都表现为日本外汇储备大增，而此前增长的顺差都转化为投资。本来日本就更愿意将美元盈余用于投资，但美国不同意。尽管日本在1985年签订《广场协议》后，其贸易差额有所下降，但是其央行外汇储备却快速增加，资本流出也在增加。日本持有的美国股票和国债规模历年情况如图3-2所示。

（单位：百万美元）

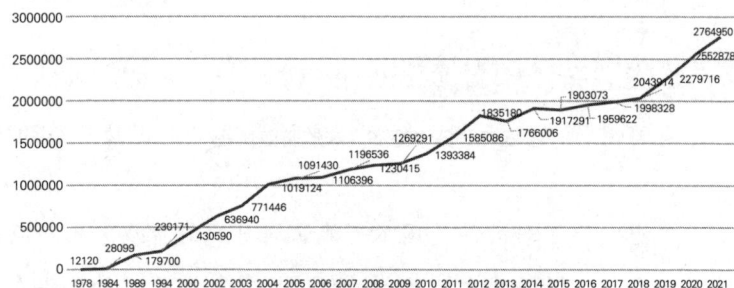

图3-2 日本持有美国股票和国债规模

数据来源：美国财政部国际资本流动报告，https://ticdata.treasury.gov/resource-center/data-chart-center/tic/Documents/shlhistdat.html。

日本国内的家庭和企业部门在日元升值预期强烈的影响下，大量将美元卖出换取日元，所以日本银行金融系统一方面不得不向市场大量供给日元，另一方面又聚集了大量的廉价美元。这样它们才被迫将这些美元回流到美国，除了买美债美股，还包括其他泡沫资产，例如索尼收购美国哥伦比亚电影公司，三菱地所收购洛克菲勒中心，还有圆石滩公园，等等。而美国的货币投机者，预期日元升值，也是大量涌入日本市场寻找投资机会。日本国内市场上日元充溢，美国又推动日本银行系统降低利率，于是日本的泡沫经济迅速被吹了起来。结果，1990年泡沫崩溃后，日本的家庭和企业部门深陷债务，大批金融机构破产。日本的银行金融大资本财阀，相当于对内狠狠地收割了一把；对外，则相当于对美国"进贡"了。日本经济泡沫的演变过程见图3-3。

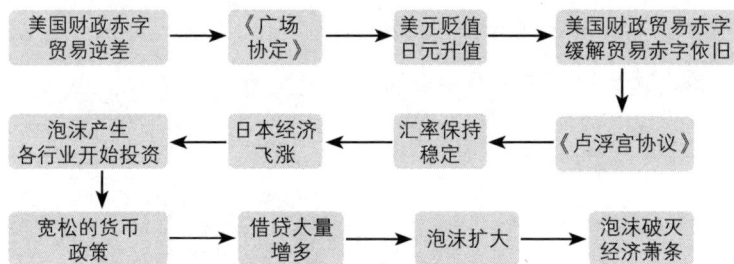

图3-3 日本经济泡沫的演变过程

不过，得了好处的美国不可能认同日本的贡献，反而贬低日本人是"经济动物"，媒体和下层社会兴起反日的民粹主义，西方主流社会也形成对日本的意识形态排斥……日本拿着再多的美元，但是没有国际政治和军事地位，也就不能利用这些美元去谋求地缘政治和国家利益。

日本这个经济崛起但政治矮化的教训，值得任何后起的国家汲取。

**从结果来看，美日都对身处其中的矛盾缺乏理性分析能力，由此构成了"双输"结局：**一方面美国迫使日本从工业竞争对手变成了"里根经济学"泡沫经济的金融助推器，加快了美国金融资本虚拟化趋势；另一方面日元翻倍升值及其派生的信贷投放推动资产价值扩张，助长了国内房地产泡沫，导致 1990 年的泡沫崩溃，留下一系列债务，使日本背负了一代人的经济紧缩。

而德国作为贸易盈余大国虽然也被迫升值，但德国并没有像日本那样搞金融自由化，没有通过房地产信贷扩张来拉动内需，也很好地限制了本国经济的宏观杠杆率，居民和企业部门的债务率没有增加，所以德国并没有受太大的打击，反而在 1989 年的苏联东欧社会主义阵营解体之际凭借欧洲"第一硬通货"地位直接货币化了对方的资产和资源，获取了巨额制度受益，由此成为欧盟和欧元区的领导力量。

在中国 2001 年 12 月加入 WTO 之后，随着中国出口导向型经济的蓬勃发展，美日带领 G7 开始逼迫人民币升值。美国认为，提高人民币汇率将有助于恢复中国与美国的国际收支平衡。但美国的国际收支赤字是结构性的，因此对价格变化没有反应。如前所述，美国一个主要的支付外流是海外军事开支。另一个不断增长的外流是在资本项目上，用于购买外国公司、股票和债券。美国投资者自己也在放弃美国经济，寻求在中国获得更高的收益率——外汇投机暴利。美国的策略是购买年收益率为 20% 或更高的中国资产，而中国则以仅为 1% 左右的利率（美国国债）将这些美元回流到华盛顿和华尔街，并吸收许多私营部门投资的损失（这是 1985 年后对日本"有效"的策略）。人民币升值将为美国的对冲基金和投机者带来一笔意外之财。对人民币升值的预期已经刺激了更多的资本进入中国。

从那时一直到 2015 年，人民币经历了渐进的升值过程。这中间出现了两次大的股灾，2007—2008 年一次蒸发了 7 万亿，2015 年一次蒸发了 21 万亿。2015 年股灾连带资本外逃，人民币快速贬值之后又稳住了。近年来处于正常波动范围之内。两次股灾让中国损失巨大，但第二次股灾引发大量资本外逃。一般情况下，只要资本外逃就会导致汇率突然下跌，社会上也到处是被有意散播的本币贬值的谣言，很多信谣者购入美元。这些人不知道中国之所以稳得住汇率，恰在于资本项下不可自由兑换。随着股灾爆发，流动性析出资本市场转向房地产投资，使得 2016 年以来形成的资产泡沫集中到房市，连涨 4 年，在总量过剩且房价虚高的条件下还没有崩溃，在于国家仍然具有对资本管控的权力和能力，才没有被海外金融资本收割。

须知，进入金融资本阶段的美国比起停滞在产业资本阶段的苏联处于资本主义历史的更高层级，能够利用生产"一般消费品"的低端制造业对后发国家的转移获取"资源资本化"收益，凭借其货币霸权轻易地动员各国的资源和苏联竞争。这才有了 20 世纪 80 年代初苏联领导人到美国参观时被深深震惊的宣传，美国超市的商品琳琅满目且价格低廉，这种廉价外国消费品充斥的表面现象和美国刻意的宣传，让思想僵化、对资本主义结构演化缺乏了解的苏联精英们对本国的经济制度和国家意识形态失去了信心。

今人可以有条件地搜集苏联、东欧解体前后的各种资料，增加我们对苏联解体这个重大历史事件做"去意识形态化"解读的能力。在 1966 年中国全部还清了对苏联的债务，不再提供廉价农矿产品之后，1969 年中苏之间的边境冲突使两国关系恶化，促成 20 世纪 70 年代中美和解，老冷战格局发生了根本性的重大改变。到中国开始推行以"改革开放"为名的"农轻重比例协调发展"的战略调整的 20 世纪 80 年代初，看似强大无比的苏联其实已经是强弩之末，却仍维持其"社会帝国主义"的本性，彰显霸道地在阿富汗滥用武力！由此而失道寡助，最后损失惨重、被迫撤出。与此同时，由于经济上遭遇美国策划的石油价格下跌与粮食价格上涨同步发生，苏联在本国粮食与民生物品短缺危机越发严重的情况下进出口失衡，造成贸易逆差与财政赤字急剧增加，经济危机越来越严重却又无法像美国那样以金融手段对外转嫁危机代价，只能眼看着危机硬着陆在其内部，导致国内矛盾激化，进而演化为政治危机和社会危机[①]。

---

① 参见 Yegor Gaidar, *Collapse of an Empire: Lessons for Modern Russia*, Brookings Institution Press（2007）。

# 苏联在阿富汗的战争及相关背景

1978年4月，阿富汗人民民主党总书记塔拉基推翻达乌德政权，成立阿富汗民主共和国，塔拉基上台后推行了极端的亲苏政策，于1979年9月被持有不同政见的阿富汗二号人物哈菲左拉·阿明推翻。阿明执掌阿富汗后，开始排斥苏联的情报机关、秘密警察和军队等，不断打压苏联在阿富汗的支配力量。这一系列做法激怒了苏联，由于阿富汗的地理位置、石油资源等对于苏联来说意义重大，也因此阿富汗注定了战火不断、时局动乱的命运，因此，阿明上台后显而易见的倒戈令苏联感到如芒在背。

恰恰在这一时期，苏联的国力日渐达到巅峰，不仅石油出口大幅飙升，使得苏联多半仰仗石油出口的财政收入大增，而且，冷战对手美国此时正深陷越南战争泥潭，全球格局出现了难得的苏攻美守的局面。于是，苏联在阿明执政仅几个月的12月27日，便火速制订了周密的入侵计划，出动了8个师的兵力，兵分两路南下阿富汗。军力强大的苏联仅用三个半小时就击毙了阿明，仅用一周时间就占领了阿富汗主要城市和交通干线，并扶植了巴布拉克·卡尔迈勒傀儡政权。但出乎苏军意料的是，阿富汗的地形复杂，游击队英勇迎战，美国、巴基斯坦、沙特阿拉伯等国家为了拖住苏联不断地向阿富汗输送武器、物资等，所以，苏联用兵如神的第一阶段入侵作战之后，不久就陷入了旷日

持久的消耗战之中，一直持续到 1988 年，疲惫的苏联迫使
戈尔巴乔夫不得不在《日内瓦协议》上签字，狼狈地结束了
这场战争。

　　阿富汗战争持续了十年。苏联前后派遣 150 多万官兵，
累计伤亡 5 万余人，耗资 450 亿卢布。不仅国力损失惨重，
而且由于苏联武力入侵阿富汗的非正义性，苏联受到国际社
会的一致谴责。

　　这场战争被称为"改变世界格局之战"。这是因为伺机
而动的美国趁苏联深陷阿富汗战争之际，联合中东各大产油
国对苏展开了石油贸易战。1985 年，美国策动"逆向石油冲
击"战略，沙特在短时间内将石油产量抬高 2 倍多，由于沙
特在 OPEC 的绝对影响力，加之美国怂恿，其他成员国跟随
提高产量，而美国等则配合削减石油储备，压缩国内石油需
求，西欧、日本则配合抛售，一时之间，国际市场油价暴跌
（图 3-4）。

（美元/桶）　　　　——历史价格　　——考虑通货膨胀折算价格

图 3-4　百年国际油价走势

数据来源：ICE。

美国发动的石油贸易战成果显著，苏联能源部的统计显示，1985—1988 年世界油价下跌，油价从高峰的每吨 212.6 美元降低到 1988 年的每吨 93 美元，价格下降 129%，致使苏联 4 年间共计损失 400 亿卢布。

　　石油价格的暴跌完全打了苏联一个措手不及，靠石油出口支撑的苏联财政受到极大冲击，一度红火的军火生意也受到拖累，依靠石油出口物资进口维持的经济体系，终于在此时尝到了恶果，苏联国内生活水平大幅下降，连最基本的保障民众温饱的物资都难以满足。苏阿战争和石油贸易战使苏联陷入内外交迫的局面，不久之后，这个曾经在 1981 年上演了世界最大规模军事演习被形容为钢铁洪流的军事帝国，就这样轰然倒地了。

　　参考资料：

　　赵涛、刘挥：《世界贸易战简史》，华文出版社 2019 年版，第 176 页。

　　沈志华主编：《苏联历史档案选编——阿富汗战争及其后果（1981 年 3 月至 1990 年 1 月）》，社会科学文献出版社 2002 年版。

　　《1979 年苏联入侵阿富汗：改变世界格局之战》，《参考消息》2016 年 3 月 3 日。

　　《石油贸易战如何拖垮苏联》，《国防时报》数字版 2000 年 6 月 10 日，见 http://epaper.gfxww.com/20200610/15304.html。

　　于洪君：《苏联出兵阿富汗内幕》，《当代世界》2003 年 6 月 30 日。

美国在第二次世界大战结束之后展开的产业雁阵转移，是将低技术水平、低附加值的轻工业逐步转移到自己阵营的其他国家。如上文所说，轻工业体系的发展需要人口规模作支撑，轻工业代表着大量消费品的生产，人口规模足够大才会有大量的消费品需求；劳动密集型产业青睐人力资源丰富的地区。美国阵营除欧洲三四亿高度工业化的人口外，还有亿级人口大国日本和多个千万人口国家和地区——韩国、菲律宾以及中国台湾等，美国积极将这些国家纳入自己的产业链中。尤其20世纪70年代之后，随着中美关系升温，中国大陆地区也进入这一工业化进程之中，庞大人口规模形成了完整的工业化体系。在这一过程中，美国的地缘优势不断扩大。

综观地广人稀的苏联，十月革命后人口急剧减少的状况就曾出现三次，而且还有男女比例不平衡、人口增长不规则等问题，人口的自然增长无法满足国家劳动力的需求，虽然1970年苏联的总人口达到2.42亿，但人口增长率远低于美国和中国，70年代工业人口占比57.4%[1]，也就是只有1亿多的工业劳动力，经互会覆盖的人口总规模也不过4亿，这样的人口规模和市场与美国阵营相差甚远，也没能撑起苏联的轻工业体系，进而无法拉动上游的设备制造业。

由此看，中国这个有独立自主的国家主权的世界人口最大的国家，在冷战格局中处于举足轻重的位置。

这些导致苏联在竞争中失利的内生性客观因素演变到当代仍然有规律性作用，应该值得人们重视。简单地用"计划经济"

---

[1]　雷丽平：《从人口结构变化看苏联的现代化》，《人口学刊》2002年第6期。

竞争不过"市场经济"这种意识形态化的解释不足以说明问题。当然，苏联的失败原因是多方面的，更多的细节还需要研究和揭示。

## 五、经济"非货币化"

对于以苏联解体为标志的老冷战终结以及美国不战而胜的原因分析，人们普遍接受的是从西方意识形态出发的所谓理论给出的主观原因的归纳，很少有人去分析，这个结果本来就是资本主义历史时期的阶段性变化的客观规律使然。

本书要讨论的是：直到 20 世纪 80 年代后期美国借助阿富汗战争联合产油国做"逆向冲击"，才在和苏联的对抗竞争中占据了优势。那么，苏联当时是处于什么样的状况和阶段呢？为什么苏联会先于美国走向崩溃解体呢？

根据本书的研究团队对苏联东欧社会主义阵营解体的直接调研，可以得出不同于主流精英归宗于西方意识形态的分析：一方面是 20 世纪 80 年代美国引领西方国家进入"金融资本全球化"，借此加速经济货币化和"金融资本全球化"；另一方面，则是仍然停留在产业资本阶段、坚持实体经济的"换货贸易"因而属于"非货币化"的经济体系。虽然因二者对立，才构成了"一个世界两个体系"，但后者却跟随西方制度，也改为以 GDP（国内生产总值）为经济增长标准的核算体系；遂在 GDP 表征的经济竞争中被动趋弱，成为进入渐进解体过程的重要原因。据此看，这里要讨论的苏联东欧经济的"非货币化"，是一个非常重要的因素。

更少被中国的研究者关注的后续演变：1991 年苏联解体之后，西方资本乘势利用新自由主义构建的话语权推进"制度转轨"，把控那些政治上解体的国家的庞大未经货币化的资源性资产的 "市场化"进程, 使用西方硬通货作为投资的主要工具, 加速苏东国家"资源资本化" 从而获取到巨额收益[1]。

从这里可以看出, 金融资本阶段的美国对产业资本阶段的苏联东欧国家, 具有在不同层次经济结构上形成 "降维打击" 的巨大优势。

本书研究团队成员在 1991 年苏联正式宣布解体之际, 用了 40 天走访 7 个苏东国家, 目睹其原本不进入货币化却被迫接受西方硬通货来完成货币化的演变过程。[2] 考察中有一幕令人震撼的情景: 一张 100 美元的旅行支票立刻兑换出叠起来将近 10 厘米厚的一沓大额钞票。钞票后面有那么多的零, 花钱的时候, 甚至不用计较多一个或者少一个零。走过的几个国家都一样。苏联东欧国家, 解体之前没有进入货币化, 一直停留在以实体经济为主的产品交易上, 即 "经互会" 的换货贸易体制: 如多少吨小麦换多少台机床, 多少台汽车换多少吨牛肉。换货记账不用货币, 经互会国家也就没有推进经济货币化的条件, 国家间大宗商品的交易也采取记账的方式。

---

① 关于苏联转型的研究, 参见哥伦比亚大学教授杰弗里·萨克斯 (Jeffrey Sachs) 的研究。萨克斯早年作为 "自由主义" 市场经济的信奉者, 在苏联国家大力推行 "休克疗法", 此后开始认真反思 "市场化改革" 的失败经验并批判美国新自由主义经济学话语。详见 Jeffrey Sachs、Katharina Pistor, *The Rule of Law and Economic Reform in Russia*, John M. Olin Critical Issues Series (1997)。

② 当年 "8·19" 事件爆发导致苏联解体, 西方人说苏联是 "铁幕", 已经被美国搞垮了, 中国不过是个 "竹幕", 不出三年一定会垮台。这个说法促使笔者一定要亲自去苏联看看。因此想尽办法买了机票、车票, 去了苏联东欧国家——已经解体的苏联、东欧社会主义阵营国家。前后调研 7 个国家, 花了近 40 天的时间, 相当于绕地球一圈, 总共花费了 2000 美元。

"经互会"全称"经济互助委员会"，是苏联组织建立的一个由社会主义国家组成的政治经济组织。在这个组织中，苏联凭借掌控"经互会"的换货贸易体系，获得"价格剪刀差"的最大收益，因此，苏联确实没有动力开启经济货币化进程。尽管当时其领导的苏东国家的大宗商品生产总量是世界第一，但若按照 GDP 统计，反而小于美国领导的西方国家[①]。

相对而言，美国推进资本市场虚拟化扩张要求新的统计体系。于是，计算交易增加值而非实体经济产量的 GDP 指标应运而生。

在 20 世纪 80 年代中期，以美国为首的西方将原本的国民生产总值 GNP 测算体系改为 GDP 测算体系，这个静悄悄的统计制度改变成为成千上万美式先进制度的其中之一，对于金融化的经济体或许是个"好东西"，但对后来被美国引导加入全球资本竞争的国家，特别是对于停留在实体经济的经济体显然是个"坏统计方法"。大多数国家不可能像美国那样在资本市场以秒为单位瞬时完成交易结算，也根本不可能模仿虚拟经济占比过高的美国模式的"现代化"！从 20 世纪八九十年代以来，金融衍生品交易就成为一个重要的吸纳货币的领域，金融资本的增长速度犹如脱缰野马。从那个时候开始，世界经济就以交易的增加值作为其增长的主要部分了，诚然，包括中国在内的发展中国家大都认为美国的发展方式才是应该效仿走向现代化的制度路径，罔顾在长期的 GDP 竞争中造成的严重代

---

① 关于经济互助委员会的作用与局限性，参见 Michael C. Kaser, *Comecon: Integration problems of the planned economies*, Oxford University Press (1967)；Lányi、Kamilla, "The collapse of the COMECON market", *Russian & East European Finance and Trade* 29.1 (1993)：68-86；Libbey、James, "CoCom, Comecon, and the Economic Cold War", *Russian History* 37.2 (2010)：133-152；Radisch、Erik, "The Struggle of the Soviet Conception of Comecon, 1953 - 1975", *Comparative* 27.5-6 (2017)：26-47。

价。直到 2003 年我国提出"科学发展观"，正式要求放弃单纯追求 GDP 的增长方式；但，实际上对于大多发展中国家来说也一直难以改出"路径依赖"……

在冷战对抗中形成的"一个世界两个体系"的苏联东欧经济体系，一直没有进入货币化，货币并不起一般商品交换的中介作用，更不可能发展出金融资本及衍生品交易。那么，按照 GDP 的统计方式，整个苏联东欧的经济增长指标当然就会很低，甚至在生产过剩时期也是下降的。而美国和西方阵营因为货币大量地增发，一方面金融衍生品交易膨胀，它的 GDP 增长速度就快，增量就大；另一方面，接受美国和西方实体产业转移的发展中国家都在竭尽全力低价出口，才能换得外汇用于还债，于是其贸易盈余也返回西方。这个两头获利的西方体系与苏东国家相比，确实得到了更多制度性收益。

虽然金融资本阶段只是一种虚拟经济的增长，也是一个经济泡沫化的客观过程，但在 GDP 统计上却表现为显著增长。于是，美苏之间立刻就形成了鲜明的制度优劣对比，导致出现一些意识形态化的比较研究。这些研究认为美国西方的自由市场经济所代表的是人类的发展方向；苏联东欧代表的是一种集权专制。这种比较研究很大程度上形成于 20 世纪 80 年代。若与西方比较 GDP 数据，苏联东欧明显落后，相应地出现了"体制落后说""制度落后说""思想落后说"，甚至还有斯拉夫人（Slav，据说与 slave 这个单词有历史相关性）的"人种落后说"。

在这种显示西方"政治正确"的意识形态化的比较研究压力下，苏联东欧主流群体便以被西方污名化的政治体制改革作为优先选项，最先改掉的是被西方指称"共产邪恶"的政权体系。但，不论信仰如何，任何国家都遵从的规律是：维护国家利益的政治强权一旦解体，同步发生的就是没有政治权力向货币和国债赋权，随即导致货币体系陡然坍塌。当时的苏联一对双职工家庭存一辈子的钱，约为3万—5万卢布，由于"经互会"一般按国际价格三分之一做结算，遂使20世纪80年代的一个卢布约等于三个美元，据此计算其家庭资产应该是9万—15万美元。可一旦本国政权解体，货币体系随之坍塌，一个美元可以兑换4800个卢布，其家庭资产陡然跌为6—10美元甚至更低！在本币恶性贬值下，各类外国货币涌入苏联东欧国家，在本国买办群体的协助下大量收购老百姓分到的"私有化券"，相当于彻底地洗劫这些国家的财富和资源，这不是剪羊毛，是洗劫！苏东国家试图照搬西方所谓自由主义的激进改革造成整个经济体系崩溃，人民陷入贫困，很多群众在街上出售自家老辈收藏的首饰和艺术品，艰难地维持生存。那些没有希望的人酗酒、自杀，各种社会乱象不可遏制。

本书研究团队成员曾在1991年苏东调研后，于1992年撰写了一篇调研报告《苏联东欧国家私有化的观察与思考》，发表在《中华工商时报》（1992年9月30日）的国际版上[1]，解释了苏联东欧解体的根本原因，并反思了这一教训：中国不能仅仅停留在实体资产或者产业资本阶段，必须加快国家的货币化进程，并且用主权货币来"货币化"中国自身的资产与资源，这也就意味着中国可以创造巨大的货币经济增长空间。

---

[1]　此文部分收入温铁军发表的另一文章《国家资本再分配与民间资本再积累》，内刊发于《改革与试验》1993年第2期，公开刊发于《发现》1993年第3期，转载于《新华文摘》1993年第12期。参见《我们到底要什么》，华夏出版社2004年版，第35页。

## "经互会"的换货贸易体系的利与弊

我们认为，所谓老冷战阶段客观存在的"一个世界两个体系"，其经济体系是被美国与苏联相继推出的"马歇尔计划"和"莫洛托夫计划"形塑出来的。

第二次世界大战后，世界并没有因人民饱受战乱之苦而进入期盼已久的和平，却迅速地进入了两个超级大国对峙的冷战阶段。1946 年 3 月，英国前首相丘吉尔发表"铁幕演说"拉开冷战序幕。1947 年 3 月美国的杜鲁门主义出台，标志着冷战正式开始。同年，为了遏制共产主义势力在欧洲的进一步扩张，美国出台了旨在帮助西欧恢复第二次世界大战中被摧毁的经济体系的马歇尔计划。

苏联察觉东欧国家因美国对欧洲推出的一系列经济援助而出现了"离苏倾向"，于是，在经济方面，与保加利亚、捷克斯洛伐克、匈牙利、波兰等国签订了一系列关于援助和贸易的双边协定，强化与东欧国家的经济联系，这些统称为"莫托洛夫计划"，即后期成立的经济互助委员会（COMECON）的雏形。

1949 年 1 月 5 日至 8 日，苏联、保加利亚、匈牙利、波兰、罗马尼亚和捷克斯洛伐克六国的代表在莫斯科举行会议，进一步讨论社会主义国家的经济问题。1 月 25 日就发表了与会国家成立经济互助委员会的公报。阿尔巴尼亚于 1950 年 2 月加入，德意志民主共和国于 1950 年 9 月加入。

经济互助委员会成立之初，目的就是合理地发展生产，在社会主义国家间生产专业化和协作的基础上，充分地利用经济资源、自然资源以及生产能力，实现每个生产部门的经济效益最大化。苏联领导人认为，生产的合理配置是加快所有社会主义国家生产力增长速度的重要源泉之一。起初，苏联与其他成员展开双边贸易，之后由于贸易量大，1957 年 6 月启动多边清算工作。1962 年经互会召开第十六次会议通过《社会主义国际分工的基本原则》，在苏联的主导下，成员国间的合作进入以生产专业化和分工协作的经济一体化状态。

　　1963 年成立国际经济合作银行，推出转账卢布，试图实现内部多边的清算。相比于美国利用美元渗透其他国家经济的做法，转账卢布在社会主义阵营中只发挥了计价功能，并不属于货币。转账卢布由于仅用于成员国之间的贸易结算，不具备流通功能，无法兑换西方国家的外汇，也不能兑换黄金，顺差国只能取得相应数量的商品作为抵偿，但顺差国在账面上获得的转账卢布可以作为存款并根据期限获取一定的利息。

　　苏联与东欧国家之间的换货贸易和转账卢布结算体系，本质上体现了苏东领导层在经济思想上认同使用价值的等价交换，在国际收支上也追求使用价值层面的贸易平衡，忽视了资本的流动和循环。这种模式既有其优点，也有其弊端。

　　有观点指出，苏联通过这一组织削弱了东欧国家与原本合作的设备、资本和技术的供应商的联系，使本身就相对缺乏矿产和资本的东欧各国陷入了矿产和资本过度集中的不平衡状态，这样它们不仅无法做到自给自足、自力更生，反而

198

更加依赖苏联提供的能源来维系功能失调的经济体系。

（单位：十亿美元）

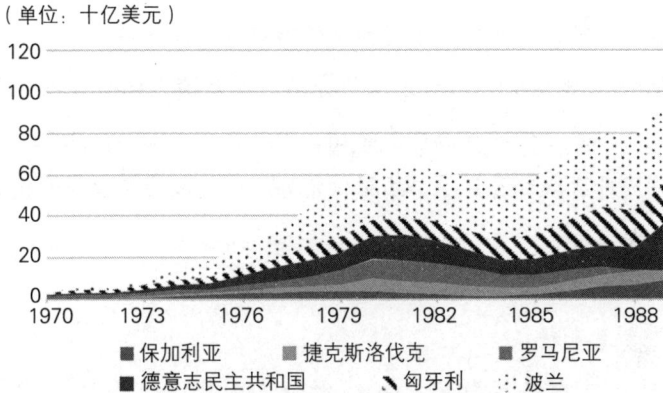

**图 3-5 1970 年至 1990 年东欧国家的主权债务**

数据来源：United Nations, Economic Commission for Europe, *Economic Survey of Europe in 1990–1991*（Geneva: United Nations, 1991），250, appendix table C.11。

在 20 世纪 70 年代石油价格上涨 10 倍的极端情况下，由于东欧国家几乎都依赖苏联的石油能源，这导致东欧国家普遍出现对苏贸易逆差，对于贸易平衡的僵化条件要求东欧国家将更多的物质商品出口苏联作为补偿，或者减少进口能源，这样做的结果就是东欧国家生活水平的明显下降。

由于经互会推进的经济一体化，并没有满足东欧国家实现现代工业化的需求，经互会内部的换货贸易也并没有如预期般促进各国的经济平衡发展，经历了 70 年代以前东欧国家在借债方面实行谨慎的贷款政策之后，80 年代东欧国家普遍提出"加速经济发展"和"走工业化道路"的口号，试图依靠西方资金和现代化技术快速发展经济，开始实行积极的对外政策，引进西方的技术和设备。而西方由于生产过剩，积极地以贷款的方式推销投资设备，所以东欧国家能够轻松地获得西方的贷款，然而经互会内部使用的转账卢布无法兑换成美元，无法用于偿还外债，而东欧国家对西方的出口不足，导致债务开始急剧飙升（图3-5）。由于东欧债务的问题严峻，西方一些银行宣称要对无力偿还债务的重债国，采取扣留其船只、飞机，冻结其国外存款和资产等办法抵偿债务。外债成为苏联东欧国家的一大隐患。

参考资料：

［苏］阿特拉斯等主编：《社会主义政治经济学》，薛梓祖译，三联书店1962年版，第644页。

Robert Bideleux and Ian Jeffries, *A History of Eastern Europe: Crisis and Change*, Routledge（1998）。

王东：《东欧国家债务负担加重的原因及其教训》，《世界经济研究》1989年第1期。

苏东战后靠实体经济起步，非货币交换依靠经互会完成记账和流通，交换并不使用货币，因此卢布所表现的币值高基于的是没有推进经济货币化，苏东国家的货币连交换一般商品等价物的基本功能都没有实现。又因为苏联作为主导国家在换货贸易中可以满足自身需求，不必推动货币化就可以实现苏联产业资本的利润最大化，因此占有这种制度收益的集团就不会自行推进经济货币化。所以，苏东国家始终停留在产业资本阶段。

同期的西方则大规模推进产业转移，不仅利用两次石油危机中石油价格超过10倍的暴涨对美元需求的极大提升，大量增发货币转嫁通货膨胀的代价，还落井下石地将利率提升到第二次世界大战以来的最高峰近 20%，对美元债务国家造成毁灭性打击。与美国相比，苏联的做法相对"实惠"，**石油危机期间对"经互会"内部不涨价**。苏东经济的非货币化，使得此类转账卢布不可能"升级"为金融资本，苏联也就不可能悄无声息地、隐藏式地转嫁其代价成本，反而因矛盾显化导致与成员国的直接政治冲突。

其实，以上可以归纳为停留在实体产业、坚持经济非货币化的苏东国家的产业资本被处于金融资本主义高级阶段的西方击垮了。苏东国家金融体系坍塌又给了西方直接覆盖苏东推进西方货币化、扩张金融资本的历史机遇。由于 20 世纪 90 年代西欧各国硬通货涌入苏东国家，大量获取了"货币化"制度收益，于是 1994 年欧共体改为欧盟之后，欧元也应运而生。

第四章

# 演化过程：后冷战阶段的金融资本竞争

对于苏联东欧社会主义阵营解体所标志的从冷战到后冷战的历史阶段性演变，人们所普遍接受的是西方意识形态桎梏下的各类学科"理论"所给出的原因归纳，但这些分析大部分陷于冷战话语的羁绊，很少见到理论家分析这个变化过程内在的客观规律。

在本书中，研究团队根据对苏联东欧社会主义阵营解体的直接调研，提出了不同于主流的分析观点：自 20 世纪 80 年代美国引领西方资本主义国家进入"金融资本全球化"，并借此加速经济货币化和资本化以来，仍然停留在产业资本阶段、坚持"换货贸易"因而属于非货币化经济体系的苏联东欧国家在以 GDP 为经济增长核算标准的竞争中被动趋弱，随之，在西方意识形态软实力与策略性"巧实力"相互配合的作用之下，进入解体过程。

前文已经分析了，西方资本乘势在苏联东欧推进"资源资本化"，从而获取了巨额收益。这才是这个世界正式进入单极霸权主导"后冷战"的真实内涵……确实没有对手的美国实质性地运用"单极霸权"，将这个金融资本全球化逻辑在空间上延展到了极致，其软实力借助意识形态手段力推金融全球化所必需的制度权和话语权，相对于试图跟从或发起"转轨"的发展中国家犹如"会当凌绝顶，一览众山小"。与之对应的，是大量发展中国家因资本极度稀缺而在产业领域和制度体系上"大门常打开"，并在西方资本的大进大出中"醉生梦死"。

# 一、从冷战到后冷战的转变

后冷战阶段的主要矛盾，是"一个世界一个体系"——自由市场体系内部的斗争，即美元资本集团对欧元资本集团的矛盾。最终，美元金融资本集团以区域战争的"巧实力"制胜——增加了欧元区各国的财政赤字，又造成发生战争和动乱国家的难民大量涌入欧洲，从而压住了欧元金融资本集团的崛起态势，不断驱使欧洲资本流向美国，并勉力维持住了全球金融体系的制度建构权和攫取全球金融化收益的货币霸权。

后冷战阶段的次要矛盾，是美国与同属于资本主义的进入产业资本阶段的发展中国家之间的矛盾。美国为首的金融资本对形成产业资本收益的国家进行金融收割——对那些承接西方劳动密集型产业、发展加工贸易为主的外向型低端制造业的国家开展"金融战"——在一系列精心设计的多空操作的金融投机打压之下，东亚各国纷纷遭遇本国金融市场崩溃。

**延伸阅读**

**8**

## 亚洲金融危机

相较于帝国主义在产业资本阶段通过武力战争或殖民占领方式来夺取他国财富，新帝国主义通过金融殖民化对他国剥夺的方式比较隐蔽。

就在拉美国家于20世纪80年代陷于债务危机带动的经济衰退后，那些因中美关系缓和而再度成为美国势力范围的东南亚国家成功"接下了"美国、日本产业资本输出的下一棒。实际上，所谓东亚"四小龙""四小虎"，都是在20世纪80年代到1997年亚洲金融危机这段时期进入低端制造业为主的外向型经济高速发展的（如图4-1）。这些国家或地区大都采用的是出口导向型的工业化模式，也都是承接从西方外包来的产业，没有像中国那样自主原始积累形成的重化工为主的工业化基础，必然大为依赖外来资本直接投资。这些经济体产生的巨额债务也都是外债为主，主要以美元计价。

（单位：十亿美元）

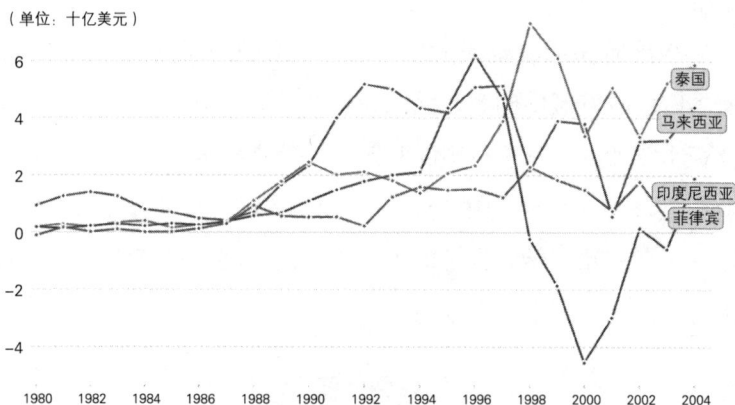

**图4-1 "四小虎"外国直接投资净流入**
数据来源：世界银行，见 https://www.shihang.org/zh/home。

如图4-2所示，20世纪90年代它们的外债存量占国民收入的百分比高点超过了50%，而中国则不到20%。中国经济高速增长时期以内债扩张为主，不是外债。

（%）

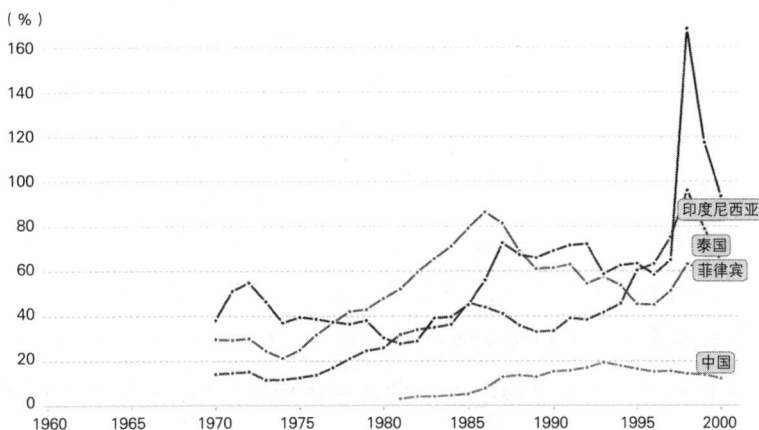

**图 4-2 外债存量占国民收入（GNI）的百分比**

数据来源：世界银行，见 https://www.shihang.org/zh/home。

这种东亚模式虽然短期内能够大量吸纳劳动力就业，贸易盈余很快增加，外向型经济带动 GDP 快速增长，但实际获益的却只是参与外商外贸经营的少部分中产以上的富人，获益的地区也主要是沿海的具有区位优势的少数大城

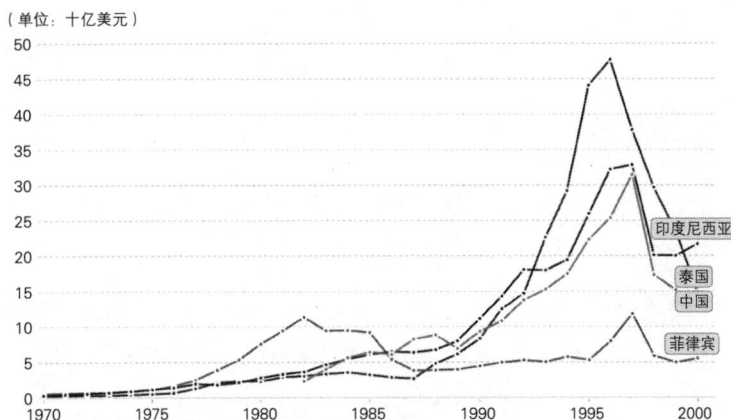

**图 4-3 爆发危机国家短期外债规模**

数据来源：世界银行，见 https://www.shihang.org/zh/home。

市。日本经济学界对此有个很形象的描述概念，叫作水际制造业，这是翻译过来的说法，顾名思义，就是美元金融资本主导的全球产业链在发展中国家的布局，大都是选择沿海的城市。

因出口形成的财富两极分化，很快就会推升资产泡沫经济，主要体现在房地产和股市领域。泡沫经济又会吸引大量热钱流入，导致出现大量的短期外债。如图4-4所示，泰国、菲律宾、印尼等"四小虎"国家短期外债占外汇储备比例远远高于同期的中国，在危机爆发前这些国家的外汇储备都不足以支付短期外债。一旦出现资产泡沫，土地价格上涨，劳动力价格上涨，这样的城市很快就会失去竞争力，因为它们承接的是"飞来"的"无根外资"产业，一旦国内要素价格上升，外资很快就会转移，去往中国、印度那样成本更低的地方。中国恰好是在1994年一次性让名义汇率贬值一半，这

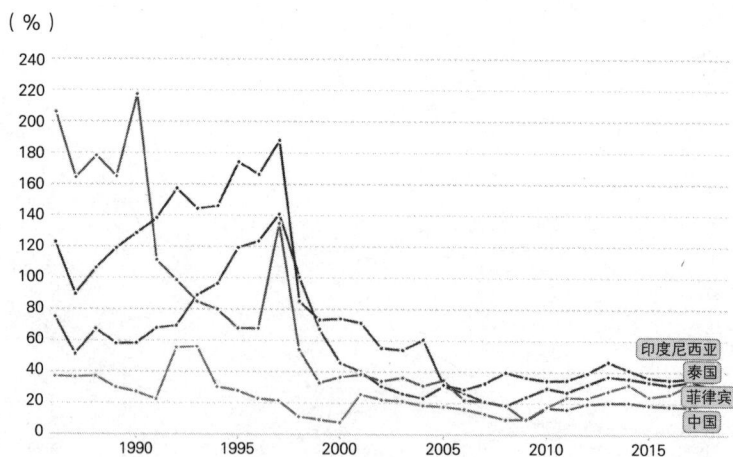

图4-4　爆发危机国家与中国短期外债占总储备比例

数据来源：世界银行，见 https://www.shihang.org/zh/home。

起到了出口竞争力显著提高的作用。

东南亚金融危机就是在美元加息外资撤离的背景下爆发的，美联储从 1994 年开始的短短几年内就将联邦基金利率从 3% 提高到了 6%。以索罗斯为代表的量子基金，还有美国的秃鹫基金，这些冷血的金融资本在资产泡沫中积累了大量的泡沫资产和本币弹药，也就是被攻击国家的货币。它们之所以短时间集中地抛售这些国家的资产，抛售它们的货币，就是因为这些国家积累的外汇储备不过百亿美元，尚不足以支付短期外债，那毫无疑问经不住这样的金融打击守不住汇率稳定。[①] 这些国家最后的结果，无非就是资产泡沫破灭，货币严重贬值，十几年积累的财富一朝灰飞烟灭。

泰国率先于 1997 年 7 月 2 日宣布放弃固定汇率，实行浮动汇率制，当天泰铢兑换美元的汇率就下降了 17%，金融市场开始动荡不安。此时，国际上的投机分子瞄准菲律宾、印度尼西亚、马来西亚、韩国、新加坡等国货币，短时间内就使得这些国家的货币大幅贬值，如图 4-5 所示。

泰国等亚洲国家在本国金融体系尚未理顺之前，盲目地取消了对资本市场的管制，短期资金可以来去自如，这样的做法无疑为外国炒家打开了大门。

同年，马来西亚林吉特暴跌 35%，外汇储备缩水，股市崩盘，蒸发半数市值。马来西亚政府很快成立了由马哈蒂尔前总理领导的国家经济行动委员会，没有选择向国际货

---

① 投机者看到中央银行持有大量的外汇储备，试图通过借入更多的资金、卖空目标货币以压低其价格来耗尽这些储备。这是乔治·索罗斯在狙击英镑打倒英格兰银行时首先提议的策略。

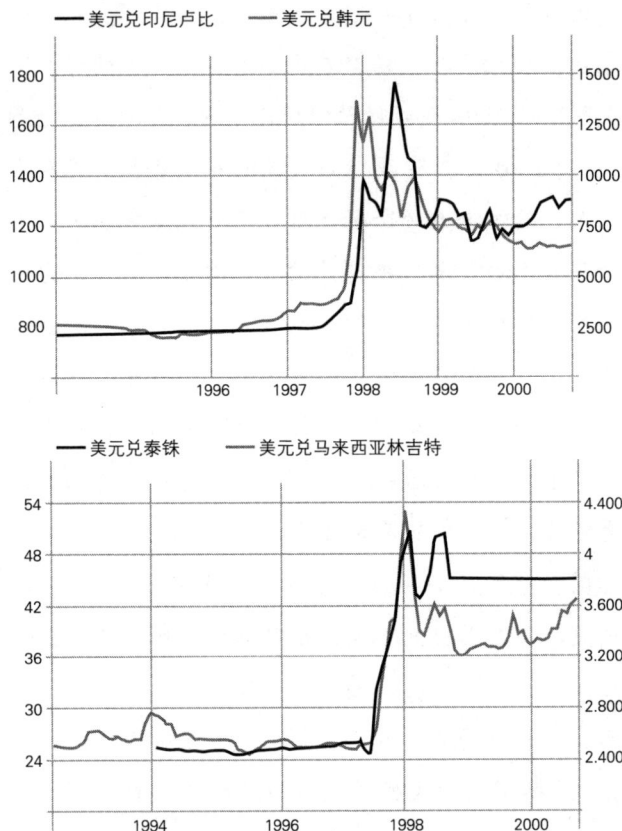

**图 4-5 印尼、韩国、泰国、马来西亚的货币兑美元贬值幅度**

数据来源：贸易经济网，见 https://zh.tradingeconomics.com/countries。

币基金组织（IMF）寻求帮助。尽管遭到国际投资者、IMF和评级机构的谴责，马来西亚仍然坚持对资本实行管制，因此约 180 亿美元的外资（当时马来西亚的外汇储备也就200 多亿美元）至少一年内无法汇出马来西亚，这一做法有效地遏制了资本外流。马来西亚没有像韩国、泰国和印度尼西亚那样实施 IMF 所要求的财政紧缩和金融开放政策，所以，避免了政治动荡、成千上万企业濒临破产及数百万人陷入贫困的局面。

当年，中国香港也差点守不住，好在有中央政府一千多亿美元外汇储备在背后支撑。面对国际金融炒家的猛烈进攻，香港特区政府重申不会改变现行汇率制度，金融管理局动用外汇基金进入股市和期货市场，吸纳国际炒家抛售的港币，将汇市稳定在7.75港元兑换1美元的水平上。这场金融战持续了近一个月，以国际炒家损失惨重告终，香港也因此避免了再次成为"超级提款机"的厄运。

从图4-6可以看出，全球外汇储备的总规模自从这次亚洲金融危机的教训之后快速上升，美元在其中的比例一度达到70%以上，欧元则占20%左右。这种状况当然是美元金融霸权所希望达到的目的，发展中国家越是拼命积累外汇储备，就越是有利于美国的赤字和债务扩张，就越是依附于美元金融霸权。

（单位：百万美元）

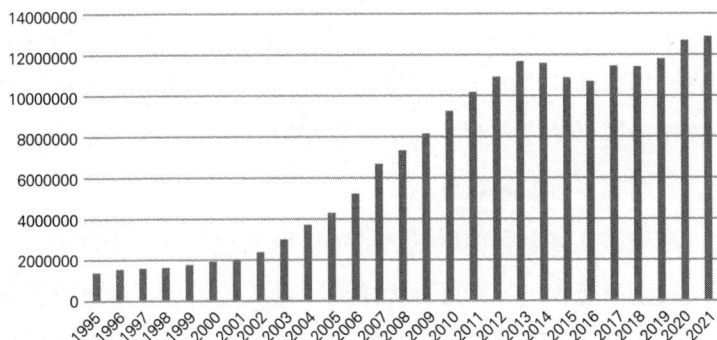

**图4-6 全球总储备**

数据来源：国际货币基金组织，见 https://data.imf.org/regular.aspx?key=41175。

在此之前，可以说广大发展中国家丝毫没有对国际资本的嗜血性有任何警惕性。在美西方控制的主流经济话语下，亚洲金融危机的原因主要被归结于外汇储备不足，而不是金融自由化，像马哈蒂尔提出的资本管制这种有效的观点和政策被忽略。历史的经验教训值得我们吸取！

参考资料：

《马哈蒂尔回忆亚洲金融危机二十年》，彭博报道 2017 年 7 月 6 日。

世界银行，见 https://www.shihang.org/zh/home。

贸易经济网，见 https://zh.tradingeconomics.com/countries。

国际货币基金组织，见 https://data.imf.org/regular.aspx?key=41175。

上述延伸阅读也表明，从后冷战开始到 1997 年亚洲金融危机之前，始终坚持"社会主义制度"的中国并非美国的主要竞争对手；由于 20 世纪 90 年代初期和中期中国经济处于连续危机及萧条阶段，因此，美国主流舆论宣传的是"中国崩溃论"。中国不在单极霸权维护自身地位演化出的主要矛盾之中，而且连"非主要矛盾"都不算；确切地说是美元和欧元这两大金融资本集团作为主要矛盾的两个对立方面都要争取的对象。

这是美国在苏联解体后提出"中国融入论"的重要背景，与美国当期政治家是否对华友好并无关系。融入论的背景也是有客观规律可循的：随着 1989 年开始的苏东全面解体，中国大力推进改革开放，西方金融资本推动的全球化已经没有任何阻力了。包括中国在内的大量发展中国家因追求工业化，对西方已经显露过剩的资本趋之若鹜。正好此时的西方主要国家正在从产业资本阶段的生产过剩危机，进一步向金融全球化阶段转型。而转移过剩产业特别是转移一般消费品生产，是早在 20 世纪 70 年代就已发生的；这可以追溯到 1972 年尼克松访华之前声称要放开对华封锁，使中国能够引入西方的设备和技术。当包括南美和东南亚在内的大量的发展中国家都开始接受西方投资的时候，就使西方金融资本和跨国公司主导的经济增长得到空前的扩张空间。

中国在 21 世纪之前的很长一段时期里采取的是经济"去货币化"政策，20 世纪 80 年代改革以后，曾因产品市场开放引得通胀频发，致使官方不再开放要素市场。所以中国一直是要素价格的"低谷"，也因此一直是外资要求进入的主要国家。

新中国在 1949 年成立以后，为了完成前几十年国家工业资本的原始积累，劳动力价格被人为压低。20 世纪 70 年代，一个全民所有制企业的职工，拿到的工资平均只有约 30 块钱。那个时候的普遍低工资仅够维持基本生存，且农民得到的分配也是非常有限的。国家把所有劳动者创造的剩余，由主管部门统一调配直接用于扩大再生产。虽然劳动力价格是最低的，但劳动者的素质却是最高的。

1972 年美国总统尼克松访华后到整个 20 世纪 80 年代，大量的西方资本和技术涌入中国，主要用于调整国内偏重的产业结构。但在美国单极霸权控制下的"一个世界一个体系"的 20 世纪 90 年代产业发展则有性质上的不同。因为，劳动力密集型产业是全球自由流动的资本直接获取无法全球自由流动的劳动力要素的"制度租"。同理，随着为承接一般消费品生产的海外产业陡然成为主导，大量低端制造业涌入中国占有的实际上是低价格要素所创造的制度性收益。

简言之，只要世界上的发展中国家不断地对西方开放，跨国资本在世界上大规模投资所形成的能够回流本国资本市场的金融收益就会不断增长。这些收益回流到以美国为主的西方发达国家，不仅带动了其金融资本经济的快速增长，也提升了西方对发展中国家的投资能力。因此，在这个金融资本全球扩张的阶段，矛盾主要发生在不同的货币金融资本集团之间。所以，进入 21 世纪之前的中国金融资本总量很小，不可能被视为主要矛盾。

在金融资本主义时代，不同货币金融资本集团之间的竞争体现为对资本流动的争夺——资产更愿意以哪种货币定价，或者更愿意使用哪种货币作为储备。进入金融化的国家已经由生产过剩转变为生产不足和储蓄不足，需要商品和资本的流入来弥补平衡，而资本流动又与该货币在全球贸易结算和储备中所占份额密切相关，即一国货币的结算和储备比例越高，就越容易吸引资本流入该国。同时又因为资本绝大多数时候都不以货币形式存在，而是转换为种种资产形式进入"钱生钱"的游戏模式，所以对资本的争夺也意味着该货币定价的资产价格高涨，借此显示出相对于其他货币更优越的权力。

对资本流动的争夺就是对全球化权力的争夺，因为资本不但控制了超越国界的全球产业链，而且还掌握了全球的媒体、互联网等意识形态权力。货币金融资本集团彼此斗争，甚至到了你死我活的地步，竞相勉力维持自身资产的价格高位。价格不断向上膨胀是金融资本的本性，下降就意味着在竞争中出局，就会被全球资本嫌弃，甚至贬值成废纸。货币背后的政治权力系统也会随之崩溃解体。

如前所述，老冷战时期中国不是主要矛盾的一方。到后冷战时期，中国仍然不是主要矛盾，因为大量的金融资本主导的跨国集团，正在中国攻城略地大量获取制度性收益，所以，这个时候中国是全球化的贡献者，不仅输出廉价消费品，而且向西方金融资本市场贡献了大量的贸易盈余。在割苏东韭菜之后，美元集团和欧元集团就构成了当时所谓后冷战时期的主要矛盾的两个方面，当然美元是主要方面，欧元是非主要方面。人们看到，这个矛盾冲突爆发的时间点，正是 1999 年欧元货币正式问世之时。欧元问世时币值就高于美元，而这样一个挑战导致一系列的区域冲突，基本上都发生在欧元区周围，从 1999 年的巴尔干冲突、科索沃战争，再到中东西亚冲突，再到 2014 年开始的俄乌冲突等。

**没有军事霸权作为支撑的欧元并不具有足够竞争力**。值得注意的是，就在巴尔干冲突爆发以后的这个阶段，美元把欧元币值打压下来，欧元基本上不再占有全球金融化的主导地位。在世界结算和储备货币中，欧元所占比例至多相当于原本德国马克、法国法郎、意大利里拉、西班牙比塞塔、瑞典克朗、瑞士法郎等欧系货币所占总份额，并没有明显的突破。亦即，欧元在全球外汇储备中的占比仅仅在各成员国的货币转换成欧元的初始阶段出现上升，之后，无论是储备货币比例还是结算货币比例，美元都力压欧元一头[1]。

从实体经济看，2002 年前后欧盟对外贸易量占世界的比重为 20.9%，稍微超过美国的 19.6%；2001 年欧元区 11 国（希腊尚未加入）的总贸易量还曾达到 40749 亿美元，占世界的 32%，是同期美国的两倍。但从金融来看，美元当时在全球结算中的比重为 53%，在全球储备中的比重为 57%，美国发行的债券占世界 37.2%，美元占世界外汇交易量的 41.5%。与之相比，当时欧元在国际商品贸易结算中的份额只有约 16%，欧元占世界外汇储备的比重也只有 20% 左右[2]。

---

[1]　据环球银行间金融通信协会（SWIFT）公布的数据，2019 年 1 月份，美元在全球支付市场中排名第一，占比达到了 40.08%。此外，1 月份欧元在全球支付市场中占比为 34.17%。

[2]　黄志强主编：《国际金融实务》第七章，高等教育出版社 2004 年版。

# 美元与欧元的币缘战争

美国作为欧洲的盟友，却利用欧洲帝国主义国家深陷战争之际，夺取了它们的经济利益。众所周知，工业革命以来欧洲各国的经济水平长期领先于北美和亚洲各国，这个局面在第二次世界大战结束之后才发生了彻底的改变。对于欧洲来说，更加不幸的是，在"战后"长达近半个世纪的冷战时期，一直处于两个阵营对抗的最前线。这种局势之下，欧洲不得不牺牲经济利益来换取美国的军事存在和保护，这也就导致欧洲无法完全实现经济自主。

以1991年冷战结束为标志，欧洲才开始逐步进入统筹经济发展的新阶段。但随之而来的问题就是，美欧之间的经济矛盾升级成为世界矛盾的主要方面。由于1992年的《马斯特里赫特条约》和欧盟成立，欧洲各国向经济、货币和政治的统一更近了一步。1999年，欧元区12国统一货币，规模达到4.4万亿欧元，巧合的是，同年美元的广义货币规模也是4.4万亿美元。这一进程中，欧元还曾一度超越美元，成为全球最大资产池，尤其在美国金融市场波动时，吸引了大量国际资本涌入。美国为阻止资本外流和危机扩散，曾多次采取战争和经济手段打击欧元，如1999年网络泡沫破裂后，美国发动科索沃战争通过区位因素打击欧元，由于科索沃位于欧洲的腹心，这一战争势所必然地动摇了欧元的地位；2002年在欧元触底反弹这一时刻，因为欧洲经济高度依赖海湾地区的石油，美国又发动海湾战争，通过石油因素打击欧元；2007 年美国房地产泡沫破裂后，欧元再次成为避风港，汇率从 1.2 升至 1.6，随后虽然回落，但 2008 年雷曼兄弟公司倒台后，欧元再次上涨，美国三大评级机构却突然一致宣布调低对希腊主权的债务评级，导致欧洲爆发主权债务危机；2014 年 3 月 1 日欧元兑美元升至 1.38，不久就爆发了乌克兰危机。

欧元区的统一极大地挑战了美元的权威，欧元不可避免地成为美元货币战略攻击与抗衡的重点。

参考资料：

王建：《虚拟资本主义时代与新帝国主义战争》，《中国军事科学》2004 年第 4 期。

王建：《虚拟资本主义时代的首场世界性战争——第三次欧战猜想》，《战略与管理》2015 年 11 月 25 日。

与此同时，中国因为不是主要矛盾，所以有了一个在产业资本阶段快速发展的空间。并且这个时候，以美国为首的西方认为中国是"可以被融入的"，因为中国在整个西方金融资本升级的时候做出巨大贡献，所以西方提出了"中国融入论"。但，1991 年苏联正式解体之后，西方世界认为下一个会轮到中国的声音也很大，即所谓的"中国崩溃论"。其实，不管是融入还是崩溃，中国都被西方金融资本集团视为囊中之物。

我们之所以把这个阶段叫作后冷战，正是因为这个时期的主要矛盾是两个金融资本集团之间的矛盾。这个同属于西方自由主义阵营的对抗性矛盾变化是一个演进的过程。2001 年，美国爆发了"9·11"事件，其严重性表现为政治危机在美国的核心区纽约爆发；同时华盛顿的五角大楼也被炸了。类似政治危机在美国历史上是很少见的，除了独立战争，曾经德军配合英军在早期进入过美国的本土，到后来乃至于第二次世界大战，美国本土都没有受到过大型的袭击。所以，这个直击位于首都的国防部造成的政治危机挑战单极霸权的战略意图是明显的，何况同期又爆发了美国 IT 泡沫崩溃而形成的新经济危机。

因此，美国战略进攻的重心陡然转向了中东、西亚和北非。21 世纪以来，美国连续发动在这些地区的区域战争，开支超过 4 万亿美元；势必面临国际贸易逆差和国内财政预算赤字的"双赤字"局面。但美国却不采取紧缩政策，依然靠"量化宽松"滥发货币，鼓励美国人在低息条件下借债消费。其原因就在于只要维持军事霸权就可支撑金融霸权，使受制于美国金融霸权的其他停滞在产业资本阶段的国家，始终处于被降维打压的境地，将它们的美元贸易顺差回流到美国金融市场，为美国的赤字提供融资。这相当于发展中国家一方面为美国提供廉价而丰富的商品，另一方面为美国提供廉价的资金。美国得到"双重输入"，借此得以缓解美国金融资本霸权崛起派生的内部愈益尖锐的社会矛盾。

# 二、北约东扩与乌克兰危机

北大西洋公约组织（北约）成立于 1949 年 8 月 25 日，总部在比利时的布鲁塞尔。北约组织成立之初有 12 个国家，由美国主导和倡议成立，某种程度上可看作是马歇尔计划在军事领域的延续。美国拉拢欧洲各国组建北约就是为了防备苏联，因而，苏联也联合东欧国家组成了华沙公约组织（华约），华约的成立标志着冷战两大阵营的硬实力为主的军事对峙相对稳定了下来。

也由此，各种特殊手段的巧实力和软实力的斗争，特别是软实力依赖的意识形态斗争，包括制度对立条件下的优劣评价指标体系，以及那些支撑和包装意识形态的人文社科的话语竞争，越来越成为主要的斗争方式。美苏两个霸权都高度重视在所控制的国家形成对官方制度的"建制权"，同时着手加强对高校和科研机构的教学与研究内容等"话语权"的实际影响……

随着20世纪90年代苏联解体，华约组织宣告解散，原本作为应对苏联的"前沿防御战略"的北约组织按理说没有继续存在的意义了，但在美国的坚持下一直存续至今，并且将其军事战略调整为"全方位应付危机战略"。新的北约战略看起来没有任何针对性，实际上成为美国单极霸权的工具——既可以借此控制欧洲，不让欧盟国家建立自主的防务体系，又可以向欧洲各国分摊美国军事占领和军事行动的成本。

在资本主义时期的世界，欧洲人的"莱茵模式"，与英美的"盎格鲁-美利坚模式"长期存在矛盾，在老冷战阶段就曾经冲突不断。这也是为什么欧洲人一直努力做自主整合。早在1956年的苏伊士运河危机中，作为殖民主义时代老牌帝国的英国和法国不甘心放弃霸权利益，试图按照旧有的殖民规则强占苏伊士运河，但因美国和苏联默契配合之下的抵制而失败，这证明世界已经形成了新的霸主。法国眼见大英帝国重返霸权强国无望，转向与老对手德国打造"欧洲合众国"。一般认为，苏伊士运河危机是英国完全丧失全球霸权的标志。德法两国在冷战的框架下依附于美国，又无时无刻不在尝试摆脱美国的控制和压榨，希望独立自主地发展欧洲经济和政治。

于是，1957 年 3 月 25 日，法德等六个国家签署《罗马条约》，在此前已经成立的欧洲煤钢共同体的基础上，决定成立新的欧洲经济共同体和欧洲原子能共同体，旨在创造共同市场，取消会员国间的关税，促进会员国间劳动力、商品、资金、服务的自由流通。1965 年 4 月 8 日，六国签订《布鲁塞尔条约》，决定将欧洲煤钢共同体、欧洲原子能共同体和欧洲经济共同体统一起来，统称欧洲共同体，总部设在比利时布鲁塞尔。随后，丹麦、英国、爱尔兰、希腊、西班牙、葡萄牙等国相继加入欧共体。

1963 年，法国总统戴高乐与联邦德国总理阿登纳签署了《法德合作条约》，共同应对美国的竞争和挑战。在 20 世纪 60 年代法德曾利用欧洲美元攻击美国的国际收支赤字，被称为"黄金战争"，简单来说，就是拿欧洲过剩的美元盈余兑换美国的黄金，以此打击美国的经济。但这一策略败于美国对北约的军事控制，美国在中欧十几个师的驻军既是控制德国的抓手，也是美国海外开支导致国际收支赤字的根本原因。美国威胁德国，如果不补偿驻军费用那就撤军，让德国面对苏联的军事威胁。如果德国同意补偿，那就可以解决美国的国际收支赤字问题，法德便无法通过金融来攻击美元。德国面对美国的军事讹诈不得不同意美国不撤军的要求，总理阿登纳随后辞职，《法德合作条约》大打折扣。

但法德利用美国的国际收支赤字攻击美元金融霸权的做法却没有停下脚步，以法德为主的欧洲各国积累了越来越多的美元贸易盈余，欧洲美元的规模也越来越大，美元持续贬值，美国黄金储备快速下降，1968 年 3 月就爆发了第二次美元危机，于是，美国开始推行"黄金双价制"（指黄金官价用于各国中央银行用美元向美国兑换黄金，市场金价则由供求关系所决定）。但这并没有维持多久，1971 年夏爆发了第三次美元危机，国际金融市场又一次掀起抛售美元、抢购黄金和马克的浪潮，法国政府还带头用美元向美国兑换黄金。此时，美国的黄金储备从最高峰时的 246 亿美元跌到了 102.1 亿美元[①]。美国不得不宣布停止美元与黄金的兑换，随后各国货币对美元的固定比价也无法维持。至此，以黄金为基础、美元为中心的可调整的固定汇率制彻底解体，布雷顿森林体系完全崩溃，取而代之的是 1976 年国际货币基金组织主导推出的"牙买加体系"。

就在苏联正式解体、冷战结束、美国单极霸权形成的同时，后冷战阶段的主要矛盾逐渐浮出水面：1991 年 12 月 11 日，欧共体马斯特里赫特首脑会议通过了建立"欧洲经济货币联盟"和"欧洲政治联盟"的《欧洲联盟条约》，即《马斯特里赫特条约》。1993 年 11 月 1 日，《马斯特里赫特条约》正式生效，欧洲联盟正式成立，欧洲三大共同体纳入欧洲联盟，这标志着欧共体从经济实体开始向经济政治实体过渡，同时开展共同外交及实施安全政策，并加强司法及内政事务上的合作。1999 年 1 月 1 日，欧盟正式启动欧元。

冷战的结束也意味着欧洲分裂的结束，德国实现统一，德国和波兰和解，欧洲各国由于消除了安全方面的心理芥蒂，相互之间开始建立和平伙伴关系，一个完整的欧洲正在逐步形成。以法国为代表的西欧国家不再一味顺从美国，开始蓄力发展经济，扩大政治和军事影响力，逐渐夺回自主权。与此同时，苏东政治体系的解体和货币结算体系的崩溃，导致处于产业资本主义阶段的苏东各国的产业链崩溃，大量的实体资产和资源等着被货币化和资本化，于是新成立的欧盟和欧元金融资本集团恰是近水楼台先

---

① 丁一凡：《瞭望 | 美元霸权的衰弱》，新华社 2022 年 9 月 19 日。

得月。

以法德为主的欧盟和欧元资本在"东扩"中整合东欧巨大规模的人口、资源以及实体产业，甚至可以到达石油资源丰富的原苏联体系覆盖的中亚和中东地区。这意味着以欧洲主要国家的硬通货推行的"资源资本化"收益，不能被已经客观形成的美国单极霸权所占有；实际上构成欧洲金融资本对美元地位的挑战。因此，美国在后冷战阶段切实采用了军事霸权支撑美元霸权的战略。

一是苏联刚一解体，美国就冲上一线主导海湾战争，将其军事力量和政经影响力转化为在中东地区构筑霸权的基础。美国不惜支付巨大军事开支，宁可背负侵略的骂名，接连发起了伊拉克战争、阿富汗战争、叙利亚战争、利比亚战争，并调集军力四面围堵伊朗，其昭然若揭的目标就是占领中东和中亚地区的石油和矿产资源，强化美元作为全球第一位的结算货币必须锚定石油贸易的军事支撑。

二是对于欧盟和欧元资本的东扩，美国采取了另一种方式来与其竞争，即北约东扩以及种种意识形态战争和"颜色革命"，充分体现了"后冷战"阶段美国地缘战略和币缘战略的综合运用。

我们可以很清楚地看到后冷战阶段主要矛盾的非主要方面的演变——欧盟东扩之后其经济实力迅速崛起，尤其是欧盟的经济领头羊德国。原本在老冷战阶段的日本和德国都是因为地处冷战前沿，得到了美国"马歇尔计划"等政策的大力扶持，使两国的工业化很快得以恢复，经济迅速发展。在金融资本崛起为主导力量的进程中，日本早在20世纪80年代中期就被美国主导的《广场协议》摆了一道，其背景可粗略归纳为：日本借尼克松访华缓解中国周边地缘政治关系之机遇，跟进推动"中日睦邻友好合作关系"，主动以日元贷款为手段率先向中国转移过剩产业，一方面源源不断地获得了中国低要素价格派生的产业收益；另一方面因人民币在高通胀压力下贬值而日元相对升值得到汇率收益。这提高了日元资本在国际金融市场中的地位。但，没有自主地位的日本也随即受到美国打压，自1990年经济泡沫崩溃后，就此一蹶不振。

相比而言，德国虽然也在 1985 年《广场协议》的打击下经济出现短暂下滑，却在 20 世纪 90 年代借苏联解体之历史机遇，首先完成了国家的统一，随即与法国主导成立欧盟，为打造欧元区经济一体化做政治准备；然后大力推进欧洲硬通货为主要投资工具的欧盟的全面东扩，很快就完成了苏东资源性资产的货币化和产业经济的资本化，占有了"资源资本化收益"，同时推动欧盟内部产业分工和市场整合，德国由此获得一波经济快速增长。欧元区正式建立后，又搭乘中国加入 WTO 带来巨大市场机遇的东风，德国在 2002年到 2008 年实现了战后最快速的经济增长，也由此在后冷战阶段成为美国的最大竞争对手，欧盟和欧元也成为后冷战阶段美元的最大威胁。

于是乎，在很多西方精英不理解的情况下，1998 年 5 月 2 日，美国参议院正式批准了北约东扩，1999 年接纳波兰、匈牙利、捷克三国为北约新成员国，同年挑起科索沃战争。恰恰是在科索沃战争期间，德国经济才出现了后冷战以来短暂的停滞，无论是贸易顺差还是 GDP 都表现得非常明显。

如果将德国与日本的经济成长阶段比照来看，会发现日本的辉煌是在 20 世纪 80 年代，在即将有对美国说"不"的实力之际，立马就遭遇了美国的打压；德国的崛起是在 90 年代之后，也遭遇了美国的打压（图 4–7、图 4–8）。

（单位：万亿美元）

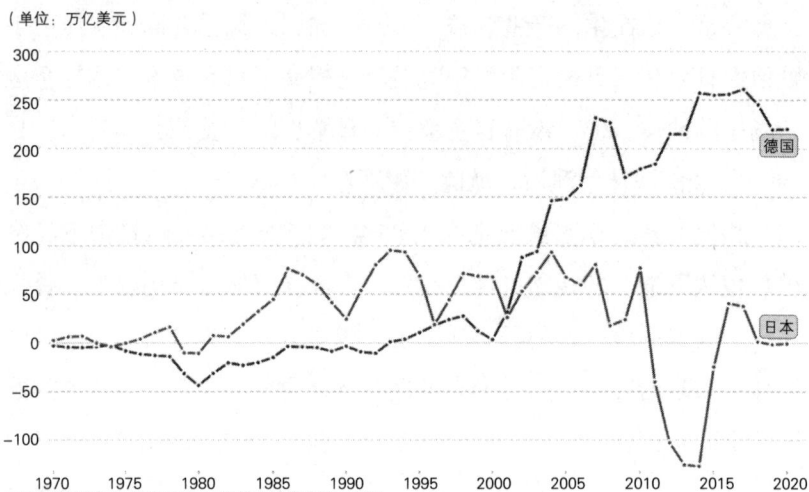

**图 4-7　日本和德国贸易顺差**

数据来源：世界银行。

（单位：万亿美元）

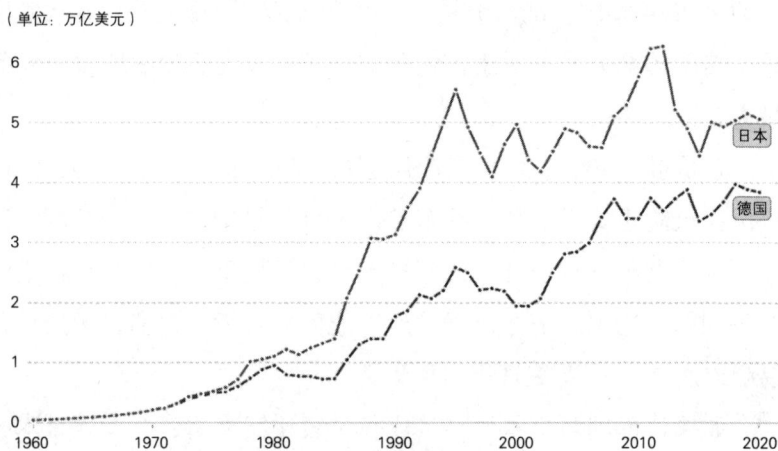

**图 4-8　日本和德国国内生产总值**

数据来源：世界银行。

而美国的"遏制战略"之父乔治·凯南对北约东扩表示了不理解，他说：

　　我认为这是一场"新冷战"的开端。我认为俄罗斯将慢慢做出相当不利的反应，这将影响它们的政策。我认为这是个可悲的错误。这完全没有任何理由这样做。没有人在威胁其他人。这种扩张会让我国的制宪元勋们九泉之下不得安宁。

　　我们已签署了同意保护一大批国家的协议，尽管我们既没有资源，也不打算以任何认真的方式这样做。（北约扩张）只不过是对外交事务没有真正兴趣的参议院的无忧之举。让我不安的是，整个参议院对这件事情的辩论如此肤浅无知。尤其让我不安的是把俄罗斯说成是一个极想攻击西欧的国家。

　　人们难道不明白吗？我们在冷战时期的分歧是与苏维埃共产主义政权。而现在我们正在背弃的，正是那些发动了历史上最伟大的不流血革命、推翻了苏维埃政权的人。而且，俄罗斯的民主制度与我们刚刚签了协议要保护的那些国家的一样先进，如果不是更先进的话。俄罗斯当然会做出不好的反应，然后（主张北约扩张的人）会说，我们一直对你们说，俄罗斯人就是这样，但这真的不对。[①]

　　美国在后冷战阶段维护金融资本霸权的重大战略措施之一，就是主导北约东扩，实际上相当于给欧盟的经济发展和欧元扩张套上了一个笼头，借此美国可以随时勒住，遏制和打击它。所以说，陡然发起科索沃战争的 1999 年是一个理解"后冷战"阶段的关键时间，强势诞生的欧元在一年多的时间里兑美元汇率就大跌了 30% 左右（图 4-9）。但，大量避险资本外逃流入美国，加剧了美国互联网新

---

　　① 转引自托马斯·弗里德曼：《在这场乌克兰危机中，美国和北约并不无辜》，《纽约时报》中文网 2022 年 2 月 21 日。

经济泡沫最后的疯狂，随后于 2001 年泡沫彻底崩溃，大量从欧洲逃过来的资本不幸成为接盘侠。在这个过程中，美联储在 1999 年年底顺利缩表，货币政策回归常态。

**图 4-9　欧元兑美元汇率**
*数据来源：https://zh.tradingeconomics.com/euro-area/currency。*

后冷战阶段的中国虽然不被纳入主要矛盾，但美国主导的另一个重大战略——"中国融入"达成了目标——中国于 2001 年 12 月加入 WTO，无异于为当时金融资本主导的全球化打了一针强心剂，无论是对欧元还是对美元，都意味着新一轮向中国这个要素价格低谷的产业转移和投资扩张的历史机遇期开启了。同期，还叠加了美国内部的矛盾在金融资本阶段规律性地恶化。伴随美联储的一轮降息周期，美国房地产泡沫迅速膨胀，直至爆发次贷危机，引发战后美国最严重的金融危机。一时间，美元风雨飘摇。

危机之初欧元相对于美元达到了有史以来最为强势的阶段，接近 1.6 的比价。后冷战时期的主要矛盾再一次发生币缘战略向地缘冲突的转化。

时任法国总统萨科齐多次在重大国际会议上批评美元不应再被当作"唯一的全球通用货币"，国际货币体系应多元化，世界应该减少对美元的依赖……英国和德国更是随声附和。美元的霸权地位眼看就要到了危急时刻，然而，我们看到美国于2008年正式提出乌克兰和格鲁吉亚可以加入北约的承诺。这是美国出于币缘战略考量，利用格鲁吉亚和俄罗斯关于南奥塞梯的主权纷争，诱导格鲁吉亚出兵进攻南奥塞梯，必然引发与俄罗斯的战争。[1]

俄罗斯与格鲁吉亚的战争也微妙地在2008年北京奥运会期间爆发了。此刻全球正在经历金融危机，格鲁吉亚战争前后，全球各主要股指都处于下跌区间，但美元指数在战争爆发初期就开始大涨，战争结束时，美元指数已经累计上涨了近5%，而欧元兑美元的汇率却下跌了5.3%。由于对这场战争可能会引发俄罗斯和欧盟对抗的预判，出现了抛售欧元、资金向美国回流的浪潮。美元走强，全球资金回流美国市场，特别是新兴国家更加手足无措，普遍出现了股市下跌、货币走弱的局面。

也是在这时，中国在逐步对外开放的氛围下，出现了各地以优惠政策吸纳远低于国内资金利率的美元资金流入国内，其中相当部分进入了投机经济的情况；有些"以权谋私"的新富群体向外出让

---

[1]　南奥塞梯在苏联时期被强行划分给格鲁吉亚，与划分给俄罗斯的北奥塞梯分开，埋下了民族纷争的隐患。从1989年起，南奥塞梯就要求与俄罗斯境内的北奥塞梯合并。苏联解体后，南奥塞梯自治州一直谋求独立，不服从格中央政府的管理。1992年南奥塞梯通过全民公决，要求成立独立共和国及与北奥塞梯合并。因此，格中央政府与南奥塞梯地方当局的矛盾恶化，导致大规模武装冲突。长期以来，由于南奥塞梯当局与俄罗斯关系密切，格鲁吉亚经常指责俄罗斯暗中支持南奥塞梯谋求独立。俄格双方在南奥塞梯问题上龃龉不断。由于美国对其加入北约的承诺，不仅诱导格鲁吉亚敢于冒着军事风险挑战俄罗斯的地缘安全，还把欧洲拉入了与俄罗斯对立的陷阱之中。

国内资产和资源利益的同时开始转移资金，有些有存款能力的中等收入群体热衷兑换美元，致使本来在国内实体经济运营的资金大量流出，跟进扩大了投机潮流；社会上也随着美国软实力提升而出现了美化美国的言论，特别是思想理论、教育、文化等意识形态相关领域……

诚然，这时候的中国尚未被美国列为主要竞争对手，中国"融入论"衍生的"中美国"尚有余温。何况中国人在美国爆发华尔街金融海啸之际，做出"救美国"的实际动作。不过，美国金融资本与欧元集团的对抗性竞争虽然还是主要矛盾，但也并没有放松对中国的遏制。其维护单极霸权的战略，也演化为"能够同时开展两个大洋的战争"！

一方面，美国对北约再一次东扩的承诺，依然没有对欧元产生严重的冲击。直到2014年，在美国的策动下乌克兰爆发了"广场政变""颜色革命"，亲俄的亚努科维奇政权倒台，随后爆发了克里米亚危机，将俄罗斯与欧盟拉入了严重的地缘冲突之中，欧盟周边的战争风险顿时加剧，很快人们就看到了欧元的暴跌，对美元汇率在一年左右的时间跌幅又超过30%。与此同时，大量的避险资本回流美国，美元指数快速拉升，一年左右时间从80上升到100，美国国内资本市场流动性充裕为美联储后来缩表退出量化宽松打下了基础，也为2015年年底美联储加息、2017年缩表等货币政策回归正常水平做好了准备。

另一方面，鉴于2009年被华尔街金融海啸引爆的全球危机，美国的主要战略敌人很快就从欧盟和欧元集团变成了产业资本总量和国际贸易总量最大因而贸易顺差总量也最大的中国。值得一提的是，随着中国2015年加大金融对外开放政策的出台，国际热钱也参与推动了中国股灾，至2016年6月6日股灾发生一周年时，沪深两市总市值蒸发掉26万亿人民币[①]；随之，大量资本从中国外逃，人民币汇率也快速贬值。[②]

延伸阅读

10

## 乌克兰危机的历史经纬

　　基辅罗斯是最早的东斯拉夫人国家，被认为是俄罗斯、乌克兰以及白俄罗斯这三个现代东斯拉夫民族国家的前身。12世纪，蒙古人西征，基辅罗斯公国灭亡，统一的东斯拉夫民族被肢解，其中一批东斯拉夫人北上至莫斯科附近，建立莫斯科公国，也就是后来的沙俄。"乌克兰"一词最早出现在1187年的《罗斯史记》中，意为"边陲之地"。

　　在蒙古人的统治式微之后，波兰—立陶宛大公国攻占了现在乌克兰的这片土地。1569年，波兰—立陶宛大公国仍统治着这片土地。但从17世纪中叶开始，波兰—立陶宛国力衰落，沙俄却日益强盛，双方经过多年战争最终于1667年以第聂伯河为界分别占有东西乌克兰。1764年，在叶卡捷琳娜二世的统治下，沙俄向西扩张，吞并西乌克兰地区。1783年，将克里米亚汗国并入俄国。1795年，沙俄占领了沃伦等地区。

---

　　① 《经济观察报》2016年6月13日。http://xj.cnr.cn/2014xjfw/2014hy/20160613/t20160613_522385351.shtml。

　　② 这个2015年已经发生过的现象（美联储加息—资本回流美国—中国人民币贬值），在2022年几乎照样重演了一遍；一些媒体也几乎照本宣科般地重复着它们对国内政策的批判。

此时，沙俄代替波兰—立陶宛，统治着今天的乌克兰的大部分地区。

1914年，第一次世界大战爆发。"一战"后期，德国败退，波兰于1918年乘势控制住了奥匈帝国占领的加利西亚。乌克兰大部分地区在俄国发生十月革命后迅速组织革命活动，彼得留拉在各方势力的角逐中成立了资产阶级政府，但遭到旧沙俄和苏维埃俄国的同时进攻，彼得留拉政府最终出卖乌克兰利益向德国投降。1918年，苏俄与德国签订《布列斯特合约》退出乌克兰，德国占领乌克兰。"一战"结束后，乌克兰苏维埃政权成立。

波苏战争之后，双方签订了《里加条约》，西乌克兰沃伦、利沃夫等地区并入波兰，东乌克兰成立乌克兰苏维埃社会主义共和国，于1922年加入苏联。

1939年，德国灭亡波兰，苏联控制西乌克兰地区。1954年，在庆祝俄乌统一300周年时，由赫鲁晓夫提议将克里米亚赠送给乌克兰，最终形成后来的乌克兰全境。1991年8月24日，乌克兰宣布独立，同年12月5日与俄罗斯、白俄罗斯签署协定成立独立国家联合体（独联体）；同年12月25日，苏联解体，乌克兰成为独立国家。

苏联解体后，乌克兰继承了苏联在乌克兰的3590余家生产军品的军工企业，是除俄罗斯以外继承最多苏联国防工业遗产的国家。这些工业遗产包括750家工厂，139个科研院所，205个军工联合体。这些军事工业占苏联军事工业的1/3左右，员工高达300万人。其中大家熟知的有：苏联最大的弹道导弹和运载火箭制造厂——南方机械制造厂、世界最大

运输机安 −225 的设计方——安东诺夫实验设计局、有"苏联航空工业的心脏"之称的航空发动机制造厂——马达西奇制造厂。乌克兰继承了苏联 6 大造船厂中的 3 个，其中包括苏联时代唯一的航母建造企业——黑海造船厂；另外，苏联多款经典坦克的制造厂也在乌克兰境内。乌克兰拥有了飞机、航发、舰船、坦克、导弹等全方位军事工业能力，其军工实力排名一度稳居世界第三。

但苏联解体以后，乌克兰军事工业再难有采购订单，乌克兰军队根本无法消化现有产能，巨大的军工遗产需要巨额的经费维持，这些宝贵的军事工业遗产不仅没有给乌克兰带来可观的利益，反而成为巨大的包袱。他们一度只能靠帮外国维修苏制装备、出售库存武器艰难维持。乌克兰原计划投资 20 亿美元用于将军工企业转向民用产品生产，后因投资不足未能完成。90 年代中期因国家财政拨款被削减了 9 成以上，大批军工企业难以为继。截至 90 年代末，乌克兰关闭了数百家军工企业，军工企业员工减少了 85%。

1991 年苏联解体后，乌克兰继承了苏联庞大核武库的一部分，一跃成为世界第三大拥核国家。1994 年 12 月，美国、俄罗斯、英国和乌克兰在匈牙利首都签署了《布达佩斯安全保障备忘录》。该备忘录主要目的是解决乌克兰独立后的苏联遗留武器问题，乌克兰决定彻底放弃核武器，由美、俄、英保证乌克兰边界线安全和国家主权独立。美国则承诺向乌克兰提供 1.75 亿美元的经济补偿和额外的经济援助。从 1991 年到 1996 年的 5 年时间，乌克兰武装力量减少 40 万人，后在美俄的协助下，销毁了所有核武器及战略轰炸机，2001 年乌克兰实现了彻底无核化，以无核国家身份加入了《不扩散核武器条约》。至此，乌克兰作为曾经的核大国，在美、俄、英的威逼利诱下"自废武功"，为之后乌克兰的一系列悲剧埋下了伏笔。

1994 年，库奇马在几个党派的联合推举下当选总统。库奇马 1960 年毕业于第聂伯罗彼得罗夫斯克大学，苏联时期他曾任乌克兰南方设计局副总工程师、南方机械制造厂总经理，1991 年，成为乌克兰工程科学院院士，1992 年被任命为乌克兰政府总理，1994 年至 2005 年库奇马连任两届总统。他不断平衡着乌克兰与俄罗斯、西方国家的关系，同时考虑国内民族主义者的诉求，他主张加强与俄罗斯和西方国家的合作，并推动市场改革和民主化进程。在他的执政下乌克兰经济得到一定的恢复，但也有很多针对他在位期间助长寡头控制、贪腐等方面的指责，2005 年库奇马卸任总统。2004 年至 2005 年，乌克兰大选期间，乌克兰天然气寡头季莫申科与尤先科组成政治联盟，在亲欧寡头的支持下共同发动"橙色革命"，以选举舞弊为由呼吁民众抗议，大约 50 万人在基辅独立广场集会，并向议会进发。由于乌克兰大选没有候选人取得 50% 以上票数，于是在尤先科和亚努科维奇之间举行重选，然而结果公布后，乌克兰最高法院迫于抗议运动的压力，却宣布这次结果无效，经过再次重选，尤先科战胜对手亚努科维奇当选乌克兰第三任总统。尤先科高调亲美反俄的立场让乌克兰与俄罗斯的关系急剧恶化。

2010 年大选，亚努科维奇在东部财团支持下卷土重来，顺利当选总统。亚努科维奇对外奉行平衡政策，努力修复与俄罗斯的关系，暂停乌克兰和欧洲之间签订的所有协议。2014年，乌克兰国内的亲西方势力发动游行示威，甚至发动政变试图推翻亚努科维奇。西方国家的政治人物甚至亲自下场，纷纷前往乌克兰抗议示威现场，为亲西方示威者打气。美国助理国务卿维多利亚·纽兰、美国参议员约翰·麦凯恩、美国参议院欧洲事务委员会主席克里斯·墨菲、欧盟外交与安全政策高级代表阿什顿以及德国外长基多·韦斯特韦勒等西方政客先后前往乌克兰游行示威现场，会见反对派领袖，为示威者加油助威。

　　乌克兰独立广场爆发的抗议活动并非自发的群众运动，而是有预谋、有计划、有组织的反政府运动。美国为首的西方为这些运动提供了大量的经费，并提供骨干培训、技术和媒体支持等。最终政府被迫改组后，亚努科维奇下台并逃亡。乌克兰反俄浪潮愈演愈烈，这让俄罗斯极为不满，俄罗斯迅速出兵克里米亚，后者公投之后加入俄罗斯。

　　之后，在亲西方的寡头的支持下，有着"巧克力大王"之称的大资本家波罗申科上台，他再次奉行亲欧反俄的政策。乌东地区的顿涅茨克、卢甘斯克、哈尔科夫的亲俄武装与乌克兰政府军长期对峙，并时常爆发冲突。

　　2019年，原为喜剧演员的泽连斯基以73.2%的高票当选乌克兰总统。泽连斯基亲西方，上台后高喊加入欧盟，甚至加入北约，并因克里米亚问题、乌东问题与俄罗斯矛盾进一步加深。此时的乌克兰已经是欧洲最穷的国家，人均GDP还不到俄罗斯的1/3，却在西方的导演之下陷入与俄罗斯的战争而遭受重创，前途渺茫。

参考资料：

赵云中：《乌克兰民族的复兴——从基辅罗斯到乌克兰国》，《历史教学问题》1995 年 6 月 15 日。

朱长生等：《"革命"背后，美国那只看不见的手》，《军事文摘》2019 年 4 月 1 日。

何卫：《乌克兰产业结构调整困难重重》，《俄罗斯中亚东欧市场》2004 年 6 月 27 日。

要理解 2014 年的乌克兰危机为何对美国如此重要，以致美国不惜血本，持续投入巨大的资源推动危机向战争发展，那就要明白**国际资本回流对美国生存模式的极端重要性**。

自 20 世纪 80 年代以来，除极个别年份，美国每年都需要增发巨量国债为财政赤字融资；美国居民家庭财富主要体现为持有各种金融资产，需要外部资本流入不断推高资产价格，以此来获得金融资产溢价收益；美国企业每年发行的高收益率债券，也成为垃圾债，风险高，更需要外部资本来接盘；美国以金融和消费为主导的服务业占比接近 80%，也需要国际资本流入带来金融服务业的繁荣，为大批中产阶级白领提供高收入的就业机会。

在 2008 年金融危机之前的 200 多年间，美国总共印钞不到9000 亿美元（即美联储资产负债表的负债端规模）。在美国国内储蓄率非常低且印钞很少的情况下，能够保持充裕的流动性和融资需求，完全依靠每年规模巨大的资本回流。但 2008 年金融危机之后情况发生了很大变化，从图 4–10 美国、欧元区和中国的国际资本流动情况的对比中，就能看到：（1）美国在 2008 年以前是持续的资本净流入，2013 年到 2016 年国际资本进出美国发生剧烈波动，年净流入额急剧下降；（2）2012 年欧债危机结束后，欧元区相比于以前显然更有吸引力，取代美国成为国际资本持续净流入的首选之地；（3）中国在 2017 年以前长期是国际资本净流出的主要国家，之后成为吸引国际资本流入地，2020 年新冠疫情暴发后又沦为资本净流出国。不言而喻，欧元区和中国先后成为美国的竞争对手，而策动各类社会动乱造成国际资本回流是美国屡试不爽的手段，遂有美国在 2013 年开始煽动的乌克兰"颜色革命"，以致 2014 年乌克兰政权更迭，爆发俄乌克里米亚危机；与此同时，美国还策动中国一些地区的"颜色革命"，虽未能成功（比如中国香港的"占中运动"和中国台湾的"太阳花运动"），但又发生了 2018 年针对中国的贸易摩擦。

　　基于乌克兰的特殊历史和地缘位置，借克里米亚争端挑起俄罗斯与乌克兰的战争，从而将欧盟和欧元拉下水，绝对是一个周密策划的陷阱，而欧盟不得不跳。

（单位：百万美元）

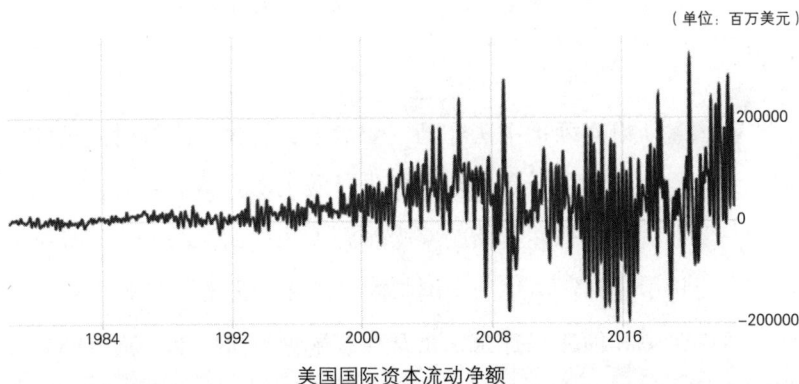

美国国际资本流动净额

（单位：亿欧元）

欧元区国际资本流动净额

（单位：亿美元）

中国的国际资本流动净额

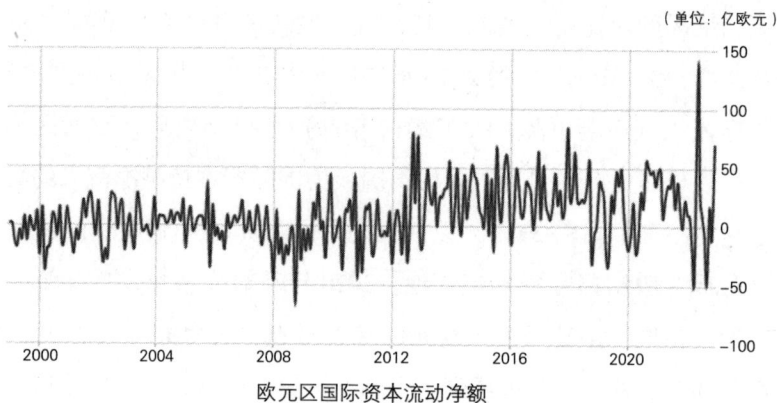

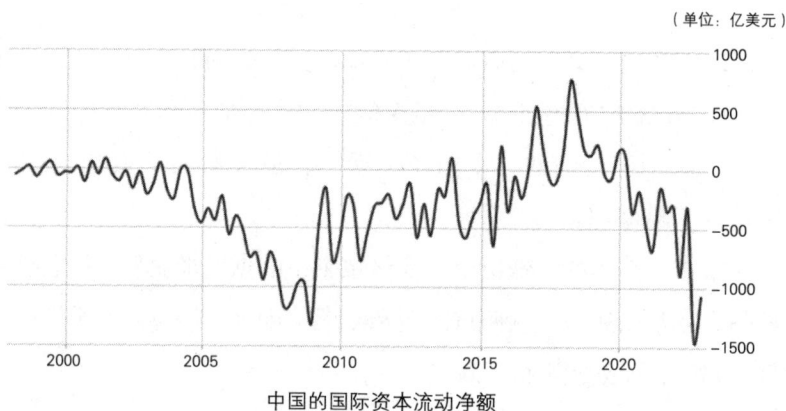

**图 4-10　美国、欧元区和中国的国际资本流动情况**

数据来源：U.S.Bureau of Economic Analysis。

　　美国之所以必须把中国作为主要敌手，替代后冷战时期把欧盟和欧元作为主要敌手，仍然在于作为矛盾主要方面的美国自身的内因——滥发货币和恶性负债的双膨胀到了几近崩溃的地步，唯有从没有完成货币化和资本化的中国收割财富才能为美国补血续命。

　　美国金融和债务双扩张，是其在金融资本阶段维护霸权的客观规律使然。因美国在 2008 年金融海啸爆发之后不可能放弃金融霸权，遂采取"量化宽松"政策支撑金融集团，但印钞太多，且超过

60% 新增流动性流出美国，进入国际大宗商品市场造成全球通胀；而其国内由债务推动的资产泡沫太严重。所以，在资本回流快速下降的情况下，美联储 2013 年年底停止量化宽松政策造成全球通缩，后于 2015 年 12 月加息，2017 年 10 月缩表，然后又加息，到 2019 年资本市场终于承受不住了，SOFR（有抵押的隔夜融资利率）飙升，美联储加息周期被迫半途而废，转而又是降息和印钞放水。接着，2020 年美国新冠疫情暴发，却出于政治目的拒绝科学抗疫，致使经济近乎崩溃、社会矛盾尖锐，美联储不得不进一步降息到零，同时再度推行无底线的量化宽松。于是乎，我们看到美国国债攀升到了 30 万亿美元之上，美联储印钞 9 万亿美元，美国金融与债务经济虚拟化演化出的资产泡沫史无前例，欧元相对于美元再度强势起来，在半年多的时间里快速上涨 17% 左右。随之而来的是，一方面美国裹挟欧盟深陷俄乌冲突，演化为能源短缺和通货膨胀危机；另一方面，美联储以遏制通胀为由再度启动加息政策，制造强势美元……

美国的金融经济虚拟化扩张是典型的没有"U 形掉头"的单行道。因此，其获取外部收益的动机和措施本质上就是反动的，没有所谓道义可言。也因此，美国引领整个西方世界在 2022 年俄乌冲突中发起的对俄罗斯"制裁"，对中国而言有明显的警示作用。

2021 年 4 月 21 日，美国国会参议院外交关系委员会以语音投票的方式通过了《乌克兰安全伙伴关系法案》，该法案向正在与俄罗斯处于军事紧张对峙中的乌克兰提供援助，并向参与"北溪二号"燃气管道项目建设的相关公司施压。这明显就是借"乌克兰安全"之名展开对"北溪二号"的制裁。在围绕"北溪二号"进行多轮博弈无果后，乌克兰政府军和乌东之间的冲突终于引发了俄罗斯全面介入的军事行动。随后整个欧盟和美国激烈反应，很快进入到除能源之外的针对俄罗斯的全面制裁，事态还在不断发酵。**欧元也因此进入快速下跌通道，美元指数快速拉升**。欧盟因承受了俄乌冲突和制裁带来的巨大代价，与美国的矛盾也在深化。

我们认为，这一阶段会不断爆发局部热战和代理人战争。鉴于最近几年美国企业债务到期正处于高峰，美国由债务推动的资产泡沫比以往任何时候都要严重，所以要想在加息缩表前驱赶足够的资本回流，或者防止资本外逃，恐怕还会动用非常手段在热点地区制造动乱，如俄乌冲突等。

上文述及世界最大债务国凭借单极霸权地位肆意破坏债权国权益的这种对经济规则的颠覆，下面的延伸阅读介绍了这种赖债国对人类基本规则的颠覆演变为反人类的"生物战"的情况。

延伸阅读

**11**

## 美国生物战知多少

1943 年美国总统罗斯福批准启动生物武器项目研究，美军在马里兰州的德特里克堡设立了生化战实验室。第二次世界大战结束之后，美军接管了臭名昭著的日本 731 部队，后者是日本进行惨无人道的人体试验和指导生物武器作战的部门，美军不仅豁免了 731 部队的泯灭人性的战犯（石井四郎等），掩盖日本在中国进行生物战的滔天罪行，而且攫取了日本 731 部队的全部研究成果。

美国历史学家杰弗里·凯接受新华社视频采访时说，美国中央情报局近年来公布的文件"实锤"了美国在朝鲜战争中曾使用生物武器。虽然大多数有关细菌战的文件已被美国系统地审查并销毁，但杰弗里·凯还是通过拼凑一些解密文件发现了细菌战的蛛丝马迹，其中包括朝鲜战争中被俘美军飞行员的供词和国际科学委员会有关细菌战事实的报告书。有资料显示，美方对731部队中能够在寒冷地区（朝鲜、中国东北、苏联）使用的细菌武器感兴趣。此外，我国辽宁省丹东市档案馆珍藏着一本成书于1952年的《调查在朝鲜和中国的细菌战事实国际科学委员会报告书及附件》，据其记载美军曾连续用飞机撒布大批细菌毒虫。

越南战争期间，美国为了破坏越南物资运输的"生命线"——"胡志明小道"，展开了"牧场行动计划"，美空军用飞机向茂密的越南丛林喷洒一种含有剧毒二噁英的落叶除草剂"橙剂"。据统计，在越南战争期间，美军喷洒了高达7600万升的"橙剂"，大面积清除了遮天蔽日的森林。这种毒剂很难降解，至今越南人民仍然深受其害。

2003年中国暴发非典疫情，根据卫生健康委发布的世界卫生组织疫情报告，截止到2003年7月11日，全国非典型肺炎疫情累计病例7754人（含港澳台）。有媒体指出，华裔占全球非典确诊病例九成半以上。之后SARS病毒就消失了踪影，关于它的来源也成为一个谜。关于SARS病毒的溯源问题，第四军医大学军事预防医学系军队流行病学教研室教授徐德忠等几位专家在《医学争鸣》上连续发表了三篇论文：《现在自然界和人群中已不存在非典病毒》《SARS CoV非自然起源》《逆向进化：SARS CoV非自然起源之关键》。论文指出：1.SARS病毒的诞生经历了"非自然进化"，即基因改造；2.SARS病毒的消亡源于"逆向进化"，即返祖现象。这说明SARS病毒很可能是从实验室泄漏出来的。

《科技日报》2021年8月7日发文，美国科学院院刊于2008年11月发表的一篇论文《合成重组的蝙蝠SARS样冠状病毒在培养的细胞和老鼠中具有感染性》详细记录了从头设计、合成并激活SARS样冠状病毒的方法，文章的作者是被称为"冠状病毒之父"的美国北卡罗来纳大学流行病学系教授拉尔夫·巴里克。其实早在1989年，巴里克就公开了对病毒基因重组的研究。2002年，巴里克的团队建立了世界上第一个以片段组装为基础的鼠肝炎病毒反向遗传系统，可以给病毒不断更换"组件"。这意味着2002年巴里克已经具备了随意组合并制造病毒的能力。

据格鲁吉亚国家安全部门披露，美方在格控制的卢加尔中心曾对当地志愿者测试一种新致命毒素，导致数十人死亡。2015年，格报告新型叮蝇咬伤现象，这种叮蝇较本土叮蝇存活时间更长且携带具致死性的危险寄生虫。格媒体说，美军在卢加尔中心研究昆虫生物攻击，通过生物攻击传播疾病。

据韩国《统一新闻》报道，驻韩美军在韩国4个美军基地内设立了生物实验室，进行炭疽杆菌、蓖麻毒素等高危生化研究。根据韩国国防部与驻韩美军2015年公开的信息，从2009年至2015年，美军曾数次将灭活炭疽杆菌样本运送到韩国，并进行过16次实验，还引进过一次鼠疫杆菌。美军还曾"误送"未妥善灭活的炭疽杆菌到韩国，曝光后引起当地民众强烈抗议。然而，美方并未停止相关活动。

2016 年 1 月，日本冲绳县政府在驻日美军嘉手纳基地附近的水源地检测出高浓度的有害化学物质全氟辛烷磺酸，但日方无权进入基地调查，美方也一直拒绝承认并拒绝接受调查。据日本《冲绳时报》日前报道，驻日美军内部邮件显示，驻日美军首次承认了冲绳污染事件的污染源是嘉手纳基地。

2019 年 12 月中国暴发新冠疫情，央视新闻 2021 年 6 月 8 日的视频显示，2019 年 7 月美国暴发了神秘的电子烟肺炎，其病症与新冠感染症状几乎无异，且致病原因未知。巧合的是，美国德特里克堡生物实验室在同一时间被突然关闭。

"美国疾控中心研究人员检测了美国红十字会于 2019 年 12 月 13 日至 2020 年 1 月 17 日在 9 个州采集的数千份血液样本，发现有 106 份样本含新冠抗体，其中 39 份样本采集时间介于 2019 年 12 月 13 日至 12 月 16 日。美国国立卫生研究院研究人员分析了 2020 年 1 月 2 日至 3 月 18 日从全美采集的 2.4 万份血液样本，发现有 9 个样本新冠抗体呈阳性，最早一份阳性样本于 2020 年 1 月 7 日采自伊利诺伊州。通常患者在感染病毒两周后才能检出抗体，表明 2019 年 12 月或更早新冠病毒就已在美国出现。"而且，美国早期新冠疫情与流感和"电子烟肺炎"发病期重叠，对于在 2019 年年底至 2020 年年初的流感和"电子烟肺炎"患者中有没有被筛查出来的新冠患者这一质疑的声音，美国政府至今没有给出合理答复，更没有公布相关情况和数据。

2022 年俄乌战争爆发后，俄罗斯军队攻入乌克兰的多个城市，在这些城市的美国生物实验室里，俄方发现了部分美国研究生物武器的相关机密文件。

根据美国向《禁止生物武器公约》缔约国大会提交的数据，美国在全球 30 个国家控制了 336 个生物实验室，这些实验室分布在东南欧、中亚、非洲和东南亚等地。其中不乏一些有军事背景的实验室，对全球卫生健康和安全稳定构成了严重威胁。


参考资料：

《揭秘！德特里克堡基地花了 25 万日元从 731 部队买走了什么？》，新华社 2021 年 8 月 3 日。

《美国中情局文件证实美在朝鲜战争中使用生物武器》，新华社 2021 年 9 月 18 日。

《世界是否已经摆脱化武梦魇》，《中国青年报》2023 年 7 月 21 日。

《有多少？干什么？安全吗？多国专家质疑美海外生物实验室》，新华社 2022 年 8 月 19 日。

《新冠疫情全球扩散 美国难辞其咎》，新华社 2021 年 12 月 25 日。


美方部分政客所说针对中国的"任何选项"都可以采取，并非空穴来风！既然中国已经被当作主要对手，则不可能排除霸权国家采取这种已经准备好的、成本最低的"选项"。

有鉴于此，中国在应对新冠疫情的斗争中，采取不同于美国和西方的做法，确立调动全社会包括军队医务工作者和防化兵的力量，在各地构筑"动态清零"的防疫阵地，以及对各级单位和群众相当于战时动员的经验，都是勉力应对复合打击的理性选择。

## 三、从"中国崩溃论"到"中国威胁论"

在这个被我们称为后冷战阶段的美欧金融资本集团之间对抗性矛盾演化的过程中，美国仍然以冷战意识形态为借口干预甚至介入中东、西亚和北非等地区的战争，为的是从美元集团所主导的币缘战略层面打压欧元的崛起。

在后冷战阶段的 20 世纪 90 年代中期，中国因为自身经济发展和外部制裁压力叠加，对西方并不构成任何威胁。但是，西方并没有放松对中国的打压。这是新中国历史上第二次遭遇西方制裁。亦即，1950 年美国因朝鲜战争对中国"硬脱钩"后，以 1989 年政治风波为借口又对中国施行了第二次"硬脱钩"。中国 1990 年以后的经济问题与美国和西方的制裁有直接关系。由此，当中国在 2018 年遭遇美国第三次强行制裁的时候，此前经验就成为重要参考。

须知，1971 年中美的"乒乓外交"带动尼克松访华前中方提出的解除对中国的封锁，指的是 1950 年开始长达 20 多年的全面封锁。此后，中国从 1973 年开始大规模进口西方设备，迅速造成对外高负债引起的国内财政赤字问题。从 1973 年"四三"方案到 1977 年"八二"方案，我国总共引进一百多亿美元的西方设备和技术，相比于整个 50 年代进口苏联设备的 54 亿美元而言，其规模扩大了两倍多；20 世纪 70 年代这两次引进外资（20 世纪 90 年代全面对外开放政策的前奏），使得债务规模也大幅高于 20 世纪 50 年代。

由此，1978—1979 年中国高债务转化为国内赤字危机，为此不得不从 1979 年开始在宏观上强压赤字做"顺周期"调节；同时，为了还外债而把原有的独立自主的工业化且主要对接国内需求的体制，改变为大幅度增加对出口创汇产业的"放权让利"，于是能够创汇的沿海城市得到优先发展的条件。这个压减赤字和增加创汇的双向政策改变，被叫作"改革"。这也是为什么 20 世纪 80 年代以后的改革会被有些人归纳为"放权让利"。

引进用稀缺外汇来支付的西方设备和技术，会造成因对外负债而带来的赤字压力过大，国内就需要增发国债；同期，资源短缺条件下更多出口势必引发原材料价格（PPI）上涨造成的消费品价格（CPI）上涨的通货膨胀。于是，有人提出了提高银行利率，但企业受不了高利率，那就改革银行系统，要求利率市场化并轨，并放开物价，这就是"物价闯关"。自此，我们进入了"深化改革"的阶段。

结果，"物价闯关"没闯过去。因为，一说要放开物价，已经深受通胀之苦的老百姓就跑去银行取出存款来大抢购，导致物价指数越来越高。

西方资本因中国发生的政治风波而加入美国发起的制裁，其大部分撤出中国，遂使 20 世纪 80 年代末期本已遭遇"滞胀"危机、资本极度稀缺的中国，立即在 20 世纪 90 年代之初深陷财政赤字与恶性通胀叠加的困境，并演化为"长尾效应"——整个 90 年代的制度困境因采取"顺周期"调节而长期化。

1992 年邓小平南方谈话带动海外低端产业投资陡然增加，沿海出现短暂经济高涨，但由于东南沿海各省放开进口，1993 年年底出现更大规模的外债危机。

1993 年的外债债务率接近 100%（图 4-11），这一比例跟遭遇债务危机的欧洲差不多。由于彼时国内投资还主要靠财政，只能借助"财政银行不分家"的体制占用银行资本金。如果按照西方模式的市场经济标准来衡量的话，则我们的银行都要倒闭，财政也要破产（图4-12）。

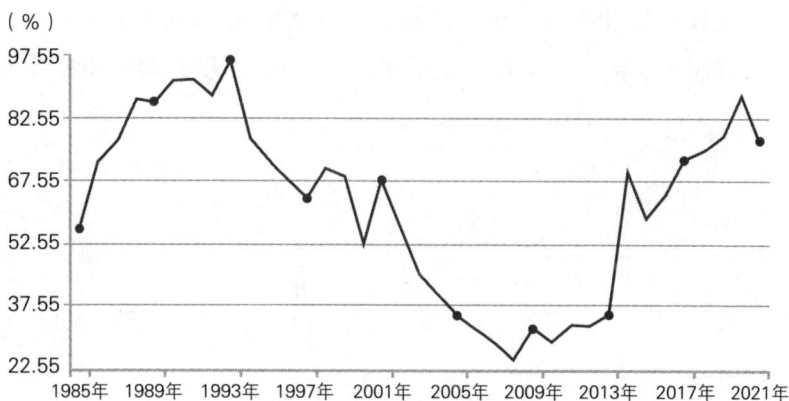

**图 4-11　中国历年外债债务率**

数据来源：国家统计局。

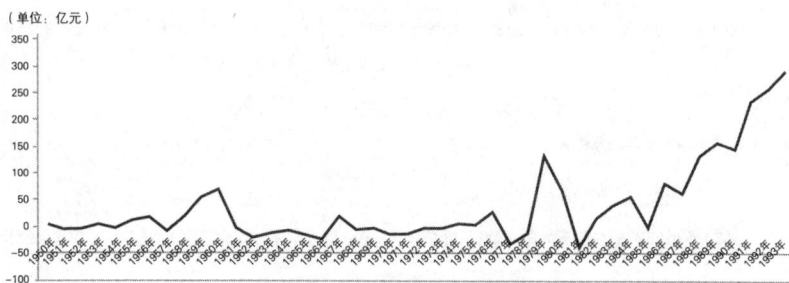

**图 4-12　中国历年财政赤字**

数据来源：国家统计局。

1993 年年底，我们处于外债、财政、金融危机同步爆发的边缘。此时党的十四届三中全会做出全面深化社会主义市场经济改革的决定。因此也可以说，深化改革是面对大危机提出的应对措施。1994 年 1 月 1 日，中国出台了外汇、金融、税收等几项重大变革：首先是"外汇并轨"，人民币大幅贬值，一次性名义汇率贬值 57%、实际汇率贬值 51%；其次是大规模增发货币，同步发生 1994 年的严重通胀，物价指数高达 24.1%（图 4-13）；再次是分税制改革，重新梳理中央和地方的税收关系，形成增值税（2020 年还在推进的"营改增"的这个"增"就始于这一政策）。税改前中央税收占 27% 左右，改后中央和地方各占约 50%。

（%）

图 4-13　中国历年的 CPI 变化情况

数据来源：国家统计局。

高通胀率和高税负的压力下，企业经历"关停并转"，同时发生"下岗分流减员增效"为名的大规模失业。这一阶段出台的"顺周期"为主的宏观改革政策，避免了中国像其他遭遇经济危机的国家一样发生社会动乱。

1998 年中国才开始进入"逆周期"调节宏观经济的阶段。亚洲金融危机之后，国家财政出手一次性剥离银行坏账，再由国家外汇管理局重新注入资本金，达到《巴塞尔协议》资本充足率8%的要求，大型银行被一次性地推向市场变成美国"混业经营"模式的商业银行。到2001年，中国才真正有了商业银行。同期，中国建立四大资产管理公司处理坏账。

中国在20世纪90年代的危机中承受了巨大的代价才得以走出来。这一时期正是美国的克林顿时代。克林顿前总统最为人称道的政绩，就是其财政政策，在他的任期内，美国的官方赤字大减，而且在其第二任期内连续四年出现财政盈余，1998年实现了728亿美元盈余。其间，美国的军费开支和公共债务占比大幅下降，国防开支占财政预算的比例从1991年度的25%下降到1999年度的14.6%[1]。但实际上，美国减少军费开支并减债的背景是占有了苏联解体的"和平红利"。西方特别是美国在老冷战中大获全胜，因此暂时收缩了对外扩张的战略布局，也就有了克林顿的"新政"。美国收缩性调整的阶段，其实也是西方在意识形态上宣称"中国崩溃论"和克林顿提出"中国融入论"的阶段。

20世纪90年代美国和西方金融资本收割苏东实体资产及推进资源资本化获取了金融全球化的第一轮暴利；接着，是21世纪第一个十年向中国转移产业资本，带动中国加入WTO形成对美国的"双重输出"，获取了第二轮金融全球化的暴利。尽管克林顿政府也有部分右翼和反共人士仍然试图对中国进行压制，但这抵挡不了美国金融资本集团对中国这一大市场的需要。

之所以说中国在这个史无前例的严峻挑战下经历了一次值得后人正视的凤凰涅槃，乃在于：

---

① 原玲玲、杨国昌：《宏观调控与美国经济增长——评克林顿政府的经济政策》，《当代经济研究》2004年第5期。

一方面，苏联解体后中国为应对美国制裁、外资撤离的危机，以"南方谈话"开启了鼓励地方政府吸纳海外资本进入的政策。那些劳动力密集型、资源破坏和环境敌对型的"三来一补"加工贸易为主的低端外向型经济，在20世纪90年代的沿海各地占据了主导地位。

　　不过，这个经济转型付出的代价也是很大的。其一，虽然维持了一定数额的海外资本进入国内，改善了外资"绝对稀缺"困境，但也客观上挤占了以国有企业为主的上游设备制造业的国内市场，加剧了本来已经严重不景气的国企问题。所以，不应简单评判为国有经济体制落后、"企业办社会"，或是所谓"大锅饭"缺乏竞争激励等。

　　其二，同时期，此类仅靠地租和社会租生存的"低端制造业"为主的加工贸易型的外向型经济，还催生了内地多个欠发达省区的上亿乃至数亿农村劳动力被"市场配置"向沿海城市的移动。虽然他们确实得到了高于在家乡从事农业劳动的现金收入，但背井离乡的打工者得到的仅是"劳动力简单再生产"的有限收入，其家庭繁衍和教育医疗等需要的"扩大再生产"开支并没有被沿海发达地区支付，反而由内地劳动力输出的贫困地区承担。这也是区域差别从此愈加扩大的内因之一。

　　这些导致中国"被全球化"以来实际上发生的演变，在多个方面都使得中国制造业在"融入全球化"之际日益失去自主发展的结构支撑，成为给发达国家技术创新驱动的高端产业做零部件配套生产的"世界车间"，也为其主导的"全球资本化"贡献了巨大的资源资本化收益和劳动剩余价值。

　　另一方面，中国在后冷战初期的1989—1993年工业化加速发展阶段突然遭遇西方资本撤出，遂因资本绝对稀缺而必然规律性地造成通货膨胀为标志的经济危机频发，并且导致社会矛盾复杂甚至尖锐。在此类综合性危机的巨大压力下，"中国向何处去"的思想和政治讨论贯穿于整个20世纪90年代。

诚然，作为有两千多年大一统制度传承、长期民族独立战争和革命史的国家，坚持"中国特色社会主义市场经济体制"的客观作用是双重的，在经济正常运作的条件下市场发挥顺周期作用，而在大危机派生的多重挑战下，执行对已经成形的多元利益集团的国家宏观调控，就只能靠"集中统一领导"。正是因为这种在"新自由主义"为意识形态的金融资本主义阶段具有相对而言的比较制度优势，中国才得以在外部条件开始缓和时，抓住难得的历史机遇从1998年开始由中央政府出手做宏观经济的"逆周期"调节，遂从20世纪90年代多次发作的大危机中逐步走了出来，随后取得了快速发展。[①]

20世纪90年代中期美国宣布停止对中国的制裁，中国开始加快步伐融入西方主导的全球化。但当我们从1995年经济复苏刚刚转向1996年高涨，又迎头遭遇1997年亚洲金融危机这一重大国际事件。这场亚洲金融危机将按照西方自由市场制度发展经济的"四小龙""四小虎"几乎扫荡一空，只有中国包括1997年7月刚刚回归的香港地区没有垮掉。这给炮制"中国崩溃论"的群体当头棒喝，因为当时中国金融体系的坏账问题比以上这些国家都要严重，却因国家的"金融管制"抵挡住了金融危机。

中国在亚洲金融危机爆发的过程中，凸显出与西方典型的资本

---

① 关于中国的大危机在1988年恶性通胀和1989年遭遇美国带领西方全面制裁外资撤出的压力下如何在20世纪90年代持续演化的情况，请查阅温铁军等著：《八次危机——中国的真实经验（1949-2009）》，东方出版社2012年版。

控制不同的国家形态。西方一些政客在整个 20 世纪 90 年代试图利用中国连续发生的危机困境让中国根本性地变成西方认可的制度。但是亚洲金融危机的爆发，让西方也意识到西方资本不可能像在其他国家那样在中国"如出入无人之境"，遂有 90 年代末期"中国崩溃论"向"中国威胁论"的变化。

回顾 20 世纪 90 年代，应该说后冷战阶段的中国确实"祸不单行"！一是在"中国崩溃论"这个西方"墙倒众人推"般的意识形态压力下，中国工业化和城市化的激进增长方式不仅经历了外资撤离、内需阙如所必然造成的此起彼伏的城市产业经济危机；二是还在城乡二元结构基本体制矛盾下势必延续着危机代价向乡土社会转嫁的路径依赖，演化出数亿农民"负担过重"和"三农"问题愈演愈烈等所谓向西方现代化"转轨"的制度成本；三是派生的社会代价是 20 世纪末的官场腐败前赴后继、社会矛盾尖锐严峻。

诚然，后冷战阶段提出并且笃信"中国崩溃论"的美西方一度试图让中国"融入"西方制度体系。中国从 90 年代开始也一度泛起了"全盘西化"的声音，呼应"融入论"：有些官员公费去西方学习考察，有些部门愿意更多招聘"海归"以方便借鉴，甚至不乏一些直接照搬西方制度的情况。

然而，中国却因又"大"又"拙"而既没"融入"，也没"崩溃"，并在美国房地产泡沫化的"次贷危机"和华尔街金融海啸引发全球需求下降的更大危机中，继续沿着国家基本建设投资拉动增长的"路径依赖"并维持了长达 10 年的高增长，在全球经济衰退中表演了"一枝独秀"的压轴戏！但"树欲静而风不止"，正是这种照搬西方理论难以解释的中国特色的高增长，又一次推动了合乎殖民主义文化传承的西方政治舆论的重大改变——"中国威胁论"！

# 四、中国的"化危为机"：从"逆周期"到"跨周期"

中国的发展之"特色"，乃在于符合自身客观规律。早在 1998 年亚洲金融危机造成中国出口下降的时候，中国老一辈的经济学家、国务院发展研究中心原主任马洪就发现，中国已经进入了产能过剩的历史阶段[①]。1999 年"海归"经济学家林毅夫也指出：中国面临的是双重过剩条件下的恶性循环：劳动力过剩与生产过剩，二者互为因果、高度相关，劳动力过剩价格下跌，就会内需不足，恶化产业过剩；这样，双重过剩形成恶性循环，市场机制失灵，靠市场自身已经没有办法化解了。于是，林毅夫提出应该启动国债投资进行新农村建设，解决内需不足和生产过剩的恶性循环[②]。

中国自从应对亚洲金融危机开启了国家直接出手做"逆周期"调节之后，便一发而不可收地进入了国债投资带动银行资金投向国家基本建设的"投资拉动"之路；这往往构成意想不到的"跨周期"作用……

于是，国家直接投资大规模基本建设，1999 年确立"西部大开发"，接着 2001 年推动"东北老工业基地振兴"，然后 2003 年开展"中部崛起"。这三个国家投资战略的实施，一方面实质性地做到了"区域差别再平衡"；另一方面使国有银行重生之后变成国家采取"逆周期"调节的主要抓手，其资金也用于配合大型基本建设投资。

中央政府用超过 15 万亿元的国债投资拉动增长，带动就业，

---

① 马洪：《重视并加强对市场问题的研究》，《管理世界》1997 年第 4 期，第 2—5 页。

② 林毅夫：《要素禀赋比较优势与经济发展》，《中国改革》1999 年第 8 期，第 3—5 页。

基本上化解了林毅夫论述的"双重过剩危机"。

其一，1999 年启动西部大开发和"国家天然林保护工程"，推进"退耕还林还草"；总计投入 2 万多亿元国债资金。同期，开展高速公路"三纵两横"等若干重大基建项目。2003 年中国成为仅次于美国的高速公路通车里程大国。

其二，2001 年提出振兴东北工业基地，国债投资 1 万多亿，缓解了东北的资源枯竭城市和设备换代城市的转型困境。国务院专门成立了东北办，与西部办作为设立在发改委的两个副部级单位直接操作大规模国债投资，完成了 3 万亿~4 万亿基本建设投资。

其三，2003 年，新一届政府为"中部崛起"增加 2 万亿国债。

其四，2005 年国家通过"十一五"规划提出"新农村建设"作为八个国家重大项目之首，之后 5 年投入了约 3 万亿。

其五，2008 年大地震灾后重建增发国债投入约 2 万亿。

其六，2009 年全球危机爆发导致中国出口受到极大冲击，国家提出 4 万亿救市计划。

……

由于被几届政府接续形成长期化投资拉动战略，客观上对以重化工和装备工业为主的国企起到了复兴作用。我们强调这种"跨周期"作用，在于其把产业资本阶段内生性的"生产过剩"矛盾，转化为对"三大差别再平衡"的积极助推①，成为中国向生态文明新战略转型的主要领域。

此后，中国的基础设施成为吸纳海外产业资本流入的重要条件，因此而演变成世界经济的发动机。但，这些本来规律使然的宏

---

① 三大差别是指区域差别、城乡差别和贫富差别。前二者已经得到很大程度的缓解。

观调控不仅没有被西方认可，中国反而因资本账户管制被美国政客称为"邪恶国家"。

尽管中国也大量印钞，通过扩张人民币债务拉动经济，却没有像委内瑞拉、津巴布韦那样遭遇高通胀和货币贬值的问题。中国和其他以实体生产为主的发展中国家有本质的不同，新兴七国也好，金砖五国也罢，其中多数发展中国家在配合美元资本扩张周期的时候，几乎都是依赖美元资本外债流入来扩张经济，而中国则主要依靠人民币的内债来扩张经济。根据数据来看，截至 2020 年中国外债约 16 万亿元人民币，而经济扩张过程中产生的外债占比不到十分之一，并且外债中的非本币债务只占 57% 左右。

所以，其他发展中国家特别容易受到美联储利率变化和紧缩周期的影响，也就是说，很容易被美元金融资本"剪羊毛"收割，而中国则基本上不会。中国自主通过人民币的内债来扩张经济，主要原因就在于拥有几十年自主积累的全产业链工业基础，具备强大的创汇能力。一国之货币主权，必然是建立在其工业基础实力之上的。只有完成工业化的国家，才有自主扩张货币的能力，才有使用"逆周期"和"跨周期"调节政策的基本条件。如果人民币未来可以取得能源和大宗商品的结算货币地位，那么中国的宏观调控手段将更加多样化，也更加有效。

从理论上来说，这种外部环境导致的内部变化，本来应该是几乎所有企业都会遭遇到的。那么，为什么会出现有人批评的"国有企业独大"的现象？这主要是因为在市场的顺周期作用造成经济下滑时期，政府必须出手，借鉴"罗斯福新政"，使用国企直接做"逆周期"干预，通过投资拉动增长的长期化，连带发生"跨周期"作用，才可保障整个国家经济的基本面不出现颠覆性的问题。然而国有企业从事的基础建设，短期不产生收益，而私人企业追求短平快，一般不愿意承担。由此，一方面国有部门占压资金较多、利润和税收较少的现象确实比较突出；另一方面，国家资本客观上的崛起甚至挤占了外国资本企图在中国占领的市场份额。对此，西方国家假借自由竞争之名对中国进行批判，却不提西方国家都有类似的以国家资本为主导的发展经历。

## 五、美国金融霸权在亚洲的币缘战略

国际金融机构（IIF）发布的报告显示，**全球债务在 2017 年第三季度达到创纪录的 233 万亿美元**，其中 63 万亿来自政府，58 万亿来自金融机构，68 万亿来自非金融机构，而 44 万亿来自家庭。IIF、IMF 和 BIS 的数据显示，**发达国家债务占 GDP 比重持续保持在 300% 之上**，2017 年这一数据为 382%。[①] 而对多数人或政府公共部门而言的债务，对少数人来说却是资产。在"新自由主义"问世之初，全球流动性金融资产，包括股票、债券、货币等，规模只有 12 万亿美元左右，与当年全球 GDP 基本相当；1993 年全球金融资产价值为 53 万亿美元，达到当年全球 GDP 的两倍；而 2003 年全球金融资产价值达到 118 万亿美元，约为当年全球 GDP 的三倍。[②]

另外，截止到 2020 年，据《2021 全球财富报告》，全球金融财富达到 250 万亿美元，**短短三十多年时间全球流动性金融资产增**

---

① 国际金融协会：《世界债务总额高达 233 万亿美元》，《参考消息》2018 年 1 月 8 日。

② 朱民：《新世纪全球金融格局十大新特征》，《国际金融论坛第三届年会论文集》（万方数据）2006 年 9 月 12 日，第 186—196 页。

**长超过 20 倍**[①]，而同期全球 GDP（2020 年不到 85 万亿美元）才增长了不到 7 倍，这表明人类生产财富的增长速度远远赶不上金融资产的膨胀速度。也意味着，这些剩余索取权凭证，即金融资产的收益率越来越低，利润越来越薄。

拥有货币主导权的国家和地区，也就是制造和拥有最大金融资产的地方，同时也意味着对全世界的剩余索取权最大。所以说，不同于产业资本时代各国争夺销售市场和原材料，**金融资本时代争夺的是资本的流动和创造，由此将世界分为多个货币区，而不是产业区**！能够持续吸引资本流入的货币区，利用自身货币将他国的资源不断货币化和资本化。以美国为首的金融资本主义国家，掌控了最多的此类金融资产，拥有对产业资本国家最多的剩余索取权。由此使得美国拥有世界最多的跨国公司，成为发起和推进金融资本全球化的主要力量。

主导金融资本全球化的美国，其自身的债务危机和金融虚拟化扩张历经三十多年而愈发接近"内爆"。民主党之所以在 2008 年华尔街金融危机爆发时紧急推出饮鸩止渴的挽救金融资本的"量化宽松"政策，宣称把军事力量转向亚太，乃出于其制造过剩流动性造成全球通胀，并向大量支付美元吸纳能源和原材料的中国转嫁的目的。随之，2017 年胜选的共和党在愈益严重的债务危机压力下试图驱使制造业回归美国，为此必须对实体资产总量最大的国家施压，遂有"贸易战""科技战""金融战"等针对中国的全面打压……其在金融资本阶段的目标也开始变得清晰：只有对中国做"收割"才能维持其自身的生存。

---

① 《财富报告：全球金融财富总额飙升至 250 万亿美元》，《金融界》2021 年 6 月 10 日。

人们应该理解老冷战结束形成美国单极霸权演化为后冷战的内涵——对于能够以军事霸权来维护金融货币霸权并由此**攫取全球化收益的美国来说，显然最不希望看到的就是在全球一个产业链体系的情况下，其他国家或地区出现另外的货币区**，尤其这个货币区覆盖了全球产业链的主要部分。在后冷战阶段，美国虽然未能阻挡欧盟和欧元的诞生，但对其他地区严防死守，利用军事、政治和意识形态实力，**重点遏制东亚和东盟的区域货币及其一体化整合**。

　　2001年"欧元之父"蒙代尔在上海APEC会议期间发表了自己对未来世界货币格局的看法，他认为世界将出现三大货币区：欧元区、美元区和亚洲货币区（亚元区）。从美国以单极政治军事霸权来维护其金融资本霸权的视角来看，东亚各国试图推进区域货币的挑战是巨大的。如同被美国视为挑战其金融霸权并成为其后冷战主要敌人的欧元集团一般，跃跃欲试的亚元也难逃这一宿命。

　　1997年7月，亚洲金融危机首先在泰国爆发，之后蔓延至东亚各国，出现了金融市场崩溃、资产价格贬值、国际资本撤出的局面，有的国家甚至陷入社会动乱。这场危机过后，东亚各国政府认识到，这场金融危机的爆发除了自身经济动力不足和金融脆弱的内因之外，更重要的外因是现行国际金融体制的缺陷。因此，在1997年的东盟国家首脑会议上，马来西亚时任总理马哈蒂尔提出了建立"亚元区"的设想。

　　日本作为当时亚洲经济的领头羊，试图打造由日本主导的亚洲货币区。2006年年初，日本亚洲开发银行参照欧元的前身"欧洲货币单位"符号，以中、日、韩和东盟国家等15种货币加权平均为基础，推出了"亚洲货币单位"（Asia Currency Unit，ACU）。这虽然离正式的"亚元"还有一段距离，但还是引得美国动用其在亚开行的一票否决权实施了阻挠。

试图主导"亚元"的日本并不具备法国和德国的实力，因为日本在军事、外交领域很大程度上受制于美国。因此，最终"亚元"无疾而终也就不足为奇了。

2000 年 5 月，东盟十国和中日韩三国（10+3）财长等在泰国清迈共同签署了建立区域性货币互换网络的协议，即《清迈倡议》，提出相关国家可分别向"共同外汇储备基金"投入一定金额的外汇储备资金，即当某个国家面临外汇资金短缺困难时，其他国家可以帮助其缓解危机。2007 年 5 月，在《清迈倡议》的基础上，东盟和中日韩财长会议提出了成立区域外汇储备库的设想，以此作为现有国际金融机构的补充，解决区域短期资金流动困难。2008 年 5 月，各国财长决定区域外汇储备库起始规模为 800 亿美元。2009 年，中日韩及东盟十国财长在印尼巴厘岛联合宣布，亚洲区域外汇储备库将于 2009 年年底前正式成立并运作，规模为 1200 亿美元。其中，中日各出资 384 亿美元，各占储备库总额的 32%；韩国出资 192 亿美元，占储备库总额的 16%；东盟各国出资 240 亿美元，占比 20%。[①] 随着中国经济实力的增长，中国的影响力日益提高，与日本共同成为最大股东。2010 年 3 月 24 日，清迈倡议多边化协议正式生效，在其指引下的货币互换从"双边"推广到了"多边"，使"10+3"各国能够超越国际货币基金组织份额所限的借款额度，有效地补充了现有国际货币机制的不足。

2012 年东盟与中日韩财长和央行行长会议在菲律宾马尼拉举行，会议上各国代表就全球、区域经济和金融形势以及各国应对措施交换了看法，并就加强清迈倡议多边化危机应对能力达成了

———————

① 《亚洲区域货币合作迈出历史性一步》，新华社 2009 年 5 月 4 日。

共识。各方同意将清迈倡议多边化资金规模扩大一倍至2400亿美元，且各方出资份额不变，并明确规定，各参与方有权根据协议规定的程序和条件，在其出资份额与特定借款乘数①相乘所得的额度内，用本币与美元实施互换。

在参与制订《清迈倡议》的过程中，中国并没有像外界预计的那样，将人民币作为《清迈倡议》的计价货币单位而谋求私利，这与单极霸权国家主导国际金融秩序有本质的区别。中国主张对东盟欠发达国家的金融稳定赋予较高优惠，让利于他国。而在国际货币基金组织中，美、欧任何一方即可决定国际货币基金组织的程序和结果。

不过应该看到的是，尽管清迈倡议多边化有助于东亚各国在一定程度上维持汇率稳定，防范金融危机，推动区域货币合作，提高东亚在国际金融秩序中的地位，但仍然无法完全摆脱美元和欧元金融霸权的影响，人民币暂时也还不具备与美元、欧元等国际货币抗衡的实力。《清迈倡议》只能在一定程度上实现与IMF脱钩。②

不论中国是否低调介入"10+3"的金融稳定机制，美国都明确做出"高调重返亚太"、把六成军力重新部署到亚太地区的地缘

---

① 清迈倡议多边化协议（CMIM），从出资比例和借款乘数两方面量化规定了"10+3"各国的权利义务，中日韩三国出资比例占80%，但其借款乘数是小于等于1的，付出更多，要求的回报较少；东盟十国中印尼、泰国、马来西亚、新加坡、菲律宾出资比例在3%至4%之间，而其借款乘数均为2.5；其他五国出资比例不到1%，有的甚至只有0.02%，但借款乘数达到5。

② 2021年3月31日，由东盟与中日韩（10+3）财长和央行行长以及中国香港金管局总裁共同签署的清迈倡议多边化协议特别修订稿正式生效。据中国人民银行发布的消息，此次修订内容主要包括三方面：一是在清迈倡议**多边化协议中增加本币出资条款**，即在美元计价贷款以外，成员可基于自愿和需求驱动原则，提供本币计价贷款。二是将清迈倡议多边化**与国际货币基金组织（IMF）贷款的脱钩比例从30%提高至40%**。三是明确其他技术性问题，包括与伦敦银行同业拆借利率（LIBOR）退出相关的修改等。

战略调整；最终还"图穷匕见"地直接宣布将中国作为主要敌手。其根本原因是地缘战略背后扼制亚元区成为三分天下之一的"币缘战略"……

不过无论美国如何维护单极霸权，进入 21 世纪的世界还是逐步形成了三大经济圈，即北美自贸区、欧盟和西太平洋经济区（日本、韩国和中国）。三大经济圈经济力量对比——占世界 GDP 比重见表 4-1。

**表 4-1　三大经济圈占世界 GDP 比重**　　　　　　　（单位：%）

| 地区 | 1993（年） | 2001（年） | 2013（年） | 2021（年） |
|------|-----------|-----------|-----------|-----------|
| 北美 | 30.6 | 37.0 | 26.8 | 27.3 |
| 欧盟 | 26.5 | 30.4 | 24.6 | 17.8 |
| 西太 | 21.8 | 24.4 | 23.7 | 26.4 |

数据来源：世界银行。

美元金融资本主导的全球货币和经济体系，由两个很重要的部分组成。其一，中东能源中心及运输通道，最主要的石油能源由美元货币结算，这是由美国独霸世界的军事力量所决定的，是美元作为全球结算和储备货币的基石。其二，西太安全框架下的工业生产中心，这里有全球最多的港口和美元外汇储备，这是由美国高科技创新和产业转移布局所决定的，是美元全球结算和储备货币地位的重要支撑。

东亚地区是全球主要工业商品的生产地，是全球尤其是西方社会压低通胀得以低成本运行的基础。中、日、韩以及东盟国家持有全球绝大部分的外汇储备，其中美元储备占全球的 70% 以上，这使得西方金融资本及其金融工具能够安全运行。

据此看，"东亚美元"作为单极霸权国家格局下影响金融安全的重要因素，碍难获得相匹配的话语权和影响力，而对于美国来说，**只要把控住东亚，也就把控住了其对金融资本全球化的主导权。因此，美国自从第二次世界大战结束之后就实际上把控着日韩的国家主权；唯一既没有能力把控也没有实现"融入"的，就是苏联解体之后勉力维护"中国特色社会主义体制"的世界最大经济体。**此乃美国对中国从"拉"改"压"的主要原因。

诚然，中国特色社会主义体制的巩固，与其发展对东盟的经济贸易关系并不矛盾。但这类不同于西方中心主义历史规律的东方模式的"和平发展"，相当于在事实上打破了美国用老冷战遗留的意识形态划线站队的所谓"国际秩序"。

由于美国在2008年华尔街金融危机的应对上"以邻为壑"，而且其三轮量化宽松政策对全球经济造成恶劣影响，世界各国都相继以区域整合来改出美国主导的全球化。其间，自2009年开始，中国成为东盟最大贸易国，意味着东盟与中国的区域经济整合初见端倪。以此为基础，2011年中国开始进一步尝试与东盟之间的贸易使用人民币跨境结算。这些举动深深刺激了美国金融霸权的敏感神经。以中国为中心的东亚和东南亚产业链正在形成，如果这个产业和贸易区域围绕中国整合起来并且在区内贸易上采用人民币结算，促使西太经济圈逐步脱离美元，再出现以人民币为结算和储备货币的情况，那无疑是对美元霸权的重大挑战。因此，美国战略思想界在这个时候提出了"亚太再平衡"战略。2012年，美国时任总统奥巴马正式实施重返亚太战略，随即有美国介入之下的中国与南海周边国家的岛屿争端事件等不断发酵。同期，中日之间爆发钓鱼岛事件，日本和韩国之间也爆发了竹岛事件，筹备中的中日韩经济一体化进程被阻断，相关的双边货币互换等金融合作也被打断。

不只是亚洲，拉美新兴国家也搞过抗衡美国金融霸权的"南方银行"，该银行由参加第二届南美洲和非洲首脑会议的南美 7 国总统于 2009 年 9 月 26 日在委内瑞拉玛格丽塔岛签署文件后正式成立，启动资金为 200 亿美元，但最终也在美国多种手段介入下以失败告终。

## 六、金融资本全球化的制度霸权

第二次世界大战后，美国主导建立"布雷顿森林体系"，实行以美元为中介的金汇兑本位货币制度，这得益于美国通过第二次世界大战积累了全球黄金的 60% 以上，据此发行的货币占全球总量的 70% 以上；此时的美元相当于黄金，被中国人称为"美金"。加之，战后"马歇尔计划"投入于恢复重建的美元贷款支持美国设备制造业大量出口，还有长期的农业出口，形成巨大贸易盈余，使美国有足够的资金收购欧洲、拉丁美洲和其他国家的主要工业资产。这一阶段黄金退居成为幕后的承诺。

站在世界巅峰的美国实质性地继承了西方殖民主义传统，先对苏联发起冷战，后又因 1950 年朝鲜战争，国际收支首次出现赤字。当艾森豪威尔决定支持法国在东南亚、法属印度支那（如今的越南和老挝）的殖民主义时，赤字情况变得更加糟糕了。到 20 世纪 60 年代越南战争升级，美国出现了巨额的国际收支逆差。在华尔街，人们看到黄金供应量不断下降，而加快流入那些没有战争的国家——法国和德国。1971 年 8 月，尼克松总统决定停止在伦敦交易所出售黄金，并容许黄金价格飙升至每盎司 35 美元以上。

美元显然是得之于战争也失之于战争。美元崛起于第二次世界大战，却由于冷战期间深陷东北亚、东南亚和其他地区的战争，美国的国际收支连续出现严重赤字，造成了永久性的国际收支逆差。当美国失去黄金时，人们开始怀疑会发生什么。许多人预言经济末日，即美国失去用黄金统治世界的能力经济就会崩溃。但布雷顿森林体系解体后，如果各国不再能购买和持有黄金作为国际外汇储备，那它们将持有什么呢？结果显示，它们只能持有一种资产：美国政府债券，即国库券。**美元国债本位最终取代了金汇兑本位制**。

如果说金本位货币制度是产业资本主义时代的代表，那美元国债本位的货币制度则是人类社会进入金融资本主义时代的产物。虽然本书的重点不是讨论美国如何凭借自身的实力并利用国际形势达到这一目标，让世界接受和承认美元地位以及以美债为标准的新的全球货币金融制度，但仅就其结果来看，**美元金融霸权的核心，就是建立和完善了以美元国债为主的全球金融体系**。

可见，布雷顿森林体系解体，美元放弃兑换黄金的固定汇率，在资本主义历史上的意义就在于标志着世界进入美国主导的金融资本阶段。其客观条件在于：美国不仅是最大的消费市场，也是最大的金融市场。这一体系从建立到放弃的客观演变，使得不再把黄金作为依据发行的美元，彻底成为全球最主要的贸易结算货币和国际储备货币。这也是人类**有史以来第一次完整地使用非黄金货币承担这种责任**，美元与国债市场的紧密关系成为金融资本扩张新机制的关键一环。

新的国际货币金融制度的出现，除了大国政治权力的博弈之外，必然还有其深刻的经济基础。本来战后经济在布雷顿森林体系的制度框架下迅速发展，被战争破坏的各国生产不仅得到恢复并且很快超过战前水平，这一时期被称为西方资本主义经济的黄金二十年。但从工业重建完成的 20 世纪 60 年代中后期开始，资本主义内生性矛盾导致的生产过剩危机再度严重爆发；进入到 20 世纪 70 年代，更是出现令各国束手无策的滞胀型经济危机。其与战前资本主义内部的恶斗类似，西方各国产业资本因生产过剩而竞争激烈，相互争夺国际市场，国际贸易冲突频繁发生。而彼时的国际贸易结算金本位制，更是加深了各国对出口市场的争夺。以往历史上类似的资本主义经济危机，都会对国际贸易中"贵金属本位"的货币制度造成冲击，甚至引发战争，两次世界大战就殷鉴不远。

　　然而这一次生产过剩并没有引发资本主义各工业大国之间的战争，因为美国主导开启了一轮新自由主义的资本全球化，掌握产业链和市场定价权的发达国家，据此向生产要素价格"低谷"国家转移过剩的低端产业和引发国内资本与劳工群体对抗性冲突的"劳动密集型"产业。同期，第二次世界大战期间获得独立的发展中国家因资本短缺不得不被动迎合调整汇率政策或者放弃汇率自主权实行浮动汇率制，任由跨国资本进入本国资本市场翻云覆雨。在美国发起的新自由主义祭坛之下，发展中国家的苦难都是祭品——只要任由跨国资本自由进出，哪怕犯下反人类罪的军事独裁国家，也不会是美国的敌人……

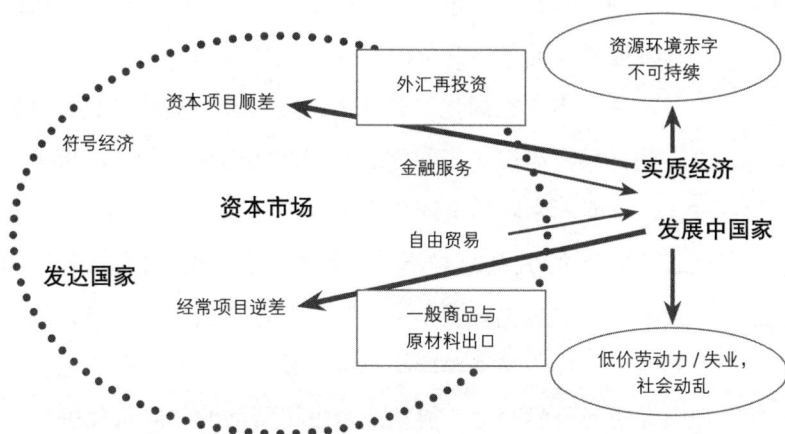

图 4-14　发展中国家对美国的"双重贡献"

图 4-14 表明，20 世纪 70 年代以来逐渐形成发展中国家对美国的"双重贡献"：一方面是接受西方产业转移的发展中国家，通过向发达国家出口廉价商品，经济呈现快速增长；另一方面，这样一种国际产业垂直分工和单向的商品贸易流通模式，导致美国出现持续的贸易逆差，而接受产业转移的国家持续的贸易顺差积累了大量的美元外汇盈余，最后这些美元又回流到美国的金融市场，主要用于购买美国国债。国际收支不平衡的差额则用美元国债结算。单极金融霸权的新的美元国债本位的全球货币金融体系彻底取代了布雷顿森林体系下的金汇兑本位制。这也使得美国借助美元纸币低成本扩张，大量获取了图 4-14 揭示的发展中国家的双重贡献。

不同于过去各类金本位制的资本主义工业化国家间的多元化贸易冲突关系，美元国债本位制度下对应出现的是不同发展阶段国家间的产业分工和贸易互补关系。**当主要工业化国家之间是产业同构、自由竞争的国际关系时，国际贸易的货币金融制度也必然是金本位性质的**：尽管这些国家各自因工业化而完成了国内市场的统一，实现了信用货币的普遍流通，建立了以中央银行为主的现代金融货币制度；一旦超越国家进入国际贸易层面，各国的信用货币因为产业资本阶段彼此的恶性竞争而难以被他国接受。

由此，产业资本"在国化"条件下，只有黄金被认可成为世界货币。也因此，只有当追求工业化的国家之间出现某种新的权力结构关系时，才可能诞生新的全球货币金融制度。

当然，这种新的关系绝对不是平等的，是中心国家与外围国家之间的依附关系，是金融资本主义阶段与产业资本主义阶段的关系，隐含着经济殖民主义。美国正是通过建立这种新的国际政治经济秩序和国际货币金融制度，成功地走出了所谓的"滞胀危机"。

这个以美元国债为主的金融市场，是全球资本的中心，深刻影响着全球经济的周期性变化。美国也因此率先完成向金融资本主义的发展阶段转型，确立了其主导的利于金融全球化的"基于规则的国际秩序"。

但，矛盾总是内生的——因为美国于 20 世纪 80 年代通过高利率吸引海外金融资本回流、带动衍生品交易促进高增长，却同时造成实体产业不堪重负，大量发生破产拍卖，出现大规模的外包和转移。可见，美国借助新自由主义虽然缓解了产业资本的生产过剩危机，取而代之的却是金融资产的急剧膨胀，导致美国经济结构异化，很快就走向了产业空心化。

美国凭借金融霸权在海外获利的同时，国内贫富差距拉大，中产阶级衰落，社会关系金融化，民众消费信用化，资产普遍证券化，债务和金融资产同时膨胀，风险越来越大；也派生了贫富两极分化引发的社会撕裂成为美国走向"内爆"的基本矛盾。

**美国主导的全球货币金融霸权体制对发展中国家的成本转嫁是明显的，**发展中国家自然地要改变被剥夺的命运。以中国的经验为例就可以说明。

上文述及 1994 年中国在财政、金融、外汇三大赤字危机的压力下将人民币一次性贬值过半，从而整体上降低了中国各类生产要素的价格，成为进一步吸引外资、增强出口竞争力的条件。此后中国经济由主要依靠内需拉动，转变为出口带动。一方面，加工贸易的低端外向型经济增长和贸易盈余迅速增加；另一方面，中国的加工制造业只是全球经济生产链条中的一个环节，大量的原材料、能源需要进口，在发达国家量化宽松金融扩张的背景下，这对中国来说无疑就是进口通货膨胀。

这个外部输入型通胀在 21 世纪第二个十年演变为"常态化"，主要随着美国和西方不断采用量化宽松政策而持续发生，客观上造成了中国国内的宏观调控困境：中国若想保持经济的持续增长，就必须面对输入型原材料和能源的通货膨胀，其派生的是实体经济成本上涨造成的不景气，与过高的输入型通货膨胀和国内企业不景气同期发生的往往是被意识形态软实力策划的各种舆情事件批次发酵。此外，如果按照一般的宏观调控思路，抑制通货膨胀就要收紧银根，但若停止货币宽松和国债投资政策，必然会推高本国资金使用成本，一方面对实体产业不利，另一方面相对于廉价外资的竞争也处于不利的地位……

图4-15是宏观经济调控在美元主导的全球货币金融体系当中遭遇的两难困境。

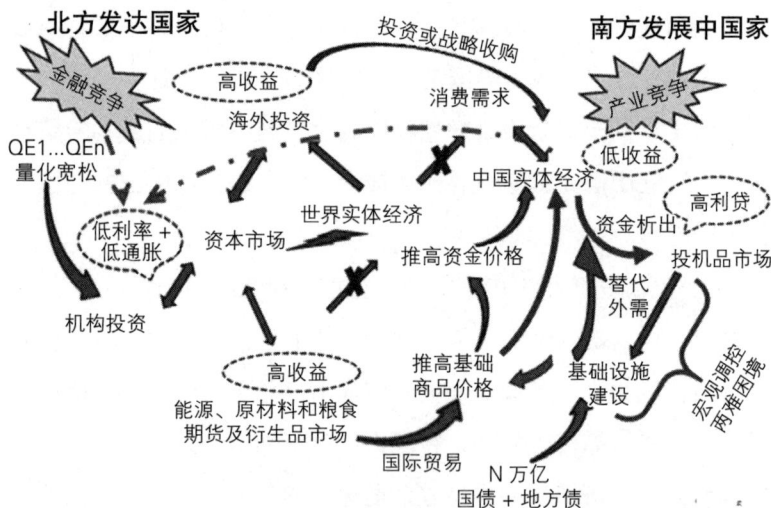

图4-15　发达国家金融扩张导致发展中国家宏观调控两难的双输局面

图4-15表明南方发生的经济困境源于北方制造的"输入型通胀"。其逻辑关系从左上角起始：一方面北方国家金融危机"祸水外引"，相继推出QE政策派生大量流动性进入国际大宗原材料、

能源市场，再通过机构投资回流资本市场，成为跨国公司推高市值的"题材"。但另一方面南方国家不得不大量进口原材料和能源、粮食等，推高了国内基础商品价格，恶化通货膨胀，造成实体经济下滑，迫使资金析出进入投机领域，进一步恶化通胀。接下来面临的问题是：**这些被北方国家人为地输入的通胀因素，不可能被南方国家单独的国内宏观调控所控制。如果南方国家试图联合起来形成某些改变，则被视为破坏了"基于规则的国际秩序"……**

据此看，美国在金融资本阶段确立的"基于规则的国际秩序"与发展中国家的利益矛盾是客观存在的。因此也可以说，美国把中国作为主要的战略竞争对手的根源，是中国这个经济体量最大的发展中国家与美国的利益矛盾最大。

因美国经济的金融化运作，资本市场而非生产制造和商品交易市场是其经济的基本盘，各类银行、基金或机构投资者是资本市场的主体。当资本市场在金融危机中一蹶不振时，各类资产大幅贬值，甚至很多金融机构破产，赤字和债务压力逼迫美国政府采取量化宽松的货币政策救市，无非就是通过美联储印钞不断地购买美国国债和金融机构债券，政府发行国债融资后大部分用来救助破产的银行和金融机构，量化宽松印出来的货币本质上都被资本市场的各类金融机构主体收入囊中，而不会出现国债融资投入实体经济增加就业的情况。

美国因量化宽松政策使各机构投资者获得极其低廉的货币资本，进入以能源、粮食、原材料为主的全球大宗商品交易期货市场或衍生品市场炒作套利，或通过投资各国产业进行战略收购获利。

**金融全球化时代发达国家和发展中国家的债权债务关系，发生了颠倒。**在 20 世纪 90 年代以前，全球债务国主要是发展中国家，它们接受发达国家的产业转移后大都因发达国家大量撤资和利息过高形成大额债务而堕入发展陷阱。在新阶段，全球 70% 以上的政府债务源于欧美发达国家，其中美国债务多于 50%，美国能够维持其高债务经济依靠的是军事强权，美国军费开支并不因其高债务而有所减少，即便正常年份其军费开支也占到全球军费的一半，用来维持其在大西洋和太平洋的战略部署。美国在全球 200 多个国家当中的 140 多个都有军事存在，2015 年仍有 374 个海外军事基地。①

美国学者迈克尔·赫德森认为："今天，大多数中央银行通过循环利用流入的美元来购买美国国债，以此压低汇率。这种循环利用使美国能够为其海外军事支出以及自 20 世纪 50 年代以来的国内预算赤字（主要是军事性质的）提供资金。因此，欧洲和亚洲是在用外汇收入为一个单极化的美国在其周围建立军事基地提供融资。这种情况从本质上来看是不稳定的，必将自我终结。国际储备建立在任何一个政府都无法偿还的高额债务之上的时代正在结束，特别是当这些债务是出于军事目的而积累的时候。当然，考虑到美国长期的支付赤字，美元无法继续扮演这一角色。自 1951 年以来的大部分时间，美国海外军费开支（主要是在亚洲）占赤字的最大部分。"②

**总体来看，金融资本全球化阶段的这套霸权体制的构成是"三位一体"的**：

其一，是全球贸易的结算和储备货币的组成及比例，主要指美

---

① 谭玉平：《美国的军事基地分布在 140 多个国家和地区》，新华网 2015 年 10 月 20 日。
② ［美］迈克尔·赫德森：《关于金融、房地产和新自由主义的影响》，2010 年 7 月 12 日，见 https://michael-hudson.com/2010/07/dollar-hegemony-and-the-rise-of-china/。

元和欧元。在结算支付货币的比例中，美元约占 40%（2021 年约为 38%），欧元也超过 30%（2021 年约为 37%）；在储备货币比例中，美元约占 60%，欧元约占 20%，而英镑、日元和人民币占比远低于美元和欧元。

其二，是世界贸易和外汇交易所使用的支付平台和工具，这包括用于交换汇款信息的环球银行金融电信协会（SWIFT）[①] 以及用于经办国际银行间资金划转和清算的纽约清算所银行同业支付系统（CHIPS）[②]，二者是美元转移支付的主要方式。

其三，是美元金融资本和欧元金融资本控制的全球投资和贸易机构，主要是世界银行集团（WBG）和 IMF，以及 WTO[③]。

第二次世界大战后，由于苏联领导的经互会体系坚持发展实体产业，拒绝金融化，而靠第二次世界大战得到世界 60% 黄金发行70% 货币的美国成为世界最强大的金融资本帝国，其势力的扩张与它对国际货币基金和世界银行的战略性控制关系密切。上述两个以"国际组织"为名的金融机构，虽然名义上隶属"联合国经济社会理事会"，但实际上是美国主导西方全球扩张的重要工具。

---

① SWIFT 成立于 1973 年 5 月，最初由北美和西欧 15 个国家的 239 家银行发起专门用于银行间汇款和结算，目前为全球 200 多个国家和地区的 11 万多家银行和证券机构提供服务，是世界范围内最主流的跨境支付系统。虽然 SWIFT 宣称秉持严格的中立立场，但美元在全球货币的绝对地位使得美国在 SWIFT 中占有强大的话语权。在 SWIFT 系统内的 25 位独立董事，其中 22 位来自美国及其盟友，而执行委员会中的 7 位均来自美国及其盟友；"9·11"事件之后，美国以"国家安全"和"反洗钱"为由对 SWIFT 进行了监控，全面掌握了全球范围内的跨境支付信息。

② 国际支付清算的另一核心基础设施，与 SWIFT 传输支付清算信息不同的是，其处理的是资金流的转移。

③ 与金融投资做配合的还有自由贸易机构"关税贸易总协定"（GATT，1994 年后更名为世界贸易组织 WTO）。

尤其是20世纪80年代新自由主义成为西方意识形态主流以来，这两个金融组织替帝国主义在全世界推进和深化新自由主义改革做出了极大的贡献。

延伸阅读

**12**

## 国际货币基金组织与世界银行

1944年，美、英、法等资本主义大国在美国的新罕布什尔州的布雷敦森林镇召开了一次重要的国际金融会议，商讨战后的国际金融秩序和规则，确立了布雷顿森林体系。在此次会议上成立了国际货币基金组织（IMF）和世界复兴发展银行（简称世界银行，WB）。前者负责向成员国提供短期资金借贷，保障国际货币体系的稳定；后者提供中长期信贷促进成员国经济复苏。

与联合国宪章的投票机制不同，IMF和WB实行的投票权重由每个国家的资本投入来决定，因此，美欧日等国和地区轻而易举地拿到了主导权。美国在IMF和WB中所占的投票权分别为16.77%和15.47%，**由于重大决议需要获得85%以上的特别多数赞成票才能通过，这就相当于美国在这两个组织都拥有一票否决权。也就是说**，这两个机构的任何重要决议都必须经过美国同意。不仅如此，应该说这两家机构以低息无息贷款为筹码在各发展中国家所推行的正是为了满足美国金融资本主义霸权控制的需要，如1973年爆发的第四次中东战争就体现了这一扩张逻辑。

IMF 在成立时就确立了美元国际货币中心的地位，对美国获取发展中国家的经济主权乃至政治主权做出了不小的贡献。对于深陷债务危机的国家，IMF 针对其发放短期外汇贷款，其实质是诱导实施资本流动自由化、市场化，使其掉入债务陷阱，同时阻挠其为确保国际收支平衡而实施资本管制。这些国家在外债压力下被迫提高利率、增加出口、减少政府开支、增加税收等，同时将大批国企私有化、废除保护本国经济的法律、放宽对外国投资的限制、降低进口税。

当各国无力偿还债务时，IMF 则提出条件，要求债务国接受美国和其他投资者收购其经济命脉、基础设施和垄断部门；同时要求债务国对国内经济实施紧缩，放任资本外逃，补贴进出口部门，以保护外国投资者、债权人和寡头代理人等免受损失。

IMF 还要求债务国解散工会，形成所谓的"合理化的劳动力市场"；削减公共部门支出，防止各国对农业和工业实施补贴，阻碍形成积极有为的政府并发挥作用。在这些国家的经济体制被迫全面调整之后，一部分人在与金融霸权国家的合作中获得了巨大收益，而工人、农民等普通阶层不得不承受物价上涨、工资购买力下降、失业等各种压力，以及因政府削减教育、医疗开支而导致的家庭支出增加。

**再来看 WB，如果将其视为美国国防部的一个分支机构并不为过**。从历届的行长任职即可看出端倪：首任行长约翰·麦克洛伊卸任后成为美国总统军备顾问、外交事务顾问；

罗伯特·麦克纳马拉在担任世界银行行长之前担任美国国防部部长；保罗·沃尔福威茨曾任美国国防部副部长；罗伯特·佐利克曾任副国务卿。

从20世纪60年代起，世界银行就以援助发展中国家经济建设为名，以低息贷款作为条件，影响接受贷款国家的国内政策。同时，世界银行贷给发展中国家的钱主要用于美西方能够从这些国家攫取资源的领域。**世界银行以贷款为名迫使发展中国家改变自身的制度，以适应跨国垄断资本扩张的需要。**

在世界银行集团之下有三个私有的机构，秉持新自由主义的政策体系，协助大型跨国公司在资本稀缺的发展中国家进行投资，推动这些国家转向资本主义的私有化改革，使外国私人资本在这些国家的重要经济领域取得控制权，如能源、矿产、教育等领域。当这些国家的重要领域被外来私有资本控制后，就丧失了自己的资源主权，而外资掠夺性开采资源的过程中造成的资源破坏和自然环境污染的后果却由这些国家的民众来承受。

WB的机制设计是为以美国为主的金融霸权主导国家定义的"国际发展"提供贷款。它们所谓的"发展"其实就是后发国家生产廉价商品向美国出口，并把贸易盈余输送回美国金融市场维持其金融霸权。WB贷款支持制定的农业政策并不支持土地改革和满足本国粮食需求的家庭种植，而是鼓励单一经济作物的大规模农场种植方式，这种种植方式显然是以出口为目的的。WB向后发国家提供的基础设施贷款，往往最终被支付给美国工程公司，建设的这些公路和港口，也是服务于上述工业和农业生产的进出口的。因此，WB 为后发国家提供的附加条件的长期贷款，本质上是殖民主义的自然延续。

参考资料：

金宝瑜：《世界银行与国际金融组织的霸权》，2014 年 7 月 9 日。

［美］迈克尔·赫德森：《国际货币基金组织和世界银行：落后的伙伴》，何志雄译。

Sen, Sunanda: "Internationalisation of Capital, Neo-Colonialism and International Finance", *Economic and Political Weekly*, vol. 18, no. 31, 1983, pp. 27–35 ; Käkönen, Jyrki : "The World Bank: A Bridgehead of Imperialism", *Instant Research on Peace and Violence*, vol. 5, no. 3, 1975, pp. 150–164.

21 世纪第三个十年开始之际，由于中国已经被视为美国的主要对手，只能被动地应对贸易、科技、金融、生物等多方面叠加交错的"历史上前所未有的重大挑战"，因而，为了争取主动，中央政府确立了向"国内大循环为主体"的方向做生态化转型的战略调整。相对于正在被美国诱迫着加入"复合战争"，因而被西方多国无底线制裁的俄罗斯，最值得中国人汲取教训的，恰是软实力弱项。可借鉴的经验是清晰的：

一是美国对挑拨离间中俄关系有明显的战略需求和战术动作，在中国各类精英群体中客观上确有不同性质和不同形式的"带节奏"作用，而且在当前中国坚持"和平发展"时期，并没有打造应对美国"软实力＋巧实力"的思想理论和文化教育等软实力领域的统一战线，面对进攻才发现竟然没有找到可支撑战线的高地！亦即，相关领域不设防也确实防不胜防。

二是美国对互联网平台和传播渠道的技术控制能力，以及美国对网络舆论战的全方位投入如此巨大，导致包括文字、图片和视频等多种形式的假消息在中文互联网世界泛滥成灾。一场发生在欧洲的战争，美国和西方仍然剑指中国——围绕俄乌冲突产生的最大的舆论战场却发生在中文互联网。

令人感叹的是，面对美国一些政客强调的包括"任何选项"的战略进攻，一些发展中国家的部分精英群体已经成为被人敌对的一方，却依然铁了心地坚持跟从西方，甚至不惜通过造谣、传谣来达到目的（正是他们"进口"了大量来自西方控制的社交平台的粗制滥造的虚假信息），以至于这样一种现象凸显——大多数普通人的思维能力和对虚假信息的辨识水平高于一般知识分子。

以上充分说明了在**当前的国家竞争中"认知战"作为软实力的重要性**，而这背后凸显的是去西方中心主义的本土思想建设和话语建设的重要性。

本书所做的资料收集和研究分析，揭示出**西方金融资本法西斯化才是21世纪以来战争频发的根本原因**，包括科索沃战争、伊拉克战争、格鲁吉亚战争、阿富汗战争、利比亚战争、叙利亚战争和此次的乌克兰战争。金融资本帝国拥有的这种不对称优势还包括金融制裁。据塔斯社2022年3月13日报道，俄罗斯财政部长安东·西卢安诺夫接受俄电视台采访时表示，由于受到西方国家制裁，俄罗斯约3000亿美元（约合人民币1.9万亿元）的黄金和外汇储备已被冻结，这占到了俄罗斯国际储备总额的将近一半。[1]

列宁在代表作《帝国主义是资本主义最高阶段》中对帝国主义的本质分析以及对其"三性"的批判揭露是准确的，但他不可能看到金融帝国主义的当代表现形式，那就是掠夺一国财富可以不需要靠战争占领其领土。迈克尔·赫德森在其《金融帝国》一书中也强调了这一点，自古以来都是通过战争占领来掠夺他国的财富和资源的，这也是侵略他国的根本目的。但美国假借新自由主义之名从工业资本主义升级为金融资本主义，其表现与传统帝国主义不同，几乎不再执着于占领他国领土，反而还借此占据道义高点排挤老牌帝国——英国和法国，如1956年的苏伊士运河危机。这凸显金融资本帝国对产业资本帝国的降维打击和巨大的竞争优势。因为具有隐蔽性等特点，同时配合美国金融资本主义的话语软实力，所以尽管新自由主义全球化本质上是对他国的经济殖民和财富掠夺，但后发国家却几乎没有人批判美国是侵略者，特别是受西方意识形态影响的群体。21世纪以来的多次区域战争和内乱冲突事件，都能折射出后发国家对以美国为首的金融殖民缺乏起码的问题意识。相对而言，这也是话语殖民的后果——美国在金融资本的裹挟下借新自由主义的名义从事四十多年的经济殖民和财富掠夺，根本不可能自我揭露。

所以说，**中国用于意识形态软实力斗争的思想理论准备也是不足的，为此本书针对性地提出的思想领域的守正创新就很重要。**不借助马克思主义哲学思想，就分不清主要矛盾和次要矛盾；如果连金融资本阶段收割全球的问题意识都不具备，就看不清各方的战略

---

[1] 《俄罗斯财政部长：约3000亿美元黄金和外汇储备冻结，占总额近一半》，观察者网2022年3月14日。

目的和利益所在，也就无法对未来做出合理的推测。

不仅从马克思主义政治经济学的角度能够理解美金融帝国的侵略本性，而且从地缘政治和历史演化的视角也能看出，在地缘战略处于合作非对立状态的国家关系上，传统安全中重要的领土问题，正在让位于金融资本全球扩张衍生的国际币缘战略的安全需求。

在 2022 年俄乌事件爆发后，不仅欧元贬值，人民币也发生了贬值；不仅欧洲股市暴跌，而且中国的 A 股、港股及中概股也出现了暴跌，国债也被抛售……这并非西方资本对国内政策调整的"用脚投票"，而表明流动性强的国际资本已经被可能的美国制裁预期驱赶回了美国；这原本也是美国金融法西斯挑动地缘动乱的根本目的。

由此可以理解，2022 年 5 名美国前高官窜访我国台湾，还有传言日本要与美国进行"核共享"[①]，以及几年前美国挑起的"南海仲裁案"等有关南海、台海的挑拨离间，这些都绝非产业资本旧时代的贸易通道自由航行问题，而是假借还处于产业资本阶段的各国地缘战略安全挑动对中国的币缘战略围堵。

所以，我们有必要站在金融资本主义阶段币缘战略的客观规律的高度，来认识所谓的地缘问题，而不是束缚于传统的产业资本阶段的西方地缘政治话语。

西方提出所谓现代"民族国家"（Nation State）的概念，其边界，本来都是在西方进入资本主义历史时期被"产业资本在国化"打出来的，从《威斯特伐利亚和约》开始，近代欧洲打一次就立一个条约定一次边界，后来的维也纳体系、凡尔赛体系也都是如此，如此

---

① 《日本的"无核"说与"拥核"谋》，《光明日报》2023 年 5 月 23 日。

看，所谓国际法理本质上是建立在武力的基础上的。现今的国际秩序和联合国框架以及很多国家的边界很大程度上还没有脱离雅尔塔体系的约定——第二次世界大战结束时具有对世界控制能力的美英苏三巨头在克里米亚的雅尔塔所决定的，其中就隐含了乌克兰的地位问题。

事实上，破坏第二次世界大战之后的短暂和平的正是美国，其违背了在苏联解体时承诺的北约不东扩。华约解体之后，与之对应的北约本应解体；其东扩的内因在于压住欧盟各国自主的政治军事格局重构！对此，本书前面的分析已经从金融帝国的币缘战略角度给出了答案。

随着俄罗斯一步一步地后退，雅尔塔体系的欧洲部分趋向解体，取而代之的是美国金融霸权逐步将东欧纳入其控制的信贷体系及各种多边组织。去工业化的俄罗斯几乎没有吸引力和整合力，使乌克兰等东欧国家放弃独立的地缘战略考量，甘当美西方的反俄前锋而非缓冲地带，最终难以避免沦为炮灰的命运。

如果从人类文明发展的历史长河来看，资本主义问世以来被西方列强构建的这个世界秩序和很多国际组织的框架本来就是残酷的，并非天然和永恒的正义。为什么美国在世界银行拥有一票否决权？为什么美国、欧盟在国际货币基金组织拥有否决权？为什么美国、俄罗斯等"五常"在联合国有一票否决权？指出这个被很多人作为第二次世界大战结束后秩序法理性基础的现实，恐怕一些人会觉得难以接受。毕竟对地缘战略和冲突的定义和标准完全依据西方建构起来的国际法理和制度。可是，仅仅以现代西方"民族国家"的一套话语体系为基础，必然就看不到问题的根源也解决不了问题。

西方现代民族国家话语体系与中国"自古以来就是我们的领

土"的文化心理之间的差异巨大。中国几千年中央集权体制下的边界是具有稳定性的，中国从来不会对外殖民扩张。到了近代资本主义时代，西方国家不仅以武力对外侵略和对外扩张，还配套了包装软实力的话语体系；中国人实际上已经被"船坚炮利"和"嘴尖皮厚"的帝国主义在物质上侵略、精神上欺压了上百年。但愿，随着中国的伟大复兴而提出构建"人与自然和谐共生"的生态文明，能够成为引领人类命运共同体的新趋势，能够为世界和平做出重大贡献。

# 第五章

# 现实问题：21世纪的"软实力战争"

"旧的矛盾尚未解决，新的矛盾便又发生"，美欧金融资本集团之间的后冷战冲突延续了十几年，矛盾尚未完结，却又制造假想敌酝酿"新冷战"阴谋。这表明：旧有矛盾不是被对立双方解决，而是被新的更加突出的矛盾所掩盖。

究其实质，资本主义在"高级阶段"，即金融资本阶段，必然发生金融虚拟化恶性扩张引爆金融海啸与债务危机，占据单极霸权地位的美国需要带领西方盟国借助不断强化"一个世界一个体系"的全球化向世界倾泻巨大制度成本；但在西方近乎反复收割世界实现"不战而胜"之际，却受阻于以国家独立主权掌控国家资源和资本努力减少被收割的中国。由于中国是明确的"中国特色社会主义制度"的政治体系，并且被世界公认由所谓单一政党的"集中体制"领导而崛起；于是，缺乏思想创新和基本认知能力的美国一些政客，只能从冷战武器库中翻出陈旧的西方意识形态工具，或公开或秘密地发动起多年培育的各类国内"代理人"[1]，假以"软实力＋巧

---

[1] 美国宣称不允许中国学生进入自然科学和关键技术领域求学，只允许进入人文社会科学领域，明确要求他们熟悉美国的制度和意识形态体系，要求他们学成回国去影响社会舆论和改变中国的制度。参见《美参议员提议禁止中国留学生赴美学习理工科的背后：企图通过反华为竞选铺路》，中国报道网2020年4月28日。

实力"的最低成本酝酿"新冷战"阴谋——不断打压中国的核心利益、有步骤地刻意击破中国底线、诱迫中国加入已被预设结果的军事冲突。我们将其称为"软实力"战争。

## 一、中国被纳入新战略对抗的原因

中国到底为什么会在 21 世纪的第二个十年被美国在全球化解体进程中假想为"最主要的战略竞争对手"[①]？

一方面，中国积极融入美元跨国资本主导的全球化——当中国完成资本原始积累挟带庞大的产业资本加入全球化时，势必构成与西方占据主导地位的其他产业资本集团的直接竞争。

另一方面，美国以中国为主要对手的主要原因，还在于客观上已经完成向金融资本阶段升级、凭借美元虚拟化扩张收割世界的美元跨国资本对根本利益的维护。亦即，只要中国坚持派生于独立自主国家的金融主权，坚持设立"红绿灯"管制内外连接的利益集团和新买办精英在自由市场大纛之下推动资本"野蛮生长"＋"无序扩张"，就有可能在一定程度上规避在当代金融殖民化的趋势下"被收割"的悲剧。由此来看，只要防得住美国主导的全球金融资本内爆危机的巨大制度成本对中国转嫁，就难免成为美国的主要敌人。

对于中美双方的矛盾缘起于全球金融化的具体原因分析需要从金融资本阶段的币缘关系结构性变化说起：众所周知，当金融资本集团崛起，占据主导地位的资本集团之间的对立矛盾及其内部斗争，主要是争夺和占有更多的货币结算和储备份额；由此演化成新

---

① 毛泽东在《矛盾论》中指出，世界诸多矛盾演变中起决定作用的是主要矛盾。主要矛盾中处于对立的两个方面起决定作用的一方是矛盾的主要方面。

时代的"币缘战略"竞争。如今的数字化使金融资本的成本更低、虚拟化扩张的速度更高；金融集团币缘战略恶性竞争顺势演化为地缘战略的冲突……

尽管从支付货币的比重上看，欧元占比超 30% 愈益接近美元，而人民币的份额即便近些年开始上升，最高也不到 3%。

2016 年 10 月，国际货币基金组织将人民币纳入特别提款权的一篮子货币，从此人民币正式进入全球储备货币的行列。人民币作为储备货币的地位超过了瑞士法郎、澳大利亚元和加拿大元。截止到 2019 年第三季度，人民币在全球外汇储备总量中的份额已升至 2%，见图 5-1。2022 年 3 月 31 日，IMF 发布的"官方外汇储备货币构成"（COFER）数据显示，2021 年第四季度人民币在全球外汇储备中的占比由 2020 年第三季度的 2.66% 升至 2.79%，位居全球第五位。

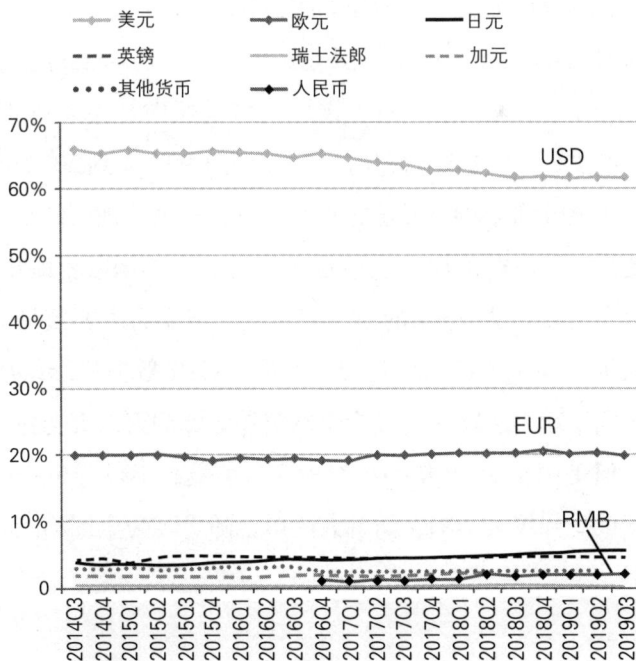

**图 5-1 2014—2019 年各国货币的外汇储备占比**
数据来源：IMF。

IMF 数据显示，2021 年第四季度，人民币外汇储备总额由 2020 年第三季度的 3201.5 亿美元升至 3361 亿美元。至 2021 年第四季度，美元仍是全球主要央行持有规模最大的储备货币。美元在全球外汇储备中占比为 58.81%。①

这些数据表明，美国在后冷战阶段尽管自身先后发生 2001 年 "新经济危机"、2007 年 "次贷危机" 连带 2008 年 "华尔街金融海啸" 等重大危机，但其不断在欧元区外围挑起或介入地缘冲突，驱赶国际资本回流美国资本市场并以此维护美元金融资本霸权的战略措施是有效的。

既然在后冷战阶段有效，就可在现阶段加以借鉴并搬用到亚洲遏制中国崛起；何况发起对中国的贸易摩擦客观上也可能产生连锁效应——压低中国贸易额、人民币在全球贸易结算中份额下降，从而迫使中国相应增加美元作为外汇储备等。

2019 年 6 月，在全球支付服务提供商——环球银行金融电信协会（SWIFT）系统的主要货币国际支付份额中，美元占 40.1%，欧元占 33.74%，英镑占 6.63%，人民币占 1.99%。到 2022 年 3 月，人民币占比上升到 2.2%。尽管人民币在部分国家或地区的结算业务发展得较快，但在整体规模上还是无法与美西方国家相提并论。

不过，若从过去 20 年的演变来看，中国作为主要贸易大国的崛起极大地提高了人民币的地位。**另据 SWIFT 数据显示，从 2013 年开始人民币就超越欧元，成为全球贸易融资的第二大选择**，仅次于美元。但美国于 2018 年挑起对华贸易争端，不仅导致中国在对外贸易领域受到较大影响，而且人民币也随之降为全球第三大贸易融资货币。

---

① 《人民币在全球外储占比再刷历史新高》，《经济导论》2022 年 3 月 5 日。

　　图 5-2 是 2012 年、2020 年与 2022 年各国货币在全球支付中的份额对比。

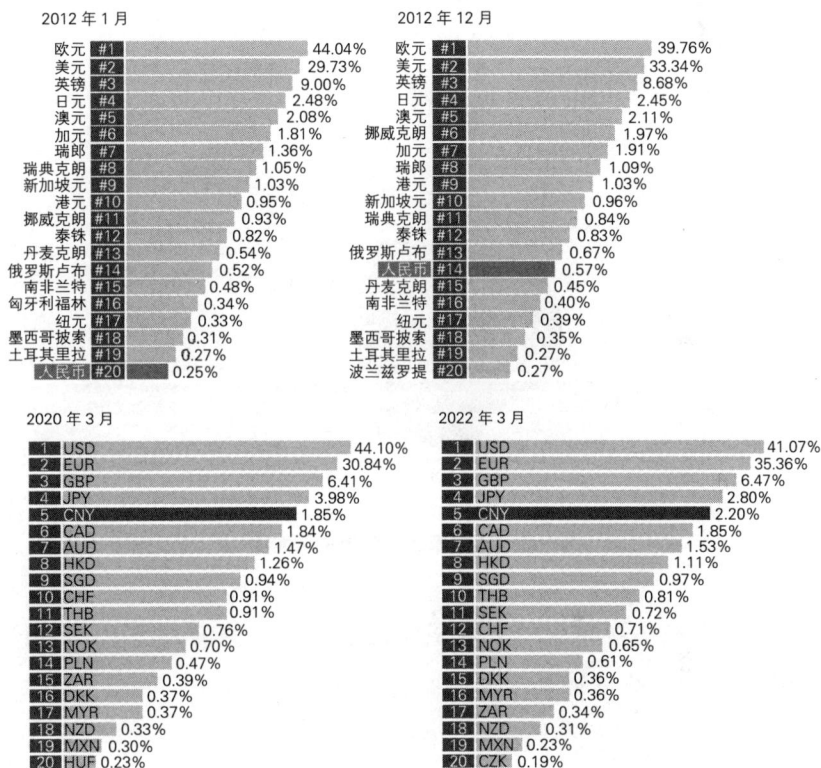

| 2012 年 1 月 | | | 2012 年 12 月 | | |
|---|---|---|---|---|---|
| 欧元 | #1 | 44.04% | 欧元 | #1 | 39.76% |
| 美元 | #2 | 29.73% | 美元 | #2 | 33.34% |
| 英镑 | #3 | 9.00% | 英镑 | #3 | 8.68% |
| 日元 | #4 | 2.48% | 日元 | #4 | 2.45% |
| 澳元 | #5 | 2.08% | 澳元 | #5 | 2.11% |
| 加元 | #6 | 1.81% | 挪威克朗 | #6 | 1.97% |
| 瑞郎 | #7 | 1.36% | 加元 | #7 | 1.91% |
| 瑞典克朗 | #8 | 1.05% | 瑞郎 | #8 | 1.09% |
| 新加坡元 | #9 | 1.03% | 港元 | #9 | 1.03% |
| 港元 | #10 | 0.95% | 新加坡元 | #10 | 0.96% |
| 挪威克朗 | #11 | 0.93% | 瑞典克朗 | #11 | 0.84% |
| 泰铢 | #12 | 0.82% | 泰铢 | #12 | 0.83% |
| 丹麦克朗 | #13 | 0.54% | 俄罗斯卢布 | #13 | 0.67% |
| 俄罗斯卢布 | #14 | 0.52% | 人民币 | #14 | 0.57% |
| 南非兰特 | #15 | 0.48% | 丹麦克朗 | #15 | 0.45% |
| 匈牙利福林 | #16 | 0.34% | 南非兰特 | #16 | 0.40% |
| 纽元 | #17 | 0.33% | 纽元 | #17 | 0.39% |
| 墨西哥披索 | #18 | 0.31% | 墨西哥披索 | #18 | 0.35% |
| 土耳其里拉 | #19 | 0.27% | 土耳其里拉 | #19 | 0.27% |
| 人民币 | #20 | 0.25% | 波兰兹罗提 | #20 | 0.27% |

| 2020 年 3 月 | | | 2022 年 3 月 | | |
|---|---|---|---|---|---|
| 1 | USD | 44.10% | 1 | USD | 41.07% |
| 2 | EUR | 30.84% | 2 | EUR | 35.36% |
| 3 | GBP | 6.41% | 3 | GBP | 6.47% |
| 4 | JPY | 3.98% | 4 | JPY | 2.80% |
| 5 | CNY | 1.85% | 5 | CNY | 2.20% |
| 6 | CAD | 1.84% | 6 | CAD | 1.85% |
| 7 | AUD | 1.47% | 7 | AUD | 1.53% |
| 8 | HKD | 1.26% | 8 | HKD | 1.11% |
| 9 | SGD | 0.94% | 9 | SGD | 0.97% |
| 10 | CHF | 0.91% | 10 | THB | 0.81% |
| 11 | THB | 0.91% | 11 | SEK | 0.72% |
| 12 | SEK | 0.76% | 12 | CHF | 0.71% |
| 13 | NOK | 0.70% | 13 | NOK | 0.65% |
| 14 | PLN | 0.47% | 14 | PLN | 0.61% |
| 15 | ZAR | 0.39% | 15 | DKK | 0.36% |
| 16 | DKK | 0.37% | 16 | MYR | 0.36% |
| 17 | MYR | 0.37% | 17 | ZAR | 0.34% |
| 18 | NZD | 0.33% | 18 | NZD | 0.31% |
| 19 | MXN | 0.30% | 19 | MXN | 0.23% |
| 20 | HUF | 0.23% | 20 | CZK | 0.19% |

**图 5-2　人民币在全球支付中的份额变化**

数据来源：https://www.swift.com/our-solutions/compliance-and-shared-services/business-intelligence/renminbi/rmb-tracker/rmb-tracker-document-centre?tl=en。

　　根据 2020 年 8 月 14 日中国人民银行发布的《2020 年人民币国际化报告》，2019 年人民币跨境收付金额合计 19.67 万亿元，同比增长 24.1%。其中收款 10.02 万亿元，同比增长 25.1%，付款 9.65 万亿元，同比增长 23%，收付比为 1∶0.96，净流入 3606 亿元。**人民币跨境收付占同期本外币跨境收付总金额的比重为 38.1%**，较上年提高 5.5

个百分点。人民币在全球外汇交易中的市场份额为 4.3%，较 2016 年提高了 0.3 个百分点。2021 年较上年人民币跨境收付金额增长近三成，人民币跨境收付占同期本外币跨境收付总金额的比重为 48.4%，再刷历史新高[①]。

2020 年人民币的国际地位如图 5-3 所示。

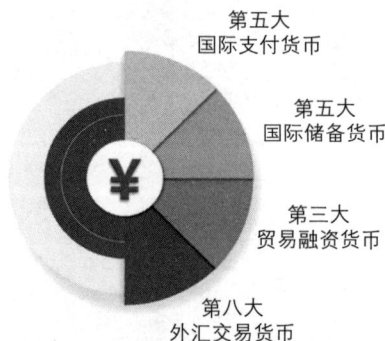

第五大
国际支付货币

第五大
国际储备货币

第三大
贸易融资货币

第八大
外汇交易货币

图 5-3　人民币的国际地位示意图

《日本经济新闻》2019 年 5 月 22 日报道，瞄准人民币国际化的中国自主国际结算系统正在提高影响力（图 5-4）。日经的调查显示，人民币跨境支付系统（CIPS）自 2015 年 10 月启动后，已有 89 个国家和地区的 865 家银行加入其中（图 5-5）。CIPS 2018 年的交易额比上年增长 8 成，达到 26 万亿元。交易国家包括被美国宣布为经济制裁对象的俄罗斯和土耳其等国家，还包括中国在基础设施项目和资源开发领域加强影响力的国家。南非和肯尼亚等非洲国家有 31 家银行参与，多于北美。

---

① 陈昆等：《"一带一路"背景下人民币国际化影响因素的实证分析》，《深圳社会科学》2023 年 3 月第 6 卷第 2 期。

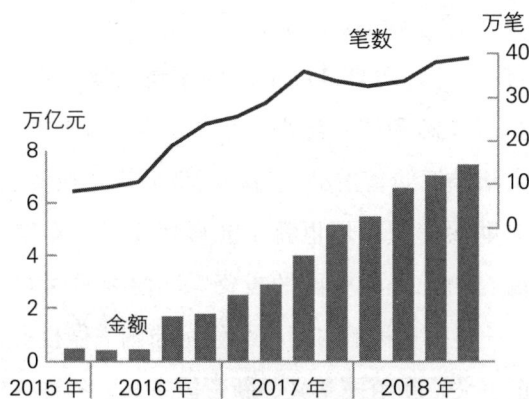

图 5-4　CIPS 的交易情况（按季度计算）

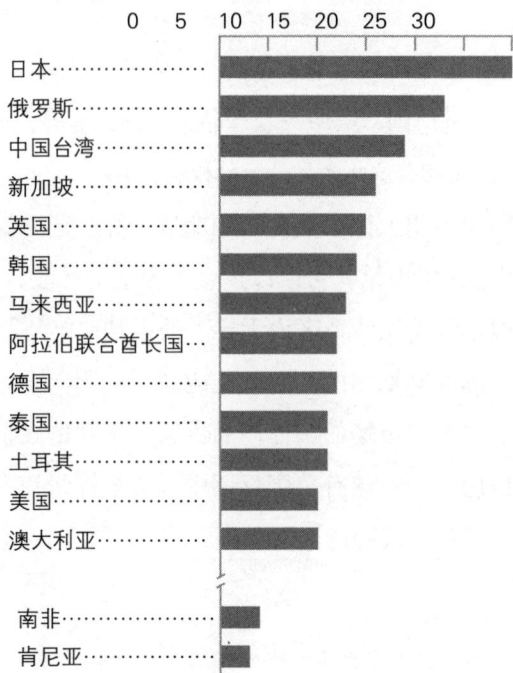

图 5-5　各国和地区参与 CIPS 的银行数量

数据来源：日本经济新闻网。

注：银行数包含外资银行的分行。

进入 21 世纪的中国不仅要搞区域一体化的"10+3"（东盟＋东北亚）、"一带一路"，而且鼓励沿线国家建立双边货币互换协定，甚至大规模投资非洲和拉丁美洲，等等。总之，中国开始将其获得的贸易盈余和外汇储备中已经过剩的美元用于投资发展中国家，而不再只用来购买美债，那也就不会得到美军的支撑。因为，美军支撑的金融自由化是向美国的投资。即便按照西方教科书给定的"美言"——美国宣称的自由市场经济原则去做投资，也会被美国说成是修正主义、新殖民主义、新帝国主义，各种各样扣在中国头上的西方意识形态帽子不胜枚举，被这些帽子及其幕后金主激发的当地社会运动发起的各类抗议，大都是美国巧实力低成本运营的"杰作"。

同期，由于中国生产规模越来越大，变成了世界第一大能源进口国、第一大铁矿石进口国、第一大农产品进口国，等等，那中国有没有可能因大量进口而拥有这些产品的定价权呢？

对此，中国提出用人民币建立石油期货结算、建立铁矿石期货结算[1]，甚至提出人民币结算可以以黄金作为基本保证。这样一来，对那个过度虚拟化的美元体系来说无异于动了其"奶酪"。

美元信用下降的同期中国却有效地应对了美国向全球转嫁的危机成本、维持了对全球市场的实体产品供给，客观造成贸易盈余回流和人民币的信用上升；遂有美国反诬中国资本扩张和人民币金融的国际化是破坏"基于规则的国际秩序"。

---

① 关于人民币计价大宗商品，央行 2020 年 8 月 14 日发布的《2020 年人民币国际化报告》显示，截至目前，我国已上市了原油、铁矿石、PTA 和 20 号胶（天然橡胶）4 个特定品种交易期货，按照"国际平台、净价交易、保税交割、人民币计价"的总体方案引入境外交易者，境外交易者的参与路径与原油期货保持一致。

而且，美国从冷战的武器库中翻出了不少旧武器，制造出不少过于陈旧的意识形态的说法。

对此，我们却很难做到有效反制的原因在于：国内大型金融机构的运作账目被美国会计师事务所全覆盖地审计并被要求照搬"美制"才算合规合法；大部分以教科书为载体的软实力也被"美言"（美国话语体系）约束，西方中心主义大行其道，以致社会大众并没有条件构建思想准备、制度准备，无法动员社会力量来支持官方应对现在美国联合西方发起的这样一种非理性挑战。

中国当然不希望被美国视为主要敌人。众所周知，中国一直是一个爱好和平的国家。尤其是20世纪90年代以来，中国经济的"对外依存度"过高，大量的外向型工业集中在沿海一带，遑论周边的局部冲突、代理人战争势必对物流链造成破坏。但事与愿违，不仅贸易、科技、金融、生物等冲突频发，甚至美国的信息战也从未停止。

如今很多敌对事件不断发生。无论是否正视，都不以哪个人的主观意志为转移。如果不遵循"底线思维"，如果不积极地做好"应对外部风险"的思想准备和物质准备，后果都是我们难以承受的。

延伸阅读

**13**

## 冷战中的意识形态战场

20世纪60年代，印度尼西亚同时有两大阵营：一方是共产党和左翼民族主义者，其中包括一部分左派军官，另一方是陆军为首的武装部队和其他右翼人士。1965年，印尼陆军高级军官秘密集会，组成"将领委员会"，准备于10月5日印尼建军节时发动政变，推翻苏加诺政府。身为总统卫队长的翁东中校获悉后，联络左翼军官采取先发制人的行动，绑架并处决了主要的陆军军官。之后，时任印尼陆军战略后备司令的苏哈托在英国和美国支持下获得陆军领导权，并开始对左翼阵线大清洗，还发动了排华惨案。

英国外交部和美国中央情报局（CIA）都深度参与了1965年的印尼政变。早于1963年，英国外交部的信息研究部（IRD）就派出多名宣传人员对苏加诺政权及印尼共产党进行"黑色宣传"，宣传对象包括印尼当地具有影响力的知名人士以及陆军将领等。据《华盛顿邮报》披露，当时美国CIA人员曾编写印度尼西亚"共产特工"名单，交给亲苏哈托的军人和情报人员。美国记者凯西·卡丹（Kathy Kadane）访问多名中情局前雇员，他们提到了这份名单，称其中有人被捕或身亡，美方就会在名字上打钩。

在冷战格局下美国不仅动用情报和宣传机构，还在人文社会科学的学术领域精心部署。著名无政府主义社会学家、人类学家詹姆斯·斯科特（James Scott）曾表示，他年轻时帮助过CIA在一些国家收集学生运动的相关情报，他说他在印尼接触的学生运动领袖后来都在"九三零"事件中被杀……他在1976年出版的《农民的道义经济学》中分析了东南亚各国的农民抗争和暴力革命，基本上是美国在东南亚采取的军事干预和秘密活动的经验总结。他在另一本著作中推崇的赞米亚人，其实正是在印支战争时期大量充当CIA鹰犬，与印支共产主义者与民主主义者作战的群体。

美国20世纪六七十年代的东南亚研究，恰恰是在冷战背景下，以美国政治意图为行动导向的意识形态化的所谓学科研究。著名旅法作家边芹在其《再续被策划的中国文艺》一文中提出**"软冷战"**的概念：**伪装成社会科学的意识形态进入并控制发展中国家的思想应该就属于这一范畴。**

边芹在这篇文章中还提到，中国的"伤痕文学"就是西方世界意识形态战争的一次精心策划。这一说法最早是美联社在一篇文章中使用的，后来才被中国转载。所谓"伤痕文学"是美联社为中国特殊的历史年份量身订做的"话语框架"，对之后几十年中国文艺的主题和话语走向产生了深远影响，以至于中国文坛竟然出现这样的怪现象：谁能把中国社会写得最丑陋黑暗，谁就能在西方话语权控制的媒体和各种评价体系中崭露头角。于是一时间各种"献丑"作品层出不穷。

在苏联解体之后，全球化成为"主流"，美国操纵冷战话语并更多以公益慈善、环保、扶贫、援助为掩护在国际社会大行其道。西方基金会在各个发展中国家赞助和培养了各种NGO或异见人士，在媒体传播宣扬西方价值观，并在美国需要的时候跳出来配合话语宣传，制造社会动乱和"颜色革命"，充当"带路党"。

出生于匈牙利的犹太人索罗斯及其基金会就是其中一支重要的力量，他动用富可敌国的经济实力向东方灌输他所认同的自由和开放的西方价值观，通过慷慨的捐赠和资助建立起一个庞大的慈善帝国。他的"慈善事业"从1984年的匈牙利起步，截止到1994年春天已经在全球26个国家设立了89

个办事处，仅在1992—1994年的两年间就捐赠了近5亿美元。而他在苏联东欧国家获得了强大的影响力，成立了让他引以为傲的中欧大学，《商业周刊》称其为"莱茵河和乌拉尔地区之间最有影响力的公民"，《新闻周刊》评价他的慈善事业为"一个人的马歇尔计划"。

索罗斯和他的基金会的身影频繁出现在各国的政治运动中。根据新华网和中新网的报道，在索罗斯的家乡匈牙利，该国强硬派总理欧尔班曾公开抨击索罗斯，说他企图从事颠覆政府的活动；格鲁吉亚在"玫瑰革命"后成立的新政府当中，有1/5的政府官员都曾在索罗斯的基金会里工作过并领过补贴；在乌克兰"橙色革命"后获得最高权力的尤先科就是索罗斯基金会的研究机构的董事会成员。

索罗斯还曾尝试对中国进行渗透，他除了对社会科学研究和文化艺术活动进行资助，还涉足了医疗卫生、社会福利、贫困人群、妇女和儿童保护等领域。截至1989年，索罗斯已向国内机构提供超过250万美元的捐款，这对于当时的中国来说是一笔可观的金额。但明显索罗斯在中国的进展并没有像他在苏联东欧国家那样顺利，中国政府始终拒绝他插手中国的改革事务，对此，他颇有不满，称中国人的"伦理观与开放社会的概念背道而驰"。索罗斯在做空香港铩羽而归之后，对中国政府产生了更深的"怨恨"。

冷战期间的地缘政治冲突和意识形态对抗造成的高压局面，直接影响与其密切相关的人文社会科学，使得近现代的人文社科本身自觉地强化了西方中心主义的内涵，也由此而远离了"科学"属性。

摘编自：

吴衢：《关于无政府主义社会学家詹姆斯·斯科特参与 CIA 活动的问题》，观察者网 2022 年 2 月 19 日。

边芹：《再续被策划的中国文艺》，2019 年 6 月 22 日。

［美］罗伯特·斯莱特：《索罗斯传》，陶娟译，中国人民大学出版社 2015 年版。

## 二、美国的金融化困境

美国的金融化危机其实是符合其自身经济规律的演化过程的表达。众所周知，2001 年美国"新经济危机"之后大量实体产业外流，过剩金融资本投向房地产，造成 2007 年的次贷危机，随后演化为 2008 年的华尔街金融海啸；美国增发 4 万亿美元的"救市"资金大幅流向世界大宗商品市场，造成全球通胀并演化为 2009 年的全球经济下跌，紧随其后的是 2010 年开始不断暴雷的"欧债危机"，以及欧洲版和日本版的"量化宽松"；这些过量增发的货币，恶化了全球金融资本过剩危机。

人们都看到了西方资本主义在进入金融资本全球化时期之后开始不断爆发危机：先在边缘、再到半核心、最终在其核心即美国爆发。这也符合沃勒斯坦的"世界系统论"。但，对于 2008 年爆发的华尔街金融海啸，人们可能低估了它的历史意义，特别是低估了它对本来主导全球化的美国产生了具有"去全球化"、加剧"新冷战"风险的分水岭意义的影响。

我们有个判断，2008 年是金融化危机，而此后至 2020 年乃至 21 世纪第三个十年则是全球化危机。华尔街金融化危机与全球化危机既有差别又有联系。全球化危机最主要的诱因是美国所谓"无底限量化宽松"为主要方式的"救市",其实际作用在于不负责任地制造了全球通胀和通缩。接着发生贸易战和新冠疫情以及俄乌冲突,而美国对中俄的非理性制裁如搬起石头砸自己的脚一般导致去美元化愈演愈烈,迫使全球化进入解体过程。

美国在20世纪七八十年代开启了这一轮金融资本主导的全球化,大量产业外包外移,看似提供了发展中国家搭便车的机会,分享了资本主义的好处。西方关于中国在全球化进程中"搭便车"的说法,也充斥着中国主流经济思想理论界。其实,天下没有免费的午餐。美国开启全球化的前提是它自身已经转向了金融化,率先进入金融资本主义的高级阶段,在全球各地获取了"资源资本化"收益。而这个重要改变,又是在1971年布雷顿森林体系解体,美元成为全球接受的硬通货和最主要的国际贸易结算和储备货币,美国资本集团掌握了国际货币金融制度的建构权和话语权的前提下进行的。

由此,我们可以对比分析一下美国国际收支平衡表(图5-6)和国际投资头寸(图5-7)。首先是美国经常账户在20世纪80年代初开始出现巨额的贸易逆差,具体原因前文已有阐述。这意味着其他对美出口国家将获得大量的美元贸易盈余,形成高额外汇储备。那么,这部分美元流向了哪里?与此同时,我们也看到美国的国际投资净头寸在20世纪80年代中期后开始变为负值,说明美国在海外的资产低于外国在美的资产,即美国开始出现净负债,主要原因就是美元国际资本回流美国投资金融资产——以股票、债券和房地产为主。美国的金融霸权主导的美元环流正式开始形成,通过贸易逆差"流出去",再通过对外负债"流回来"。

（单位：十亿美元）

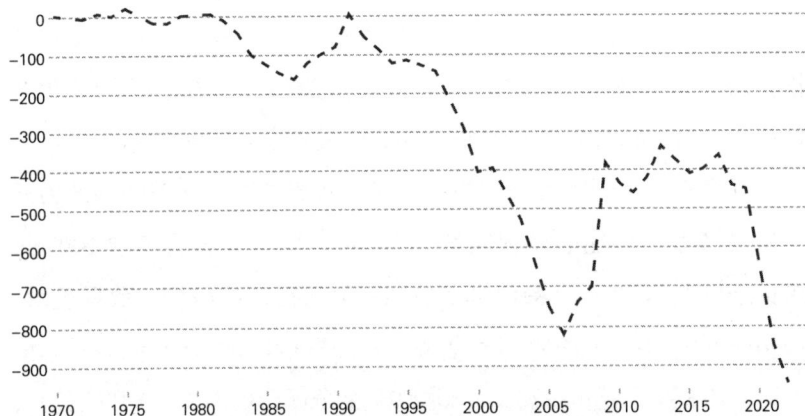

**图 5-6 1970 年以来的美国经常账户余额**

数据来源：世界银行。

（单位：百万美元）

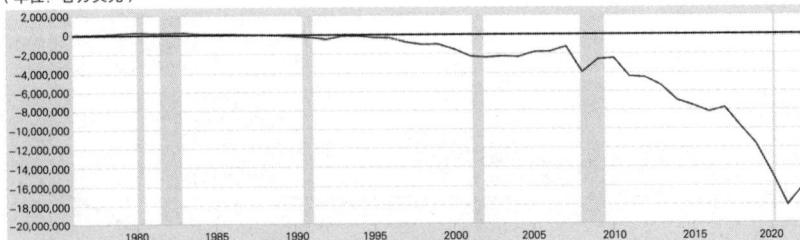

**图 5-7 美国国际投资净头寸**

数据来源：U.S. Bureau of Economic Analysis。

注：阴影部分显示美国经济衰退。

　　进一步分析以上数据在 2008 年前后两个阶段的变化，可以发现美国的金融化在 2008 年之后发生了显著恶化。之前美国只需要负债很少，其跨国公司向海外转移产业占有低价要素产生的收益就足以消化巨额的商品贸易逆差，意味着能够占有海外"资源资本化"较大的收益；但在 2008 年华尔街金融海啸之后需要更多负债才能消化相对更少的商品贸易逆差。这至少说明了美国的金融化攫取外部利益的效率在下降。

华尔街金融海啸之后美国连续释放高达 4 万亿美元的量化宽松，向全球转嫁危机成本，并且允许欧盟和日本跟进推行量化宽松；大量增加的过剩流动性使西方的金融效率不断降低。

其实不仅从国际投资的头寸表能够看出端倪，从美联储的另外一项关键数据也能够发现问题。图 5-8、图 5-9 表明美国 2007 年次贷危机至 2008 年金融危机之后债务显著提升的趋势。数据显示，1996—2008 年，美国内部非金融企业净资产增加 10 万亿美元，债务增加约 8 万亿美元；2008 年到 2019 年净资产仅增加 1.3 万亿美元，债务却增加了 13 万亿美元，总资产增加约 14.3 万亿美元。1996 年到 2008 年家庭和非营利组织债务增加 9.5 万亿美元，2008 年到 2019 年只增加 1.6 万亿美元，几乎全是消费信贷的债务。

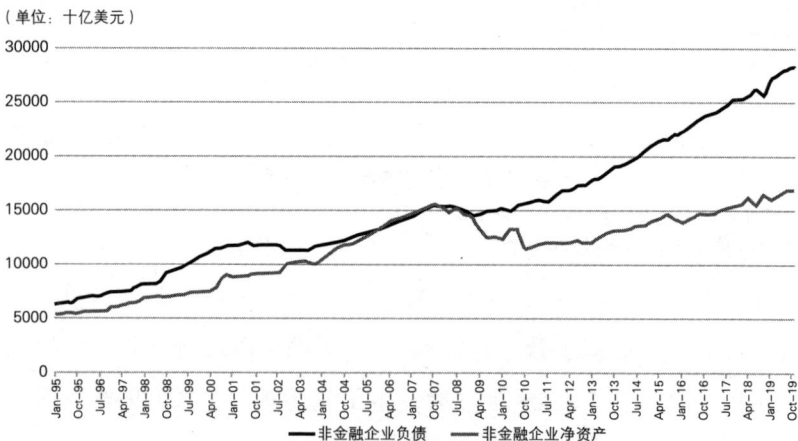

（单位：十亿美元）

**图 5-8　美国非金融企业负债和净资产的变化**

数据来源：美联储。

（单位：十亿美元）

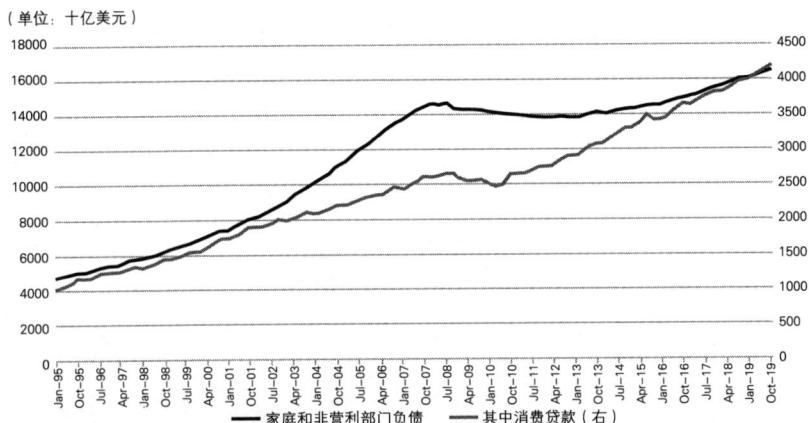

**图 5-9 美国家庭和非营利部门负债（其中家庭部分占比约 95%）**
数据来源：美联储。

以上数据表明美国居民借债消费的能力与企业投资消费的能力都在急剧下降，这意味着美国在 2008 年金融危机之后，不仅不能通过金融效应获得足够的"暗物质"收益，只能通过内债和外债的急剧增加来支付经常账户的巨额逆差；进一步则意味着从投资赚钱转变为借钱赖账。

2008 年金融危机之后，美国金融市场像一个黑洞，吸收了越来越多的信贷和资金流，债务和总资产的规模越来越大，但产生不了"暗物质"这种"真正"的净财富，本质上就是产生不了剩余价值。但全球市场资金流总量是有限度的，美国黑洞吸走得越多，其他新兴市场经济国家就越困难，全球化危机也就越严重。

此外，美国的国际收支平衡也在 2009 年前后出现明显的变化。2008 年以前，金融账户最高峰的时候一年大概有 8000 亿美元的外部资本净流入，填补经常账户巨大赤字。但是自 2009 年全球危机之后，美国金融账户中的证券投资还有其他投资的流入开始急剧下降，特别是 2015 年和 2018 年这两年比高峰时期少流入大概 7000 亿美元。关于美国国际收支平衡表金融账户情况见图 5-10。

（单位：百万美元）

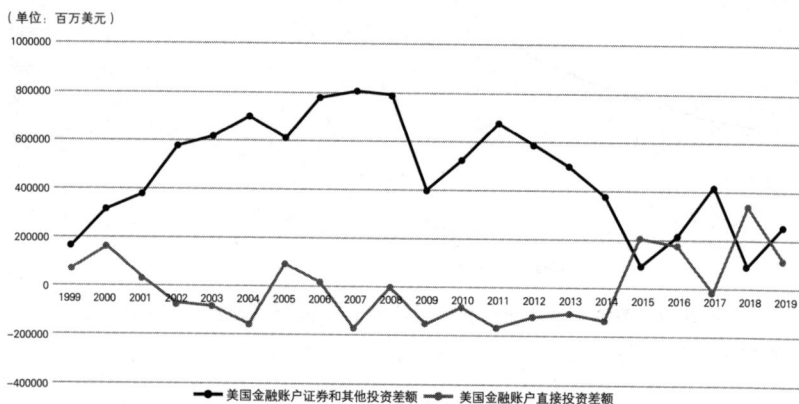

**图 5-10　美国国际收支平衡表金融账户顺差**

数据来源：美联储。

注：正数表示流入，负数表示流出。

面对国际收支的巨大失衡，当时刚刚胜选总统的特朗普除了印国债、印钞票之外，还在 2017 年年底推出美国历史上最大规模的减税政策，希望吸引直接投资的回流，试图使美国再工业化。这几乎得到了美国上下一致的认可。

从美国独立到 2008 年 9 月，200 多年时间里美国印钞总计 8900 亿美元左右；从 2008 年 10 月到 2014 年 10 月，美联储资产从 8900 亿美元变到 4.5 万亿美元；从 2017 年 10 月到 2018 年 9 月，缩表 1 年，美联储资产从 4.5 万亿美元变回 3.8 万亿美元；但从 2018 年 9 月到 2020 年 2 月，5 个月时间美联储资产又从 3.8 万亿美元回到 4.2 万亿美元。然后新冠疫情暴发，美联储资产从 4.2 万亿美元急剧上升到最高峰时将近 9 万亿美元。其根本原因就在于 2008 年金融危机之后，国际资本每年回流美国的规模急剧下降，导致美国金融市场流动性不足，美国便以各种理由大量印钞。其中，单就中国一家来说，从2003年到2011年，中国光是通过购买美国国债就平均每年给美国"贡献"1000亿美元的资金回流；但自2012年开始中国不再明显增持美国国债，并且最高峰还抛售了近4000亿美元。相较而言，"五眼联盟"、G7以及欧盟等组织中的其他国家持有的美国证券资产规模越来越大——主要是国债和股票，它们的金融资本与美国利益捆绑得越来越紧密（图5-11）。

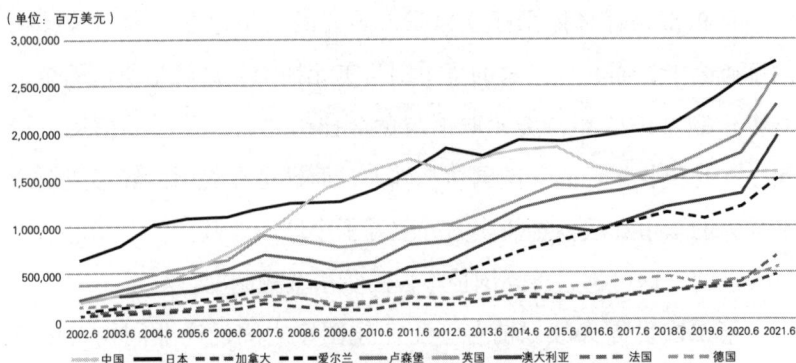

（单位：百万美元）

**图5-11 主要国家持有的美国证券资产（国债和股票）**
数据来源：美国财政部。

美国经济的金融化及困境还体现在仅约15%的货币进入了实体经济，其他货币均留在金融领域内自我循环；金融业攫取了全美经济利润的25%，却只创造了4%的就业岗位；美国赚钱的企业巨头将更多的资金投入股市而不是研发和创新领域；美国亿万富豪中前20名的财富都是从金融活动而非实体部门获得的，他们早已不是财富的创造者，而成了名副其实的吸血资本大鳄。美国金融的脱实向虚趋势不仅沉重地打击了实体经济，更严重的是伤害整个社会，造成了更大的贫富差距和社会撕裂。[1]

从因果关系来看，美国无节制地过量增发钞票流向国际大宗商品市场制造了通胀并演化为全球危机的客观过程，对世界经济的负面作用是显而易见的，最终会导致世界各国对美债、美元，包括对美国股市失去信心，也会导致原有的新自由主义作为意识形态的全球金融化游戏规则无以为继。为此，美国就会在所谓市场规则之外采用政治的和意识形态的非市场手段来维持它自1991年苏联解体后已经行使了三十多年的单极霸权。

自布雷顿森林体系建立以来，美元的信用建立在与黄金挂钩的基础之上，而其他国家的货币则与美元挂钩，这就是所谓的金汇兑本位制。1971年，美元取消与黄金挂钩之后，美元的信用直接建立在有税收担保的美国国债基础上，而这是在美国已经形成全球最强大的军事和政治经济实力并主导了全球产业链分工布局的前提下实现的，这可称为美元国债本位的货币金融制度。

第二次世界大战以前各个工业化国家之间的产业同构自由竞争，形成的只能是不同形式的金本位国际货币金融制度。简单点说，就是在全球没有一个"老大"的时候，各国只认黄金作为世界货币。当美国有实力成为"老大"的时候，美元同时具有了世界货币的信用。但这不意味着美联储可以任意发行美元。因为美元已经是公器，是世界各国共用的货币。要让各国承认美元的地位，美国必须遵守最基本的货币金融游戏规则。

但是，从2008年全球金融危机开始，美联储不仅将利率下调

---

[1] ［美］拉娜·弗洛哈尔：《制造者与索取者：金融的崛起与美国实体经济的衰落》，新华出版社2017年版。本书由诺贝尔经济学奖得主约瑟夫·斯蒂格利茨和伊恩·布雷默等著名经济学家联袂推荐。

至调整空间极限的零利率，而且开启了多轮量化宽松，甚至违背《联邦储备法》而公器私用，越过商业银行直接购买黄金和国债之外的风险资产。通过 QE 美联储第一次购买了大量的房地产抵押贷款证券（MBS），这类资产对应的是家庭部门的债务。拜登政府接任后的这次无限量 QE，直接购买了公司债券资产，对应的是企业部门的债务。也就是说，美国这两类部门的巨大债务在经济危机时期将导致相应被证券化的债券资产泡沫崩盘。美联储出手拯救这些资产的价格就相当于为私人金融资本集团续命。

美联储通过零利率和 QE 拯救了私人金融资本集团，而大量的美元资本通过机构投资者之手涌向全世界，主要是流向了新兴经济体，但很快在 2013 年年末美国就停止了量化宽松，大宗商品市场价格陡然下跌，以往搭了价格上涨便车获得收益的新兴经济体在 2014 年就遭遇收入和资产价格都显著下降的通货紧缩危机。而中国金融资本的崛起带来全球竞争，美元资本并没有从对外直接投资中获得预期的收益增长。因此，其中很大一部分廉价过剩的美元资本进入美国金融市场空转，比如回购股票吹高股市泡沫，变相发放次级贷款催生资产证券化泡沫，以及催生各种垃圾债券的泡沫，等等。

美国处于金融化滥觞晚期，内部非金融企业部门大量增加的债务只能带来极低的净资产增长，意味着 2008 年以来多次量化宽松增发出来的货币，只能催生出"债务型增长"的经济发展模式，即高负债＝高资产；而中国则处在"金融化前传"——因大量资源还没有完成货币化，大量实体资产也没有推进资本化，遂有高负债＋高投资＝高增长。

在金融资本已经过度虚拟化的情况下，美联储自身成为金融市场最大的交易对手盘，致使金融市场得以获利的流动性极度依赖美联储。所以，在后来美联储缩表加息的过程中，美国金融市场流动性很快承压，不得不半途而废由加息转入降息通道，缩表变扩表。从此，美国金融市场的流动性极其敏感和脆弱，高度泡沫化的资产和债务在美联储利率和缩表政策稍有风吹草动时，立马就会陷于流动性危机。

产业资本在全球竞争中推进产业链与物流链密切结合的全球布局，已不可能为发达国家人口带来制造业领域的就业，人民群众的日常消费不得不过度依赖外部商品输入，居民借贷大量投入股市等资本市场被置于风险极大的金融泡沫中。当金融危机爆发后，这些发达国家虚假的繁荣原形毕露，破产家庭增加，两极分化加剧，社会矛盾冲突立刻突显。

高收入国家产业空心化后，因缺乏投资空间，要带动经济增长就必须刺激消费，这意味着正规就业减少的同时还要增加消费支出，社会福利与保障成本势必加大。同时政府财政收入因企业外移而减少，财政赤字越积越多。当危机爆发后，资本市场跳水，资本外逃，政府融资成本增加，财政赤字剧增，甚至面临破产，一般高收入国家不得不面临紧缩开支的压力。

我们开展了包括美国学者在内的多种多样的国际学术交流，对美国实体经济对外转移形成的结构性变化做出分析。从图5-12可以看出，实体产业对外转移，有利于跨国公司获得海外收益回流本国资本市场推高金融化；但随之是失业造成的高负债和社会两极分化。

对于单极化的美国，即使掌握全球货币霸权可以对外转嫁危机，但面临产业空心化派生的结构性困境也很难力挽狂澜，尤其是无法解决就业问题，那就意味着无法避免社会两极化所催生的街头政治。

从产业化到金融化的结构转变

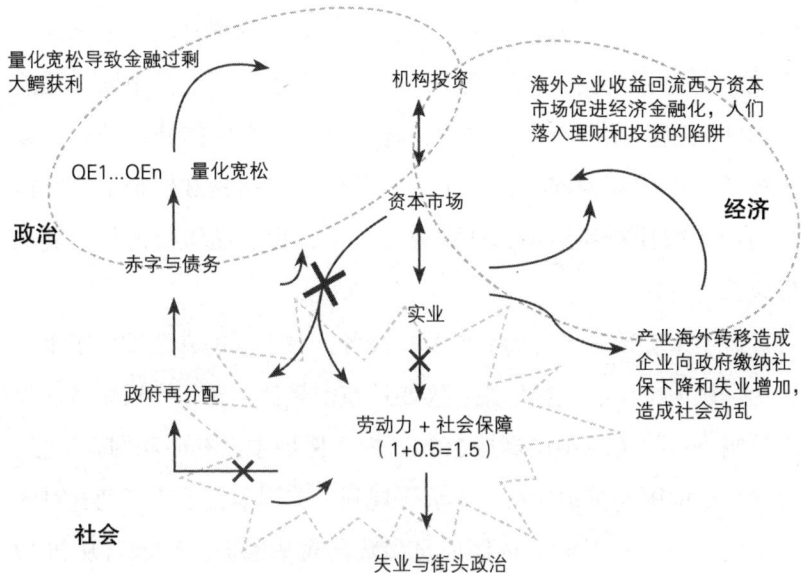

**图 5-12 资本全球化内在矛盾示意图**

# 三、产业链全球化背景下的中美贸易摩擦

2018 年 3 月 22 日，美国时任总统特朗普签署总统备忘录，依据"301 调查"结果，将对从中国进口的商品大规模征收关税，并限制中国企业对美投资并购。特朗普表示，涉及征税的中国商品规模可达 600 亿美元且"这只是个开端"。由此，美国正式拉开了对中国"贸易战"的序幕。时任中国驻美大使崔天凯于 23 日接受采访时表示："中方明确反对任何单边、贸易保护主义行为，这样的行为会伤害包括美国民众、公司企业和金融市场在内的所有各方的利益。当今世界各国经济紧密联系，形成一个利益交融的命运共同体。中方对美贸易的确存在顺差，但与此同时，同其他国家，特别是大部分周边邻国的贸易都呈现逆差，这正是全球供应链分工的有

力证明。因此，有关方面应谨慎决策，以免伤及各方也伤及自身。中方不想同任何一方打贸易战，仍在努力避免贸易战。但如果有人执意要打，我们将坚决反击。中方不会屈从于任何威胁、强迫和恐吓，我们在考虑所有选项，将采取一切必要措施维护中方合法权益。中国商务部已发布了针对美国进口钢铁和铝产品232措施的中止减让产品清单并征求公众意见，我们还将视情作出其他反应。"①

近年来美国政界、商界以及社会各界对中国的看法发生了重大转变，认为中国有关税壁垒、强制性技术转让、知识产权窃取、投资限制等；认为"中国制造2025"内含保护主义补贴和国企扩张。尤其指责中国对美国实行了不公平规则。美国不仅形成了两党对华政策的共识，而且政府内阁成员多数为对华鹰派。特朗普从2017年1月就任总统到2019年1月，其频繁更换内阁、白宫高层人员达38人，就任第一年白宫高层变动率就高达34%，远高于奥巴马、小布什、克林顿同期的9%、6%和11%②。代表性的言论包括：时任贸易代表莱特希泽主张在贸易上保持对中国的强硬姿态，认为中国是全球贸易体系最大的破坏者；时任商务部长罗斯认为中美贸易逆差太大，对美国不公平；时任贸易与制造业办公室主任纳瓦罗认为中国利用贸易补贴和汇率操纵，将产品倾销到美国……除此之外，还有很多从陈旧的西方意识形态武器库中搬出来的类似老冷战的攻击性言论。

为此，中国仍然试图"以理服人"——对于中美贸易领域美国

① 《驻美国大使崔天凯就中美经贸关系接受美国彭博电视台采访》，外交部2018年3月24日。
② 任泽平：《中美贸易战暂时缓和：本质、应对和未来沙盘推演》，《恒大研究院宏观研究专题报告》2018年12月2日。

抛出的种种夸张甚至不实言论，中国商务部于2019年6月专门发布《关于美国在中美经贸合作中获益情况的研究报告》，澄清相关事实。

延伸阅读

**19**

## 《关于美国在中美经贸合作中获益情况的研究报告》摘编

中美建交40年来，两国抓住经济全球化的历史机遇，充分发挥双方经济互补优势，推动双边经贸合作实现从无到有、从小到大、从单一到多元的发展。中美货物贸易额从1979年的25亿美元，增长到2018年的6335亿美元，增长252倍（原文如此），服务贸易额超过1250亿美元，双向直接投资累计近1600亿美元。中美经贸合作达到前所未有的深度和广度，为两国和两国人民带来实实在在的利益，为世界经济的繁荣与稳定作出贡献。

一、中美贸易差额的真实情况

中美双方的贸易统计有差异。按中方统计，2018年中国对美货物贸易顺差3233.3亿美元，服务贸易逆差485.0亿美元。按美方统计，2018年美对华货物贸易逆差4191.6亿美元，服务贸易（跨境模式）顺差405.3亿美元。

美方统计的货物贸易逆差数据存在水分，难以反映真实状况。根据中美两国商务部开展的联合研究，美方统计的对华货物贸易数据长期被高估，2015年被高估21%。按这一比例推算，2018年美对华货物贸易逆差被高估880亿美元。以美方统计的约 4192 亿美元为基础，调减后应为约 3312 亿美元。考虑到中国对美货物贸易顺差近 53% 来自加工贸易，其中包括中国自第三地进口零部件 903 亿美元，如将这一部分减去，美对华货物贸易逆差只有 2409 亿美元。

贸易逆差统计还应考虑两国服务贸易情况，这包括两部分数据：一是服务贸易（跨境模式），2018 年美方统计的对华顺差为 405 亿美元；二是附属机构服务销售（商业存在模式），美方最新统计为 2016 年，对华顺差 468 亿美元。如按 2018 年商业存在模式顺差与 2016 年持平估算，2018 年美对华服务贸易顺差总额为 873 亿美元。据此测算，2018 年美对华总体贸易逆差额应调减为约 1536 亿美元，仅为目前美方公布的对华货物贸易逆差额的 37%。

二、美对华贸易逆差产生的原因

从产业竞争力看，中方顺差主要来自劳动密集型产品。在汇率水平保持不变的情形下，中方在飞机、集成电路、汽车等资本技术密集型产品、农产品和服务贸易方面都是逆差。这说明贸易不平衡是双方发挥各自产业竞争优势的结果。例如，2018 年中国自美进口汽车 104 亿美元，对美出口汽车仅 18 亿美元。

从经济结构看，美国经济以服务业为主，低储蓄、高消费，本国生产无法满足国内消费需求，需要进口大量消费品。美国只有采取宏观调控政策，量入为出，实现供需平衡，才能从根本上消除贸易逆差。

从国际分工看，产业布局在全球展开，国际分工梯度转移。在此过程中，中国在很大程度上承接了过去日本、韩国等其他东亚经济体对美的贸易顺差。美对华货物贸易逆差占美逆差总额的比重从2001年的20%升至2018年的48%，但同期美对日本、韩国、中国香港和中国台湾贸易逆差占比则从23%降至8%。

从贸易政策看，美国对华实施严格的出口管制是导致贸易逆差的重要原因之一。美方的出口管制措施涉及10大类约3100个物项，多是美具有出口优势的高技术产品。严格的出口管制政策造成美企业丧失贸易机会。中国进口高技术产品中，自美进口占比从2001年的16.7%下降到2018年的8.2%。据美卡内基国际和平基金会分析，如美将对华出口管制程度调整到对法国的水平，美对华贸易逆差可缩减三分之一。

三、美方"贸易吃亏"论站不住脚

中国是美国重要出口市场，美对华出口为美国创造了大量就业。中国是美国货物出口增长最快的市场之一，2009年至2018年10年间，年均增速为6.3%，累计增长73.2%，大幅高于美国对世界其他地区56.9%的平均增幅。2019年5月美中贸易全国委员会发布的《2019年各州对华出口报告》指出，2009年至2018年10年间，美国对华出口支撑了超过110万个美国就业岗位，中国市场对美国经济至关重要。

美方从中美贸易中获利丰厚。中国对美货物贸易顺差中，54%来自外资企业，53%来自加工贸易（原文如此）。中国从加工贸易中只赚取少量加工费，而美国从设计、零部件供应、营销等环节获益巨大。美自华进口大量质优价廉的产

2018 年美国货物商品贸易进口 2.54 万亿美元，出口 1.66 万亿
美元，逆差高达近 9000 亿美元；中国的货物商品贸易进口 2.14 万
亿美元，出口 2.48 万亿美元，顺差为 3400 亿美元。美国作为全球
最大的商品消费市场自始至终主导着商品定价权，并依照以美元定
价和结算的商品价格体系通过外包和转移进行产业链布局。美国
也因此享受了几十年的低通胀红利；但作为硬币的另一面，其货物
商品贸易逆差越来越大。

而且，美国针对中国挑起的贸易摩擦并非特例，相似的一幕曾
在 20 世纪七八十年代的日本上演。

国土狭小、资源匮乏的日本于 60 年代根据"下村理论"制定《国
民收入倍增计划》并确立了贸易立国的产业战略，由此迅速形成
了完善的产业链条和贸易体系。20 世纪 60 年代中期日本对美贸易
开始出现顺差，之后日本向美国出口的品种和数量就大规模增加。
1972 年美国对日本贸易逆差达到 49 亿美元，占美国当年逆差总额
的 53%（美国商务省发表的速报）；1985 年突破了 500 亿美元。伴
随美日贸易逆差的迅速扩大，日本这一"战败国"摇身一变成为"债

权国"。

面对不断恶化的贸易逆差，美国从自由贸易政策转变为"公开的贸易政策"并推行贸易保护主义，日本被美国描绘成"最大经济威胁"，并被指控"盗窃知识产权""操纵汇率""政府扶持产业政策"等。相对应地，美国采取反倾销、反补贴、保障措施的 201 调查、应对知识产权侵害的 337 调查、应对不公平贸易壁垒的 301 调查等贸易手段打压日本。日本被美国打压和制裁的产品从纤维制品、钢铁到汽车、彩电、航空、计算机等越来越宽泛和全面。

然而，美国的贸易逆差仍在不断扩大，拥有单极霸权的美国进而动用了金融、政治、外交等手段进一步遏制日本。1983 年一篇《美元与日元不匹配：问题的所在与解决方案》将美国对外经济关系归结为：快速恶化的贸易收支、美元汇率相对于日元不断升值、美国政府在汇率政策上不作为。于是，美国就以这篇被称为"摩根报告"的文章为由，展开了对日货币战。后来，美日双方围绕摩根报告所提出的解决美元与日元不匹配的 11 项具体要求而讨价还价。[1]

1985 年美国、日本、联邦德国、英国和法国等五国财长和中央银行行长通过了主要针对日本和日元汇率的《广场协议》。日本为此付出了高昂的代价，进入经济停滞、通货紧缩的"失去的 30年"[2]。但是，《广场协议》并没有改变美国贸易逆差继续扩大的趋势，也没有解决美日之间贸易失衡的问题。

---

① 董忠云：《日本与美国全面经贸摩擦的艰难博弈——从贸易、金融、科技、经济体制角度》，国家金融与发展实验室 2019 年 12 月 18 日。

② 关于美日贸易战的经典研究，可参见美国前总统经济顾问劳拉·泰森（Laura D. Tyson，1947 年至今）教授的若干报告，如《谁在抨击谁？》（*Who's Bashing Whom*，1993 年 8 月 2 日）。

表 5-1  20 世纪 90 年代日本对美国贸易顺差的推移  （金额：亿美元）

| | | 1991 年 | 1992 年 | 1993 年 | 1994 年 | 1995 年 | 1996 年 | 1997 年 | 1998 年 |
|---|---|---|---|---|---|---|---|---|---|
| 美国的逆差额 | | | 846.4 | 768 | 1044 | 1051 | 1086 | 1101 | 1686 |
| 日本统计 | 顺差额 | 382.2 | 435.6 | 501.7 | 549.0 | 454.5 | 325.5 | 416.2 | 630 |
| | 所占比率（%） | | 33.9 | 39.5 | 34.46 | 31.19 | 23.06 | 27.43 | 27.2 |
| 美国统计 | 顺差额 | 434.4 | 496 | 594 | 657 | 591 | 476 | 651 | 674.4 |
| | 所占比率（%） | | 58.6 | 51.3 | 38.6 | 35.99 | 30.47 | 37.16 | 40.0 |

资料来源：美国商务省 FT900、《日本大藏省贸易统计》、日本《通关统计》。

美国政坛针对日本问题还涌现出一批修正主义思潮，该学派认为日本的资本主义模式有别于传统资本主义。日本必须按照美国的要求在政治、经济、社会等诸多方面向美国式的资本主义靠拢，不断改善甚至重塑其政治经济体制。日本整个经济体系都被搬上了日美之间的谈判桌。[1] 面对美国的步步紧逼，日本为何如此软弱？除日本被美军占领后便失去主权导致在军事、外交上严重依赖美国等因素外，还因为日本国内势力复杂交错难以形成合力，更重要的原因是出口导向型经济也严重依赖美国。

2018 年中国对美出口 4784 亿美元，其中排名最高的是机电音像（手提电脑、手机等）设备 2222 亿美元，占比 46.4%，而且是占有绝对优势的出口产品类别。2018 年中国对欧盟出口 4086 亿美元，其中机电音像设备 1792 亿美元，占比 43.9%。然而，中国这种被称为"世界车间"的外向型经济，自 20 世纪 90 年代以来就以"加工贸易"为主；进入 21 世纪外资投入增加并在工业大类中占有

---

[1]  董忠云：《日本与美国全面经贸摩擦的艰难博弈——从贸易、金融、科技、经济体制角度》，国家金融与发展实验室 2019 年 12 月 18 日。

更大比重。经合组织和世贸组织的数据显示，35%—40% 的中美贸易逆差，是在境外生产、中国境内组装并运往美国的商品，也就是说，真正造成美国贸易逆差恶化的是美国的跨国公司。实际上，外资企业乃是我国电子科技类产品的最大出口商，没有之一。根据国家统计局的年度数据库，2016 年计算机、通信等电子设备的出口货值中，外企的出口货值达到了 5364 亿美元，而民营企业仅实现了 391 亿美元的出口，国企方面仅仅实现了 328 亿美元的电子产品出口（这一分类数据国家统计局仅发布到 2016 年）[1]。

**因此，与其说特朗普是在对中国进行"贸易战"，还不如说美国是在实质性地"去全球化"——通过对全球产业资本进行贸易战来体现美国可以为所欲为的单极化世界霸权。**

和 20 世纪 80 年代抨击日本的论调相同，如今美国仍然无视美国主导金融化的宏观经济背景和跨国公司在全球经济的产业链和物流链的布局结构而将其矛头指向中国，这是典型的单极霸权"颐指气使"行径。随着贸易活动转移至全球成本更高的平台，实际相当于政客变相地给美国消费者加税。

据 IMF 发布的研究报告称，美国加征关税造成的成本几乎全部由美国企业承担了[2]。纽约联储经济学家测算，美方加征关税措施，将使每个美国家庭每年平均损失 831 美元[3]。显然，位于中国境内名义上被纳入中国出口总额的外资跨国企业的全球产业链运作并不会因为美国的加征关税而压缩自身的利润，它们远比美国的零

---

① 《我国外贸净出口全景图》，《国际市场》2019 年 2 月 12 日。

② 尤金尼奥·塞鲁蒂（Eugenio Cerutti）：《中美贸易紧张局势造成的影响》，IMF BLOG2019 年 5 月 23 日。

③ 《商务部：加征关税根本解决不了贸易不平衡问题》，新华网 2019 年 5 月 30 日。

售商和消费者更加强大，更懂得如何转嫁成本。

美国试图"鱼与熊掌兼得"——既要强行维护美元霸权收割世界，又要重建国内的实体产业。为此，只能通过贸易摩擦把中国排除在全球产业链之外，但这种强迫中国"硬脱钩"的做法是在挖自己的墙脚，还会迫使中国的目标越来越明确——主动建立人民币的生产贸易结算和债券金融体系。2018年中国大陆对欧盟、日本、韩国和中国台湾地区的货物进口总额超过8300亿美元，对美国进口仅1500亿美元。而同年，中国大陆对美国、欧盟、东盟以及东亚（主要是日本、韩国、中国台湾地区）这四大区域的货物出口额旗鼓相当，并没有表现出特别依赖美国市场的情形。

而且中国作为成长起来的世界最大的工业制造国，正在形成以人民币定价的新的生产成本和商品价格体系，以及以人民币结算的贸易网络和支付体系，甚至是人民币的货币金融市场和利率调控体系。

但是，中国由于已经和美国、日本、欧洲形成了产业链上的不同分工，互相之间才被形容为"你中有我，我中有你"。美国前任总统特朗普却简单直接地从具有商人特点的利益诉求出发提出：若要美国企业撤出中国，必须切断中美之间的产业结构关系。他们认为，效仿赢得冷战的策略区隔中国，使其在全球产业链中"硬脱钩"，就能让产业重新回到美国，才能体现"美国优先"。但，世界早已时过境迁。尤其2020年全球暴发新冠疫情，美国遭遇全球供应链陡然断裂构成的危机，全球化解体进程终于走到最后阶段。与此同时，美国突然发现实际上"离不开中国"！

疫情防控期间因中美贸易摩擦下降的来自中国的商品进口额，一度快速回升。据统计，截至2020年8月2日，中方累计向美方提供口罩265亿只、防护服3.3亿件、护目镜3100万副、外科手套 6.1 亿双、呼吸机 1.15 万台[①]。

既然经济难以脱钩，美国在没有其他更有效的经济手段之下，接着就是强化已经势呈对立的政治制度和意识形态软实力武器，试图强制性地将中国从美国带领西方重组"友岸贸易"的产业链中排除出去。

## 四、重新分割世界的"软实力战争"

事实上，早在世纪之交的"中国威胁论"问世之际，"新冷战"的提法就已经呼之欲出了……此说不仅与此前的"后冷战"形成演替关系，也与每个普通中国人都铭记于心的"八国联军进北京"之热战记忆隔着一百多年遥遥相望……

只不过，恰在世纪之交，一场全球化大转型毫无预兆地来临了。于是，中国人既赶上了一次机会收益，也付出了"双重输出"的巨大成本。2001 年，美国在提出却没有来得及化解的"中国威胁论"之际，遭遇"IT 泡沫崩溃"造成的"新经济危机"；叠加"9·11"事件——直击美国金融中心为标志的被定性为恐怖主义的政治危机，美国遂在经济和政治双重危机挑战下将战略重点转向西亚、中东、北非，虽然此举为军工产业带来了巨大市场空间，但也无暇顾及一般实体产业向中国大规模转移。

于是出现了与美国的企图相悖的情形：一是把原本因 1997 年亚洲金融危机而处于 1998—2001 年通货紧缩危机下的中国陡然推为 2003 年外商直接投资（FDI）全球第一；二是从事大

---

① 《美驻华大使：中国运往美国的防疫物资拯救了很多生命》，《人民日报》2020 年 8 月 7 日。

进大出全球贸易的跨国公司进入中国，在中国于 2001 年年末刚刚加入 WTO 后，就成为全球贸易总量和贸易顺差最大的国家；三是中国被外需拉动迅疾进入十年保持两位数以上的高增长阶段（曾经在 2013 年被称为"黄金十年"），使其以经济成就表达政治合法性的话语建构竟然从实践检验层面取得了有力支持！

中国依靠外资拉动的高增长方兴未艾，美国恰又遭遇 2007 年"次贷危机"和 2008 年"华尔街金融海啸"；这就又给实体经济为主正在货币深化的中国留下差不多 12 年的时间窗口……

延宕至 2020 年，美国两党政客无论有多少矛盾，在中国问题上却已经有了高度共识——既然美国政治家 20 世纪 90 年代曾经确立的中国"融入"策略，显然达不到中国照搬制度体系或按照"基于规则的国际秩序"的目的，那就只能是美国自主地改回到老冷战时期的意识形态竞争——"以中共为敌"，重建所谓"一个世界两个体系"。

需要关注，一方面美国引领西方世界推动"去中国化"的"硬脱钩"，要求欧洲盟友跟随其对华政策。但另一方面，美国仍以"美国优先"来俯瞰和节制欧洲。这在政治素人特朗普前总统的表述中有直白的体现：欧盟是美国的敌人，欧元必须取缔……

诚然，这些论调从中美现状来看都略显尴尬。美国的尴尬在于：中国自从 20 世纪 90 年代开始大量接受了西方投资及其产业转移，跨国公司深度融入中国市场，获取了高于其他国家的实际利益，早就与美国构成了"一个世界一个体系"，既然老冷战要求划分的"两个体系"在经济基础上不成立，就会在客观上制约政治的对立。

而中国的尴尬在于：美国前总统特朗普及扶持其在 2016 年获

胜的竞选团队的主要智囊，都是老冷战的亲历者，享受过整垮苏联东欧并将其未被货币化的巨额资源纳入全球资本化带来的巨大制度红利。因此，这些人根本不在乎重建冷战政治格局对美国经济造成的短期损失。如若中国被"灭国先灭史"的西化教育体系所蛊惑，也鲜有冷战亲历者能够汲取先后被美苏封锁的自主应对经验，就会导致教条化的软实力斗争的失败。

今天这个**世界乱局的重要原因是美国和西方生产不足但话语过剩**。养活着西方的发展中国家被认为是落后的；而发达国家大多生产不足，需要依靠发展中国家供应商品和原材料才能存活，但在西方的话语下反而被说成是体制优势。

中国遭遇遏制和打压以来，出现越来越多的不能用正常理性来思考的问题；这样的事态还会不断发酵。尤其不能用以前从教科书上看到的逻辑来解读当前阶段所形成的困境。虽然过去占据主导地位的经济理性思考做出的战略判断无可厚非，因为人们过去习惯于这种分析方式。

回顾一下便知，在冷战的政治高压下美国和西方的人文社科理论必须服从意识形态化的软实力斗争需求。本来就服务于社会主流需求的所谓学科建设，被用来直接包装冷战意识形态；对其起到支撑"科学性"作用的现代技术手段，也难免流俗地成为意识形态化的理论家解构世界、打造其普适性和正义性形象的工具。

冷战时期有很多荒唐的事情，后人看起来都是无厘头的。最为恶劣的是表面上以自由主义的名义强制要求所有的发展中国家站队，实质却是以反共的名义在发展中国家搞暗杀、政变，甚至把那些搞军事独裁的政权推举上台，屠杀进步人士。

中国年青的一代，特别是各领域的中坚力量"70 后""80后""90 后"基本上没有冷战的经历，甚至也没有与冷战对应的知识。因为从 1971 年基辛格利用中国和苏联之间的矛盾策划尼克松访华开始，美国对中国的冷战手段就逐渐淡化了。而进入 20 世纪 80 年代，中美在政治、经济、社会及军事乃至各个方面的关系都处在所谓的"蜜月期"。到 21 世纪第一个十年，美国又宣称中美战略关系处于"历史上最好时期"，致使 20 世纪 70 年代以后出生的人们没有条件反思冷战斗争。

从经济上看，占据金融资本主导地位的美国是这个矛盾的主要方面；凭借国家主权主导国内金融资本的中国是非主要方面。美国针对中国坚持的国家主权发起意识形态化的软实力进攻，并且善于利用各类"代理人"使用最低成本的"巧实力"来实现内部突破……

对此，战略研究上不适合再用对方输入的一般学科化理论内在的理性思维来应对。遭遇如此重大的基本制度上的挑战，中国人无以言状的弱项是：在长期没有下功夫去构建话语权竞争能力的条件下，我们并没有应对软实力及巧实力配套进攻的斗争经验，更未做好"底线思维"要求的思想准备和工作准备。

第六章

# 战略转型：中国应对"软实力战争"的基础

　　站在 21 世纪第三个十年的起点上放眼望去，看到的是全球经济和人类社会都遭受了新冠疫情、气候变化以及中美关系带来的"三重困境"，这种历史性的重大挑战对人类赖以生存的不同体制、人类主观认同的不同信仰，都是一场无法缺席的考验！应该说，未来面临着生存抑或是毁灭的严重问题，并非危言耸听。

　　在所谓全球化因资本过剩而进入解体进程中的同时期，各个国家特别是主要大国，也都面临着外部全球化解体危机和内部重大战略转型的"双重成本"。

　　无论是"三重困境"还是"双重成本"，中国都并不能置身事外，而且形势更加严峻。当下之中国，正处在风口浪尖，何况还有那些在内部结构复杂的条件下被多年外部软实力浸淫的群体出于各种动机的里应外合。翻开任何一本中国历史书，此类内因被外因左右的现象并不罕见……对于当前复杂局面，"食洋不化"的观念似乎只能让"食古不化"的历史重演。

　　前人未曾经历的，并非奸佞结党卖国求荣，而是海内外跨国资本麾下的魑魅魍魉借助无奇不有的网络技术瞬间掀起铺天盖地的"软实力 + 巧实力"进攻！例如，2008 年美国次贷危机演化为金融海啸的三年后，在美国大资本把持的脸书、推特、谷歌等的网络舆论引导下，中东国家爆发了"阿拉伯之春"，造成上百万人死亡，上万亿美元的经济损失；伴随着难民潮涌入欧洲，不仅欧盟各国财政赤字和政府负债大幅度增加，欧元兑换美元的币值下跌，而且中东的地缘政治也出现了大洗牌的局面。

好在中国大多数人保有"多难兴邦"的血性！我们维持中华文明不间断的真正内功在于"邪不压正"。面对"历史上前所未有的重大挑战"，中国领导人提出的是"中华民族伟大复兴"！在21世纪第一个十年里，中国领导层就确立了"科学发展观"和"生态文明"发展理念。在第二个十年中强调了向"生态文明发展战略"转型；于是在具体部署上就必须加强三大供给侧改革，推进"乡村振兴战略"。在第三个十年开始之际，中国人针对全球化危机明确提出要向"国内大循环为主体"的国内国际两个循环相结合的发展模式演进，同时还要推进"城乡融合""全国统一大市场""县域经济""数字化""生态产业化"等新发展领域。中国人是将这些海外听得懂的"逆周期"调节和海外听不懂的中国特色的"跨周期"调节作为"三重困境"冲击导致经济明显下滑、就业状况恶化的应对策略。

因此，了解本国的金融化演变及相关经济社会状况，乃是认识全球化问题的基础条件之一，尤其值得人们重视。

当这一系列的冲突和挑战正在发生的时候，也就是本书谈到的全球"新冷战"风险加剧的非理性挑战一个接一个不断发生的阶段，中国应该以什么样的方式来应对呢？

当年中国应对冷战的历史经验值得注意。**冷战是产业资本阶段两个霸权国家分割控制世界、开展恶性竞争的产物**。毛泽东"三个世界理论体系"的提出，能够有效解构老冷战的地缘政治战略。由此，就出现了中国跟大多数开展解殖斗争的发展中国家形成的反帝、反殖、反霸权阵营。客观地说，**在两霸相争、强行分割的"一个世界两个体系"恶性竞争阶段，老冷战双方的话语体系并没有明显地分出胜负**，所以说中国领导人提出"三个世界理论体系"在解构冷战意识形态上的作用是有效的。

与冷战时期相比，现在有些条件已经不具备了。20 世纪 80 年代盛行西方的"新自由主义"，服务于无国界的金融资本在全世界流动获利；由此可见，金融资本家无祖国。占有全球金融霸权的美国原本拥有"四美"——美军、美金、美制、美言，进入 21 世纪则增加了"美技"——与金融资本紧密结合的被风险投资扶持的"高科技"。借助这"五美"金融资本构建了一个覆盖全球的完整体系。

**从金融资本的角度来看，美国将所谓的民主国家组成一个"民主赖债联盟"，形成集体的金融帝国主义，美联储成为它们共同的央行。**

若按照沃勒斯坦的理论来做分析，对南方或后发国家新的挑战是新"核心"的形成——金融危机与危机成本对外转嫁获利，使美国作为金融资本全球化的主导力量主动扩容为多个主要金融资本的大联合。

据此看，中国若想应对这个占据优势地位的金融资本体系的"综合性战争"，就需要联合大多数发展中国家"重构第三世界"；那就得先把解构"美言"的软实力建设放在重要议事日程上，得有参与全球话语竞争的能力。

集体金融帝国主义内部的矛盾必将激化——美国紧缩货币政策，其他成员不得不跟从，但又无法依靠独立的地缘政治来应对本国的高通胀，这就导致美国将成本代价转嫁到了其盟友身上。像德国、日本、韩国等多年来一直都是贸易顺差，2022 年出现了贸易逆差、资本外流、货币兑美元大幅贬值等情况；又如支撑不住的日本，不得不大幅抛售美债，一方面应对贸易逆差，另一方面用来干预日元汇率，2022 年日本减持美债达 2000 亿美元。这反过来导致美国的国债流动性困境，使得美国加息战略面临两难。美国不得人心的政策遭遇其盟友的反噬。

美国和西方在和非盟友国家进行软实力竞争中，发展出带有后现代主义色彩的价值观和政治正确话语，比如那些看似左翼的 LGBT、环保主义等原生于西方的概念，易于在后发国家形成社会舆论。新的概念更适应于个体化、自由化的互联网时代。极具讽刺意味的是，深受其害的居然首先是拘泥于西方中心主义的欧盟及其欧元体系。

人们更多看到的是，美国一些老政治家照搬冷战话语体系作为软实力斗争工具，针对中国特色社会主义制度与美国资本主义在上层建筑上仍属于性质对立的"两个体系"，于是连起码的概念"清理"都不做，就直接拿出来对付中国，试图重新建立"反共不反华"的意识形态话语。尽管其论据大部分是无厘头、非理性的，但在经历过老冷战对立意识形态斗争的人看来，这种切割国家与民众关系的软实力武器，在苏联东欧解体的过程中毕竟曾经发挥过作用。有鉴于此，中国有必要在综合正反两方面经验的基础上，推进思想理论领域的"守正创新"。

由苏联的国家构成及解体演化而来的"俄乌冲突"使得整个欧洲陷于混乱之中，能源危机加速欧洲产业衰落，通胀高企造成街头抗议，欧洲政治精英却仍然被意识形态化的政治正确及其对国家战略的困扰所束缚，看到美国人布下陷阱还得跳下去！

美西方的选举被意识形态和政治正确的各种价值观所绑架是有其深刻的经济原因的，即经济基础决定上层建筑。两次世界大战前后欧洲社会主义运动高涨，到 20 世纪 60 年代法国的"五月风暴"，传统产业资本主义的意识形态和价值观体系本来早就破产了。不过，随着西方产业对外转移，出现财政赤字和债务扩张，导致不得不依赖印钞过日子，选举沦为意识形态内在政治正确的价值观游戏，那些清醒的试图搞好实体产业的政治家根本挡不住金融资本主导全球化产业转移的大潮，上台的政客可以通过印钞扩张债务，形成了恶性循环，最后固化了"政治正确"的利益集团。狭隘短视是让欧洲陷于危机和衰退的主要原因。实际上，欧洲人承担了意识形态操控政治的代价却利好美元霸权体系。

## 一、中美资产债务结构对比分析

本书坚持马克思主义政治经济学关于"经济基础决定上层建筑"的基本原理，表面上看起来是中国在政治上没有接受西方体系因而客观上存在"一个世界两个体制"的矛盾，实质却是美欧都进入不可逆转的债务危机恶化的大趋势，由此而组成"赖债联盟"，共同收割世界上有较高实体经济与金融经济收益的中国。

我们团队在《全球化与国家竞争》一书的比较研究中，分析过金融资本阶段的美国凭借单极霸权以美元扩张来收割世界的规律。本书前文也论述过美国与西方发达国家深陷债务危机打压实体经济国家的客观形势。据此，要理解中国如何应对这一重大历史挑战，就要从全球化进程中西方从债权国向债务国转变造成债务危机说起。历史上，美国的崛起正是靠两次世界大战中形成的对盟国的政府间债权，特别是英国和法国；战败国为了赔偿还债，在民间投资和贸易领域也形成了对美负债。因此，从第二次世界大战结束之后到 1980 年，美国的国际投资净资产不断增长并达到最高峰，此后开始逐渐下降，1989 年首次出现净负债。截至 2021 年，美国国际投资净头寸负债超过 18 万亿美元，如果按照外债的统计口径来看，美国外债超过 23 万亿美元。

不到半个世纪的时间，美国从最大债权国变成最大债务国，但依然把控着国际货币金融体制的主导权和话语权，所谓"基于规则的国际秩序"无非就是要求他国承认美国的债务就是资产，迫使别国用积累的财富来购买。从美国的国际投资头寸数据就可以看出，它自身并没有还债的基础，那它的债券还能算是资产吗？以前还能靠着军事硬实力、制度软实力和意识形态巧实力来威吓世界，但自从俄乌冲突以来，美国在这三个方面都逐渐暴露出虚弱的本质。

相比而言，根据国家外汇管理局的数据，截至 2021 年年底中国的海外资产约 9.3 万亿美元，外国在中国的资产约 7.3 万亿美元，也就是说中国国际投资净资产约 2 万亿美元。其中，中国投在欧美的资产约 3.4 万亿美元，主要以证券资产的形式持有，其他海外资产主要分布在发展中国家和"一带一路"沿线国家，且主要是实体经济直接投资。而海外在中国的资产主要来自欧美，约 5.8 万亿美元，其中以直接投资形成的资产为主，近年来对中国的证券资产（主要是股票和债券）投资也越来越多。

除了国际资产债务，中美国内资产债务结构的差异也很明显。2020 年 4 月，中国央行发布了《2019 年中国城镇居民家庭资产负债情况调查》报告，显示城镇居民家庭总资产均值为 317.9 万元，居民家庭资产分布不均。另外，在 5 月 24 日的一场发布会上，国家发改委时任副主任宁吉喆介绍称，最新的资产负债表表明我国的总资产已经超过 1300 万亿元（约 200 万亿美元）。随后，"中国总资产""户均总资产"成为网络热议话题[①]。

同期，美国商务部也发布了美国总资产的数据，截至 2019 年年底，美国总资产超过 300 万亿美元，约是中国的 1.5 倍[②]。中国的 GDP 规模约占美国的 70%，中美两国资产总存量的差距显然比 GDP 的差距更大。不过，这个数字所表达的差距很难反映各国经济结构的本质问题。因此，有必要对一国资产总量按照实体资产、金融资产以及实体经济部门债务进行分类统计，并区分经济体的虚拟化程度以及实体经济的负债程度。总体而言，如果一个经济体中各部门的金融资产与实体资产的比值越大，说明经济金融化程度越高，对全球各国的剩余索取权就越大，对全球化的依赖也就越深。

根据美联储官方网站的数据，2019 年美国经济的资产债务结构情况如下：非金融资产（实体资产包括房地产、设备、机器、知识产权、土地资源等）约 64 万亿美元；金融资产约 224 万亿美元；实体部门债务约 70 万亿美元。如果以图来展示（见图 6-1），则是两头小中间大、呈陀螺形的结构——头重脚轻，难以稳住。

由于官方并没有公布 2019 年中国资产债务结构的具体数据，所以我们根据相关机构的研究进行估算[③]。

---

① 总资产是全社会资产总和，不全是居民家庭资产。按照国际标准，国家资产负债表一般按机构部门进行编制。我国资产负债表按非金融企业部门、金融机构部门、广义政府部门和住户部门分别核算资产和负债，其中资产又分为金融资产和非金融资产。因此，国家资产负债表中的总资产是 4 个机构部门金融资产和非金融资产的总和，而不仅是居民的家庭资产。

② 美国财政部数据，见 https://fiscal.treasury.gov/reports-statements/financial-report/where-we-are-now.html。

③ 中国社会科学院经济研究所发布的《中国国家资产负债表 2018》，央行发布的《2019 年中国城镇居民家庭资产负债情况调查》，中国社会科学院财政税收研究中心发布的《政府资产负债表 2019》等。

2019 年中国非金融资产至少 100 万亿美元，中国金融资产约 80 万亿美元，两者加总约 1300 万亿人民币的总资产规模。中国实体部门债务约 35 万亿美元。尽管相关数据不一定完全准确，但足以反映中美两国经济结构，中国则是稳定的金字塔结构。

从图 6-1 可见，中国的金融化和债务化都远未达到美国的程度，美国最高的部分主要是金融资产的比重。美国的陀螺形经济结构，必须依靠金融不断虚拟化扩张，资本市场高速转动的惯性才能保持住。

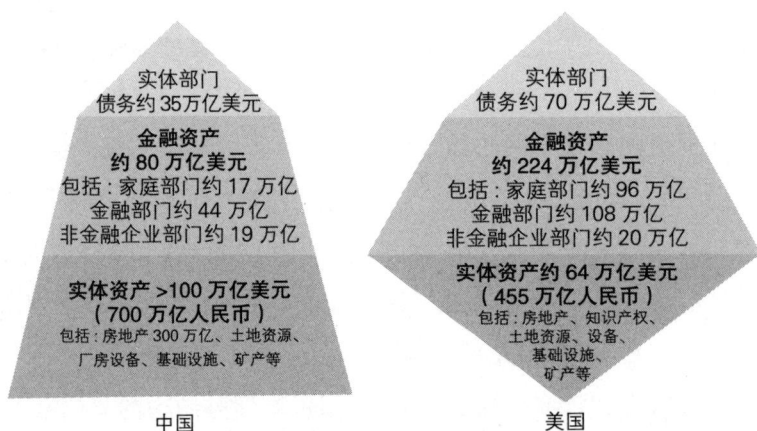

实体部门
债务约 35 万亿美元
**金融资产**
**约 80 万亿美元**
包括：家庭部门约 17 万亿
金融部门约 44 万亿
非金融企业部门约 19 万亿
**实体资产 >100 万亿美元**
**（700 万亿人民币）**
包括：房地产 300 万亿、土地资源、
厂房设备、基础设施、矿产等

中国

实体部门
债务约 70 万亿美元
**金融资产**
**约 224 万亿美元**
包括：家庭部门约 96 万亿
金融部门约 108 万亿
非金融企业部门约 20 万亿
**实体资产约 64 万亿美元**
**（455 万亿人民币）**
包括：房地产、知识产权、
土地资源、设备、
基础设施、
矿产等

美国

图 6-1　2019 年中美资产债务结构对比：金字塔和陀螺形

金融资本经济是资本主义的高级阶段，相比于产业资本阶段其内生性地具有追求短期化、规模化和高速率流动等特性，势必造成金融资本异化于实体经济；使极少数参与金融市场的人暴富而大多数从事实体产业的人贫困，因此贫富差别更趋恶化！

美国历史上有两次大危机，其间美国家庭收入两极分化达到了历史高点，最富 1% 的家庭收入占总收入比例分别达到 1928 年的 24% 和 2007 年的 23%。危险的是，2020 年情况进一步加剧，美国最富 1% 的家庭收入占总收入的 32%。收入差距拉大降低了社会总需求，高收入群体边际消费倾向小，他们将财富投向房地产、股票市场，导致资产泡沫；而低收入人群可支配收入过低，金融机构过度地信贷投放以满足低收入者的需求，导致金融资产质量的下降和泡沫的扩张[①]。于是，**从家庭拥有的资产财富角度看，高度现代化的美国的贫富差距十分严重**，最富 1% 家庭财富占比约 40%，已经和占人口 90% 家庭的财富总和不相上下。

美国政策研究所（Institute for Policy Studies）的一份报告显示，尽管在新冠疫情期间，数以千万计的美国人失去了工作，但美国超级富豪精英们的净资产在短短 23 天内激增了 2820 亿美元。尽管经济预计将萎缩 40%，但总体形势不会改变。报告还指出，1980 年至 2020 年间，美国亿万富翁的纳税义务（以其财富的百分比衡量）减少了 79%。1990 年，美国亿万富翁阶层拥有的财富总额为 2400 亿美元；2020 年，这个数字达到了 2.95 万亿美元[②]。在过去的 30 年，美国亿万富翁的财富猛增了 1100% 以上，而家庭财富中值仅增长了 5%。

尽管美国家庭部门的净资产规模巨大，2019 年第四季度将近 120 万亿美元（图 6-2），但其中主要以金融资产的形式存在，相比于中国城镇家庭金融资产占家庭总资产的 20% 左右，美国家庭的比例则达到了约 70%。这意味着美国家庭老百姓的储蓄和现金相对较少，其生存状况与金融市场特别是股市的好坏紧密相关。

---

① 许之彦：《历史多次金融危机比较和当前资产配置的思考和建议》，华安基金 2020 年 4 月 1 日。

② Alan MacLeod, *America's super-rich see their wealth rise by $282 Billion in three weeks of pandemic*，见 https://mronline.org/2020/04/30/americas-super-rich-see-their-wealth-rise-by-282-billion-in-three-weeks-of-pandemic/。

（单位：十亿美元）

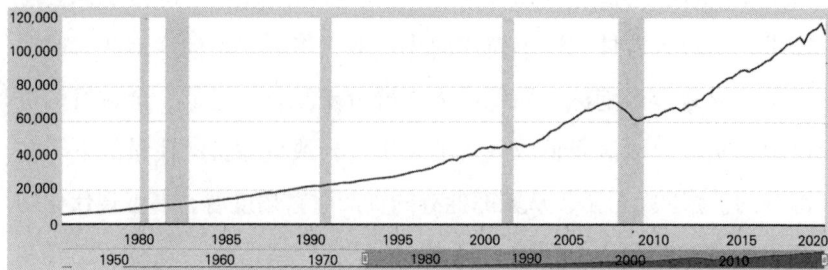

图 6-2　美国家庭和非营利部门的净资产（其中家庭部门约占 95% 以上）

数据来源：Board of Governors of the Federal Reserve System（US）。

注：阴影部分表示美国经济衰退；最近的一次正在进行。

而且由于美国家庭贫富悬殊，普通民众应对危机的能力就显得更加不足。

2017 年 5 月，美联储发布了《2016 年美国家庭经济状况报告》（*Report on the Economic Well-Being of U.S. Households in 2016*）。这份调查报告显示，美国有 44% 的成年人无法拿出 400 美元（约人民币 2700 元）的应急费用。GOBankingRates 的统计显示，2015 年有 62% 的美国人银行账户中存款低于 1000 美元，2016 年这一比例为 69%。另外，有 34% 的美国人表示自己银行卡里一分钱都没有 [1]。

与中国人民存款率常年占比 40% 以上这样保守的理财观念截然不同，美国人对存钱没有兴趣，甚至更热衷于投资，将钱拿去购买一些理财产品，让"钱生钱"。虽然中国不是全世界最富有的国家，但是"储蓄率"排名却一直位居前列。中国央行所发布的数据显示，截至 2019 年上半年，我国住户存款余额达 77.66 万亿元人民

---

[1] https://www.federalreserve.gov/publications/files/2016-report-economic-well-being-us-households-201705.pdf。

币，相当于人均储蓄存款 5 万元[1]。在此次新冠疫情全面暴发之前，美国居民个人储蓄存款长期维持在 1 万多亿美元的超低水平，因为疫情才临时有所增加，2020 年第二季度高峰期仅仅达到 4.6 万亿美元，后来随着疫情好转又开始下降。美国职业咨询网站 Zety.com 通过民意调查发现，美国有很多家庭并没有做好应对危机的准备（图 6-3）。

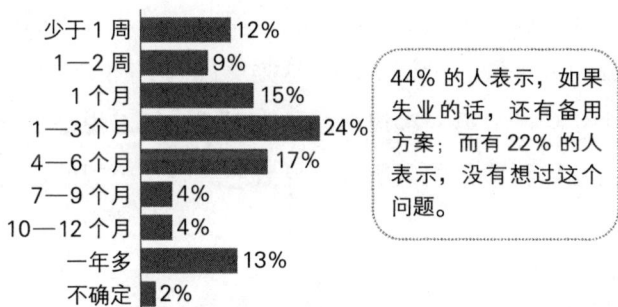

少于 1 周　12%
1—2 周　9%
1 个月　15%
1—3 个月　24%
4—6 个月　17%
7—9 个月　4%
10—12 个月　4%
一年多　13%
不确定　2%

44% 的人表示，如果失业的话，还有备用方案；而有 22% 的人表示，没有想过这个问题。

**图 6-3　美国民意调查：依靠当前储蓄可以支撑生计的时长[2]**

此次新冠疫情在美国全面暴发后，普通民众因为经济突然中断失去收入来源，并且金融市场尤其是股市也受到很大的冲击，很快就出现家庭现金断流的局面，美国政府不得不出台大规模的救济政策，直接向老百姓发钱。

自 20 世纪 80 年代新自由主义意识形态推进美国向金融化升级以来，制造业向海外大量转移导致失业增加、工薪阶层收入停滞，

---

[1]　《遭遇疫情，你的抗风险能力如何？》，《扬子晚报》2020 年 4 月 2 日。

[2]　此次对大约 1000 名在职美国人进行了民意调查，询问他们的财务状况。受访者被问及：如果失去工作，他们的积蓄可以支撑多长时间。36% 的人回答 0—1 个月，有 24% 的人回答 1—3 个月。这意味着至少有 60% 的受访者的储蓄只够支撑不到三个月。

同期资本市场牛市导致资产差距不断拉大，而且技术革命在持续加速替代中低端工人……这些结构转型代价或称制度成本，在美国资本主义高级阶段的制度框架内，基本上是无解的难题；唯有财政增发债务用于社会性开支予以救助，甚或直接向低收入人群签发支票保障其生活消费。但这种直接印钞票发钱的后果就是美国的通货膨胀自 2021 年 4 月份开始快速上升，至今无法遏制。

　　尽管美联储已经采取了相当激进的加息货币政策，但初期效果并不明显，反而进入了两难困境，加息对美国金融泡沫产生压力，造成国债等资产价格下跌。这是美国从 20 世纪 80 年代升级为金融化社会以来第一次遭遇高通胀困境，可以说是美国这些年来产业空心化和债务积累所必然导致的后果。美国的通货膨胀率见图 6-4。

**图 6-4　美国的通货膨胀率**

数据来源：Tradingeconomics.com / U.S. Bureau of Labor Statistics。

　　中美两种制度相比之下，中国低收入家庭的抗冲击能力明显要强得多，大概也是全面金融化的社会与相对实体经济为主的社会的差别所在。由此，也就构成了中国应对挑战的主观不足与客观有利的特殊条件。

## 二、中美金融制度本质差异及金融化

按照经典定义，"现代"资本主义最典型的特征就是资本集中和集聚的过程，这一过程一方面由于卡特尔（Cartel）和托拉斯（Trust）的出现使得"自由竞争被扬弃"，另一方面则造成银行资本和产业资本之间日益紧密的联系，这种联系使得资本采取了其最高级也最抽象的表现形式——金融资本。

在金融资本的高级阶段，金融制度的实质是国家主权直接向纸币信用赋权。中国与美国等西方国家在金融资本全球化阶段的本质不同在于坚持中国特色社会主义市场经济制度。其一，由于是国家政治强权向本国货币做信用赋权，也就是用国家资本直接控股在信贷市场占主要份额的国有金融体系。其二，因而得以对国内实体资产实现经济货币化和国家主权范围内的资源性资产资本化，吸纳增发货币。其三，以上两点的有计划扩张，都可有效降低政府债务相对于资产的比重，因此，国有银行是配合国家发债做逆周期调节的主要政策工具。

中美在金融资本全球化阶段都有金融大规模扩张的现象，其实质性差别主要在于中国坚持党领导下的国有经济属性。中国长期坚持的以中央金融工委代表国家主权直接指令性控制国有金融体系的制度运作体系，相对于美国私人银行家组合而成的"美联储"独立制定货币政策而言，是更为有效地维护经济稳定的制度性工具；实践表明，这是保住中国遭遇多次输入型危机仍然立于不败之地的核心经济主权。

美国的国际支付赤字和国内财政赤字最初主要来自军费开支，

军事霸权支撑美元货币霸权和金融霸权，而用来维持军事霸权的债务扩张推高了美国的金融资产价格，服务于私人金融家的利益。这种"金融把控国家"的实质是美国采用军事强权向全球推行金融化的资本扩张的制度根源。由此看，美国金融制度具有国家强权服务于私人金融全球逐利的性质。

美联储在制度上可谓精心设计，有其深刻的内涵和目的，甚至被称为美国的"第四权力机构"。本质上，这个"第四权力"凌驾于所谓的以自由民主为原则平衡设计的"三权分立"之上。欧文格拉斯法案（或称联邦储备法案，Owen-Glass Act 1931）规定，美国联邦储备系统（简称美联储）是一个由国会授权成立、由各会员银行联合组成的政府公共机构，独立于美国政府和国会。其性质为非营利的私有银行，股东是 3000 多家会员银行。

**美联储的货币政策最高决策机构包括联邦储备委员会的 7 名执行委员和 12 家分行的主席。**委员会的委员由总统提名，参议院任命，高级雇员也由政府任命。**执行委员上任后，总统没有权力直接罢免，必须经过国会 2/3 的成员投票。**同时，美国总统每两年才能提名一个执行委员，从而在一个四年总统任期内最多只能提名两个执行委员。**美国总统和国会对美联储货币政策的干预非常有限，**但美联储每年利润的 94% 需上缴美国财政部。此外，美联储需要接受国会监督，国会有权调整美联储的职权；需要与白宫协调制定金融货币政策等。

值得一提的是，在美联储真正起到决策作用的 7 名执行委员和 12 个分行主席，要么是大型金融集团培养出来的专家，要么就是其合伙人，这些**顶层精英恰恰是美国最上层的私人金融资本寡头的利益代表**。这样来看，美联储作为一个代表全美私人银行金融机构的非营利性私营组织，就像是被政府在名义上安排了一个联邦储备委员会来协助管理。它是**全国私人银行机构的代表，被少数人垄断控制**，并不允许政府直接管理，**但借着政府公共机构的名义掩盖了这一事实**。

上文提及第二次世界大战结束之后美元替代黄金成为"美金"，并因在大宗商品市场贸易上成为主要结算货币而变成全球储备货币，致使美联储实际上有全球央行的责任。但纵观美联储历次应对危机的货币政策，特别是从 2008 年应对华尔街金融危机以来 QE 政策的实施效果和演化为全球危机的恶劣影响来看，都属于不负责任地嫁祸于外的自私行径！然而，美国向全球转嫁危机代价的同时，也导致美国自身金融体系高度泡沫化，金融霸权难以为继；转而成为高通胀的根源。从美国独立到 2008 年 9 月的 200 多年间，印钞总共也就 8900 亿美元；从 2008 年 10 月到 2020 年 2 月的 10 多年间，美联储资产膨胀到 4.2 万亿美元；2020 年之后，则开启了疯狂飙升的模式（图 6-5）。

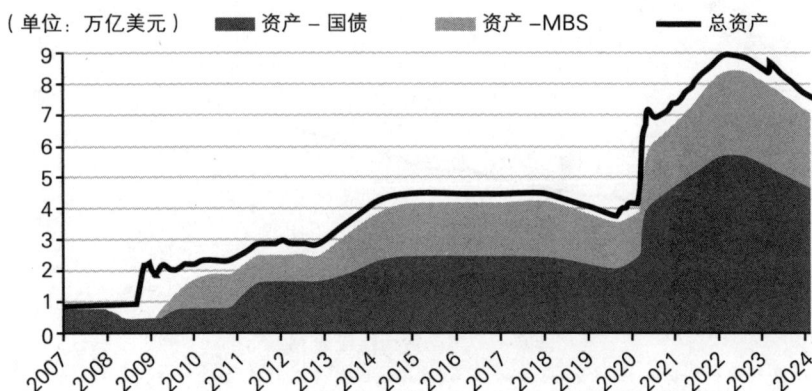

图 6-5　美联储资产负债表主要资产项目变化情况

数据来源：CEIC。

根据 2020 年数据，中国基础货币发行量不到 4.5 万亿美元，而美国和日本都超过了 5 万亿美元。不过，中国的货币供应量 M2 规模约 200 万亿人民币，远远超过美国的 18 万亿美元。据此，有人认为中国印钞过度。事实上是统计指标不对应的问题，中国以国有银行间接融资为主，必然产生巨大的银行存款规模，这都算到 M2 的统计里了。美国是以私人金融资本为主的直接融资体制，其庞大金融资产中银行存款和储蓄规模占比很小，股票、债券及各类投资基金占比较大。如果做粗略的估算对比，中国存贷款类型的金融资产占金融总资产规模的 2/3 左右，而美国的存贷款类型的金融资产占金融总资产则不到 20%。这就导致美国的 M2 统计规模严重偏小，并不能真实反映美国的金融化和货币超发程度。近期美国 M2 货币供应量急速增长（图 6-6），这是因为新冠疫情以来政府大量发放现金补贴居民，导致商业银行存款剧增。

（单位：十亿美元）

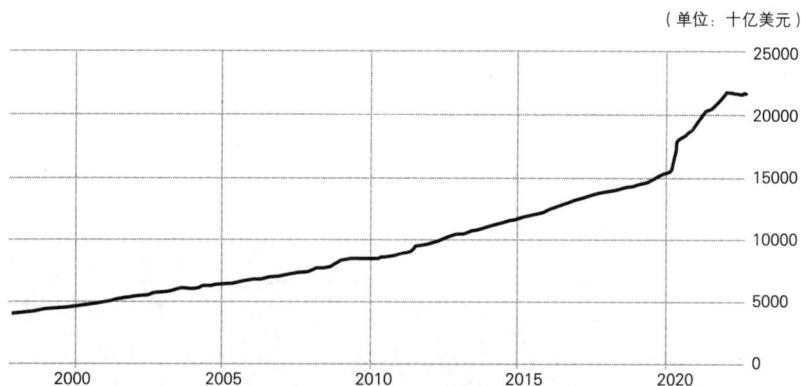

**图 6-6　美国货币供应量 M2**

数据来源：Tradingeconomics.com / Federal Reserve。

所以，某种程度上可以说中美两国的金融化是在不同层次上的。中国于 1992 年全面放弃票证分配物资之后才开始推进实体经济货币化，至今尚未完成。其金融经济的特点是**以国有金融为主体的实体资源的货币化过程**。亦即，1992 年是中国"货币经济元年"，中国自此才开始真正意义上有了体现商品交换中介这一基本功能的市场货币，此前，从 1949 年社会主义新中国成立开始，一直都是"去货币化"的票证分配制度。此后，人民币的增发客观上是伴随着以土地为主的实体资源进入市场的货币化过程，特别是伴随城市化拉起来的房地产市场的迅猛发展。仅仅只是房地产相关的产业及消费贷款余额就占整个贷款余额的 1/3 左右。

表6-1　中国直接融资占比①　　　（单位：亿元）

| 年份 | 新增人民币贷款 | 新增外币贷款 | 新增委托贷款 | 新增信托贷款 | 新增未贴现银行承兑汇票 | 企业债券融资 | 非金融企业境内股票融资 | 总额 | 直接融资比例 |
|---|---|---|---|---|---|---|---|---|---|
| 2002 | 18,475 | 730 | 177 | 0 | −696 | 366 | 628 | 19,680 | 5.05% |
| 2003 | 27,652 | 2,284 | 601 | 0 | 2,011 | 500 | 559 | 33,607 | 3.15% |
| 2004 | 22,673 | 1,383 | 3,117 | 0 | −288 | 468 | 672 | 28,025 | 4.07% |
| 2005 | 23,543 | 1,414 | 1,963 | 0 | 23 | 2,010 | 340 | 29,293 | 8.02% |
| 2006 | 31,522 | 1,461 | 2,693 | 826 | 1,500 | 2,311 | 1,535 | 41,848 | 9.19% |
| 2007 | 36,324 | 3,864 | 3,371 | 1,703 | 6,702 | 2,285 | 4,333 | 58,582 | 11.30% |
| 2008 | 49,042 | 1,947 | 4,261 | 3,145 | 1,065 | 5,523 | 3,325 | 68,308 | 12.95% |
| 2009 | 95,943 | 9,265 | 6,780 | 4,364 | 4,607 | 12,369 | 3,352 | 136,680 | 11.5% |
| 2010 | 79,450 | 4,853 | 8,749 | 3,864 | 23,347 | 11,060 | 5,786 | 137,109 | 12.29% |
| 2011 | 74,715 | 5,712 | 12,964 | 2,032 | 10,272 | 13,659 | 4,377 | 123,731 | 14.58% |
| 2012 | 82,036 | 9,164 | 12,841 | 12,847 | 10,499 | 22,551 | 2,507 | 152,445 | 16.44% |
| 2013 | 88,916 | 5,848 | 25,466 | 18,404 | 7,755 | 18,113 | 2,219 | 166,721 | 12.20% |
| 2014 | 97,813 | 3,556 | 25,069 | 5,174 | −1,286 | 23,817 | 4,350 | 158,493 | 17.77% |
| 2015 | 112,693 | −6,426 | 15,911 | 433 | −10,566 | 29,388 | 7,589 | 149,022 | 24.81% |
| 2016 | 124,371 | −5,639 | 21,854 | 8,592 | −19,533 | 29,993 | 12,415 | 172,053 | 24.65% |

| 年份 | 新增人民币贷款 | 新增外币贷款 | 新增委托贷款 | 新增信托贷款 | 新增未贴现银行承兑汇票 | 企业债券融资 | 非金融企业境内股票融资 | 总额 | 直接融资比例 |
|---|---|---|---|---|---|---|---|---|---|
| 2017 | 138,432 | 18 | 7,994 | 22,232 | 5,364 | 6,244 | 8,759 | 189,043 | 7.94% |
| 2018 | 156,712 | −4,201 | −16,062 | −6,975 | −6,343 | 26,318 | 3,606 | 153,054 | 19.55% |
| 2019 | 168,835 | −1,275 | −9,396 | −3,467 | −4,757 | 32,416 | 3,479 | 185,835 | 19.32% |

资料来源：Wind。

**相对而言，美国金融资本经济的特点是以私人金融为主体的债务关系的金融化过程。**也因此，在次贷危机演变为华尔街金融海啸之后，美国通过自身"量化宽松"，以及允许欧盟和日本也相继推出"量化宽松"政策，整个西方共同向全世界转嫁过剩流动性，带动世界大宗商品价格恶性上涨，演变为全球危机。

被美国和西方人为制造出来的全球危机的巨大压力，使中国中小企业为主的实体经济在遭遇突如其来的输入型通胀后难以为继，遂被迫将大量资金"析出"实体，投向各类投机经济，推动房市"量价双高"。到 2021 年上半年中央限制地产金融化的政策出台之前，房地产商大都在做金融加杠杆，加速城市经济扩张；带动各类企业和家庭借贷的半数以上通过多种渠道转变为城市房地产市场融资，中国特色的"次贷问题"正在向金融危机演化。由于被投机利益暴增所吸引，罔顾中央三令五申的"房住不炒"，一些银行、房地产商甚至地方政府围绕土地资源的货币化形成实质性的利益联盟，绑架了中国经济，反过来对实体产业造成严重的负面影响。

当然，一方面过去 30 年国有土地资源的货币化不仅仅服务于房地产，也以各地产业园区的形式推动了工业化的发展；另一方面若据此看后续的演化过程，基于中国体制的路径依赖，以集体土地为主的庞大资源还将带来市场货币化的空间，这就是"三变改革"重构新型集体产权制度和农村生态资源的"生态产业化"、"产业生态化"以及"生态资本深化"改革。

延伸阅读

**20**

## 不同于传统金融资本的美式金融帝国

法国著名学者弗朗索瓦·沙奈在《全球金融化》一书中的分析认为："随着新自由主义政策的实施，最集中形式的资本（以工业为主的金融资本或'纯'金融投资资本）的活动领域和统治空间扩展到全球的大部分地区，**在所有有形的商品领域中，跨国工业集团都承担了建立世界资本主义政治和社会统治的责任。**但主导今天整个资本积累运动的并不是这些跨国集团，而是经过二十年发展变化的、各种以食利性金融资本为基础的机构，这类机构包括各种银行，并且尤其包括那些被称为机构投资者的组织：保险公司、养老基金、集体金融投资公司以及为散户服务的资产高度集中的管理机构（互助基金），后者往往是大的国际银行或保险公司的信用分支机构。机构投资者通过操纵交易市场而成为工业集团的所有者，它们是一种特殊类型的股东所有者，**其金融收益战略与工业投资的需求毫不相干，而且它们以极其粗暴的方式提高剩余价值率和获取剩余价值。**"[1]

---

[1] ［法］弗朗索瓦·沙奈：《金融全球化》，中央编译出版社2006年版，第5页。

英美养老基金、互助基金等机构投资者在推动全球金融化中的作用，一方面体现了恩格斯所说的发达资本主义国家工人阶级贵族化的新形式，即以养老基金等方式参与了金融化的收益分享，当然也有巨大风险，属于被"绑架"了；另一方面，这也是资本主义养老方式的缺陷，养老金不足成为进入金融投机的理由。欧美企业的养老金金融资产情况见表6-2、表6-3。英美企业主可以通过养老基金来收集储蓄，相较而言，其他国家，如中国、法国、俄罗斯等就不行。现在中国社会保险基金也是不能直接搞金融投资的，只有国有资本划拨的1万亿保障基金中的20%可以持仓。其实**英美也经历了股市的去散户化，逐步由这些大型机构投资者代替了，只不过人家机构投资者是全球收割补贴国内，中国的A股市场也在近几年经历了去散户化，却是机构抱团割自家韭菜，**割没了散户，一遇到风吹草动就自相踩踏导致股灾。

机构投资者这种大型金融资本，作为英美模式的特点，似乎与工业不再融合捆绑，希法亭、列宁等对金融资本概念的定义就与这种发展形式不相符，即所谓的银行与工业的融合，倒是莱茵模式的德国与此相符。

从表6-4就可以看出来，英美大型工业企业的股权结构非常分散，日本在"广场协议"金融战败后也向着英美模式转型，而德国与此就不一样。机构投资者分散持有的股票，都不可能形成大股东，只会追求短期的股价波动带来的流动性获利，而不会关心企业的长远生产投资和发展。所以，**英美模式更倾向于去工业化、短期化。**

**这种情况也与英美相继取得全球金融货币霸权有关，**

**彼此是相互配合的，通过控制国际资本来实现流动性获利。德国模式的银行集中货币资本控制和保留工业，主要还是通过产业运作循环来获取收益，俄罗斯和中国更倾向于这一类型。**

表6-2 经合组织内部分国家的养老基金资产状况（1980—1993，亿美元）

| 排名 | 国家 | 1980 | 1988 | 1990 | 1991 | 1992 | 1993 |
|------|------|------|------|------|------|------|------|
| 1 | 美国 | 6677 | 19192 | 22573 | 30709 | 33343 | 35714 |
| 2 | 英国 | 1513 | 4839 | 5836 | 6429 | 6705 | 6957 |
| 3 | 日本 | 243 | 1341 | 1588 | 1823 | 1919 | — |
| 4 | 加拿大 | 433 | 1313 | 1718 | 1884 | 1917 | — |
| 5 | 德国 | 172 | 416 | 552 | 586 | 626 | 535 |
| 总计 | | | 9038 | 27101 | 32267 | 41431 | 44510 | 43206 |

资料来源：国际货币基金，1995年，第166页。

表6-3 1990年养老基金金融资产的分配状况（%）

| 国家 | 流动资金 | 债券 | 贷款 | 财产 | 股票 |
|------|----------|------|------|------|------|
| 英国 | 7 | 14 | 0 | 9 | 63 |
| 美国 | 9 | 36 | 0 | – | 46 |
| 德国 | 2 | 25 | 36 | 6 | 18 |
| 日本 | 3 | 47 | 13 | 2 | 27 |
| 加拿大 | 11 | 47 | 0 | 3 | 29 |
| 荷兰 | 3 | 23 | 39 | 11 | 20 |
| 瑞典 | 3 | 84 | 10 | 1 | 1 |
| 瑞士 | 12 | 29 | 14 | 17 | 16 |
| 丹麦 | 1 | 67 | 1 | – | 7 |
| 澳大利亚 | 23 | 20 | – | 16 | 27 |
| 意大利 | 21 | 45 | 1 | 32 | 2 |

资料来源：戴维斯，1995年，第161页。

表 6-4 通用、奔驰和丰田公司五大股份的资本份额比较

| 通用汽车公司（%） | | 戴姆勒－奔驰公司（%） | | 丰田公司（%） | |
|---|---|---|---|---|---|
| 密歇根州养老基金 | 1.42 | 德意志银行 | 41.8 | 樱花银行 | 4.9 |
| 伯恩斯坦－斯坦福 | 1.28 | 德累斯顿银行 | 18.7 | 三和银行 | 4.9 |
| 美国富国银行 | 1.20 | 商业银行 | 12.2 | 东海银行 | 4.9 |
| 大学养老基金 | 0.96 | 巴伐利亚银行 | 1.16 | 日本生活 | 3.8 |
| 纽约银行家信托公司 | 0.88 | 地方银行（无数据资料） | – | 长期信用银行 | 3.1 |
| 五集团总计 | 5.74 | 总计 | 73.9 | 总计 | 21.6 |

资料来源：M. 罗伊，1995 年，第 4 页。

按列宁的定义，金融资本作为银行资本与大工业的融合，依靠产业利润为生，利息是利润的一种分割而已。但美英日金融帝国下的**投资银行、机构投资者，靠的是流动性获利，在形式上不再是对产业利润的分割**，虽然本质上最终都是剩余价值的占有。

**这种流动性获利**，必然像新自由主义那样要求打开国家的资本管制，让资本能够随时自由流动起来。同时，**金融帝国必须有军事实力随时可通过战争或地缘动乱，甚至依靠生物武器的使用发动生物战，来驱赶资本的回流。**

最典型的案例就是日元的美元化。在 20 世纪 80 年代《广场协议》之前，日本的财阀垄断控制的金融资本也是与大工业融合的，赚取产业利润的利息，一头扎进虚拟经济寻求流动性获利。日元升值，贸易顺差还越来越高，外汇储备越来越多，此时美国却是高利率，那还不去买美国的债权股票房地产吗？

最后结果就是，日本资产泡沫崩溃。根据辜朝明在《大衰退：宏观经济学的圣杯》一书中的测算，1989 年后的资产价格暴跌让日本损失了约 1500 万亿日元的财富，因此造成的缺口让企业和家庭进行了至少 15 年的净债务偿还，资产负债表的衰退进而消灭了相当于 GDP 总额 20% 的需求，彻底将日本拖进了泥潭。[①] 这一损失相当于日本 5 年的国内生产总值。

本质上，美国改变了日本原本良性的内在金融秩序——银行资本与大工业的结合，迫使它脱实向虚。日本在 20 世纪八九十年代赢遍全世界的产业优势消失了，现在还有多少值得一提的日本制造业名企呢？

小泉纯一郎当日本首相的时候，配合美国将日本最重要的储蓄存款银行进行了私有化。日本邮政（Japan Post）的储蓄和保险部门控制着 350 万亿日元（约 3.1 万亿美元）的存款，占日本家庭存款总额的 1/4，相当于日本 GDP 的 2/3。《华尔街日报》认为，根据小泉纯一郎支持的法案，**对日本邮政的分拆和私有化可能意味着政府把整个邮政储蓄系统存款的控制权交到私营企业和基金经理的手中……**[②]

所以说，作为金融体系最重要的信用资源的全民存款

---

① 侯秋芸：《资产负债表"坍塌"，日本再续失去的三十年？》，《华尔街日报》2022 年 6 月 19 日。

② 这个分析对中国同类金融机构也有针对性：也是借助 4 万多个邮政网点吸收大量社会存款，2013 年在证券市场上市之后，也是在发展金融投资业务；在经济下行期资金过剩压力下，则把过剩头寸大量转交私人和外资控股的互联网金融机构做较高风险的放贷。

都交给外国基金了，就意味着日元美元化了。日本的半导体和芯片产业曾经辉煌一时，但在20世纪80年代后却逐渐衰落下来，反而是美国支持的韩国和中国台湾发展壮大起来，取代了日本的位置。其中一个很重要的原因就是，日本的半导体产业居然得不到本国金融资本的支持，在产业下行周期中失去了竞争力。相反，日本的金融资本集团却购买了越来越多的美国证券资产，截至2021年6月这一数字超过2.7万亿美元，日本对美国的奉献为全世界之最。

最后，读者们再回忆回忆，所谓"人民币必须升值才能解决中美贸易不平衡"，"中国必须金融化改革，实行利率市场化才能解决国有银行体系的低效率和腐败"，"人民币汇率也得自由化，资本项下必须开放，才能推动人民币国际化"，等等，这个套路是不是非常眼熟？

参考资料：

《日本国会通过邮政私有化计划》，《华尔街日报》2005年7月7日。

［法］弗朗索瓦·沙奈：《金融全球化》，中央编译出版社2006年版。

金融资本主义国家这些庞大的金融资产，并非实实在在的实体资源或者劳动产品财富，而是由美联储与财政部紧密配合，借由多次"无限量化宽松"增发货币下场购买政府和企业增发债务所催生出来的，本质上是通过将人与人的关系变成债权／债务关系来抢夺主导权。

那么美国的金融化历程和形式究竟是怎样的呢？具体来看，美国 2020 年第一季度联邦政府加上各州政府未偿债务约 23 万亿美元，非金融企业未偿债务约 17 万亿美元，家庭部门未偿债务约 16 万亿美元，金融部门对外债务约 22 万亿美元，总规模大约78 万亿美元[①]。所谓债务"金融化"，主要就是指这些债务衍生出证券化金融资产成为虚拟资本。23 万亿的国债不仅是债务，同时也是虚拟金融资产，非金融企业债务中大约有 10 万亿美元的公司债券资产，而基于家庭居民债务衍生出的资产证券化规模超过10 万亿美元。图 6-7 展示了 1980—2014 年美国资产证券化的发展历程。

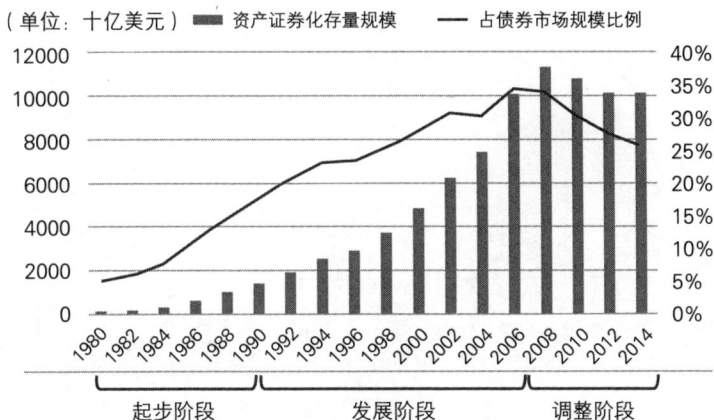

图 6-7　美国资产证券化发展历程

数据来源：https://fred.stlouisfed.org/release/tables?rid=52&eid=799655&od=#。

---

① 美国各项债务数据来源于美联储官方网站，见 https://fred.stlouisfed.org/release/tables?rid=52&eid=799655&od=#。

基于家庭居民债务的美国资产证券化产品可以按照基础资产类别分为住房抵押贷款支持证券（MBS）和资产支持证券（ABS），见图 6-8。MBS 作为最重要的资产证券化产品之一，其偿付给投资者的现金流来自由住房抵押贷款组成的资产池产生的本金和利息。随着市场的快速发展，资产证券化产品基础资产的质量逐渐降低，产品结构日益复杂，市场风险持续累积，由此导致了 2008 年美国次贷危机的爆发。作为导火索的资产证券化产品也遭受沉重打击，危机后发行量逐步萎缩。到 2020 年，美国资产证券化存量规模又开始上涨，年发行量接近 4.3 万亿美元，占当年美国债券市场总发行量的 35%；截至 2020 年年底，存量规模接近 12.7 万亿美元，占美国债券市场存量规模的 25%，仍是美国债券市场的核心品种之一。

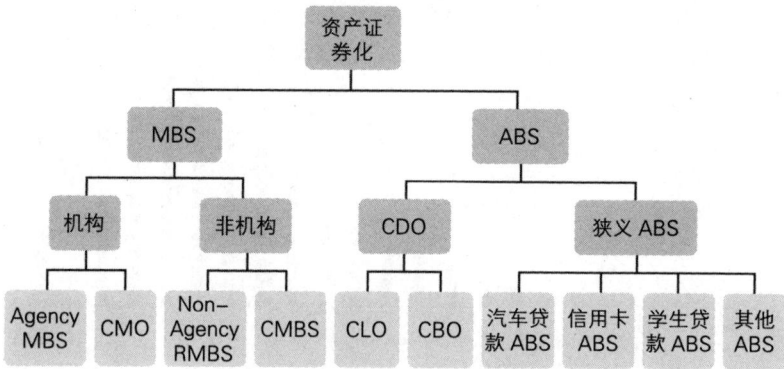

**图 6-8　美国资产证券化产品**

来源：东北证券，SIFMA。

2019 年年底以来的新冠病毒疫情恐慌危机下，美联储无限量 QE 则开始购买公司债券资产。也就是说，美国家庭和公司这两类部门的巨大债务，在经济危机时期将导致相应的被证券化的债券资产泡沫崩盘。

简单来说，就是**美联储通过印钞增发出来的货币创造主要进入了泡沫金融市场**。其中只有很少一部分通过企业进入了实体生产领域，大部分主要通过向居民和政府放贷收取利息完成金融化过程，转化成为虚拟资本的证券资产。之所以说进入实体生产领域的资金很少，是因为**美国企业债务融资拿到的钱主要用于股票回购或其他金融投资，很少用于扩大生产**。

众所周知"钱不能生钱"。遂有美国经济"升级"到金融化的客观过程——台上演的是"钱生钱"的新编大戏；台下运作的则是必须以各种手段力推股市"牛气"驱使国际资本回流美国金融市场。

延伸阅读

**21**

## 美国的超级牛市及股票回购

美国股市基本上就等于美国经济，跟老百姓的生活和企业的经营情况紧紧绑在一起。美国企业的资产负债表跟股市的表现息息相关，美国规模巨大的养老金大部分投入了股票共同基金，大部分美国家庭持有股票资产，甚至美国总统选举都跟股市涨跌有着相当大的关联性。

始自 1981 年的美国股市的急遽上涨可以说是全球最疯狂的股市行情。当时的道琼斯指数在 900 点左右，标准普尔指数只有 100 多点，半个世纪后，股市涨了 30 多倍，如图 6-9、图 6-10 所示。

图 6-9　美股道琼斯指数（1970—2020 年）

图 6-10　美股标准普尔指数（1970—2020 年）

美国股市不断刷新高位，与美国大量的货币增发及其国内税收、分配政策有关。1993 年，美国劳动部时任部长罗伯特·赖克计划取消针对大公司管理层的税收优惠，但遭到强烈反对，最终出台的方案做出妥协——将针对大公司管理层的税收优惠与股价挂钩。这项法案规定：如果上市公司高管薪酬中有股票期权，那么其薪酬超过 100 万美元的部分可以用股票期权进行税前抵扣。这项政策是鼓励高管薪酬中更多地持有公司期权，从而将其薪酬与公司业绩挂钩。此后，股权激励成为美国企业高管薪酬的重要部分，甚至达到 80% 以上。2013 年，星巴克时任 CEO 霍华德·舒尔茨获得了价值 1.5 亿美元的股票期权，同时为星巴克节省税款 8200 万美元。然而当股票上涨时，高管却可以抛售股票获得远超薪水的回报。

在华尔街看来，只要股价上升，高管收入就会增加，公司还可以少纳税，这是一本万利的多赢。在 20 世纪六七十年代，企业会把大约 1/3 的纯利润用来发放股息（股东利润），而把其余的大部分利润用于扩大再生产、提升员工工资和福利、人力资源培训等，但 80 年代之后，新自由主义走上历史舞台，"股东利益最大化"成为企业决策的最高原则，公司的长期价值考量让位于股东的短期利益[1]。

从 2009 年到 2017 年，沃尔玛净利润累计增长是 -2.02%，而股价却翻了一番，其动用了 647 亿美元用于股票回购；IBM 过去 20 年用于股票回购的资金约为 1400 亿美元，而其市值截至 2019 年仅约为 1100 亿美元。2006—2008 年，马丁·苏利文担任美国国际集团（AIG）CEO 期间，AIG 持有的住宅抵押市场次级贷的份额占公司全部资产的 11%，远

---

[1] 关于"股东利益最大化"思想的回顾和分析，参见 John R. Boatright, and D. Windsor, Shareholder Wealth Maximization, *Finance Ethics*（2010）。

高于同行的 3%—4%，次贷危机爆发后该公司股价下跌超过98%，苏利文引咎辞职，最终美国政府以财政出资 1800 亿美元的方式保住了这家公司。引咎辞职的苏利文仍可以拿到4700 万美元的高额退休金。

回购股票和发放股利本是上市公司回馈股东的举措，但把回购变成催升股价的方式，一切就都变质了。美国原本有机会解决这个问题，但 2008 年的次贷危机发生后，本·伯南克执掌的美联储连续降息，在不到一年时间里将利率从5.25% 降到 0。大量"放水"似乎拉住了悬崖边的美国经济，却也带来了新问题：长达七年的低利率导致美国企业在举债的路上越走越远。因金融危机之后的市场需求疲软，企业以极其低廉的成本大举借债，但它们并不进行生产性投资，而是用来回购本公司的股票来不断拉高股价，于是，美国金融市场形成让人"难以拒绝"的恶性循环：发债—回购股票—拉高股价—套现。

参考资料：

［美］罗伯特·赖克：《拯救资本主义》，中信出版社2017 年版。

《牛市的陷阱和宿命》，观察者网 2020 年 8 月 5 日。

相比于上述美国金融体制的运作逻辑和金融化，中国则大为不同。美联储通过购买国债、证券化资产、公司债券来发行货币并进入金融市场，到 2022 年 9 月为止美联储资产负债表近 9 万亿美元。中国央行主要通过外汇占款和商业银行购买政府债券来发行货币，到目前为止也就 5 万多亿美元规模。由此看来，不仅中国央行资产负债表膨胀程度低于美国央行，而且人民币的信用基础也要强于美元，毕竟 MBS 和公司债券都是市场风险资产，信用显然不如国债。

截至 2020 年第一季度中国政府债务余额不到 6 万亿美元，包括中央政府债务和地方政府债务。中国家庭部门债务约 9 万亿美元，非金融企业债务中光是银行贷款就超过 14 万亿美元，另外公司债券形式的债务不到 4 万亿美元[①]。以上各项合计债务总规模约 33 万亿美元，不到美国的 78 万亿美元的一半。但是中国的这些债务所衍生出的金融化资产，包括各类债券总规模还不到 15 万亿美元，而中国的资产证券化产品相比于美国则几乎可以忽略不计。近几年中国的金融深化改革过程中所谓金融创新搞出来的互联网金融，如 P2P 等，有点类似于 ABS，但规模仍然有限，并且因其巨大的风险已经受到国家的严格管制。

由上可知，中美两国的债务占 GDP 比例和基础货币占 GDP 比例差不多，但中国的资产证券化规模远小于美国的 44 万亿美元；若按照人均计算，则更是天壤之别。

中国即使因大量贸易盈余而"对冲增发"，客观上也因人口基数过大没有发生实体产业大规模外移，而刚一开始表现出金融异化苗头中央就强调和坚持"金融服务实体经济"的方针。特别是，中国的货币增发经过国有商业银行和国有企业贷款主要进入了实体经济领域，在遭遇输入型通胀导致国内实体经济下滑的时候，则投向基础设施建设和房地产领域，最终形成的主要是多种所有制和

---

① 关于中国各项债务的数据来源于中国人民银行，见 http://www.pbc.gov.cn/eportal/fileDir/defaultCurSite/resource/cms/2020/04/20200421184510 63867.htm。

多种业态的实体资产。这就是官方公布的 1300 万亿设施性资产的来源。

总之，中国虽然在较短时间内有了货币增发的现象，但与美国不同。美国金融化主要进入虚拟金融市场，最终在住房、商品、服务等消费后形成的只是基于某种债务关系的证券化资产，本质上对应的是一种剥削关系而非实体财富。也就是说，在美国的底层实体经济和顶层货币发行中间，形成了一个高度成熟、规模巨大的虚拟化、证券化金融市场，这个市场生态被一群私人金融资本利益集团把持，由一大批毕业于常青藤名校的金融人才执行操作和提供服务，阻断了增发货币与实体经济之间的通道，导致中小企业很难得到急需的信贷资源。美联储的量化宽松救市货币一进入市场，就会被这个金融黑洞所吸纳，这些资金被用于购买各种类型的证券化资产，以支撑其资产价格不至于崩盘。在此过程中通过投机炒作资本流动性获利，推动资产价格逐渐膨胀。

尽管中国的国有银行业完成了商业化改制和股份化上市，但至今并未形成一个完全自由化、虚拟化、证券化的金融市场。

诚然，一个时期以来国内确实有很多对股市和债市长期"熊气"弥漫的批判，也影响了主流舆论甚至部门决策的导向；但是，一旦中国形成和美国一样的自由化金融市场来主导国民经济，必然导致经济被金融利益集团牢牢把控，并阻碍国家对宏观经济的调控，金融服务实体经济将更加难以执行。

中美两国央行增发货币，都会导致政府、企业和家庭部门的债务大量增加，但关键在于金融市场的规模、体制及运作逻辑不同。随着债务的增加，中国是债务投资基本建设，增加的更多是实体资产；美国增加的更多是虚拟金融资产。

应该说，中国是这个金融资本虚拟扩张时代的另类。那么，对这个金融资本的另类提出的问题，也应该是另类的：为什么中国的金融膨胀跟实体资产膨胀是紧密相连的？为什么中国的金融化主要是进入资源资产的货币化，而非各种债务关系的货币化？为什么只要有资源资产进入市场交易就可以随之增发货币而不发生金融危机？

对此的解释，也应不拘泥于一般。

不可否认的是，中国在推进金融工作的过程中也无法避免被一些利益集团绑架的困境。2020 年一季度末，人民币房地产贷款余额 46.16 万亿元，同比增长 13.9%。其中，房地产开发贷款余额 11.89 万亿元，同比增长 9.6%；个人住房贷款余额 31.15 万亿元，同比增长 15.9%[①]。除此之外，还有地方政府与房地产开发相关的土地抵押贷款，估计至少 10 万亿元的规模。

以上总计约 8 万亿美元的贷款，衍生出一个庞大的房地产金融化利益群体。所幸的是，中国目前还能够强制要求国有金融机构直接压低房地产贷款，转向支持实体经济。何况，哪怕是投资基础设施和房地产建设也比美国那种纯粹进入证券化资产市场空转要好得多。也是因为中国金融化程度低、证券化资产市场规模小，即使央行增发货币，商业银行系统也不得不想办法为过剩货币资本寻找实体投资机会。而且，国有银行高层官员还同时受到中央政府金融反腐部门的监管，如若违背中央关于金融服务实体经济的决策部署而野蛮发展金融机构的风险投资行业，则难以顺利展开。

---

① 《2020 年一季度金融机构贷款投向统计报告》，见 http://finance.sina. com.cn/money/bank/bank_yhfg/2020-04-24/doc-iircuyvh9617665.shtml。

# 三、中国当前面临的局面和形势

2022 年 11 月 29 日，五角大楼正式发布了 2022 年《中国军力报告》。该报告将中国明确定义为"对美国国家安全和自由开放的国际体系最重要和系统性的挑战"，报告还指出"这凸显了两军之间进行有效和及时沟通的重要性"，并特意强调："两国战略竞争的加剧并不意味着对抗和冲突必然发生或是无法避免，我们一直很清楚地表明，我们致力于负责任地管控与中国的竞争，以确保这不会演变成不必要的冲突。"

美方将中方描述为"战略竞争对手"，于是我们看到，2023 年 2 月底，先是美国众议院金融委员会通过十项涉华法案，然后是美众议院外委会又一口气通过了八项"挺台抗中"法案，随后又追加了三项法案以及一项修正案。这些法案包括"台湾冲突遏阻法""不歧视台湾法""保护台湾法""台湾保证落实法""中国不是发展中国家法""海底电缆管控法""中国货币问责法案""中国汇率透明法案""减轻中国金融威胁法案"等。

这些涉台恶法中首当其冲的，就是由金融委员会副主席希尔提出的"台岛冲突阻吓法"，该法案要求美国财政部门对华出招，停止向中国高层官员及家属提供金融服务，以经济制裁的方式威胁中方。毫无疑问，美方这是想要动用金融霸权，依靠自身在货币市场的主导地位，对中方采取单边霸凌手段。

众议员金映玉提出"不歧视台湾法"，以及所谓的"保护台湾法"。前者是呼吁美国支持中国台湾地区加入 IMF，参加 IMF 相关活动并接受 IMF 的技术援助和培训。至于后者虽然叫作"保护台湾法"，实质却是制裁中国大陆，若大陆对台采取行动，美国就不允许中国代表参加二十国集团峰会（G20）、国际结算银行等国际组织活动。[①]

须知，在全球 90% 以上的信息是用英文发布的这个硬约束条件下，中国面对西方主导的话语竞争的困境，是显而易见的！何况在霸权国家的字典里可以把阴谋诡计堂而皇之地解读成巧实力，海内外的敌对势力精心地策划着各种舆情运作。结合上文对美国主导金融资本全球化阶段的恶性竞争及其"赖债"需求，也可以发现美国针对中国的很多选项是有"战略"理性的，具体措施也很有计划性。

例如，2019 年中国香港爆发某些外部势力参与的暴力冲突，反对内地的暴力活动往往发生在香港岛的金融中心，而不是离内地最近的口岸。这些行动所针对的是香港作为中国内地的融资中介，进入中国的约 70% 外资是经由香港融资市场。分析其规律可以看到背后目的就是打掉中国的海外融资渠道，阻遏国际资本流向中国。当中央政府开始推出国家安全法，首先遭遇到的制裁措施是美国试图割断港币和美元之间的联系汇率制，甚至还扬言将中国香港踢出 SWIFT 国际银行结算体系。客观来看这是金融资本霸权采取的具有战略理性的措施。

中国香港恰恰是跨国公司为主的海外大金融资本集团最集中的地方。如果仅从美国人离不开中国的一般消费品这种解释出发，判定美国不会硬脱钩，那就会做出误判——美国这些做法遵从的不是简单的市场理性，而是"币缘战略"的金融扩张理性。

不仅如此，美国还意欲将在美国本土上市的中国公司踢出，这些中概股是中国企业融资的一个主要渠道。美国一步步紧锣密

①《一天内，美众议院通过 10 项涉华法案》，《国防时报》新媒体 2023 年 3 月 1 日。

鼓地采取行动，包括此前对中兴、华为等企业的制裁，以及 2020 年 7 月特朗普总统签署行政令，要求中国字节跳动公司在 90 天内剥离抖音海外版（TikTok）在美国运营的所有权益，就是要从科技到金融彻底将中国隔离开来，其实质是争夺高科技市场的资本流动。

近几年全球大部分产业受到冲击，而代表美国科技股指数的纳斯达克指数急剧膨胀，见图 6-11。我们不应忽视的是，美国政府出于战争目的对这些科技企业的支持。由施密特领导的新智库"中国战略组"撰写的名为《非对称竞争：应对中国科技的战略》的报告，建议在科技领域同中国开展"非对称性竞争"。除此之外，作为美国国防创新咨询委员会主席的施密特，还通过风险投资公司向多家国防初创企业投资数百万美元。国防创新咨询委员会创建于 2016 年，目的就是与国防部形成直接对接机制推动高新技术与军事领域的融合，亚马逊公司创始人贝索斯等十余名硅谷科技企业负责人被邀请加入。[1]

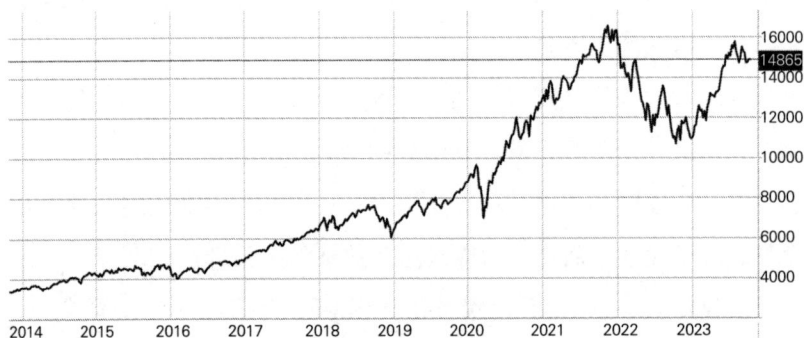

**图 6-11　代表美国科技股指数的纳斯达克指数近年来急剧膨胀**

---

[1]　丁军等：《美国硅谷，为何被五角大楼政治化？》，《环球时报》2022 年 9 月 29 日。

随着 2014 年美国退出 QE，2015 年年底开始加息，新兴市场国家的原材料和能源出口价格应声下跌，当即从通胀陷入通缩，资源出口国的经济危机全面爆发连带全球贸易相对萎缩造成中国危机加深……这些都是中国 2015 年推出"工业供给侧改革"的背景。由此一直到 2020 年，世界经济都没有任何起色。几乎所有的传统产业部门都日渐萧条，中国除了房地产业异军突起之外，就只有互联网和信息高科技产业维持着增长。而这两个产业正是美国意欲掌控的核心领域。因此中国一段时期以来面临的一个矛盾是：一方面是野蛮生长的房地产资本纷纷赴美上市或发债，得到巨大财力回来跑马圈地进一步推高已经泡沫化的地市和房市，同时制造舆论吸引老百姓进入虚高的投机性房市；另一方面，则是有关势力联手不遗余力地打压中国数字技术企业和支撑"工业 4.0"的高科技企业，防止现实和潜在对手形成竞争实力……

互联网和信息高科技产业的特殊之处在于，一方面与金融资本紧密结合深深地影响着资本市场；另一方面，互联网是当今世界最重要的意识形态战场，不仅是美国对外的软实力竞争平台，而且还是对内选举政治斗争的重要工具。

然而，这个时候对外依存度较高的中国依然不得不勉力维持对外开放，其实是金融资本主导全球化下的形势所迫。在此类制度条件下，国内这些年所形成的实物资产会被国外的"硬通货"涌入完成货币化。当前世界上主要的工业化大国中，只有中国还存在着资产的正收益；西方因为债务过高，其资产收益接近于零，甚至大量资产是负收益。这势必形成大量的西方资本迫切涌入中国，结合西方对中国的制裁和打压来看，中国国内的实体资产价格迅速下跌的时候，正好是国际资本抄底的机会。

客观地看，中国现在所面临的挑战局面是非常严峻的。传统的外向型经济发展方式所带来的潜在风险巨大，中国的 GDP 增长主要来自大量进出口，导致过多依赖海外的能源、原材料。一旦海外制裁导致西方金融体系的"去中国化"，对外贸易就会受到巨大打击。更为深刻的问题在于对这种与"底线思维"相悖的增长方式，很难要求各地和各部门有足够的"思想准备和工作准备"，很少人认真思考以现在的这样一种发展方式，能否持续走下去。

## 四、中国如何应对

这一系列"历史上前所未有"的冲突和挑战正在发生，这必然会对中国经济和社会造成非常大的冲击。2021 年年底中央经济工作会议指出，当前中国经济发展面临需求收缩、供给冲击、预期转弱的三重压力。面对这三重压力，中国将以什么样的方式来应对呢？

首先，中央领导人在会议上明确讲，中国未来将推动以国内大循环为主体的双循环战略，也就是说并不主动放弃国际循环，只要现在这个全球化不解体，只要占据霸权的对方没有真正实现彻底的去中国化，中国还是会尽最大的努力来维护开拓国际市场的这一外部条件，特别是像能源、原材料、农产品等对进口依赖的初级产品。

同时，要转向以国内大循环为主体的发展战略，就必须练好内功、夯实基础，贯彻包括乡村振兴和城乡融合等转型战略。国内大循环的关键就是要以全国统一大市场为主要需求导向，拉动中国的投资转向农村和广大内陆地区。而统一大市场将不分区域、覆盖全国，以更具通用性的制度、规则和进一步互联互通的设施，推进各项便利创新的要素全境流动，以及城乡土地等资源要素的同权同利，才能做到城乡要素的高效流动。同时还要加快公共建设，推动城乡平等的公共服务供给，充分利用制度创新和组织创新，方便市民下乡、村民进城以及合作创业、自由就业。

乡村振兴、城乡融合是遭遇美国打压以来提出的相辅相成地撑住"国内大循环为主体"的两个新战略。一方面能够有效地服务国内居民的经济生活，是稳定大量低收入人群以生态为生存依据的基础，也是全国统一大市场的题中应有之义；另一方面，还是追求共同富裕、人与自然和谐共生的中国式现代化的主要内涵。

这些战略设计不是临时抱佛脚。中国于 2005 年提出社会主义新农村建设战略，早期行政村一级基本上实现了"五通"（水电路气＋宽带），自然村一级也实现了"五通"。伴随大量国家投资下达到县以下的乡村基本建设，实际上，很多贫困地区的村内公共设施已经连通到户，为电商下乡、农产品上行提供了可能。

乡村振兴战略是 2017 年 10 月的中共十九大确立的。接着就遭遇 2018 年 3 月美国挑起的贸易摩擦。与之对应，中国 2019 年把乡村振兴战略提升为"应对全球化挑战的压舱石"。2020 年新冠疫情暴发以来，自然条件较好的乡村没有发生疫情；客观上发生数以千万计的市民下乡入村自主养生抗疫，同年国家提出城乡融合战略，与之配套的是从一般的"农旅结合""森林康养"，向"田园综合体""大康养"等产业升级；主要就是在城市发生各种各样危机的时候，让城乡之间的交流特别是城乡两个要素市场的自由流动乃至于人的自由流动，成为新的趋势。

城里人不仅可以大量下乡，而且在乡下有谋生的条件。当大危机爆发，往往是"大乱避乡，小乱避城"。城市几乎都要靠大量的外部输入能源、原材料才能维系，当保障外部供给的物流中断，城市化的生存方式就会受到巨大挑战！由此，中央 2020 年确立国家"十四五发展规划"时提出的城乡融合，就是应对霸权国家这种非理性挑战的重要战略。

"国内大循环为主体"和"乡村振兴"这两个内在相关性强而且具有稳定作用的战略确立之后，第三个相关性强的操作性措施是"新基建"。其中最有创新性的是以高新技术特别是数字经济需要的新基建带动的低消耗高质量发展措施，来形成"新旧动能转换"维持稳定增长的条件。值得关注的是成为被美国和西方作为制裁依据的向"工业 4.0"升级的战略，包括 5G、大数据体系、人工智能体系等的建设。这些都可以在原有产业内部形成挖潜条件。比如食品产业如果有大数据支持，就会很大程度上节约批发和物流成本，贯通生产者和消费者，提升产业总体效率。

总之，乡村振兴、城乡融合、新基建等这些提法，都是用来支撑"以国内大循环为主体的双循环战略"的新发展方针。在新的"三大战略"支撑之下，中国将有可能化危为机。一般而言，危机挑战确实是客观的，不可回避，只能通过国家的宏观战略调整来应对。这个应对的导向就是 2007 年已经提出的生态文明。中国只要顺利推行这三大"以国内大循环为主体"的战略，就可以走出一条以生态文明为导向的可持续发展道路。

中国要搞好乡村振兴的产业兴旺，需要把农业供给侧改革和金融供给侧改革结合在一起。在推进生态化的乡村振兴战略的时候，需要和城乡融合战略结合在一起。本书的研究团队，在相关领域都有具体的政策建议，如在县域经济方面，我们提出关于重构新型农村集体经济的"三级市场"的制度设计，利于县域经济发展融入地方商业银行头寸激活沉淀资产的平台融资；在生态产业化和产业生态化创新发展方面，我们提出"两山"资源一般都以村社地缘边界为产权边界的观点，据此认为，需要重构新型集体经济为载体才能推进生态资源价值实现等。

### 延伸阅读

**23**

## "三级市场"制度设计推动生态资源价值化实现

中国共产党的十九大明确提出实施乡村振兴战略，建立健全城乡融合发展体制机制和政策体系，深化农村集体产权制度改革，保障农民财产权益，壮大集体经济。我们认为，乡村产业兴旺的关键是活化农村因在工业化时代不被定价而长期沉淀的生态资源。中国农村的基本国情是小农经济将长期存在，城乡之间要素合理流动机制滞后。为此，只有在"两山"（绿水青山就是金山银山）理念的指引下通过生态资源价值化实现形式的创新，才能在生态文明转型的大背景下，促进城乡要素有序流动，壮大集体经济和增加农民财产性收入，也才能重构农村可持续发展与治理有效的经济基础。这也是推进农业供给侧改革和构建乡村振兴经济基础的关键问题。

由于农村资源属性和经济基础的特征，导致任何外来主体进入乡土社会时，都面临"交易成本"过高的问题。因此，在推动农村生态资源价值实现的过程中，不同的产权与制度设计又会反过来对交易成本的大小产生影响。如何最大限度降低交易成本，提高资源资本化的收益以及如何对收益进行合理分配,是农业三产化背景下进行制度建构需要考虑的核心问题。在这方面,可以参考三级市场的制度设计,解决小农经济衔接现代化问题。这和2019年中央一号文件提出要总结和推广资源变资产、资金变股金、农民变股东经验是一致的,一号文件指出要深入推进农村集体产权制度改革,加快推进农村集体经营性资产股份合作制改革,继续扩大试点范围,健全农村产权流转交易市场。

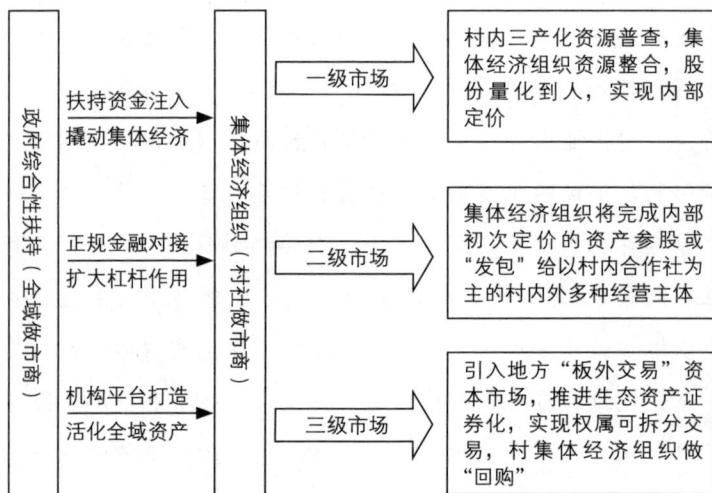

图6-12 三级市场与政府作用简图

如图6-12所示,三级市场制度设计具体如下:

首先,借用上市企业先在一级市场完成股权设置及协商定价的制度,让乡村集体经济组织在农村生态资源转为股权过程中发挥类似股票一级市场"做市商"作用:要让村集体作为村域内部"资源整合者",完成村内涉及三产的资源的内部"初次定价"，依靠村内组织等社会资本与传统惯习促使形成村民股权的交易合约结构化，使之可在内部做价值化流转。很多地方做的"资源变资产、资金变股金、农民变股东"工作其实就是一级市场，只不过没有做一级市场的设计。

其次是对外引资相当于形成二级市场：集体应该承担村域资产管理公司的职能，通过各地的"农村产权交易所"将在内部完成了初次定价的资产"发包"给村内以合作社为主的不同经营主体，也可以同时依据合作社法引入外来投资主体参股，形成PPP模式的组合投资和三产化资源的多元开发，推动资产增值；所取得的资产收益应该在做出一定扣除之后按股返还村民，以此体现农民的财产性收入。

最后，为促进资源性资产的直接融资，活化大量占压的地方财政投资，各地在二级市场形成之后可以及时引入三级市场——通过地方性"板外交易"作为直接融资渠道，发育地方性的板外交易市场，推动乡村集体股权资产委托交易的证券化，实现全域生态资产价值化增值条件下的可拆分交易，以此与外部社会资本对接，做大信用资本，进而对接外部过剩的金融资本。地方板外交易的退出机制设计及其运行，都与交易品对应着的村域生态化实体资产的不可移动性有关：在这种板外市场上的投资人需要退出的时候，实体资产所在的集体经济组织可以按照一级市场初次定价的价格扮演"回购商"角色来兜底，借此弱化"板外交易"的风险，维持生态资本"预期价值"市场交易的可持续性。

同时，在上述三级市场的整体制度设计中，政府需要扮演全域性资源资本化的"做市商"角色：一方面在一级市场构建之初把基础设施建设和对村社集体经济的优惠政策和资金支持都当作撬动集体经济重构的杠杆，不断通过"杠杆1-N"来增加集体在乡村股权化资产中的比重；另一方面还要组建本地产权交易平台和择机推出板外融资市场，培育具有公共属性的机构投资者率先投资。二者结合，才能提高区域总租值，助推全域社会生态资源经济价值化增值。

　　总体上看这种制度设计有着巨大的制度收益：

　　第一，有利于将人气和要素引到乡村，推动生态资源价值实现，促进人与自然复合的生态系统全面修复，构建城乡融合的共享经济新格局和多元群体互动的治理体系新局面。

　　第二，有利于提高占中国人口大多数的农民消费能力，最终实现县域城镇化战略由投资拉动型向内需拉动型的阶段性转变，从而减轻我国经济下行压力，促进经济持续健康发展和社会大局稳定。

　　第三，通过三级市场制度，可以有效促进资源再定价，吸纳货币增发。

　　具体如下：

　　中国 2018 年的 M2/GDP 为 200%，为全球最高水平之一。但也不能简单据此判断中国经济金融深化必然有高风险。中国对比其他先进经济体有一个明显的特征，就是在农村地区有大量资产还没有进行定价，或者其资产价值未显化。城市资本全面过剩，迫切需要寻找被资本化的资源；客观上看，城市资本下乡已经无法阻挡，这也有助于扭转农村长期以来资金要素净流出的趋势。

在生态及文化资源资本化过程中，集体经济组织起关键作用。

小农要参与乡村振兴战略融入现代化进程，必须依靠集体经济发展来提高农民组织化，这就要通过发展综合性合作社来壮大集体经济。这符合农村资源权属特征和经济社会发展要求。配合国家的生态文明及乡村振兴策略，农村社区集体经济作为主体能有效地把具有生态及文化内涵的资产价值显化。通过生态及文化资源价值实现形式的制度创新，使其变成吸纳货币的可交易资产，能有效撬动金融和社会资本以良性方式更多流入农村。进而实现土地、劳动力、资本和技术要素的在地化和有效回流，实现基于在地城镇化的乡村振兴。一方面能够用金融代替财政，缓解地方财政在负债压力下加大对生态建设方面的投入压力；另一方面，通过把预期收益高于基金投资的可持续生态产品推上市场，将城市的过剩流动性引入农村，促进农村生态及文化资产增值和农民财产性增收。增量收益能成为集体经济组织扩大再生产，以及村社集体提供公共服务、改善乡村治理，进一步增加区域总地租的经济基础。

只要有关的制度创新安排恰当，广泛农村的文化及生态资源价值化实现，则 182 万亿的广义货币存量水平绝非过高，兴许犹有不及。

农民及农村的主体活跃性吸纳过量增发的货币供应，在新中国已经发生过不止一次。在《去依附》一书中详细论述的新中国第一次危机，及其后 1978 年的农村土地承包制改革，客观上发生的正是这个过程。这是笔者在不同场合多次强调"亿万农民救中国"的主旨。经历全球化及激进金融化后中国的巨额 M2 存量"堰塞湖"，究竟会无处宣泄、汹涌出资产泡沫洪流，最终淹没国民经济，还是成功促进中国经济及社会优化转型，走向真正的生态文明？其关键，就在于乡村振兴策略是否能贯彻落实。

参考资料：

温铁军、罗士轩、董筱丹、刘亚惠：《乡村振兴背景下生态资源价值实现形式的创新》，《中国软科学》2018 年第 12 期。

经历数十年的全球化及新自由主义，世界各地的社会及生态系统均出现了反作用（或卡尔·波兰尼提出的"双向运动"）。与此同时，虽然中国资本走出去的策略，主要是求发展机遇，而非求称霸，无奈匹夫无罪，怀璧其罪，由于单极霸权国家无法摆脱受控于西方"一元论"哲学思想的修昔底德陷阱与冷战意识形态的奇妙组合，所以像中国这种体量巨大的国家，其任何动向无可避免地都会被判断为侵犯了现存霸权的地缘及币缘势力覆盖。

中国不会走回孤立锁国的另一极端，但充分利用中国作为大陆型国家的广阔战略纵深，转化城乡、地域及收入差距为内在的发展势能，深挖壕、广积粮、修内功，无疑是令中国立于不败之地的又一支撑。

如果中国能够贯彻落实乡村振兴，不偏离生态文明的大战略方向，也许中国仍然能够有应对全球危机爆发的基础。

以乡村振兴应对全球化解体的重大挑战，是一个非常深刻的战略思想创新，它是国家重启"国内大循环为主体"重要的基础战略。乡村振兴最能够形成的是生态经济需要的新生产力，要开发新的生产资料，就需要和新基建对应的绿色投资结合起来，在生态文明导向下，投资到山水田林湖草的综合规划、系统开发上。而这意味着把过去工业化时代所追求的平面资源开发，转变成空间生态资源的立体开发。所以说，生态经济是国内大循环的主要对象。

须知，中国属于五大气候带覆盖的三级台阶的地理分布，浅表资源千差万别，因多山多水多沟系，各种地形都有，所以生态化是我国非常重要的发展基础，只有乡村社会的生态化发展，才能使空间资源的综合开发、综合利用成为中国国内大循环的重要内涵。

为此，如果把金融供给侧改革嫁接进来，以各个农村的村域范围内的生态资源作为发展基础，县级平台公司就可以暂时搁置那些粗放数量型发展时期形成的死资产，转而配合村级集体经济的公司化改制，代理发行村域生态产业化发展的生态债券。然后，人民银行据此增加本国的货币发行，逐渐把过去人民币对冲外储的被动增发而不得不靠"经济的对外依存度"增加来维持外储的流入的金融外向型发展方式，改为锚定生态资源价值实现的"国内大循环为主体"的发展方式。

据此看，中央政府提出的乡村振兴战略确实产生了应对全球化解体危机的"压舱石"作用。上文述及，以县为本的"全域"的生态资源价值实现，在客观上会使"主权货币"重新锚定在新型县域经济需要的"全域"生态资源的开发上。其一，用预期收益相对稳定的生态债券来吸纳社会投资人，使得大量过剩的金融资本被县级平台融入转为下乡投资。其二，此类金融下乡又是由重构了生态资源所有权的村集体掌握，由村集体入股到合作社再进入具体经营。

其三，县级平台公司为村级集体经济承担全部风险的条件下，县以下农村改制形成的是以村集体为名的公司化。在一个县，一般有一两百个村子，金融与农业两大供给侧改革集成创新，就会发育出上百个规模以上的资源管理开发公司，类似的制度创新促进经济发展，在全国就会构成一个有几十万家村公司化运营的村民集体所有制支撑着的国内大循环的重要基础性力量。

所以说，要把生态债（或者"乡村振兴债券"），通过县级平台和央行货币发行锚定在一起，让它变成服务于国内大循环的县域平台融资的资本闭环体系。

若我们在各地的"生态产业化＋产业生态化"试验能够成功，则需**再进一步推行"生态资本深化"，因地制宜地推出野化动植物不同生长期的"价值增量分段分拆交易"**，纳入各地的地方性的板外市场，让国内的资本循环和村集体公司对村域生态资源的开发紧密地联系在一起。

凡此种种，只要以国家主权能够掌控的生态资源为依据推动整个货币体系和资本市场体系与生态资源的产业化开发结合起来，就能形成一个国内大循环的经济体系。

金融主权是国家的核心经济主权。中国曾经在 1994 年进行过"一步到位"的汇率市场化改革，人民币对美元一次性大幅度贬值57%，确实促进了出口，吸引了海外资本进入中国投资；同时，也可以说是人民币正式与美元挂钩。1995 年正式确立中国人民银行的中央银行地位后，人民币随贸易顺差增加而缓慢升值，但大体保持稳定。由于中国的货币发行与顺差构成的美元外汇储备的增减紧密相关，直到 2012 年才取消强制结汇制度，即使如此，人民币的发行对美元依赖还是很大。直到 2015 年股灾后发生美元大量流出，中国才开始尝试自主发行大量人民币，依托的是本国政府债券。更进一步，有必要探索依托生态资源价值化来发行的主权货币。

我们认为，习近平总书记提出的"两山理论"——绿水青山就是金山银山，其在 21 世纪中国加速进入金融资本经济的基本内涵就是要实现本国货币锚定绿水青山，能够像以金银为本位那样价值牢固。若然，就必须让基础货币进入"去房地产投机"的有效消费和生态产业化领域。这样，就不至于进一步拉大贫富差距，货币的价值尺度职能就不会被破坏，所谓的货币换锚才能得以实现，"两山理论"要做的"生态资本深化"也才能落实。开展就地乡村建设，生态资源价值实现之中内生的潜在租金收益才能变成有效消费，才能拉动乡村百业投资需求，过剩资本才有出路。

由此，在西方国家相继推出"量化宽松"（大规模增发货币）所带动的全球通胀之中，人民币依然会保持相当的稳定性，因为它有独立的生态产业化充实起来的财产基础作为支撑。所以说，在美国强行推动全球产业链"去中国化"的风险下，更需要打造乡村振兴中的生态产业化基础作为人民币的支撑。

同时，中央于 2018 年遭遇美国政客挑起贸易摩擦之初提出了要准备过三年"紧日子"，需要全民有足够的思想准备。回看历史经验，1950 年被美国封锁，1960 年被苏联硬脱钩，中国都曾经有过 10 年左右的紧日子。那个时候的全民贫困，可以认为是被动实现了对美国和苏联两个超级大国的硬脱钩的代价。

可见，"去中国化"这些事，不是现在才遇到，上一代人都经历过，直到 20 世纪 70 年代中美关系初步恢复以后才逐渐淡化。中美外交关系正式恢复没多久，1989 年苏联东欧社会主义阵营崩溃，美国发起对中国的制裁，其也要求外资全撤，那个时候中国正在工业化高涨时期，中国全无准备，于是在遭遇资本绝对稀缺的条件下进入了 4 年的衰退期，其间有邓小平"南方谈话"和党的"十四大"。直到 1993 年中国经济才再度进入增长阶段。中国当时以国内财政金融收紧，减少对国企困境的缓和支持，将这类"顺周期"理论当作措施并使其成为政府主要的调控手段，但仍然出现了 1994 年 CPI 高达 24.1% 的严重通胀，几乎是陡然就从上一个危机跌落到下一个危机。之后逐渐转向外需拉动为主，又勉力恢复对西方的各方关系，这一阶段一直持续到 2001 年中国加入 WTO。

中国在后冷战阶段经历了单极霸权"不战而胜"的整个 20 世纪 90 年代，既要面对美国及西方制裁的压力，又要应对国内恶性通胀、生产停滞的"滞胀危机"。遂以西方经典理论做了顺周期调节，宏观上加强财政金融紧缩，同时降低门槛吸引"三来一补"的低端外资；微观上则推进企业"抓大放小""减员增效"……虽然有关方面在 1996 年提出"三年软着陆成功"的判断，但由此付出了企业大量破产倒闭、职工大规模失业，以及贪腐横行、农民负担加重等巨大制度成本，终于跌跌撞撞、磕磕绊绊地渡过了危机；这些代价使"软着陆"概念难以被社会接受！

随之而来的是 1997 年遭遇亚洲金融危机发生的外需陡然下降。在内外交困的复合危机之下，唯靠中国特色的举国体制，中央指令性地直接推行"逆周期调节"，一方面大规模增发国债推进"东北振兴""西部开发""中部崛起"等区域再平衡战略，加强被交通、电力等基本建设重资产投入强化的"第一资产池"，创造重工业和设备制造业的市场空间；另一方面，基建投资又打下了 21 世纪加快城市化带动房地产发展的"第二资产池"的基础。

2010 年至 2020 年，中国的房地产爆发式增长，短短十年间，中国建造了世界上最多的房子，用了最多的水泥钢筋和原材料，这一方面使中国保持了高增长，另一方面也造成了房地产的相对过剩。

所以，**当前应适时打造第三资产池作为替代。**

除了传统的在经济下行时放松银根强力助推的"逆周期"调节，这次主要还包括 7 万亿的乡村振兴"跨周期"调节，激活大量的实体资产和政府投资的沉没成本。随着乡村的物业和资源性资产的开发，将会形成"第三资产池"有力地支撑国家经济向国内大循环为主体做战略转型。这不同于把农村土地集中起来搞连片的、规模化的大农业。今后中国将会把乡村振兴作为国家生态文明战略的基础领域，带动城乡融合，推动各个方面的社会投资进入县域经济，推动农村的"三变"改革，让农民也享受到长期财产性收入。

前事不忘后事之师，中国在 20 世纪 90 年代的后冷战阶段应对美国及西方制裁的经验过程，原本就应该是面对当前打压的一个重要的思想理论和政策讨论的来源。至少应该把握其最明显的教训：照搬西方制度及其理论不能有效应对西方制裁造成的经济困境，反而会造成巨大制度成本。

从中国经历过的冷战不同阶段的历史来看，制裁与反制裁的经历几乎体现了这个最大发展中国家从"去依附—半依附—完全去依附—回到再依附"的演变过程。实际上，朝鲜战争引发的是 20 世纪 50 年代的全面制裁，那是新中国经历的第一次冷战局部热战造成的对美国和西方的被动"去依附"；同期，因全面接受苏联援助而纳入了对其"半依附"的境地。然后是 1960 年苏联撤资使中国对两个霸权控制的西方两个经济体系完成彻底"去依附"，开始了"一个世界两个体系"之外的第三个体系——"独立自主自力更生艰苦奋斗勤俭建国"的伟大斗争。30 年之后，1989—1990 年苏联解体后中国又经历过一次美国带领西方的全面制裁，在工业化高涨时期陡然遭遇到资本绝对稀缺的困境。

算下来，美国对中国的制裁差不多是 30 年一次，最近的阶段始自 1990 年，虽然贸易摩擦是 2018 年开启的，粗略地看，也算是 30 年一次。

短短半个多世纪，中国已经事实上经历过三次以美国为首的西方制裁；外加一次以苏联为首的东方或称另一个西方体系的制裁。这期间大国之间战略竞争的纵横捭阖，内部各类精英群体的风云变幻……至今多所魅惑，难以祛蔽；遑论被深刻揭示。

为此，本书的目的之一，也是希望把这些显露在表面的经验教训归纳起来，以利于应对中国可能再度遭遇的全面制裁或者部分封锁。

# 结 语

中国提出生态文明转型和构建人类命运共同体，有一个共同的内涵，就是从人类身处其中的资本主义社会挣扎图存，勉力转型为"人与自然和谐共生"的生态化社会。这也是中国式现代化的特点之一。

一方面，如果我们只会沿着已经造成巨大代价的、代表西方中心主义现代化老模式的"工业化+城市化"走下去，就不可避免地在老能源、老产业、老市场等传统领域纳入资本主义内生性矛盾。因此，生态文明战略也是中华民族伟大复兴得以超越西方中心主义内生性冷战矛盾的重大转型。这也就是毛泽东当年指挥那一代中国人的伟大斗争的时候说的"大路朝天，各走半边"，"你打你的我打我的"……

另一方面，近几十年以来，全世界范围内发生了非常多严重的极端气候事件。环境恶化叠加气候变化所带来的各种各样自然界的灾变，洪水与干旱交互发作，是比金融资本阶段的对抗性冲突更为深远的、更有历史性的全面挑战。客观上，谁都知道这是人类按照资本主义的发展方式过度向大自然索取、破坏了生态环境所造成的共同的生存危机；但资本主义主导的人类世界，碍难自觉反思，遑论自动转型。

据此，当中国开始强调向生态文明做战略转型的时候，其实是对人类命运共同体所做出的一个巨大贡献。中国是世界人口最多的国家之一，并且也是制造业最大、金融总量最大的国家，同时也是资源枯竭和环境污染最严重的国家之一。如果中国能够渐进地实现这个巨大人口的大国向生态文明的战略转型，那对于世界来说既有重大历史意义，也有现实意义。

美国和西方成为高债务国家而中国仍有较高"债权"，西方实质上成为"赖债联盟"，之所以祭出老冷战意识形态化的陈旧武器，咄咄逼人却蛮不讲理地对中国进行软实力攻击，主要就是为了赖债，若打赢了，还可以用过剩美元来收割中国没有货币化的资源性资产……对此，几乎没有中国按资本主义方式单方面做努力就能够化解冲突之道。那么，中国也只能利用自身地理气候资源多样性的生态化优势，转向生态文明发展，才能改出与西方的冲突的困境。

当前的重点，是提升中国的主流意识形态主动接受"三新思想"的自觉性①应该在话语权竞争上积极配合自身战略转型，尽可能使世界各国，特别是南方国家，能够关注中国在生态文明转型中的各种经验和教训，关注中国的各种转型政策，这将对整个地球村走向可持续的生存有很大帮助，也有利于中国在世界上形成创新性的软实力，位势上高于西方在资本主义社会这类低层次的话语构建。生态文明转型通常要求"两型经济"，即资源节约型、环境友好型的经济，最终朝向一个可持续的包容性社会发展，这才是"高层次"软实力——代表人类社会应该共同努力的方向。

---

① 2021年第9期《求是》杂志刊发了习近平总书记重要讲话《把握新发展阶段，贯彻新发展理念，构建新发展格局》。

从这个角度来说，2011 年，本书作者带领的研究团队，在组织"第一届南南可持续论坛"的时候，就明确提出了三个原则：

一、资源的在地化主权"Sovereignty"，本地的原住民应该对本地的资源环境拥有主权，可以自主开发，自主利用；二、团结共建"Solidarity"，各种社会力量努力实现联合，才能有稳固的社会基础；三、要有可持续的安全基础"Sustainability"。"3S"的基本原则是我们想要跟世界各国的朋友们分享的。按照这样的原则，才有资源自主的经济发展，才有可持续、包容性，才真正符合生态文明可持续的发展方向。

乡土中国是软着陆的载体。尤其是原住民社会的乡村，有着非常丰富的生存韧性，可以借用外来概念称之为"海绵社会"——类比城市规划师提出的城市应该是吸纳降雨和其他天然来水的"海绵城市"，乡土社会从来就是个"海绵乡村"。当人类社会发展到一定阶段，各种各样的资源环境越来越紧张的时候，往往会出现恶劣的气候变化，引发巨大的社会冲突。这个时候，人口约束高度密集的大城市，就更加难以维护。一般的军事性冲突首先攻城略地率先攻击和破坏城市大型基础设施，乡土社会才是人类生存下去的更大的机会，才是应对危机的避难地。从中国自己的历史演化过程来看，每当大的战乱爆发，城镇人口都会向乡村和山区转移。比如，南方很多客家人的祖先就曾在北方的城镇生存，战乱之下整个家族向南方山区转移避难，在那里再度恢复祖居地的文化并调整为与当地自然条件相适应的生存方式。于是就有"失之中土取之蛮夷（东夷）"的说法。

历史经验说明，跟自然资源、生态紧密结合的乡土社会，是人们在遭遇危机时候的避难所。本书的研究团队在参与和推动的"中国当代新乡村建设"的早期，就已经看到了盲目追随现代性的激进化大潮之中必然爆发关乎生存的危机。我们在 21 世纪初发起新时代乡村建设的时候就提出，在这种激进发展方式造成的危机爆发的时候，尽可能稳住乡村社会这个中华文明伟大复兴的根基。乡土并不是自然而然地就能承载危机，一定要通过多元化建设。近代以来，中国的乡村建设运动之所以能够在这一百多年的激进之中主要靠民力得以延续，恰恰是因为这一百多年是中华民族充满着各种严峻考验的历史阶段。

从早期帝国主义列强侵略，到国家内部发生分裂形成军阀割据混战，后逐渐形成民国的统一，再到新中国破除各类列强操控地方势力的国家主权的全域建立，再到进入国家工业化……这一百多年的跌宕起伏，正是因为有一批人俯下身去身体力行地在乡村开展改良和建设，才有多少劫后余生的庆幸。否则在遭遇大危机、民族生死存亡之际，未经建设的乡村社会也无力承受巨大冲击。

新时代乡村建设的各种做法，正是吸收和继承了过去一百多年，在风风雨雨中转向踏踏实实开展改良和建设的历史经验，尝试维持住一些尚能达到可持续要求的乡村领域，使其得以尽量避免城市为主体的社会爆发的危机。亦即，城市越大消耗越大、生存条件极其脆弱，每日每时都要吸收乡村供给的食物、原材料、水和劳动力。一旦人类不能在城市靠外来生活资料维持生存的时候，乡村就有可能像一块海绵那样，缓冲和化解爆发在城市因过度激进的发展主义而形成的危机局面。

2017 年以来这个新阶段提出的乡村振兴战略，一定要跟国家遏制金融资本异化于实体经济的金融体系重建紧密结合，本书提出以国家主权能够控制的空间生态资源的开发来支撑县级乡村振兴平台公司代理村级公司发债的观点，因为债券是资本市场上可交易的资产，只要不断地把乡村为空间载体的生态资源通过"三变改革"

实现实体资源的股权化，就能够将其变成可在一定条件下进入产权市场合法交易的资产，这个乡村振兴债就有了实体资产不断纳入变现交易的基础。由此，乡村振兴就能够带动整个国家货币体系重构脱离美元外汇的信用基础，中央政府就可以借助国家债务和主权货币这两大信用工具，构建乡村社会的生态化发展过程中"生态资本深化"的稳定基础。这样，作为新阶段的"国内大循环"才有可持续发展基础，而乡村振兴作为"应对全球化挑战"的压舱石作用，就在于借用数字经济新技术，推动乡土社会的生态产业化＋产业生态化新格局的发展。

本书所做的研究和建议是希望能够将外部压力变为推动新的发展战略的动力。中国 2020 年强调"三新思想"推进的这个新的生态化战略，不再是激进发展主义的，却又不可能完全避开激进发展主义惯性。这既是中国特色社会主义初级阶段可以开拓产业资本需要的投资空间，也体现了去西方中心主义的混合所有制的比较优势。

需要指出：主要体现西方资本主义现代性的"加快城市化"的突飞猛进，从十年前城市人口占比 1/3，迅速增加到本世纪第三个十年之初的 2/3；虽然这是金融资本支撑房地产资本拉动 GDP 增长的重要来源，但也是激进发展主义风险累积的主要领域。须知，这种"产业集群叠加城市带"超大规模的集约化模式难以为继，势必演变为综合性危机的恶性爆发！而且，其内外结合造成的复杂矛盾不可能再靠国内一般意义的逆周期调控予以缓解。人们可以看到的是危机代价不仅会转嫁由全社会承载，并且会被敌方软实力操控为对内制造混乱的巧实力运作。

对此，虽然"底线思维"①和"坚决斗争"②都已经被正式提出了；但无论怎样准备都不为过！作为社会大众的普通一员，作为"三农"研究的试验员，我们只有更多地深入基层调查研究，在加强乡土社会的生态化转型，重构村社内部人与自然之间的紧密关系等方面做出努力。诚然，只有使人们更依靠人与自然和谐共生的生态化，才能有效地应对这场前所未有的历史性的大危机派生的新挑战。

---

① 党的十八大以来，习近平总书记多次强调坚持底线思维、增强忧患意识，有效防范和化解前进道路上的各种风险。在党的十九届五中全会上，习近平总书记再次强调："树立底线思维，把困难估计得更充分一些，把风险思考得更深入一些。"

② 2019年秋季学期中央党校（国家行政学院）中青年干部培训班开班式上总书记的讲话。

# 附录 1
# 当代资本主义体系的内爆[①]

回应当代资本主义内爆的历史时刻，南北世界的激进左派需要大胆提出可以替代这个系统的政治构想。这个历史时刻需要大胆和彻底的另类替代作为唯一有效的回应。它要能推动工人和人民奋起反抗，击败对手诉诸战争的策略。建基于对当代真实资本主义的分析，这些构想需要直面我们要建设的未来，舍弃对过去的眷恋，打破身份认同或共识的幻象。

---

[①] 本文作者萨米尔·阿明（Samir Amin, 1931—2018）是当代著名新马克思主义理论家，全球化问题专家，国际政治经济学家。他也是著名左翼社会活动家，曾担任第三世界论坛主席。阿明多次到访中国，就学术与社会运动与中国学者讨论交流。阿明也十分关注并支持当代中国乡村建设运动，多次参加乡村建设领域的学术讨论，与温铁军教授、戴锦华教授、刘健芝教授等建立了深厚友谊。2012 年 12 月，阿明教授在重庆北碚参加了可持续实践与乡村建设国际研讨会暨西南大学中国乡村建设学院成立仪式，本文收录于会议论文集《可持续实践与乡村建设》（温铁军、周常勇、刘健芝编，中国农业大学出版社 2015 年版）。本文译者黄钰书为香港岭南大学群芳文化研究及发展部研究员。本文第一部分前两小节是在林深靖翻译的基础上修订的。Samir Amin, *Sortir de la crise du capitalisme ou sortir du capitalisme en crise*, Le temps des cerises, 2009 ; Samir Amin, *Ending the crisis of capitalism or ending capitalism*, Pambazuk.

萨米尔·阿明在可持续实践与乡村建设国际研讨会上
发言（2012 年 12 月于重庆北碚西南大学）

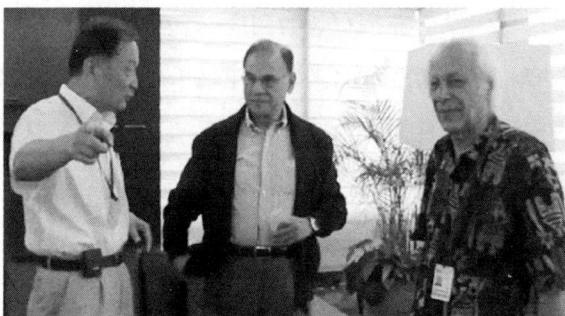

阿明教授（右）和温铁军教授（左）在一起

# 一、南方：新兴国家与"破落流氓式发展"
## （Lumpen Development）

### 1. 何谓"新兴崛起"？

"新兴崛起"一词，在不同脉络里所指各异，有时甚至是完全
不同的含义。使用的人大多不关心其准确含义。本文会界定一系列
的经济、社会、政治和文化变迁。处于资本主义世界体系边缘地区

的国家、民族和人民，要符合这些转变，才可以称得上是在兴起（至于边缘地区，沿用我的著作所界定的概念）。

所谓"兴起"，并不是如世界银行和西方强权所控制的援助机构，以及传统经济学家所说的，以国内生产总值（或出口）的长期增长（超过10年），或是社会获得更高水平的人均GDP来衡量。"兴起"有更丰富的意涵：工业生产的持续增长，以及强化这些产业在全球的竞争力。这里我们又需要界定哪些产业重要，以及何谓竞争力。

我界定兴起的标准，首先得排除那些采掘产业（矿产和石化能源），因为某些自然资源丰厚的国家，光是依靠采掘就可以快速增长，却不一定能带动整体的生产活动。这种"非兴起"的极端例子，包括海湾国家、委内瑞拉、加蓬等国。

此外，某个经济体的生产活动的竞争力，必须以整体生产体系来评估，而不仅只是看重个别的生产单元。跨国企业偏好外包和分包，它们在南方国家的营运，可能会促进当地创造本土的生产单元。这些单元或依附跨国企业，或具有自主性，有能力出口到世界市场。根据传统经济学的术语，这些国家因此便算具有了竞争力。这种片面的竞争力概念源自经验主义的方法论，不是我们所理解的竞争力。真正的竞争力必须是整个生产体系的竞争力。生产体系要具备竞争力，其经济体必须由各种生产元素所组成，具备多个生产部门和分支，它们之间要充分相互依存，唯有如此才称得上是一个"体系"。

我们所指的竞争力，取决于众多经济和社会因素，其中包括整体的教育水平、各级劳动者及员工的培训，以及管理国家政治经济的机构的效能（财政、商业法规、劳动法规、信贷、公共服务等）。而且，生产体系也不能把生产性转变化约为仅限于制造业和消费（虽然说缺乏生产和消费，也就称不上是生产体系），它还应该整合粮食和农业，对于维系体系的正常运转，这些服务是不可或缺的。

现实中的生产体系会有"先进"程度的差别。意思是还必须辨明其生产活动群组：它进行的是"一般"的生产，抑或高新科技。为某个新兴国家定位时，我们必须看：它在生产附加值产品的梯阶上，究竟爬到哪一个阶段。

因此，关于兴起的问题，还必须从政治以及整体的层面去考虑。一个国家唯有其目标是向内建构一个国内市场（而非目光朝外），并从而确立国家经济主权，才称得上是兴起中国家。要实现这个庞大的目标，需要确立涉及经济生活所有面向的主权，尤其是需要保护粮食安全及主权的政策，以及本国自然资源主权，乃至有获取领土外的自然资源的能力。这些多重和互补的目标，有别于买办阶级政权。他们只会满足于推行全球主导体系（"自由—国际化"）所规定的增长模式和所恩准的可能性。

这里提出的"兴起"界定标准没有处理国家及社会的政治策略问题：是资本主义或社会主义。然而辩论这个议题时不能排除这个问题，因为领导阶层的选择，对于兴起的成功与否产生重大的影响，不管是正面或是负面。我不会说追随资本主义路向是唯一的选择（建立带资本主义性质的系统，控制及剥削劳动力及建立利伯维尔场）。我也不认为只有挑战这些资本主义形式（财产、组织性的劳动、市场控制）的激进社会主义方案便足以长期延续，并且在世界体系里推动社会前进。

兴起的政治问题，以及伴随的社会变革，两者的关系并不仅仅取决于前者的内部协调，也同样取决于它与社会演变互补或冲突的程度。社会斗争，不管是阶级斗争或政治冲突，不会因为国家推行兴起的逻辑而调整自身与之适应；相反，它们是兴起计划的决定性因素。当前的经验清楚地告诉我们这两者关系的多样性和多变性。

兴起通常伴随着不平等的加剧。我们必须仔细考察其性质：究竟这不平等的受益者是一小撮的少数，或是相对较多的少数（中产阶级），以及在不平等的背景下造成绝大多数劳动者的贫穷化，抑或相反的，是伴随着大多数劳动者生活条件的改善，即使劳动收入的增长远低于体系受益者的利益。换言之，政治的选择会决定兴起是否带来普遍的贫穷化。一个国家的兴起并不会依循既定的规律，兴起的过程一步接一步地走，前一步可能为下一步铺下成功之路，却也可能走向死胡同。

同样，新兴经济体和世界经济之间的关系处于恒常的变动状态。这两个不同层面所导致的政策，可能会强化，也可能会削弱国家主权；同时，可能会强化或相反地弱化社会的团结。因此兴起并不等同于出口增长，也不等同于据此来衡量的力量增强。出口增长与内部市场（普罗大众、中间阶级）的增长紧密扣连，前者可能支撑后者，也可能造成障碍。出口增长因此可能强化，也可能弱化新兴经济体相对于世界市场的自主性。

兴起因此不能一概而论，也不能概括某种兴起模式（中国、印度、巴西或韩国）。我们必须在个别案例中具体地检视兴起国家发展的前后路径，辨明它们的强项以及弱点，分析它们在推行发展中的复杂动态，以及伴随的各种矛盾。

兴起不仅是经济的，而且是政治计划。从传统经济的角度来看，不少崛起中国家的确已取得一定的经济成果，但是资本主义主宰中心还是不断地透过各种手段维系其主宰的地位。因此，要衡量一个兴起国家的成就，就要看它是否有能力抗衡这些手段，降低其影响力。我指的控制手段，是这些主宰性强权对以下领域的控制：科技、自然资源、全球金融和货币系统、信息传播以及大规模毁灭性武器。我认为帝国主义三巨头联盟（美国、欧洲、日本）始终试图透过各种手段维系它们主宰地球的优势，并且禁止新兴国家质疑其主宰地位。我的结论是：新兴国家的发展会抵触帝国主义三巨头的战略目标。至于冲突过程中可能达到的暴力程度，即新兴国家挑战霸权中心上述的特权，不知道会有多激进和彻底。

经济上的兴起因此与外交政策不可分割。新兴经济体需要做出选择，是站在帝国主义三巨头政治军事联盟的一边，接受北大西洋公约组织的战略目标，或者相反，站在它们的对立面。

## 2. 兴起与"破落流氓式发展"①

没有社会集团作为稳固基础并赋予其合法性的国家政治，就谈不上兴起。政府要有能力建立一套连贯的计划，建构面向本国的国民生产体系。它们应该同时保证大多数社会阶级能参与，并分享增长的成果。

相对于上面所描述的这种高品质的真正兴起，其反面是那些单向顺从全球资本主义及普遍性垄断战略的推行。它带来的只有一种结果，我称之为"破落流氓式发展"（Lumpen Development）。我在这里随意借用已故 A.G. 弗兰克（André Gunder Frank）的用语，他曾经以此分析类似的演变，不过是在不同条件的时空之中。今天，这种"破落式发展"是社会加速解体的后果，与此相关的是那套帝国主义中心垄断集团强加于其所宰制的边缘社会的发展模式（它根本称不上是发展）。这种破落式发展表现出来的，是"赖活"经济活动（即所谓非正式部门）的惊人增长，也就是内化于资本累积单

① 为了显示流氓式发展与经典马克思主义的流氓无产阶级（Lumpen Proletariat）概念的相关性，这里使用"破落流氓式发展"来翻译，较简洁的译法是破落式发展。——译者注

向逻辑的贫穷化现象。

大家会注意到我并没有对兴起冠以"资本主义"或"社会主义"。因为兴起是两者互动互补以及冲突激荡的过程：一方是资本主义经济管理逻辑，另一方是"非资本主义"（因此具有社会主义潜能）社会管理与政治管理逻辑。

在当前的兴起经验当中，有几个经济体值得特别注意，因为它们没有破落式发展的现象。普罗阶级没有受到贫穷化的冲击，而是生活条件获得或大或小的改善。其中有两个案例明显是资本主义阵营的经济体——韩国与中国台湾（在此我并没有详细讨论让它们得以成功的特殊历史条件）。另外两个——中国和越南——是承袭了以社会主义为名的遗产。古巴也可能加入后者的行列，如果它可以克服当前面临的种种矛盾的话。

可是我们也知道有其他兴起的案例，在相当大程度上属于破落式发展。印度是最鲜明的例子。印度有某些环节称得上是兴起，譬如有一套有利于强化工业生产体系的国家政策。结果是中间阶级扩大，科技和教育能力有所增长。它在国际政治棋盘上有一定的自主性。但是，对于绝大多数人而言——社会上三分之二的人口——却是加速贫困化。印度因此是一个混杂的案例，既有兴起，也有破落式发展。我们可以强调这两个社会现实之间互动互补的关系。我相信，其他被视为新兴的国度，大多归属于这个混合的类型，包括巴西、南非等国家，这不算是过于宽泛的概括。

还有其他大部分南方的国家，在整体社会中看不到兴起的要素，而"破落式发展"却几乎就是现实的全部形态。土耳其、伊朗和埃及这三个国家就属于这个类型，也因此我称之为"非兴起"，它们的兴起计划全盘落空。

### 3. 南方的挑战：全球资本主义重心转移？

边缘地区的国家和人民反帝国主义的斗争胜利，究竟是铺下了通往社会主义的道路，抑或在打造资本主义的新中心？

当前的事态似乎表明新旧对立：陷入危机的旧资本主义中心三巨头（美、欧、日）衰落，而新兴国家（中国等）的增长掀起了资本主义的浪潮。当前的危机难道不会引致资本主义重新崛起（现在集中在亚洲和南美）？这意味着新兴国家的反帝国主义斗争不是导向社会主义，而是资本主义的新崛起（尽管不比之前的资本主义更加两极化）？

这篇面向大众的论文批判的主要论据，源于对资本主义历史模式的观察。资本主义现在被提倡为唯一的选择。打从其历史源头（欧洲重商主义）开始，它便依赖生产与再生产的全球两极化。这个特征本身是小农遭大规模驱赶的结果，资本主义的发展恰恰建基于此。只是因为通过大规模移民到美洲缓和了欧洲小农失地的社会危机，这个模式方可持续。对于今天边缘地区的国家，要复制这个模式是绝对不可能的。世界上80%的人口居住在边缘地区，其中差不多一半是农村人口。要"追赶"那种模式的资本主义，我们需要5—6个美洲。因此"追赶"纯属妄想，任何朝向这个方向的进展，只会是一条死路。因此我说反帝国主义斗争必然蕴含反资本主义斗争。如果无法追赶，我们便要走另一条路。

当然，在新兴国家的长远"发展"愿景里，这样的转变并非一定"无可避免"。它只是有需要而且有可能而已。新兴国家在全球化资本主义的系统里利用资本主义方式加速增长，当前的成功强化了追赶是有可能的幻象。在20世纪，相同的幻象也曾伴随"南方苏醒"的第一波浪潮。只不过当时是想象为"通过社会主义来追赶"。

我曾以同样的概念来分析万隆计划（1955—1980）的矛盾。民族资产阶级与工人阶级联合争取解放的计划，内在隐含冲突和矛盾。

今天，三巨头的集体帝国主义动用所有的手段——经济、金融和军事——来延续对世界的主宰。哪些新兴国家敢于采取种种策略以削弱三巨头的优势，包括技术、对世界自然资源的控制，以及对全球的军事控制，便是与三巨头正面冲突。这样的冲突有助于破除它们可以在目前的体系中前进上升的幻象，也让大众的民主力量有可能影响事态的进程，朝向迈进过渡至社会主义的漫长道路。

## 二、三大挑战：民主、农民问题、生态

### 1. 民主，抑或伴随社会进步的民主化？

大西洋联盟国的"民主"话语，事实上只是近期才出现。北约创建之初，可以容纳各种极权：葡萄牙的萨拉沙尔、土耳其和希腊的军事强人。与此同时，三巨头在外交上支持（有时甚至扶植）拉美、非洲和亚洲有史以来最糟糕的独裁政权。

大西洋联盟选择"民主"这个领域在外交上发动攻势，是神来之笔。它一开始的目标是苏联解体，以及重新征服东欧诸国。这个决定可以追溯至 20 世纪 70 年代。它在欧洲的安全及合作组织会议里渐渐成形，并且在 1975 年签署的赫尔辛基条约中确立。雅克·安德里亚（Jacques Andreani）在《陷阱：赫尔辛基及共产主义的倒台》（*Le Piège, Helsinki et la chute du communisme*）一书里解释苏联本来期望这个协议能使北约裁军，真正令两边阵营的关系缓和。他们不过是被西方蒙骗了。

这是神来之笔，因为"民主问题"的确是一个真问题，而且苏

联怎么也称不上是民主政权，不管如何界定民主的概念和实践。相反，大西洋联盟诸国却可以称为"民主"，尽管在实际政治实践上有种种限制和矛盾。民主是附属于资本主义再生产的需求。两种制度一比较，民主这边便显得有利。

这套民主话语后来渐渐被苏联及盟友支持的"和平共存"所取代。它强调两边尊重各自的政治实践，并互不干涉对方的内部事务。

这共存话语有其重要的时刻。例如 20 世纪 50 年代的斯德哥尔摩呼吁提醒人们：美国自波茨坦会议（1945）后推行的侵略性外交政策为世界带来实质性的核威胁。就在会议后的几天，美国便用原子弹攻击日本。

可是，与此同时，选择共存及不干预的策略，对于双方的主宰势力来说，都是方便实用之举。因为它让东西方两边都把对现实的各自描述——"资本主义"和"社会主义"——当成理所当然的事。它使人们不去认真探讨这两套体制的确切本质：当代实际存在的资本主义（垄断资本主义）及实际存在的社会主义。联合国在两大势力阵营的策略性协议下，把"资本主义"和"社会主义"转换为"市场经济"及"中央计划经济"。

这两个概念都是错误的（或者只是表面正确）。它们让某些人可以强调两种体制的融合。现代技术可以促进两者融合（这套理论也是错误的，它源于一套单子论和技术主义的历史观）。它接受共存，为的是促进两者的自然汇合；又或者相反，在冷战的某些时刻，强调两边是无可协调地对立——"民主"模式（市场经济）和"极权"（"受管理"经济的产物）。

选择集中在"民主"话语的战场，让他们可以强调两种体制不可能和解，东欧只有投降一途，只有它们重新回归资本主义（"市场"），自然会产生促进民主化的条件。至于事实并非如此（例如后苏联的俄罗斯），又或者民主体制结果表现为非常拙劣的形式（例如弥漫欧洲的民族主义），又作另论。

开始的时候，新的民主话语还比较含蓄。大西洋联盟的主要当权者看到过分谈民主会带来干扰他们更重视的"现实政治"的诸多不便。直至美国的卡特总统（颇似奥巴马）民主才变成道德讲道。在法国，密特朗放弃了戴高乐拒绝美国的冷战策略强行分化欧洲的传统。后来的戈尔巴乔夫经验说明向这套语话靠拢只会带来灾难。

新的民主话语因此初见成果。对于欧洲的左翼舆论，似乎有足够的论据支持这套话语，不仅是参加选举的左翼力量（社会主义政党），还包括更加激进的传统（共产党是其承继者）。在"欧洲共产主义"的旗帜下，这成为普遍的共识。

帝国主义三巨头的统治阶级从胜利中学习，决定延续这个策略，集中辩论"民主问题"。它们不谴责中国向世界开放其经济，而是指责这些政策是由共产党来管理。古巴的社会成就在整个拉美中傲视同侪，却完全不被提及，而它的一党体制却经常遭受谴责。相同的话语也加诸普京执政的俄罗斯身上。

民主的胜利是这套策略的真正目标吗？只有最天真的人才会这样相信。它的唯一目标是强加"市场经济"在桀骜不驯的国家之上，要它们开放并整合到所谓的自由世界体系里。事实上，这是帝国主义。它的目标是把这些国家沦为世界体系中被宰制的边缘地区。这个目标一旦成功，将成为受害国家民主进步的障碍，丝毫不会推动"民主问题"。

在实际存在社会主义的国家，民主进步的机会本来会在中期而不是短期内有更大的可能性。社会抗争的辩证过程，本来会自身发展，打开超越实际存在社会主义的局限的可能性，并且看见曙光。

可是，由于局部依附自由化经济的开放，它最终被扭曲了。

事实上，民主被提出来作为问题，只是针对那些不想向全球化自由经济开放的国家。那些高举民主的人实际上并不介意那些高度独裁的政权是他们的盟友。沙特阿拉伯和巴基斯坦就是最佳的例子，还有格鲁吉亚（亲大西洋联盟）等。

而且，目前提倡的民主形式，最好的情况也不过是多党制的滑稽戏。它不仅完全不关心社会进步的需求，而且几乎总是与社会的反进步力量勾结。实际存在的（垄断）资本主义要延续它的主宰，正需要和制造社会的倒退。这种民主形式事实上摧毁了大部分的民主。很多人因此极度困惑，不再信任民主，取而代之的，是依恋昔日的宗教和种族情怀。

因此，我们比以前更加需要巩固激进左派的批判（我突出"激进"，是为了有别于一般左派的批判。它们混淆了问题，而且模糊不清）。换言之，我们的批判要把社会民主化（不限于政治管理）与社会进步（社会主义视角）结合起来，而不是分割两者。在这种批判里，民主化斗争与争取社会主义，是同一件事。没有民主便没有社会主义，可是没有社会主义的视角，也不可能有民主的进步。

民主是永不完结的过程，不能被化约为多党选举代议政制。这种所谓的民主实际上没有强化人民的力量，以及容许他们推动社会变革。民主化是多面向的。它整合性别的重大课题，并保证个人自由得到发展而不是受约束。它也关乎集体社会权利，推动社会化经济管理，朝向超越建基于神圣不可侵犯的私有产权的资本主义。

### 2. 新的农民问题：南方所有小农能获得土地

所有前现代（资本主义）社会都是小农社会，它们的生产各自根据种种特殊的体系和逻辑而运作，不过它们都有一个共同点，就是有别于资本主义的法则（即在市场社会中极大化资本的回报）。

现代资本主义农业以富裕农户和／或商业农粮集团为代表，它们正试图向第三世界的小农生产发动大规模进攻。WTO 的多哈回合谈判对此亮起绿灯。不过，小农仍然占了人类人口的一半。农业生产分成两大领域。这两者在数量上呈现巨大差别，其经济社会特征以及效率皆有明显差异。

资本主义农业的运作原则是资本回报。它几乎只集中于北美、欧洲、拉丁美洲南部和澳大利亚，只雇用几千万已经不是小农的农民。他们依赖机械化（在全球都被他们垄断了）和劳均耕地面积优势，每个农业工人的生产率每年介于 1 万至 2 万公担。

另一方面，全人类一半人口仍然在小农耕作，即小农耕作是 30 亿人赖以为生的方式。这些耕作系统又分为那些能得益于绿色革命（化肥、农药和特选种子）却低度机械化的农民，以及被排拒于外的小农。前者的人均年产量是 100 至 500 公担，而后者则只有约 10 公担。新的农民及土地问题，是这不平等发展的后果。现代化往往结合了"建设"和"毁灭"两面；前者体现为资本积累和生产力的进步，后者表现为把劳动力沦为市场上待价而沽的商品、恒常破坏生命和生产再生产所需的自然生态、全球贫富两极化。现代化"整合"那些受益于市场扩张而获得雇用机会的人，同时却排拒那些在前资本主义体系中失去位置却不被整合进新劳动力大军的人。在资本主义全球扩张的上升阶段，它确实使整合与排拒同时并行。可是，现在，对于第三世界的小农社会，它只是大规模排拒，只整合一小部分的人。问题恰恰在于这个趋势是否能够继续。对于 30 亿仍然在亚、非、拉美小农社会的条件下生产和生存的人，它是否将继续运行下去？

关键问题是农业和粮食生产，应否像其他形式的生产一样，被纳入开放、不受调控的市场竞争规则，正如世贸的 2001 年 11 月多哈会议所决定的原则那样。

这些原则能否促进农产品的生产？我们的确可以想象地球上新增 2000 万新的现代化农夫，生产比 30 亿小农扣除仅够糊口后能供应市场的更多作物。要这样做，条件是得从现在的小农社会手上把大量良好的耕地转移给那些新农业操作者，还有就是打通资本市场（购买农需品）和消费市场。这样，这些农业操作者的确将会与十亿计小农竞争。可是后果会怎样呢？

如果正如世贸那样把农业产品和粮食强行纳入竞争，意味着接受十亿计无力竞争的人在短短几十年间被驱赶离开耕地。这些人大部分是穷人中的穷人，连喂饱自己都觉得吃力。这十亿计的人类将会怎样？更严重的问题是其中三分之一的人口会面临怎样的困境（世界上四分之三粮食不足的人口生活在农村）。即使我们不切实际地幻想世界上四分之三的人每年可以持续有 7% 的经济增长，但在 50 年之间，也没有任何相对具有竞争力的工业发展，能吸收哪怕只是其中三分之一的人口。

合理化世贸竞争教条的主要论据，是类似的发展确实曾经在 19 世纪的欧洲出现。结果产生了现代富裕城市工业 - 后工业社会，还有足以养活一国之余还能出口的农业。这个模式为什么不能在当代第三世界复制，尤其是在新兴国家？

这种论据没有考虑令这套模式几乎完全不可能在第三世界复制的两个因素。首先，欧洲模式是花了 150 年伴随劳动密集的工业技术发展起来的。现代技术却远不是如此的劳动密集。因此，第三世界的后来者希望在全球市场中具备竞争力，便得采用低劳动密集的技术。其次，在这漫长的进程中，欧洲得益于让大量剩余人口移民至美洲。

资本主义确实"解决"了发达中心地区的农民问题，这种论点一直为大部分左派认可，包括历史上的马克思主义。考茨基的名著、成书于"一战"以前的《农民问题》，说明了这一点。列宁主义承继了这个论点，并以此为基础通过斯大林式的集体化推行现代化，其成果令人质疑。人们一直忽略的问题是：资本主义虽然解决了中心地区的问题，却在边缘地区制造了巨大的农民问题。它只能借着消灭一半的人类来解决这个问题。在历史上的马克思主义里，只有毛泽东思想才明白其中的挑战是何等艰巨。所以，那些批评毛泽东思想的农民革命偏离马克思主义的人，这种批评本身恰恰表明他们缺乏理解现实帝国主义资本主义的分析能力。他们只是把资本主义概括化约为抽象的话语。

世贸及其支持者所提倡的通过市场自由化而推行的现代化，终于把两个组成部分并列起来，甚至无须结合：(i)现代竞争性的农业操作者的全球粮食生产主要依赖北方，但将来也可以让某些南方国家分一杯羹；(ii)现在第三世界30亿的小农将会被边缘化（排斥），而且愈加贫困，他们最终被隔离，成为某种"储备"。它因此结合了(i)拥护现代化-效率的主流话语，以及(ii)一套生态文化储备政策，让受害者可以"生存"。这两者因此可以互补而不冲突。

我们可否想象其他替代方案，而且推动广泛的讨论？在这个构想中，小农农业在21世纪的可见将来，应该继续存在，但同时参与持续的技术/社会转变及进步，其改变的速率可以让农业人口逐渐转往非农村-非农业的就业。这样的一系列策略性目标，需要在国家、地区及全球层面上具备复杂的政策配套。

在国家层面，需要有保护小农粮食生产的宏观政策，以免他们受现代化农企（不管是本国或国际的）的不平等竞争所损害。

我们要保证可接受的国内粮食价格最终不受国际市场价格影响（事实上，国际市场价格本来就受北美、加拿大和欧洲富国的补贴而扭曲）。

这些政策目标也将会质疑工业－城市发展的模式。它应该较少建基于优先考虑出口导向（这种模式本身从低农业工资中获利，也隐含低粮食价格），而是关注社会均衡的内部市场扩展。

应对挑战的发展策略应该建基于保证所有小农尽可能公平地获得耕地和生产工具。可是小农户农业所需的生产力进步，确实需要工业的支持。工业化因此无可避免。可是这种工业化的模式不应该是再生产资本主义工业化。后者产生日益严重的不平等及生态灾难。任何试图以良好管治、扶贫等空泛话语配合的所谓外国援助来取代创造新模式工业化的计划，都不过是殖民话语的延续。帝国主义的真正目标是使人们边缘化。对于帝国主义，重要的是非洲的自然资源，而不是非洲人民。后者实际上成为他们掠夺资源的障碍。

这个原则同时有利于整合一套全面的政策，确保国家的粮食安全。一个国家要作为全球社群的活跃一员，享受不可或缺、一定范围的自主性，具备协商谈判的实力，粮食安全是不可或缺的条件。

在区域和全球的层面上，这意味着国际的协议和政策要摆脱控制世贸的自由主义教条。它们要具有想象力，根据不同地区的特殊具体情况制定，因为它们要考虑具体的课题，以及具体的历史和社会条件。

### 3. "环境"，抑或社会主义使用价值的视角？生态问题与所谓的可持续发展

在这个议题上，讨论的出发点是必须承认一个现实：自然环境的破坏，乃至地球上生命的存亡受到威胁，是由于资本累积的

逻辑所致。

　　这个问题在 20 世纪 70 年代开始被提出来,更准确来说,是始于 1972 年的斯德哥尔摩会议。但长时间以来,它一直被主流话语及经济管理方式边缘化,变成一个次要的问题。直至近来,这个问题才被纳入主导的策略,成为新的核心纲领。

　　把使用价值纳入考虑范畴(生态足印是第一个好的例子),意味着社会主义应该是"生态"的,而且除了生态以外,不可能是其他。正如阿尔特瓦特(Altvater)说:太阳能社会主义,否则便没有社会主义。①

　　可是,这也意味着任何资本主义体系,不管经过怎样的"改革",都不可能把生态的使用价值问题纳入考虑范畴。下面将会说明。

　　马克思在他的时代,不仅怀疑这个问题的存在,而且他已经严格划分出价值与财富,这恰恰是庸俗经济学所混淆的。他明确表明资本主义积累破坏它赖以建立的自然基础,即人类(异化、被剥削、受控制和压迫的工人),以及土地(赐予人类的自然财富的象征)。不管这种表达方式有何局限(人总是受他的时代所束缚),他毕竟清楚地意识到了问题,而不仅仅是一种直觉。这一点应该受到认可。

　　所以,可惜我们这个时代的生态学家没有读马克思,否则他们便可以把命题推进一步,更能明白他们的革命性影响,甚至明显超越马克思对此课题的认识。

　　现代生态学的缺陷,让它很容易被主导的庸俗经济学收编。这

---

　　①　埃尔马尔·阿尔特瓦特( Elmar Altvater):《资本主义灾害、能源危机、气候崩溃、饥饿与金融不稳定》( *The plagues of capitalism, energy crisis, climate collapse, hunger and financial instabilities* ),世界另类替代论坛报告论文(加拉加斯,2008 )。

种情况正在进行，甚至已经达到一定程度。

政治生态学当中，像阿兰·丽皮埃茨（Alain Lipietz）所提倡的，首先在"亲社会主义"的政治左派中出现。其后，绿色运动（以及稍后的绿党）被归类为中央偏左，因为它们同情民众及坚持国际公义，批评污染废物，并且同情工人和穷人。可是，除了这些运动的多样性之外，对于回应有关挑战所需的真正社会主义问题，以及同样需要的生态问题，它们没有把两者严谨地结合起来。要这样做，我们不能忽略源于马克思所划分的价值和财富两者的区别。

生态学被庸俗经济学收编，是在两个层面上进行的：将使用价值的计算化约为交换价值的"改良"计算；把生态受到的挑战整合进一套"共识"意识形态里。这两种操作，让人无法清晰地意识到一个事实：生态和资本主义，在本质上是对立的。

庸俗经济学迅速俘获生态计算。在美国以及"鹦鹉学舌"的欧洲，成千上万的研究人员为此而被动员起来。"生态成本"因此被归纳为外部性。他们用量度交换价值（本身与市场价格混淆）的成本／效益分析同一套方法，计算出一个"公平价格"，把外部性经济与"不经济"（Diseconomies）整合起来，便完成了他们的把戏！

事实上，我们发现的是：寡头集团挪用生态主义去合理化开辟新的耕地，以拓展其毁灭性的扩张。浩达（François Houtart）在他研究作物燃料的著作里，提供了很好的案例①。

对于三巨头的执政者（不管是右翼还是左翼）和寡头集团的主管，"绿色资本主义"是当前的风尚。问题中的生态主义遵从所谓的"弱可持续性"这当下流行的术语，说的是销售地球资源的使用

---

① ［比］弗朗索瓦·浩达：《作物能源与资本主义危机》，社会科学文献出版社 2011 年版。

权。所有的传统经济学家纷纷公开共同支持这个立场，提议"拍卖地球资源"（捕鱼权、污染许可证等）。这种主张不过是支持寡头的野心，让他们能进一步抵押南方人民的未来。

生态话语被俘获，正好为帝国主义服务。这样生态问题便遭边缘化了，如果还称不上被抹杀掉的话。我们都知道，发展的问题一直没有被重视，直至南方世界有能力提出自己的倡议，并促使三巨头势力愿意谈判和让步，才终于推上国际议程。可是，一旦万隆时代终结了，问题便不再是发展，而仅仅是开放市场。而生态，在主导势力的诠释下，只是在延续这个状况。

通过共识政治（处于历史终结时刻的资本主义这一概念的必然表达）而收编生态话语，也一样进行得如火如荼。

生态话语被俘获的过程如此畅顺，是因为它呼应了主导文化（即资本主义文化）赖以延续的异化和幻象。这之所以轻易，是因为这个文化已经存在，并且占据了大部分人类的心智，不管是在南方，抑或北方。

相反，要表达社会主义抗衡文化却不容易。社会主义文化不是在我们眼前存在。它是未来，需要我们创造出来。它是文明的计划，向创造性的想象敞开。诸如"通过民主而非市场来社会化"和"文化主导，而非经济、政治为此而服务"等提法，是不够的，尽管它们成功推动了历史变革的过程。因为这将会是一个漫长的"世俗"过程：根据非资本主义的原则来重建南北方的社会，不可能一蹴而就。可是要建设未来，尽管是遥远的未来，也得从今天开始。

### 4. 大胆创新，更多大胆创新

当代资本主义内爆所创造的历史处境需要南北方的激进左派大胆构想替代现行体系的政治方案。本文说明为什么需要大胆创新，而这又是什么意思。

为什么需要大胆创新？

一是当代资本主义是普遍化垄断的资本主义。即，垄断企业再不是在一片相对自主的企业汪洋大海中的孤岛（即便它有多重要）。垄断已经成为一个整合的系统。这些垄断集团紧紧控制所有生产系统。中小型企业，和甚至严格来说不算是寡头的大企业，都被束缚于垄断集团布置的控制网络中。它们的自主性萎缩至只沦为垄断集团的分包人。

在20世纪八九十年代，资本愈益集中于美国、中西欧与日本三巨头里，而这个普遍化的垄断系统正是资本集中新阶段的产品。

普遍化垄断正主宰全球经济。所谓的"全球化"，是指它们对全球资本主义边缘地区的生产系统施以控制的一系列要求。这无异于帝国主义的新阶段。

二是普遍化和全球化垄断的资本主义系统，确保这些垄断集团能够从资本剥削劳动所榨取的巨量剩余价值（转化为利润）征收垄断租。由于这些垄断集团在全球体系的边缘地区运作，即垄断租正是帝国主义租。

因此，界定资本主义不同阶段历史形式的资本累积过程，它的驱动力，是极大化垄断／帝国主义寻租。

资本累积重心的转移，正是收入与财富不断向垄断集团集中的根源。这些利益大部分被统领其他寡头集团的寡头（富人统治集团）所垄断，他们不惜牺牲劳工应得的报酬，甚至非垄断资本的收益。

三是这种持续增长里的不平衡状态，转而成为经济金融化的根源。即，越来越多的剩余价值不再被用来投资于扩张及深化生产系统。因此，在垄断集团的控制下，资本累积要持续，唯一选择是把这些过剩的剩余用作金融投资。

资本推行种种具体系统，使金融化以不同方式运作：

（Ⅰ）公司管理屈从于"股东价值"原则；

（Ⅱ）靠资本化维持资金的退休金系统（退休基金）取代退休金分配系统；

（Ⅲ）采行"弹性汇率"原则；

（Ⅳ）废除中央银行决定利率（流动性的价格）的原则，转移由"市场"负责。

金融化把控制累积系统再生产的重大责任，转移到帝国主义三巨头的大约三十家巨型银行手上。所谓的市场不过是委婉的说法，实质是指这些主宰经济的人舞弄其策略的地方。

这种金融化是收入及财富分配日益不平等的根源。它产生不断增长的剩余，而且以此自肥。"金融投资"（或者说其实是投资于金融投机）以令人眩晕的速率一直在膨胀，完全与实体生产投资、GDP 增长脱节。GDP 大部分也变成了虚拟增长。

金融投资的爆炸性增长尤其需要各种形式的债务作为燃料，特别是主权债务。霸权国政府声称寻求"减债"，实际上是在故意说谎。因为金融化垄断集团的策略要求通过债务增长来消纳垄断的剩余利润。所以它们在追逐债务，而不是减债。所谓为了"减债"而强加的紧缩措施，实际上是刻意用来增加债务。

四是这个体系一般被称为"新自由主义"，实际是普遍化垄断资本主义系统，即"全球化"（帝国主义）和金融化（自我再生产所必需）。这个体系正在我们眼前内爆。它显然不能克服其愈益严重的内部矛盾，注定会继续如脱缰野马，横冲直撞，到处践踏。

这个系统的危机恰恰源于其"成功"。直到目前为止，垄断集团所推行的策略的确取得了其渴望的效果："紧缩"计划，以及所谓的社会（实质上是反社会）裁减方案，尽管遭受反抗，仍然被强制推行。直到今天，主动权仍紧握在垄断集团（所谓的"市场"）及其政治仆人手里（那些屈从于所谓"市场"的要求的政府）。

五是在这样的处境下，垄断资本公开向工人和人民宣战。它的宣言可以用一句话表达："自由主义没有商榷的余地。"垄断资本肯定会继续横冲直撞，毫无放缓之势。我以下对"调控"的批评，正是基于这个事实。

我们正处于这样一个历史时刻，寻求"社会妥协"是其中一个可能的选择。在过去也曾经有过这样的时刻，例如第二次世界大战结束后西方社会民主国家中资本家和劳工之间的社会妥协、实际存在的社会主义阵营，以及南方的民众民族计划。可是目前的历史时刻不再一样，现在是垄断资本与工人及人民之间的冲突。后者被要求无条件投降。在这种处境下，自卫式的反抗策略不可能有效，而且肯定最终将被打败。面对垄断资本的宣战，工人和人民需要发展能让他们采取攻势的策略。

在社会战争时期，必定会出现国际政治冲突蔓延，以及帝国强权三巨头的军事干预。三巨头的帝国主义垄断集团要继续主宰南方的人民、民族和国家，美国及附庸的北约盟友利用军事力量来控制地球的策略，最终是唯一可用的手段。

面对垄断集团的宣战，当前有人提出了什么替代方案？

第一种回应：市场调控（金融及其他市场）。

垄断集团及各国政府声称它们正在寻求这个方向的倡议方案。事实上，这不过是空谈，目的是误导舆论。这些倡议无法阻止对金融回报的疯狂追逐，而这正是垄断集团控制资本累积逻辑的结果。

第二种回应：回归第二次世界大战结束后的模式。

这种反应满足了三重怀旧：1. 在西方重建真正的"社会民主"；2. 基于支配 20 世纪社会主义的原则，复兴"社会主义"；3. 在南方边缘地区回归民众国家主义。这些怀旧心态想象我们有可能让垄断资本主义倒退回 1945 年的模样。可是历史从来不容许倒转回到过去。我们要直面今天的资本主义，而不是想象可以阻挠它的进化，希望它是什么模样。然而，这种渴望仍然盘踞在世界上大部分左派的脑海里。

第三种回应：寻求"人道"的共识。

我这样理解这种虔诚的愿望：心存幻想，妄想根本上对立冲突的利益有可能达成一个共识。天真的生态运动以及其他运动，都抱有这种幻想。

第四种回应：昔日的幻象。

这种幻象祈求"特殊性"和"差异的权利"，却不费神去理解这些概念的范畴和含义。过去已经解答未来的问题。这些"文化主义"可以表现为很多种近似宗教或民族的形式。神权和民族政权成为替代民主社会斗争的便利之选。它们的纲领早已把后者排除出议程之外。

第五种回应："个人自由"优先。

个人自由优先，被认为是"至高无上的价值"。基于这个原则的一系列回应，把拥护"代议制选举民主"的铁杆支持者视为同路人。他们把"代议民主"视为民主本身。这套原则把社会的民主化与社会进步割裂分开。为了不否定他们那种民主，他们甚至容忍实质上的社会退步。可是这种民主现在已经沦为悲情的闹剧。

这种立场还有更危险的形式。我指的是某些常见的"后现代"潮流（例如特别是 Toni Negri）。他们想象个体已经成为历史的主体，仿佛共产主义（让个体从异化中解放出来，并且真正成为历史的主体）就在眼前！

以上所有的回应，包括右派（例如诉诸不触动私有产权垄断的

"调控监管"）的主张，仍然在左翼的大部分人当中得到回响。

六是面对当代帝国主义的普遍化垄断资本主义的宣战，对上述的错误替代方案而言，不值得恐惧。

怎么办？

当前的时刻让我们有历史机遇走得更向前一步。回应当代资本主义内爆的历史时刻，南北世界的激进左派需要大胆提出可以替代这个系统的政治构想。这个历史时刻需要大胆和彻底的另类替代作为唯一有效的回应。它要能推动工人和人民奋起反抗，击败对手诉诸战争的策略。建基于对当代真实资本主义的分析，这些构想需要直面我们要建设的未来，舍弃对过去的眷恋，打破身份认同或共识的幻象。

激进左派大胆创新的计划。以下的建议分为三个大题目：（Ⅰ）垄断产业产权社会化；（Ⅱ）经济管理去金融化；（Ⅲ）国际关系去依附。

## 社会化垄断产业产权

另类替代方案的效力，在于必须质疑垄断资本的私有产权原则。建议"调控"金融操作，回归市场"透明度"，令市场参与者的期待更理性，以及界定达至这种共识的细项条件，却不提废除垄断产业的私有产权，无异于蒙蔽天真的公众。这些建议要求垄断集团"管理"针对它们自己的改革，却无视于它们仍然有各式各样的方法绕过这些改革的目标。

另类替代社会计划应该扭转垄断集团的策略所导致当前社会秩序（无序）的洪流，确保稳定雇用及极大雇用机会，并确保随着社会劳动生产力改进工资亦有合理相应的增长。不取回垄断集团手握的权力，是没有可能达到这个目标的。

经济理论家的软件必须再编码［借用弗兰科伊斯·莫宁（François Morin）的用词］。① 所谓"预期"的经济理论是荒谬而且不可能的，它把民主从经济决策的管理里驱逐了出来。这方面的大胆创新需要彻底改革教育，不仅是对经济学家的教育，还包括所有出任管理位置的人的教育。

垄断产业的体制需要根据民主的原则来管理。这恰好与神圣化私有产权的人直接冲突。"公共品"是从盎格鲁–撒克逊世界移植过来的概念，它本身因为常常与有关社会冲突的含义的辩论割裂而变得含糊不清（盎格鲁–撒克逊语言往往故意忽略社会阶级的现实）。虽然如此，我们这里可以借用"公共品"一词，来特别针对"公共品"的垄断。

废除垄断产业的私有产权要通过国有化。这第一步法律行动无可避免。可是大胆创新意味着要超越这一步，提出计划以社会化国有化的方式管理垄断产业，并在这条漫长的道路上推动民主社会抗争。

以下提供一个具体的社会化计划的例子。资本主义农民（发达国家的），正如小农（大部分在南方国家），都是两边的囚徒：一边是上游的垄断集团，它们提供农需品和信贷；另一边是下游垄断集团，农民要依赖它们来加工、运输及销售自己生产的农产品。因此，他们没有真正自主的"决策权"。而且，他们从生产力所得的利润被垄断集团榨干。生产者沦为"分包人"。对此有什么可能的另类替代呢？

我们应该以公共机构来取代垄断。它们要在法律的框架下确立管治方式。包括：（Ⅰ）农民（主要利益者）；（Ⅱ）生产链上游

--------

① François Morin，*Un monde sans Wall Street*，Le seuil（2011）。

的单位（农需品生产者、银行）及下游单位（食品产业、分销链），以及（Ⅲ）消费者；（Ⅳ）本地公共部门（涉及自然及社会环境的）：学校、医院、城市规划和住房、运输；（Ⅴ）国家（公民）。以上各部门的代表根据与其社会化管理相配合的规定程序自我推举出来。例如农需品生产部门的单位由董事会管理，董事会包括单位直接雇用的工人以及有关分包商雇用的员工。管理结构的设计应该结合管理人员及各层次的员工，例如开发独立及适当技术的科研中心。如果有需要，甚至可以包括在国有化过程中产生的资本提供者（"小股东"）。

这里讨论的制度方式，比人们熟识的"自我指导"或"合作社"更复杂。我们需要创造新的工作方式，以便在经济管理上实践真正的民主，它建基于涉及利益的各方公开协商。这种方式讲求把社会的民主化与社会进步系统地联结起来，以对立于资本主义把民主与社会环境割裂。现实中的民主，被化约为政治的形式化管理，而社会环境，则被遗弃给"市场"。而市场本身却被垄断资本所生产出来的东西主宰着。唯有经济管理民主化，我们才可以谈论真正的市场透明度。透明的市场由社会化管理的制度形式所调控。

在发达资本主义国家，以上的例子似乎只是边缘问题，因为在那里农民只占工人总数非常小的一部分（3%—7%）。可这却是南方世界的核心问题。在未来一段长时间里，南方的农业人口仍然占相当大比重。在南方，保证所有人均可获得耕地使用权（尽可能最少不公平条件），是推进小农农业的基本原则。小农农业不应该被视为"落后农业"（或者"传统""民众"）。小农农业所需的进步的确需要某种程度的"现代化"（虽然此词有误导性，因为它立即让很多人联想到通过资本主义的现代化）。改善小农劳动的生产率，需要更具效率的农需品投入、信贷和生产供应链。这里提出的方案是为了推动在方式和精神上皆非资本主义的现代化，也就是说筑基于社会主义。

显而易见，这里选的是需要制度化的具体例子。对于垄断部门（工业、运输、银行及其他金融机构）的国有化／社会化，我们应该抱着相同的精神来构想。在董事会的构成方面，应考虑其特殊的经济及社会功能。同样，这些董事会应包括企业的工人，以及分包人、上游产业代表、银行、研究机构、消费者及市民。

工人及人民面临当代普遍化垄断资本主义的挑战。在这条主轴下，垄断产业的国有化／社会化回应根本的诉求。垄断集团借着剥夺人民而累积资本来推动经济管理方式，要打破这种做法，国有化／社会化垄断产业是唯一可行之途。

唯有"市场管理"的领域不断扩张，垄断集团所主宰的积累才可以自我再生产。为了达至这个目的，它们推动过度的公共服务私有化（把市民剥夺得一无所有），以及自然资源使用权私有化（把人民剥夺得一无所有）。垄断集团从"独立"经济单位榨取利润，甚至连一般资本家也被金融寡头剥夺得一无所有！

### 去金融化：没有华尔街的世界

国有化／社会化垄断产业这种做法本身，将会废除"股东价值"的原则。这个原则不过是资本累积的策略并且为了垄断租而强加于社会之上。要大胆走出当前经济管理困局的覆辙，去金融化是关键。而实行垄断产业国有化／社会化，将会推翻经济管理的金融化。我们是否要回到凯恩斯在他的年代所提出的著名的"食租者的安乐死"呢？不需要，而且肯定不会是这样。我们可以通过金融回报来鼓励储蓄，条件是它们的来源（工人的家庭储蓄、商业和社区的储备）以及其赚取条件需要清楚界定。一般经济学中有关宏观储蓄的话语，掩盖了垄断集团排他地占据资本市场的组织方式。所谓的"市场所推动的回报"，不过是用来保证垄断租的增长的。

当然，国有化／社会化垄断也适用于银行，起码包括主要的银行。可是，社会银行切入经济的方式（"信贷政策"），具有特殊性，它们的董事会组成需要适当的设计。传统意义上的国有化，只是以国家来取代由私人股东组成的董事会。原则上，这样做可以实施国家制定的银行信贷政策。这本身已经不是一件小事。可是仅限于此肯定是不够的，我们的考虑是社会化需要让有关的社会伙伴直接参与银行的管理。在这一点上，由银行职员来"自我管理"，是不恰当的。当然，关于银行员工的工作条件，肯定要由员工来参与决策。可是除此之外便不能仅仅由银行员工参与，因为信贷政策并不能只由他们来决定。

如果董事会需要决定涉及利益冲突的问题（提供信贷的银行与接受信贷的企业双方），那么设计董事会的组成方式时也要考虑企业的情况以及它们的需要。过去两个世纪以来形成对银行业的监管架构在过去四十年遭废除，银行体系因此变得过度集中化。我们有充分而有力的理据支持以专门化的方式来重组银行业。银行业应该根据信贷接受者的需求以及其经济功能（提供短期流动性、为中短期投资提供融资）来重组。例如，我们可以创建"农业银行"（或者由多家农业银行组成的协调集体）。它们的顾客不仅限于农民或小农，还包括上述的农业产业链"下游"。银行董事会将包括银行家（由董事会招募的银行职员），以及其他客户（农民或小农，及其他上下游单位）。

我们可以想象其他组成方式的银行系统，各自配合不同的产业部门。其董事局包括产业客户，和确保该产业的生态影响受监控的技术及服务研究中心，以尽量降低风险（同时也要清楚没有任何人类行为是完全没有风险的）。它们也要接受透明公开的民主辩论和监察。

经济管理的去金融化，需要两方面的立法。首先是主权国家禁止境内的投机基金（对冲基金）活动。其次涉及退休基金（它们是目前经济体系金融化的主要操作者）。这些基金的设计（当然，首先在美国），是把资本一般所引致的风险转嫁给员工来承担。而承担风险，恰恰是合理化资本回报的理据！这是可耻的安排，甚至违背了替资本主义辩护的意识形态论据。可是对于垄断集团主宰的累积策略，这种"创新"却是理想的工具。

为了分配性退休系统的利益，废除退休基金是必需的。在估定应偿付金额的数额和期限，还有退休金额与支付报酬之间的关系等问题上，退休系统的本质就需要并容许民主辩论。在一个尊重社会权利的民主体系里，这些退休系统应该让所有工作者普遍共享。可是，必要时，为了不压制某些人设立补充性退休基金的想法，也可以容许这类基金的存在。

以上提议的所有去金融化措施都朝向一个明显的结论：一个没有华尔街的世界（借用 François Morin 的书名），是有可能，而且值得争取的。

在一个没有华尔街的世界里，经济仍然主要由"市场"来控制。可是这些市场将会第一次真正透明公开。它们将由真正的社会伙伴经民主协商而调控（这些人将第一次不再是对手，不像资本主义限定他们那样）。被废除的是金融"市场"（它的性质是不透明的，并且服务于垄断利益）。我们甚至可以探讨是否需要关闭股票市场，前提是财产权（包括私有及社会形式的）将会以不同的方式而存在。我们甚至可以考虑是否需要为此而重建股票市场。可是不管怎么样，"一个没有华尔街的世界"，仍然会是有力的象征。

去金融化，肯定并非意味着废除宏观经济政策，尤其是宏观信贷管理。相反，宏观政策得以从寻租垄断的策略中解放出来，它将重拾其效能。国有中央银行将不再是"独立"，而是同时附属于国家与市场，它们受社会伙伴之间的民主商讨所调控。这样的中央银行将恢复其力量，使宏观信贷政策的规划行之有效，并服务于社会化的经济管理。

### 国际层面：去依附

这里我用我在半世纪前提出的"去依附"。在当代，这概念似乎被"去全球化"这个同义词所取代。我从来没有把去依附理解为与世隔绝、自给自足。毋宁说是面对内外势力时，为了回应自主发展无可避免的需求而采取的策略性扭转。去依附推动重建全球化，使之建基于协商，而不是屈从于帝国主义垄断的排他性利益。它也可以减少国际不平等关系。

去依附是必需的，因为前文所提倡的一些措施，目前不可能在全球的层面，或甚至在区域（例如欧洲）上真正实施。它们只可能在具备发达的激进基层社会政治抗争的国家条件下推行。这些国家要坚定推动其经济管理的社会化进程。

第二次世界大战前后那种形式的帝国主义，打造了工业化的帝国主义核心及被宰制、工业被压抑的边缘地区之间的对立。民族解放运动的胜利，通过推行去依附政策，选择走自主发展的道路，打开了边缘地区工业化的进程。这些去依附运动，伴随间或激进的社会改革，创造了条件，让那些在这个方向走得更远的国家，最终可以"兴起"，中国当然是其中的佼佼者。

然而，当代的帝国主义，也是说三巨头帝国主义被迫退让，并自我"调节"去适应这新时代的条件，在新的基础上重建自己。它基于其"优势"，借此试图保住其排他性的特权。我把它们分为五方面的控制：

- 技术
- 挪用地球资源
- 全球货币与金融体系的整合
- 通信及信息系统
- 大型毁灭性武器

因此，今天去依附的主要方式正是要挑战当代帝国主义的这五大特权。新兴国家正在这五方面实行去依附，不同国家在不同领域达至不同程度的控制与自决。过去 20 年去依附的成功，让它们能加速发展，尤其是在全球化"自由"体系里使用"资本主义"的方式，通过工业发展而取得成功。这方面的成功，让它们抱有幻想，以为这一条路继续走下去，就可以跃起成为新的"平等资本主义伙伴"。尝试把这些国家中最突出的几个纳入新创的 G20 集团，助长了这种幻象。

可是当前帝国主义持续的内爆（称为"全球化"），却似乎打破了这个幻象。三巨头帝国主义强权与新兴国家之间的矛盾，已经浮现，而且预计将会激化。如果新兴国家想向前走，它们的社会便唯有通过民族计划及强化南南合作，朝向更自主的发展模式。

在这种情况下，大胆创新，意味着积极及连贯清晰地朝向这目标迈进，把去依附所需的措施与人们渴求推进的社会进步相结合。

这激进化有三重目标：社会民主化、接着实现的社会进步，以及反帝国主义立场。不仅是新兴国家，还有对于遭"遗弃"或"注销"的全球南方，皆有可能致力于朝这个方向迈进。这些国家在 20 世纪 80 年代受制于结构调整计划之下实际上已经被再殖民化。它们的人民现在奋起反抗，不管是已取得一定战果（南美），或是还没有（阿拉伯世界）。

在这方面，大胆创新意味着这些社会里的激进左派需要有勇气采取行动，投身于挑战，支持正在进行的斗争持续下去而且激进深化。

南方的去依附铺下了帝国主义系统的解体之路。在受全球货币及金融体系影响的地区，这尤其明显，因为这是美元霸权的结果。

可是要注意：试图以另一个"更平衡、更有利于边缘地区发展的世界货币和金融系统"来取代现行系统，只是妄想。一如既往，试图由上而下在国际上寻求共识推行改革，只是一厢情愿，无异于在期待奇迹。现在已经提上议程的，是现行系统的解构——它的内爆——以及重建国际另类替代体系（在国家、大陆或区域的层面）。某些南美洲计划正在朝这个方向推展。在这里，大胆创新就是有勇气向前走，怀着最大的决心，别过分忧虑帝国主义的反应。

去依附／解除，这互相关联的问题群组，对于欧洲一样有意义。欧洲也是附属于垄断集团主宰的全球化的一个子集。欧洲一体化，打从开始便是设计和建构来剥夺其人民实践民主的能力。欧盟的建立，是作为垄断集团的保护领地。随着欧元区内爆，它屈从于垄断集团的意志，结果是废除民主体制。现在民主已经沦为一台闹剧，并且走向极端的形式，只关心一个问题："市场"（即垄断集团）和"评级机构"（又是垄断集团）会有什么反应？他们现在会提的，就只是这个问题。至于人民有什么反应，他们一概漠不关心。

显而易见，在这个问题上，除了大胆创新以外，也再没有其他选择，那就是：不再听命于欧盟宪法以及想象出来的欧元中央银行。换言之，除了解构欧盟体制及欧元区外，别无选择。要最终重新建立另一个属于欧洲人民和国家的欧洲，这是无可避免的先决条件。

总而言之，大胆创新，更多大胆创新，永远大胆创新。

我所谓的大胆创新，因此是指：

（Ⅰ）对于帝国主义三巨头社会里的激进左派，需要投身于建设另类替代的反垄断社会联盟；

（Ⅱ）对于边缘地区的激进左派，需要投身于建设另类替代的反买办社会联盟。

要建立这种社会联盟，将需要一段时间才可以看见进展。可是如果激进左派决心承担运动，投身于推动社会主义的漫长道路，这个进程是可以加速的。因此，我们有必要提出不是光为了"解救资本主义"危机的策略，而是"走出已陷入危机的资本主义"。

我们正处于历史的关键时期。资本主义唯一的合法性，是创造了向社会主义过渡的条件，后者是文明的更高级阶段。资本主义是已经陈腐过时的系统。延续资本主义只会导向野蛮状态。再没有其他形式的资本主义是可行的。一如既往，文明之间的冲突所带来的后果是不确定的。要不是激进左派通过大胆创新成功推动革命的进步，就会是反革命的胜利。这两种对挑战的回应，是无法达至任何有效的折中妥协的。

所有非激进左派的策略实际上都是非政策，他们只是随着系统内爆的事态而见一步算一步地调整。如果说掌权者试图像猎豹（le Guépard）那样，"改变所有事情，好让事情没有改变"，左翼的政治候选人则相信可以"改变生活而不用触及垄断权力"！非激进左派无法阻挡资本主义野蛮状态的胜利。他们缺乏投身战斗的意愿，早已在斗争中输了。

我们需要大胆创新来促进资本主义之秋。资本主义的丧钟将由它的内爆敲起，并由真正人民之春的降临所宣布。这样的春天，是有可能降临大地的。

# 文明的抉择——只有社会主义才能拯救全人类①

**大卫·哈维**②：

非常感谢邀请我参加这个论坛。我想祝贺组织者，能够将丰富的思想放在一个月的论坛里，并为此筹备了几个月，对于我们面临的全球问题的思考，我觉得这些思想是非常重要的。而且我很高兴可以参与并感谢邀请我发言。

其实我大约从1970年到现在都在研究马克思。马克思写的一

---

① 本文根据大卫·哈维、迈克尔·赫德森和温铁军在第八届南南论坛中的对话整理。第八届南南论坛由香港岭南大学文化研究系、国仁全球大学堂联合主办，于2021年6月15日至7月19日上线召开。

② 美国纽约大学研究中心人类学和地理学杰出教授，地方、文化和政治中心的研究主任。当代著名的马克思主义者，前沿社会理论家，人文科学领域学术成果被引用次数最高的20位学者之一，也是城市研究领域的主要理论家，被称为"20世纪后期最具影响力的地理学家之一"。在资本主义全球化批判中重构了社会阶级和马克思主义方法，并将其作为完整的方法论，对马克思主义理论发展产生了深远的影响。对空间和地点（以及最近的"自然"）的重要性的思考受到整个人文和社会科学领域的极大关注。教授卡尔·马克思的《资本论》已有近50年的历史，著作包括《反资本主义编年史》和《马克思与资本论》。

个文本在 1973 年出版了，就是《政治经济学批判大纲》（以下简称《大纲》），自 1973 年以来我一直在努力了解《大纲》讲了什么。我经历了多次的思想迭代，并且开设了各种课程，最终决定要为《政治经济学批判大纲》写导读——以几乎相同的风格——就像我早些时候为马克思《资本论》第一卷和第二卷写的导读一样。

在为《大纲》写导读的时候，我发现了一种奇特的二分法，而在我看来这种双重性，必须引起大家的反思。

这就是我发言的主题：资本的双重意识。

资本家如何理解这个世界，也与资本主义的双重意识有关——它给我们带来了许多非常好的东西，还有许多非常糟糕的东西。在很多方面，我已经开始思考《大纲》作为马克思思想巨大挣扎的表现——为了从黑格尔和李嘉图的思想中解放出来。我认为非常重要的，是在这个文本的旅途中，他始于黑格尔和李嘉图，却结束于一个明显不同的位置上。在中途，他谈到了两点。我很抱歉不得不读给你们听，我是真的想让你们理解，当我谈论马克思的双重意识的时候，我正在讨论的是什么。

我想给你们读的段落主要说的是，资本开创了资产阶级社会，以及形成对自然界和由社会成员自身组成的社会纽带的普遍占有。

第一段，马克思说："资本对人类文明的巨大影响是生产出了一个社会阶段，与之相比，所有早期的社会阶段都只是人类的地区性发展和自然崇拜。到了资本阶段大自然第一次成为一个客体，关于自然法则的理论创新似乎是一种策略——以便使大自然屈从于人类的需要。无论它是一个消费对象还是生产手段，与这种趋势相一致的是资本的驱动力超越了国界和偏见，也超越了自然崇拜，以及所有传统范畴的基本需求和对所有旧生活方式的延续的需要。资本对所有这些都是破坏性的并不断对其进行革新，拆除所有妨碍生产力发展或者需求扩大的障碍。生产力的发展不断开发和交换自然资源和人力资源。"这是一个非常正面的观点，谈及资本对人类历史的贡献。它给我们带来的是，可以利用这种文明的影响来努力创造不一样的社会。

现在显然是需要为这种转变做大量工作的时候，而在我刚刚读到的这段话里，马克思展开了对这个矛盾的激烈讨论，这个矛盾是——在人类的管理下生产力和生产关系之间的矛盾。而社会关系当然是以阶级关系为主，在某种意义上马克思所说的是，如果我们能够废除阶级关系，如果我们能克服生产力和生产关系的矛盾，那么我们将到达一种可以认为是社会主义的社会。这种思维模式在马克思其他著作中并不罕见。很少会发现马克思说资本没做什么好事，而应该说是做了很多事。马克思对资本所做的一切都非常赞赏，并赞赏它是如何做到的。但是在第二段文本中，马克思有一个明显不同的想法。我也要读给大家。

这两段之间有明显的差异，第二段说的是："当有局限性的资产阶级形式被推翻，财富就是普遍化的个人需要——能力、兴趣、生产力等。可以通过普遍的交换创造出来，就是人类对自然力量的全面掌控，以及对人类自身本性的掌控，人类的创造潜力没有任何预设条件，除了以前的历史发展。所有人类能力的发展本身，不是按某种预先设定的标准来衡量。个人不是以其特殊性，而是以整体性来再生产自己。"

所以，马克思提供给我们的是一个乌托邦式的版本，在资本主义社会的背景下如何解释和理解财富。但是，他在资产阶级经济学和与之相对应的生产时代，也就是在资本主义时代中加入了这一点。这是一种自由地探索自身世界的能力。但从某种意义上来说，让人类能力全面发挥，却表现为人的内容被完全抽空的这种普遍的客体化，是完全的异化。所有片面目标的摧毁，表现为将人类自身的目的牺牲为完全外在的目的，这个外在的目的单纯就是生产和财富的积累。

马克思继续说，这里有一个对比：资本所创造的和原始的古代世界，后者看起来更崇高，尽管它受到各种制约。他说资本主义所做的就是给了我们最大可能的预期——从片面的角度让人得到满足的可能性，然而现代资本主义体系本质上就是不让人满足。一个世界以满足自我的面目出现，它看起来是庸俗的和缺乏审美的。注意到这段话，马克思正在阐明的是，他所强调的异化、掏空、意义的丧失，以及所有人的潜能都被金钱之神所牺牲并堕落到庸俗的境地。

第一段的内容我称为模式一，马克思的说法是资本已经留下了遗产，能够直接地继续建设，通过革命彻底改变社会关系，改变生产力与社会关系之间的矛盾。但在模式二，即第二段内容说的是，资本的遗产是有毒的。这是一个严重的问题。他们会说，社会主义革命不能建立在资本留给我们的基础上，因为资本给我们留下了异化。它给我们留下了空虚和无意义。现在我的研究里，我将要论证这两种资本概念中的哪一种是适合我们这个时代的。如果我们看一眼当下的境况，我们能说没有异化吗？能说意义的丧失不够严重吗？

第二段内容似乎与世界各地都存在的诸多不满有共鸣，尽管资本在创造生产力和各方面的实践中表现良好，但它留给我们一个虚空的、无意义的世界。其中意义的重建和非异化生存的重构肯定是主要的任务之一，即什么是社会主义革命。所以当透过模式二来看，社会主义革命的概念是完全不同的，在模式一中它看起来相当简单。这个对比使我想到一个问题："马克思的真实观点是什么？"

在对《大纲》做了大量研究之后，我得出的结论是：马克思实际上同时持有这两种观点，在马克思的思想中存在双重意识。

这个案例很有意思，来自美国的非裔社会学家威廉·爱德华·布格哈特·杜波依斯，在1903年写了一本书《黑人的灵魂》，记述了一些他读博士期间的学习经历，最初他在柏林，接着又去了哈佛大学。后来，他成为一名学者。杜波依斯是有史以来第一批成为学者的非裔美国人之一。当他在柏林的时候，他所处的境况是柏林的大多数思想家对美国不屑一顾，将其视为一个域外社会——没有真正的文化，没有可取之处。杜波依斯发现自己开始捍卫美利坚合众国，在保卫美国，但他作为一个在美国的黑人，又得面对美国的种族主义、社会排斥以及各种各样的压力。美国的社会状况让他极为反感，于是他这样分析——他正面地看待自己的美国身份，作为美国人他有某些特定的意识；但作为一个非裔美国人，他又有完全不同的另外意识。但他并没有放弃作为一个美国人的意识——捍卫美国宪法，反对欧洲对美国宪法的批判。他为美国社会的各个方面辩护，但是与此同时他在疯狂地为黑人战斗，他参加了那场长达250年的斗争，争取让黑人完全融入美国社会成为美国公民。如今黑人的斗争传统在美国仍然活跃。在美国这些糟糕的历史中有两个捍卫美国宪法的精彩演说，都是由黑人发表的，他们都已经去世——约翰·刘易斯和伊莱贾·卡明斯。一方面他们为美国宪法做精彩辩护，另一方面他们要对抗这部宪法，因为这部宪法并没有保护他们的权利。这就是双重意识。如果说我对资本的双重意识描述过于简单化，那么我想我是喜欢资本创造的一些东西的。

例如，在20世纪90年代，我在《希望的空间》一书中描述了一幅乌托邦式的画卷。我想象出来一个未来社会，其中一个情景是所有人可以共享整个文化的历史，通过一个中央存储库，我们可以去提取想听的所有音乐、想看的所有电影、想了解的所有事件。20世纪90年代的我觉得这是乌托邦式的梦想，如今这个乌托邦式的梦想已经实现了。现在就有一个网络系统，我想听钢琴协奏曲、小提琴协奏曲，或者摇滚乐、传统爵士乐，我可以享有所有的文化艺术，这简直棒极了！电影的情况也一样，简直太棒了！我们可以去奈飞（Netflix），也可以通过其他一些平台看到所有的电影。我的意思是：资本并不全是坏事。我感到遗憾的是，这一切在我的乌托邦构想中是免费的，然而今天的现实是我们必须为它付费，付费就会掉进资本设定的收费陷阱，当然我也可以避开某些资本主义的做法。但是，事实上，我现在可以拥有所有这些，这很神奇。医疗保障也是如此，所有的事情均如此。

当马克思说："资本家带给我们一种社会，一切似乎都有可能。"似乎的确如此，因此模型一似乎是有道理的。但是环顾世界，看看有多少人被异化？什么异化了他们？有多少人在那里绝望地寻找意义，在这个看起来毫无意义的世界上？面对这个事实我们要如何做？我们似乎更痴迷于为个人或集体获得越来越多的金钱、权力，我们为此不惜一切代价。就像一个神，我们绝对服从于他，但这是一种双重意识，而且是真实存在的。我认为我们必须作为社会主义者、反资本主义者来处理这两种模式，在人类命运中它们都是非常重要的。

马克思做的事情之一，是开始使用其中一些概念，比如说"异化"。在马克思主义的历史中"异化"这一概念有一个非常奇特的位置。当马克思主义在欧洲等共产主义政党之中开始变得更加科学时，他们开始说诸如"异化"之类的词，甚至是用于描述与自然关系的想法。某种程度上这是一种敏感的理论。资产阶级的思考方式就是我们需要严谨的科学。许多共产党人转向模式一的立场，从而放弃了对生态关系的担忧，包括与自然界的非异化关系，与其他人类的非异化关系，劳动过程的非异化。所有这些都忽略了与马克思提出的模式二的联系，异化作为一个概念，在很大程度上局限于马克思早年著作的思考。在他的《1844年经济学哲学手稿》中，"异化"这个词随处可见；在马克思后期著作中却消失了，尽管可以看到它确实存在，但这个概念消失了。因此许多重要的马克思主义哲学家像阿尔都塞等开始说："好吧，马克思经历了认识论上的突破和思想上的转变。他放弃了'异化'等概念，转而更科学地理解资本的运作方式。"阿尔都塞认为这种转变可能发生在1848年前后，这种说法的问题是马克思在1857—1858年写的《大纲》中对异化还有一个非常好的论述的，但是从根本上不同于马克思在1844年的表达。这个论述说"异化"不是指我与你异化了或与我的老板异化了，或者类似的其他事情。不，我"异化"是因为我生活在这样一个社会，它的运作规律是在没有任何个人的主观意识中进行的。

中国学者张一兵教授在一篇文章中完美地认识到了《大纲》中的"异化"。他做了一个精彩的论述。他说："在《大纲》中，'异化'的科学表述根本地有别于马克思过去使用的人道主义的异化概念，事实上，这是两个完全不同的概念。1844年手稿中的劳动异化是一种人道主义的价值假设；这是想象与现实之间的矛盾。"1844年马克思还没有从黑格尔的唯心主义中解放出来，而异化在1844年手稿中被描述为：一个障碍被以某种方式放在了作为一个个体的我和潜在的我之间，这个障碍就是资本；但却有这样一个完美的非异化关系的世界，这是一个理想乌托邦的概念。这是马克思所思辨的一个矛盾，是想象与现实之间的矛盾。也就是说，劳动的自我异化是建立在思想统治基础之上的一种逻辑反映，是一种理想主义的概念。另一方面《大纲》中的劳动异化，从根本上来看是马克思对真实历史的反思——以前的劳动者的劳动成果体现为对今天的劳动者的统治和剥削，工人过去的创造成为现在的统治者。雇佣劳动必然创造出一种由自身转化而来的统治力量，即雇佣劳动创造了资本和资本家。这就是马克思所描述的资本和劳动关系的实际异化。

换句话说，我们喜欢认为我们拥有个人自由，马克思却辩论说我们没有。在一个资本主义社会中资本运作的规律囚禁着我们所有人，我们必须做资本希望我们做的。那些运作规律是在《大纲》和《资本论》中讲解的，而这就是1844年和1858年手稿的不同——马克思已不再是一个理想主义者。他说："异化有其客观属性，这种客观属性是在资本的崛起中被历史构建的，但是资本的崛起来源于劳动者的贡献。"也就是说，劳动者生产了统治自己的工具，即资本，因此异化必须被理解为资本主义经济的核心。这些在阿尔都塞和其他作品中消失了，其中的线索又在《大纲》中出现了。

这就是马克思所做的论述，我觉得非常精彩。当他说"资本已经到了那样一个时刻"，个人被抽象所控制。而早些时候，它们彼此依赖。这个被抽象概念所控制的提法是难以反对的——抽象概念很难被监禁、很难被定罪。资本家只是说，他们之所以如此做是因为竞争的胁迫性规律，强迫他们去做的，他们不必负责，应该负责的是整个系统——系统迫使资本这样地剥削劳动力。马克思说我们要明白，在先进的资本主义社会我们被抽象概念控制，而人们说这个想法非常抽象。怎么可能？好吧，利率的变动是谁决定的呢？不错，确实有些机构在操作，但是这些抽象概念也是重要的。马克思说，抽象概念或者理念，只不过是那些占统治地位的物质关系的理论表述。然后他继续说，这种关系当然只能用思想来表达。哲学家们将思想的统治确定为新时代的特征，所谓自由个性的创造不过是在意识形态上把这种统治推翻。关系仅能在思想中被表述，哲学家们说思想统治控制一切。

我经常会碰到，一些人试图向人们解释他们的新自由主义的说法。很多学者说新自由主义是出现在思想和政策内的东西，而思想和政策被强加给这个世界。而我不是这样解读新自由主义的——新自由主义是一个方案，是统治阶级的策略，是统治阶级所需要的统治思想。马克思在这里说的是：一旦统治思想被宣传出去，统治阶级就可以退居幕后，让统治思想发挥作用。他说，从意识形态的角度来看，这种统治，即资本的统治，在个人意识中表现为思想的统治，更容易犯的错误是相信这些想法是永恒的。这些带有依附性的客观关系，这些信仰当然被统治阶级所巩固、培养并反复灌输，用尽所有方法。

这就是统治阶级在 20 世纪 70 年代所做的。在美国，它们开始重组经济、社会的物质基础，它们开始从各个角度尽可能凶猛地攻击劳动力。然后它们创造出一个理论——新自由主义，去为它们的所作所为辩护。从那以后，所有的学者和其他人都成了新自由主义者。我也变得有点新自由主义了。这就是思想力量的运作方式。但思想的力量在于统治阶级。我们的大学实际上变成了传播这些统治思想的渠道。当然像我一样的反对派，立场是模棱两可的。因为这个统治思想里有我赞成的部分，也有我不喜欢的部分；同样关于资本也有我喜欢的，有我不喜欢的。在这个关系里我有双重意识，至少在这次的对话中，我已经意识到了这种双重意识。

如果回顾非裔美国人关于斗争中双重意识的历史，我会说：意识到这种双重意识是件好事，正因为这个——杜波依斯发起的，也是伊莱贾·卡明斯等人做了许多努力使其延续的，有助于人们理解我们被抽象概念所控制是什么意思。这些抽象概念是统治阶级的物质实践的意识形态表达。

这是一个非常有趣的方式。比方说，在美国，我们非常关心个人主义和个人自由，每个人都在讨论自由。我们有一套宪法，在很大程度上是关于保护个人自由和权利的——法律面前的平等以及其他一切。有趣的是，是什么物质实践促成了这样的宪法性？美国宪法在某方面是一部很好的文本，但是它反映的是什么物质实践呢？这就是马克思在《大纲》中再一次讨论的问题。在第一部分他说："人们有时候认为个人的权利是天赋的或者是自然存在的，不对，个人权利的观念源于一种社会的建构，后者使得这些观点可行，并在事实上激发了那些观点。"那种社会是以个体生产者、制造者、农业生产者之间的大量市场交换作为特征的。

如果回到18世纪，就会看到那种经济。当然我们周围也有很多封建残余。人们可以看到，社会中出现一个工匠阶层——面包师和鞋匠等。因此，在城镇里出现了分工，手工艺人之间进行着交换，而他们之间的交换关系是自由的，也是互惠的。这同样发生在城市的手工艺人和佃农之间。在世界的不同地方，如法国，甚至在英国等，一个市场交换框架正在建立起来。

马克思提出这样一个问题：小生产者在不同的劳动分工里的市场交换行为衍生出了什么观点？从中产生了什么样的意识形态？但显然从那里生产出来的是某种关于平等的理念——当我用面包交换鞋子时，这里就存在一种平等的观念。我意识到制作一双鞋子比面包花费的人力大得多，所以我会说："我想要15条面包交换一双鞋子。"人们设法使劳动能够等价，所以平等的观念变得十分重要。还有，同时发生的是如果我不要这个面包师做的面包，我可以跟别的面包师去换——个人自由。我可以选择跟谁交换，但是我也意识到我们在这个互惠的社会秩序中都是绑在一起的，所以就有互惠性。而大家是相互依赖的——我需要面包师，而你需要鞋匠。这就给了我们三个观念——平等、自由和互惠。法国大革命的口号是什么——自由、平等、博爱。这正是一种从社会中显现出来的意识形态建构。其中有很多劳动分工和个人交换，而这种社会正是由资本建立起来的。

在 18 世纪，美国宪法是在所有的封建残余和其他所有糟糕的情况之中诞生的。实际上，它吸收了自由、个性和互惠的观念，并建立了一个完整的宪政概念——这就是统治思想。所以，在某种意义上美国宪法是 18 世纪统治阶级的统治思想，它始自市场交换行为。在工业资本主义的体系下，这些思想运行得怎么样，如曼彻斯特的工厂，以及孟加拉国和其他地方的工厂？美国宪法在关于劳资关系这个问题上说了什么？它什么也没说。基于此，美国宪法在保护交易方面是厉害的，在谈论交易的法律框架方面是厉害的；但是当涉及如何处理劳资关系时，它是糟糕的，如当涉及在曼彻斯特的工厂里的劳动者的工作条件就是这样。

马克思说：人们奔走相告，个体自由是天赋人权，不，这是某种社会秩序的产物，这是约翰·洛克以及其他人认可的社会秩序，这有一套完整的哲学理解。关于平等和自由等，所有这些都来自某种物质实践。但这些是我们今天不再继续讨论的抽象概念。现在资本喜欢的宪法——它保护私有财产，保护它们做的所有事情，它表达剥削劳动者的自由。劳动者必须去尝试找寻另外一种宪法性，因为这套不保护劳动者的权利。我们可以尝试写入劳动者权利等，但是这种权利的概念是建立在某种资本主义社会秩序之上的。这说明社会主义必须能够挑战宪政，同时又不必一定抛弃它。同时社会主义在某种程度上必须使双重意识内在化，因为这是一个社会主义方案的内部矛盾。我们也要谈论自由、民主等，但它们是资产阶级概念，我们要去思考一些能够替代但同样好的东西，而不一定要抛弃资产阶级宪政所取得的进步。

这就是约翰·刘易斯、伊莱贾·卡明斯、杜波依斯所谈到的。他们说的是我们不是要抛弃美国宪法，但我们要改变它的应用，改变它的意义，使它接纳那些经过 250 年斗争但仍没全面解放的黑人人口。这就是我们的任务——它说明了社会主义的概念，社会主义不是关于平衡的问题，也不是关于和谐的，而是关于这种双重意识的不断展开，这些矛盾中的双重意义以及这种意识本身的展开。

社会主义的使命是继续发挥资本的文明影响力，但会朝着完全不同的方向发展。特别是涉及劳动权利等，但它也必须解决失去意义的问题。这里我想引述马克思说的一些话，是马克思写的关于巴黎公社的文章——这是马克思在 1848 年所经历的一次巨大的革命起义。马克思告诉我们：工人阶级并没有期待巴黎公社会产生奇迹，仅仅通过法令便可以推行的现成的乌托邦是不存在的。他们知道为了达至他们的解放，并走向一个由当前的社会自身的经济结构所推动的更高形式，他们需要经历漫长的斗争并经历一系列历史过程去改变社会和人类，他们要实现的唯一理想就是释放新社会的元素，而旧的崩溃的资产阶级社会本身正孕育着这些元素。

一个正在崩溃的旧资产阶级社会会孕育好的想法和可能性吗？可能是的。但如果它孕育的是怪物，是可怕的东西，那时会发生什么呢？我认为这种思考正是理解社会主义事业的一种方式。这是长期的。巴黎公社时期的马克思想说的是：我们处理这些现在占主导地位的抽象概念的进步方式是什么。如果我们废除这些抽象概念，就必须重新组织把它们变成另一套抽象概念。

关于在革命形势下如何应对的问题，应该说，革命是可以控制的，这涉及另一个问题——革命为什么以及如何真正处理统治思想，进而涉及统治思想是关于什么的，也就是关于我们如何改变统治思想的问题。正是因为要改变统治思想，我这辈子都在尝试，必须说我非常不成功。但是，我们需要改变现有的做法去强化和创造新的执政理念，这是攸关社会主义前途的。有许多社会主义的实践正在进行，人们在努力推进，在世界各地我们会遇到各个群体的人在说："我们必须以不同的方式来进行，我们需要新的社会关系，我们需要建立与自然的另一种关系！"他们对模式二的问题有着强烈的意识。我们正在尝试建立一个非异化的社会结构——它随处可见，并不是脱离现实的。我和所有这些群体以及努力寻求意义的人们展开对话，但也要了解寻求意义的奋斗可能被扭曲——因为在这里法西斯主义也可能发挥影响。法西斯主义能够挑起所有的不满或异化，可以直接将其用于从社会主义未来的立场来看是非常消极的目的。所以我们必须明白，资产阶级社会孕育各种可能性。我们必须非常小心地选择，因为既有可能会产生可怕的后果，也有可能产生进步的后果。

我们必须开始认真思考：资产阶级社会我们想要保留的是什么？我们需要改变什么？最重要的是，我们究竟该如何处理异化、意义的丧失以及空洞化？在某种程度上还要处理不少已经失败的左翼计划。换句话说，我们必须诚实地问自己：为什么这么多的社会主义革命运动都惨淡收场？那些社会运动是以什么方式失败的？

我已经讲了很多，还有很多其他事情想谈。比较重要的一个是——统治思想内部发生了什么。我想作为我发言的结尾并提出这个问题：我们如何才能以一种有意义的方式将这种双重意识运用到我们的政治动员中，这就涉及政治策略的问题。几年前，我非常幸运地参与其中的一件事，是在厄瓜多尔从事一项可以被称为"社会主义的发展主义"的工作，是在科雷亚领导下的厄瓜多尔左翼发展主义。还有就是拉丁美洲"红色浪潮"，左翼政府取得重要地位，包括委内瑞拉的查韦斯、巴西的卢拉、玻利维亚的莫拉莱斯等，整个拉美洋溢着左翼思潮。我想问的是：这有什么好的地方？有什么错的地方？以及我们能学到什么？2021年早些时候厄瓜多尔有一个选举，该选举最终有三个领先的候选人：第一位是安德烈斯·阿劳兹，来自左翼传统发展主义，是在厄瓜多尔当了十年总统的拉斐尔·科雷亚开创的。第二位是吉列尔莫·拉索，属于右翼商业团体。第三位是原住民领袖。在第一轮选举中阿劳兹遥遥领先，其他两个人落后一大截，最终需要在阿劳兹和右翼之间做出选择，在我们看来似乎原住民应该投票给进步派候选人，但结果却是阿劳兹失败了。

为什么阿劳兹会输？很大一部分原因是有大约16%的选票投了弃权，大部分来自原住民。科雷亚上台原本是依靠原住民运动的支持，他以左翼发展主义上台，在厄瓜多尔确立了新的宪法，就像在玻利维亚一样承认多元民族主义——那就是原住民的权利以及自然的权利，是非常进步的宪法改革，远远超出我们在美国看到的宪政。

但科雷亚上台后，他忙于左翼发展主义项目——收入再分配、新的基础设施建设、新环境，但是，他开始与土著对立，瓦解原住民的力量，开始攻击那些生态学家，因为他们想保护亚马孙、反对剥削自然。实际上，科雷亚背叛了他们。

当开始研究这些项目时，马克思在《大纲》中建立了这样一个概念，即它们充其量只能被视为"粗放"。许多相当粗放的项目被设立了，某种程度上来说就是面子工程——它们体现的是科雷亚的政绩而不是真正的"庆祝"——民众决定未来的可能性,以及未来会发生什么的可能性。这并不奇怪。然后,原住民选民投票反对来自科雷亚政党的候选人,但他们也不一定转投右翼。有些原住民思想家说:"左翼发展主义是他们的敌人。"实际上在玻利维亚也能找到许多类似的迹象。

经典的案例当然是 20 世纪 70 年代的尼加拉瓜。桑地诺掌权时期,他们有一个左翼发展主义项目并强加给太平洋沿岸的土著居民,即反抗它的米斯基托部落,而这为美国中情局的介入提供了可能。在某种意义上说,这摧毁并掏空了尼加拉瓜桑地诺革命的核心——原本正面的却成了反面。

我不认为我们会将尼加拉瓜视为左翼政府的典范,即便是丹尼尔·奥尔特加在 20 世纪七八十年代领导了桑地诺运动——这在我看来意义重大。我并不反对左翼发展主义,而我支持的是一种关注异化、关注意义的丧失的左翼发展主义。

在物质生产和传输的同时,应该调动与此相关的敏感性,当然这意味着观念的转变。教条左派有个问题,他们把想法强加于人。思想必须是互动的,必须是开放的,让人们觉得自己是参与者和积极的。否则,我们将回到统治思想只属于统治阶级的情况——如果不同意这些想法,会被关进监狱、受到纪律处分或被忽视。

这就是我想说的主要观点:双重意识的确是矛盾的,就我们的政治未来而言,牢记这一点是非常有益的。我们必须意识到:为什么这么多的社会主义革命都变得野蛮?大部分原因是他们没有注意到异化,以及意义的丧失。就右翼而言,他们善于调动某些力量,比如民族主义等。如果不做出改变,左翼将会被打败。因此,我们自身思维的重新定位变得非常重要。

**温铁军：**

大卫·哈维教授这个内容广泛的并且有着多个历史维度的演讲可能还不能马上被我们形成认识并理解，但我作为主持人理解他开头提到的问题意识，就是所谓资本的双重意识，应该是指资本的两重性。从他引用的例子——厄瓜多尔的选举来看，土著人对激进发展主义，也就是对左翼的所谓进步，产生了反感，有 16% 的选票投了弃权，他认为这是一个对左翼发展主义的批判，这种激进的发展方式，当然需要积累资本，就得有对资源的占有，客观上确是伤害了土著人的权益，这些做法最后导致竞选的失败。

哈维教授前面提到的概念和这个例子，我想做些补充，可能有利于大家理解。我们都知道在发达国家，资本形成过程本身确实是充满着对外剥夺的，包括众所周知的奴隶制三角贸易等。所以它的资本的属性本身应该说确实是有着两重性的，但是对于大多数发展中国家来说，都是属于被掠夺、被剥削压迫的，这些国家形成所谓的民族主义资本，或者是民族民主主义资本，所具有的资本两重性，就和发达国家的资本的两重性有一定的差别。所以，我们觉得到现在为止，从发展中国家发展过程中形成的经验和教训的角度来做的话语提升，特别是理论的提升的这种努力是远远不够的。

因此，我们今天看到的是发达国家的进步学者——大卫·哈维教授在西方的语境中形成了理论逻辑来解释发展中国家，对追求激进发展主义的这个过程中所出现的经济、政治、社会等一系列变化的描述，是有重要的进步意义的。因为到目前为止，发展中国家学者的话语建构能力，还有明显的不足。今天听到哈维教授的这个解释，应该说是一个在西方拥有相当重要学术地位的进步学者，试图以西方形成的马克思主义的话语逻辑解释发展中国家激进发展主义的经验教训，这样的努力是可贵的。

像厄瓜多尔，我们也去做过调查研究，所以也可以介绍一些这个国家的经验。厄瓜多尔是完全没有自己金融主权的发展中国家，这一点特别重要。这个国家在上一轮的金融危机中发生了本币崩溃，全国改为使用美元作为国内流通货币。这就产生了所谓激进发展主义的压力。由于美元是硬通货，利于进口而不利于出口。对那些生活必需品要靠进口的国家来说，使用美元支付意味着其生活成本高，也意味着不可能走劳动密集型产业的一般道路，不可能用劳动剩余价值逐渐形成资本积累，再形成本国民族经济的发展能力。我觉得这是厄瓜多尔形成激进发展主义的背景。因为劳动力的价格相对高，没有剩余价值来积累资本，即使左翼政府也不得不去开发土著人赖以生存的亚马孙雨林，推进资源的货币化和资源的资本化；此类激进发展主义的内涵决定了，在厄瓜多尔恐怕没办法走一般的民族资本主义发展道路，或者由一般的劳动力密集型工业化再渐进产业升级的道路。

当然，客观上还因为厄瓜多尔在安第斯山的东侧是亚马孙雨林的水源地，也是一个生态资源相对比较丰富的地区，因此，当然会有大量的国际组织在那里从事环境保护，包括热带雨林保护和土著文化保护等这些工作。所以会有一些和本土发展客观上相对立的矛盾，被当地的国际组织发布出来，成为有社会影响力的舆论。

把这些背景材料提供给大家，也许有助于认识一个丧失金融货币主权的发展中国家，只能靠资源资本化形成收入的国家，它的政治矛盾背后可能有着非常复杂的经济背景。希望大家在理解哈维教授的演讲的时候增加一些对背景的认识，这样我们对于话语本身的复杂性也会增加一些了解。

**迈克尔·赫德森**[①]：

大卫·哈维和我都描述了西方经济如何自我瓦解的图景，其中的主要问题正如温教授刚才所说的在于金融。房地产行业金融化，房价被哄抬，以及公共事业私有化和收取垄断租金是最重要的金融问题。现在西方的政策正在增加整个经济的生活和商业成本。真正重要的是工业资本，还是金融资本？马克思谈到的资本是金融和工业的结合，但现在它们分离了。金融的动力与工业的动力是相互对立的，金融正在迫使西方国家去工业化。这表明金融业对任何经济体系都是非常危险的，不仅对今天的西方如此。

在古希腊和罗马时期、中世纪乃至 19 世纪，金融一直是具有破坏性和掠夺性的。在今天的美国和欧洲，金融化正将财富和经济增长集中在 1% 的人口手中。西方的银行系统而不是政府已经成为新的中央规划者。这个问题在历史上一直存在，金融业的经营计划一直是通过使经济陷入贫困而迅速致富，而不是帮助经济增长。所以，面对西方的经济灾难，我们能做的就是希望有一些国家会继承文明。所以我很高兴看到大卫·哈维和我的书在中国比西方卖得更

---

① 美国著名经济史学家、经济思想史学家，长期经济趋势研究所（ISLET）所长，独立金融及经济分析专家。密苏里大学堪萨斯城分校杰出经济学研究教授，德国柏林经济学院、瑞典斯德哥尔摩经济学院等高校的客座教授。曾长期在华尔街担任金融分析师，为很多金融公司做咨询服务，也先后在多所高校教授金融课程。曾经是加拿大、墨西哥、俄罗斯和美国等国政府以及联合国训练研究所（UNITAR）的经济顾问。长期从事关于本国和国际金融、国民收入和资产负债表会计与房地产以及古代中东经济史的研究，为政府提供财政和税收政策方面的咨询。多本专著被译成中文，如《金融帝国》《国际贸易与金融经济学》《文明的抉择》等，在探讨金融资本主义、工业资本主义和社会主义议题上有卓越的理论贡献。与全球大学合作制作了在线视频课程。

好，这说明中国有机会避免西方国家的错误。尤其是美国和欧洲国家存在"后工业化"的金融动力，但是保持金融动力不去损害经济从来不是一件易事。

五千年来，所有政府面对的巨大问题都是如何应对金融动力，以及由此产生的土地掠夺和私有化。中国乃至亚洲如是，西方如是。从古到今，这些动力摧毁了西方的经济，希腊和罗马的债权寡头控制了政府和军队，接管了国家，使大多数人口陷入贫困。在长达五个世纪的时间里，希腊和罗马公民发动了内战，争取取消债务，重新分配土地，但他们的革命失败了，寡头发动了军事接管以保护他们抢夺的土地。我们都知道后来发生了什么，罗马带来了长达500年的欧洲黑暗时代。

半个世纪前，美国似乎提供了工业繁荣的典范，供其他国家效仿，俄罗斯、中国和所有其他国家都把美国看作是工业资本主义的领导者。在19世纪末，它确实和德国一样，但是，自1980年以来，美国和欧洲的金融部门发动了一场后工业化的反革命，金融部门控制了政府，甚至控制了各个社会主义政党，如社民党和劳工党。欧洲和美国都是，我们看到西方的社会主义政党变成了大卫·哈维所说的"新自由主义社会主义"，以破坏性的方式开采自然资源，只是狭隘地关注生产力，造成长期的清理成本，为追求短期效益而忽略了这些成本。这就是大卫·哈维所谈到的异化的一部分——与自然的疏离。

现在这些西方经济体正在债务爆炸的重压下逐渐崩溃，从美国到欧洲，不仅是劳动力对债务非常依赖，企业也遭受资产剥离，工业倍受破坏。金融动力是中国乃至世界所有经济体都面临的巨大挑战。

自从三千年前的青铜时代以来，所有经济体面临的挑战都是如何将货币和信贷的创造控制在国家手中，而不是交给私人债权人。

因为债权人最终会成为控制政府的寡头。金融部门的运营计划就是这样推进的。中国也面临着由金融的债务动力和隐藏在背后的土地所有权带来的由来已久的挑战。

每一个经济体要有经济运行，都需要货币和信贷。现在的问题是，当信贷和银行业务被掌握在私人手中，债权人必然会谋一己私利，金融也一定是短视的，总是为了赚钱而牺牲经济。原则上政府应该从长远的角度考虑问题，除非政府被金融部门和最富有的家族接管了，而这就是美国的现状。如果信贷是公共的，像在中国一样，它就可以是灵活的，中国可以在紧急情况时减记债务。例如，新冠疫情大流行，债务人可能无法支付费用，或将失去房屋和其他财产，这就是在美国所发生的事情。在疫情期间，美国对房租和房贷利息颁布暂缓支付的政策，但仅过一个月就又到期了，届时将会有数以万计的家庭被驱逐，租房者被赶出房子。

这就是即将撕裂美国经济的动力，也将在一定程度上撕裂欧洲经济。在古希腊和罗马以及中世纪的欧洲，小资产者、小农户被剥夺，类似的情况一次又一次地发生。现在中国取得了对西方的巨大优势，那么优势是什么呢？中央银行是国有的，不是私有的；共产党的领导层有长期规划——促进国家的繁荣；货币创造带有的公共特征使政府能够创造信贷，为实体资本的形成和基础设施提供资金，而不是美国式的企业收购和杠杆收购或基本上属于掠夺性的金融资本主义活动。

因此，中国显然已经从西方国家所犯的错误中吸取了教训，看到了西方国家变成了吃租金融资本主义经济，而不是马克思所期望的在19世纪出现过的工业资本主义经济。美国的住房价格是由银行商业信贷哄抬起来的——银行对新买家的房子能够贷出多少钱。银行的贷款越来越多，所以美国的房价和租金才会不断上涨，而购房者的收入高达 43% 用于支付房贷。这就是将美国工业挤出世界市场的根本原因。这不是中国的竞争造成的，准确地说应该是美国的金融自我毁灭。而这些正是中国目前能够避免的，中国最近不鼓励公司向国外借钱是非常正确的。中国的银行可以自由创造货币，为什么还需要外国货币？

中国人民银行只需为国内支出和投资印人民币就可以了。如果中国需要借美元在国内消费，而美元要被中央银行兑换成国内货币，那为什么中央银行不直接创造自己的货币呢？这样就可以把财富和利润留在自己的经济体内部了。我想这就是大卫·哈维一直在谈论的基本的辩证法：任何问题的解决方案往往会产生新的问题。中国的经济成功提出了一个任何国家在财富增长时都会面临的问题：如何不让财富的增长成为个人财富，或者以损害社会的利益为代价？这是一个由来已久的问题，中国正处在解决这一问题的过程中。

然而，为经济增长提供资金，提高生产力和生活水平，需要信贷。这正是大卫·哈维的"资本双重意识"要处理的问题。致富意味着积累金钱和增强金融力量，西方大多数经济体通过利用它们的金融力量对房地产进行控制，而且还想把公共基础设施私有化，并对基本服务收取垄断性租金。这条道路的尽头就是破产和取消抵押品赎回权，以及不断扩大的经济两极分化。你们已经看到，美国和欧洲的两极分化在扩大，所有的增长都被 1% 的人拿走。这是由金融的动力而不是工业的动力导致的。因此一个真正的自由经济和自由市场需要足够强大的政府，防止金融寡头出现并获取掌控经济甚至政府的权力。

大卫·哈维提到：马克思提出，在古代世界精英们至高无上的问题——怎样才是好公民？而不是我可以积累多少货币财富。什么是财富？这是每个社会的基本问题。不论在中国还是在西方，是社会主义经济还是资本主义经济，私人手中的资本积累都倾向于创造资产阶级社会。新自由主义的个人主义，变成了一种资本积累，特别是在金融手中变成了一种剥削劳动的经济，以至于实际上扼杀了长期的经济增长。

这就是金融资本主义的内在矛盾，对于中国来说最大的挑战——如何避免类似西方的命运，这正是我所有著作的重点，也是我想表达的观点。

**温铁军：**

非常感谢迈克尔·赫德森教授，我们已经当面讨论过很多次了，我对他的观点还算是有所了解。他今天主要提醒的就是中国不能走美国的老路。在这个问题上我们应该给予积极的评价。提醒大家注意，中国在 1949 年是靠农村革命，或者叫作农民革命形成的政权，旧政权逃到中国的台湾带走了国库的黄金和外汇；新中国的金融建设是在完全没有外汇和贵金属储备的条件下，靠着内向型的积累来形成的金融资本。所以，我们刚才在谈到大卫·哈维教授所说的资本的双重意识的时候，恐怕需要把中国的资本作为一个特例来看待，特别是金融资本。

中国的金融资本完全属于国家所有，是历史形成的，到现在尽管有外资进入，也有私人资本股份制银行，并且已经达到了近 3000 家。虽然中国现在有各种各样不同所有制的银行，但中国金融资产的 70% 仍然是由国家的大型银行掌握着的。我在两家国家的大型银行担任非执行独立董事，叫作 Non-executive Independent Advisory Board Member，虽然我们的银行被叫作全球系统重要性银行（Global Systemically Important Bank），但它们必须执行国家指令。中国金融资本运作的体制，在中央层面设有中央金融工作委员会，配合国家经济安全有关的情况分析来开展工作。也就是说，这样的银行是不可能追求银行家的私利的，不具有一般意义上的金融资本家逐利的属性。当然银行自身是要逐利的，也要防范风险，但中国的银行主要工作是贯彻国家意志，服务国家战略。这一点是中国的金融资本制度与西方最本质的差别。

我曾经在中国农业银行担任非执行独立董事八年，从来得到的中央指示都是中国农业银行服从一个宗旨，就是为"三农"服务，没有说过要以营利为目标。这说明，中国农业银行宁可不营利也要满足国内"三农"的需要。从实际执行的情况来看，中国的农村信贷曾经一度比较紧张，但是在最近这十年，应该说农村已经基本上做到了应贷尽贷。我们几乎也没有哪个农民像在印度那样因小额信贷这种高利贷还不起而选择自杀，印度有成规模的自杀事件。这些特点很重要，可能是因为海外的特别是西方的媒体对中国了解太少，海外的学者恐怕了解得也不够多，所以西方并不真正知道中国的实际情况。在这些事情上，我以前的很多视频都已经讲过了，就不重复了。

我们只是提醒大家注意看一下，我们出版的那本《全球化与国家竞争》，在这些问题上已经有相对比较系统的论述了。现在我要补充解释的是，刚才大卫·哈维教授作为结尾提到的那一个案例，帮助大家理解这些国家所谓左翼激进发展主义引发的各种矛盾和斗争到底是在什么样的背景下出现的。

我们先说厄瓜多尔和委内瑞拉，哈维教授都提到了。我们知道委内瑞拉革命，又叫作"查韦斯革命"，最主要的特点是以革命的方式收回了相当高百分比的石油主权，我们把它叫作资源主权，英文应该叫作 Resource Sovereignty。我们的南南论坛一开始提出的基本宗旨的第一条就是 Resource Sovereignty，任何一个国家如果不能对本国的资源形成控制权，而是由跨国公司控制，那这个国家想从资源开发当中形成资本积累的条件就是不具备的。

委内瑞拉革命就是收回了 70% 的石油主权，开始进入以资源形成资本的新阶段，也因此受到跨国公司以各种名义展开的全面的打压。这当然包括政治上的各种手段，乃至媒体舆论的妖魔化，制造所谓"颜色革命"等。那当然今天的局面，我们大家都已经看到，美国先是全面制裁，阻止委内瑞拉在海外卖出石油的收益回流，因为美国掌控着金融结算的权力，所以这不仅是贸易制裁，而且是金融制裁。于是委内瑞拉的物价上涨，民众不满，走上街头形成抗议，引发"颜色革命"。其中的关键在于委内瑞拉所谓的发展主义具有民族主义属性，无外乎就是掌握自己的资源开发权利，形成自主的资本积累能力用于本国的发展。

那我们再看厄瓜多尔。刚才我讲到厄瓜多尔是一个围绕安第斯山脉的国家，关于它的地理地貌，大卫·哈维教授是这方面的专家，可能比我更清楚。太平洋沿岸是有部分平原地区和少数工业城市的，食品加工业比较多。但整个国家的主体部分是在安第斯山的山区东部，靠近南美大陆这一侧是亚马孙河的上游，是这个大的水系的源头。由于它的金融主权已经丧失，不可能靠劳动密集产业形成工业资本积累，也就是说这个国家唯一的出路就是对亚马孙雨林地带进行资源开发。当然，资源开发肯定会引发对环境问题的争议，当然也会引起对土著权益的争论。这应该说是没有别的选择可以形成本国进入工业化资本积累所衍生的问题，可以把它叫作 Natural Resources Capitalization，是一个自然资源的资本化过程。这个资本化过程就是这个国家在发展过程中所需要的资本原始积累的演化过程，可以叫作 Primitive Accumulation from the Natural

Resources Capitalization。这个过程中所形成的是发展中国家在失去货币主权条件下产生的矛盾。所以，我们还是要把这些案例还原到这些国家的发展困境中去，而不是一般意义上地用意识形态化的概念来对它做归纳。

在这些事情上我觉得要对发展中国家有更深的了解，才能做出比较完整的比较分析。大家都知道有一句话，幸福的家庭都是一样的，不幸的家庭各有各的不幸。我们可以说幸福的发达国家都是一样的，不幸的发展中国家各有各的不幸。

**迈克尔·赫德森：**

温铁军教授提出了一个非常重要的观点，即控制自己的资源。而委内瑞拉不能控制自己的资源——石油的原因是：早在50年前美国就在委内瑞拉实行了军事独裁，这可以追溯到佩雷斯时期；其中的一个条件是，当委内瑞拉借美元债务时，其国家石油公司的所有石油资源和石油公司的所有投资，将成为抵押品。因此当美国封锁委内瑞拉时，实际上偷走了委内瑞拉在英格兰银行持有的黄金，并将其交给它支持的新军事独裁者。

委内瑞拉没有能力偿付外债，因为美国说要抢走所有的石油，抢走石油工业拥有的所有美国销售站。这说明，美国以及世界银行和国际货币基金组织的政策是将用原材料抵押的美元债务贷款给其他国家，使其无法控制本国资源。美国的经济不是工业经济，而是依靠来自国外的自然资源租的利息。这些租来自丰富的外国自然资源，现在美国在伊拉克和叙利亚正是这样做的。拜登总统说：我们要做的就是特朗普所说的。拜登是"特朗普第二"。他说，就像特朗普说的那样，我们去打仗花了钱，我们要像在伊拉克那样通过抢夺其石油来支付战争费用，我们要抢夺叙利亚的石油。这就是美国的政策，不管是特朗普还是拜登，不管是共和党还是民主党，都是一以贯之的。美国本质上就是要把欧洲的法院变成北约的一个部门。

美国已经无法创造国内的繁荣，必须拓展到国外，在国外锁定投资，而现在唯一的方法就是军事行动。但美国现在没有军队能够进行地面的侵略，如轰炸。所以，美国的外交官说：挑起政变，进行暗杀。美国还说要促进民主。什么是民主？只有亲美的才算。哪怕它是军事独裁，只要是亲美国的，是亲金融的，那就是"民主"。因此美国所谓的"法治"，是对忠于美国和美国银行的寡头和军事独裁者的金融和军事的控制。

欧洲的所谓社会主义政党、美国的所谓社会主义政党，都是支持的态度，这就太讽刺了。所以，过去的西方社会主义现在变成了金融主义。金融动力是必须掌握的关键。中国现在要警惕的是不要陷入外债陷阱，避免抵押其产业。如果一家中国公司因为西方经济放缓而无法偿付债务，政府不会这样说："卖掉公司，让美国人把它买下来，解雇所有工人，把工厂变成漂亮的房地产。"但这就是无法偿付债务的公司在美国会发生的事情。过去纽约的工厂现在都变成了华尔街的豪宅。中国一定要避免这种情况的发生。中国、委内瑞拉乃至拉丁美洲的任务是避免我们现在讨论的这种金融趋势。

**温铁军：**

非常感谢！我正好接着这个话说，中国是如何以它现行的体制来有效避免堕入美国的这种状态的。我们刚才说到，新中国在1949年成立之初资本近于零。在这种条件下所形成的资本积累完全产生于全民的劳动剩余，从马克思主义的角度来说，所有的资本都应该叫作全民所有制，这是一个非常特殊的资本积累过程，因为它不是外部积累，而是内部积累（Internal Primitive Accumulation）。这个内部积累所形成的所有制只能是以国家为代表的全民所有制，在这个经济基础之上形成的就是国家对全民承担无限责任的政治体制。

这个工业化所必需的资本积累及其派生的制度安排，在马克思主义基本原理上是可以讲清楚的，但是如果引入西方的自由主义理论，那就完全对立了。

所以，中国从长期来看不可能完全按照西方的自由主义思想体系和理论体系来构建制度的根本，就在于它在 1949 年成立的时候"一穷二白"（Zero Capital），通过全民劳动剩余形成资本积累。延续到今天，尽管我们在 20 世纪 70 年代也有过刚才迈克尔·赫德森教授讲的对西方的高负债，但毕竟是靠全民的努力把这部分债务降低了，虽然不能说完全偿还，但至少降低了债务对资产的比重。我们在 90 年代也曾经有过外汇储备不足，无法偿付债务本息，出现了外汇赤字的局面，导致出现国有企业的大规模破产、国有企业工人大规模失业。由于不是私人企业的破产，也不是私人雇佣劳动力的失业，所以几千万工人被称为"下岗待业"——等待着"再就业"。也就是说，当国家不能实际应对债务危机的时候，危机仍然是在国有体制内部爆发的。

这之后就和迈克尔·赫德森教授所讲的道理是一样的，中国从 1998 年开始由国家来大规模增发债务，以国家债务来拉动国企为主的投资建设。这就形成了我们今天都看到的现代化机场、高铁、高速公路，以及各种各样的基本建设。也就是迈克尔·赫德森教授所讲的，中国所谓特色是很清晰的。国家不用去外面要钱，自己就可以发国债和货币，一手发国债一手发货币，两只手并用解决自身的经济问题。也就是说，资本短缺可以靠自己解决。

现在我们遇到的问题，是在全球资本过剩的压力下中国也同步发生了资本过剩，全球危机其实应该叫全球资本过剩。因为中国是国家资本，而全球大多是私人资本，这两种资本过剩的矛盾对撞，成为今天全球化解体之际的主要问题。

所以，希望大家理解资本过剩这个概念，我们在很多文章和讲座中反复告诫大家，所谓全球化危机其实是全球资本过剩的危机，美国如此，中国也如此。

在这种情况下，中国提出的"一带一路"倡议，靠中国已经形成的几十年基本建设的经验，试图走出一条用"一带一路"的基本建设缓解资本过剩的道路。这些却被美国认为是新帝国主义、新殖民主义，认为中国要靠"一带一路"的投资方式改变所谓国际秩序，改变以美国为首的西方制定的国际秩序。

这就是今天大家看到各种舆论所争执的焦点。中国同时对国内提出"共同富裕"的政策，大家知道，我们刚刚完成了脱贫攻坚，消灭了绝对贫困，现在要进入下一个阶段，就是共同富裕。特别是山区，比较贫困的地区发展瓶颈就是资本短缺。现在，国家用"看得见的手"向这些资本短缺的地区直接做投资。由于资本由国家掌控，而国家战略要求投资用于实现共同富裕，资本就要流动到那些相对而言回报率低的地方，如沙漠地区、高原地区、深山区等。这些是在一般的自由主义条件下资本不会去的区域。

这就是今天大家都应该理解的中国提出的新战略。须知，2017年提出的新战略是"乡村振兴"。乡村在一般情况下是资本流出的领域，但乡村振兴就是要资本回流乡村甚至让基本建设一直伸入农户门口，到今天已经实现了99%的农户通电，98%的农户通路，接近98%的农户通宽带。中国有两亿多农户，都要实现通路、通水、通电、通宽带、通煤气或者天然气。总之，农民需要的基本建设由国家承担，同时农村的教育、医疗等这些开支也由国家承担。

这就意味着城乡之间的差别，贫富之间的差别，至少在分享公共物品方面达到了均衡。这就叫作初步实现共同富裕，这也是国家的新战略。

我们看乡村振兴、共同富裕等这些战略，都是要靠国家以"看得见的手"，不追求市场回报地用国家资本投入的方式逐步实现。这就是中国跟西方最大的不同。

对于这一点，我以前跟迈克尔·赫德森有过很多讨论，他会理解。我跟大卫·哈维教授是第一次对话，希望我刚才做的这个解释能帮助大家互相了解，实现对不同体制之下资本的作用的全面理解。

资本要在可控的条件下运营，要由国家控制，才能让其服务于国家的共同富裕战略，服务于以国内大循环为主体的发展战略。尽管我们知道资本的控制是一个大的难题，但是我们正在做这个努力，正在做这个制度试验，也许需要相当长的时间，希望大家有耐心了解它。也希望我们自身的经验能够形成中国话语，参与现在仍然是西方中心主义的话语体系占据主导地位的国际对话。

**大卫·哈维：**

我想回应一下，我对大家刚刚讨论的内容没有什么不同意见，但是对于一些事情感到不安，比如迈克尔所说的疫情之后的情形与2008年类似。很多人将被从自己的房子里赶出去，很可能数以百万的人将流离失所。这种前景让我感到非常恐惧。美国在2007年、2008年，大约有七百万人失去了自己的住房。当时出现了一轮止赎潮，银行收回了很多付不起贷款的房子。我想这很可能会发生起义，那可是七百万人啊！但事实是并没有发生。然后，一家叫黑石的公司，老板是苏世民。我相信迈克尔跟他很熟，苏世民非常支持特朗普，给牛津和麻省理工捐献了数百万美元。苏世民的黑石公司对银行说："我们想从你们手里买走所有法拍房。"他们从养老基金借了笔钱以极低的价格买下了这些房子。有一个很好的例子我待会儿再说。

2008 年发生的事情就是，资本利用那场大危机巩固了自己的权力，黑石在危机中扩张了实力，成为全世界最大的房地产所有者，在巴塞罗那乃至全世界都有业务。黑石获得了美国主要大城市的成千上万的房子，再把它们租出去。有句话是这么说的："千万不要让一场好危机被浪费掉。"苏世民就这样成为全美国最有钱的人之一，而黑石成为全美最大的公司之一，它对国会都有着巨大的影响力。正如我们所知，这场止赎潮对美国许多家庭造成了毁灭性打击。在经历了新冠疫情之后，我们现在面临与 2008 年一样的情况，当生产停滞、人们被驱赶出自己的房子，黑石很可能再次介入把这些物业收为己有。黑石会因此成为全球性的垄断地主，变成一个巨无霸。我认为这将是毁灭性的，我们应该反对这样的事情发生，但现在最大的问题是我们怎么做才能阻止它？

中国可能也面临同样的问题，我对中国所知不多，所以评论中国让我觉得有些紧张，因为美国现在到处都充满了令人恐怖的反华情绪。我当然不想加入其中，但是我认为随着中国金融系统的崛起，按我的理解它就会出现一些问题。我是说一些财富项目，以及影子银行危机等。我知道中国政府正在努力控制，我想知道的是政府的管控成效如何。因为从这些财富管理产品可以看出，中国正在疯狂地金融化。正如迈克尔指出的，如果没有金融的信贷扩张，就不可能有基础设施建设的投资。

与此同时，我非常赞同公共服务的平等化这个观点。但是我也看到了一些数据，这些数据不一定是真实的，这些数据说中国亿万富翁的数量正在爆发式增长。中国现在也有一批独角兽公司，尝试在华尔街上市融资。我知道中国已经叫停了，所以现在存在着斗争。有人会说一切都在控制之中，我却对情况到底有没有控制住而感到不安。中国的财富集中度表明：中国现在也面临着虎视眈眈的寡头政治，除非中央政府直接出手控制。我对这个斗争的动向以及处理的过程很感兴趣。

我跟迈克尔交流过，现在也分享给你们，就是现在中国发生的事情至关重要，不仅对中国的未来很重要，对整个人类的未来同样重要。所以，我不想单纯地理解为，中国发生的一切肯定都是好的。

拉丁美洲面临着非常复杂的资源掠夺的斗争，当然可以为这样的做法找到借口，一直以来他们都活在这样的借口里。在厄瓜多尔，原住民和当地的经济受到极大的伤害，那些为原住民建立起来的经济体系是有利于超级市场和大资本企业的。厄瓜多尔陷入债务危机的其中一个原因就是：城市的农产品供给系统发生了转变，原住民的小农供给变成了大型超市供给。而这些大超市都从荷兰进货，跨国采购，这意味着厄瓜多尔必须有足够的外汇储备才能买到农业产品。但如果他们愿意，也就是说，如果他们有非常积极的进口替代政策，是可以自己生产种植的。漂亮的、丰饶的厄瓜多尔在农业上完全可以做到自给自足，这毋庸置疑。但是厄瓜多尔政府的所作所为，事实上却破坏了农业，给跨国超市做了嫁衣。

我还想知道的是，中国正在发生什么，为什么会发生？对于即将到来的驱逐潮，美国将经历什么？

**迈克尔·赫德森：**

大卫提到，我们如何防止美国的住房变得更加昂贵。美国房价涨幅大，主要是因为黑石集团和其他隐藏的房东利益集团。在大卫和我居住的纽约，我和我的妻子拥有自己的公寓，因此我们支付的税款比非自主房东投资的房子支付的税款低。我们在这栋楼的另一间公寓，缴税要高得多。在美国，有 80% 的银行贷款用于住房和商业房地产。在任何国家，房子都是能够成为中产阶级的标志。我说过房子的价值来自银行愿意贷多少款。现在随着国家变得更加繁荣，住房的租金也在不断上升，而且开始建造公园和学校等配套设施。现在，所有这些增加的价值却都支付给了银行，就是抵押贷款利息。但是如果政府征收这些租金，它就不会被抵押给银行了。银行也不会用它来贷款。

在美国，要对土地征税的原因之一，是可以不必对劳动力或工业征税，可以不必有入息税。在中国，通过压低房价可以避免土地成为投资工具。如果放任这种土地租，就意味着地主根本不用做任何事情都可以挣到钱。不断增加的土地租是由市场的繁荣产生的，如果政府征收房地产税，那么就不会有任何理由使隐藏在背后的地主通过投资土地来致富。美国的房地产不是用来居住的，而是用来给银行贷款和赚取利息的工具，是用来给隐藏地主投资并收取租金的。这就是问题的关键。

我想就大卫所说的厄瓜多尔的情况说几句，厄瓜多尔从国外购买货物，这就是自由贸易的神话，古巴也做了同样的事情。当我去古巴与卡斯特罗和他的团队会面时，他们面临国际收支的问题，他们想发展旅游业，但蔬菜都是从其他国家进口的。我说你们为什么不自己种植蔬菜，他们说："我们种植甘蔗。"我说，当俄罗斯是你们的客户时，你们的糖价是 28 美分一磅，但自 1991 年以来就不是这个价格了，现在大约是 2 美分一磅，你们为什么不改变？他们说，因为他们一直在种甘蔗。而这就是赤字的原因。

在俄罗斯也是如此，俄罗斯从其他国家购买奶酪，从波罗的海国家购买乳制品。幸运的是，特朗普来了。如果俄罗斯人足够聪明，想要保护自己的原材料，实现粮食自给自足，那么特朗普提供了帮助。美国开始征收关税并实行制裁，这样做的结果就是没有国家可以卖奶制品给俄罗斯了。很快，保护关税对俄罗斯产生了有利的影响。现在他们生产自己的奶酪，不必再从波罗的海国家进口任何东西。他们生产自己的农产品，并成为主要的粮食出口国。拉丁美洲也可以做同样的事情，就是不要依赖最便宜的市场进口，要像俄罗斯和美国一样，用自己的保护主义来发展国内市场。

每个国家都应该在食品方面自给自足，如果不是这样的话，美国人就会像在 20 世纪 50 年代曾试图对中国做的那样，施加禁运，用饥饿来破坏革命。永远不要让一个国家陷入这种境地，永远不要像拉丁美洲国家那样陷入赤字。

**温铁军：**

我来回答一下刚才大卫·哈维教授所提出的关于中国金融是否存在着相当严重的利益输送问题，如影子银行，以及中国银行体系是否有相对比较严重的不良资产等问题。

中小企业的不景气会使得资金从实体经济部门流出，进入虚拟部门，也就是说这个时候影子银行就会发挥作用。在中国，因为国家对于国有银行的监管是非常严格的，所以国有银行不能直接去做虚拟部门的投资，可能有相当一部分资金从国有银行流出进入影子银行，再经过影子银行变成私人投资机构虚拟部门的投资。

这个流程大家如何理解，比如说房地产从金融机构做融资的这种方式，哈维教授讲中国出现了不少巨富，贫富差别肯定会拉大，这些大都是来自各种各样的影子银行所形成的投资；实际上实体经济领域投资没有收益，输入型通胀让实体经济确实不景气，所以相当多的居民投资和企业投资也投向了房地产，导致不仅一批房地产商暴富，而且还出现了严重的金融风险。

在这种情况下，中国采取的措施是由中央直接给定各大国有银行投资房地产的投资比例限制，比如说中国的大型国有银行投资房地产的全部资金占借贷的比重不得超过三分之一，以此来限制。但是这个限制同时又会使资金以各种方式流向影子银行，所以现在就不能只限制投资，恐怕还得用增加税收的方式。比如正在酝酿的房地产税，对那些投资买房的富人就要征收累进税，用这种方式也许能够压住房地产扩张的势头。

但是这个问题的前提很清楚，就是实体经济的不景气，导致大量的资金也过剩，过剩的资金要寻找出路就投向了房地产和股市、债市等，还有期货市场等虚拟的经济部门，形成了中国金融资本的内部利益结构。这些内部有复杂相关性的利益群体客观上很难完全服从中央政府的调控政策，所以目前的局面仍然是复杂的，各种各样的内部斗争也是非常复杂的。

我们希望国家的调控政策能够不断发挥作用，阻止资本过度流向虚拟部门形成房地产泡沫化、债务化的危机爆发。这是一场很复杂的斗争，但愿能看到一个控制得住的结局。

此外，国内金融群体和国际资本又有利益关系。美国大规模印钞推行量化宽松，过量地增加债务和金融流动性对全世界都是一场金融洪水。洪水同样要流进中国，无论中国怎么设立防守的闸门也挡不住，何况这些年某些政策允许各种各样的虚拟化衍生品交易，也带来海外过剩的流动性进入中国，所以这个资本过剩派生的通胀实际上是全球金融危机。中国对金融资本的控制能力虽然在不断强化，但仍然是有限的。

我觉得现在金融资本阶段的全球危机已经到了白热化的程度，在不太久的将来，也许今年，也许明年，就能看到金融危机的全面爆发，但愿像中国这样有一定控制能力的、国家银行占主要份额的体制条件，能够让中国在全球金融危机爆发的大变局之中维持得住经济稳定。

　　我的说法就算做个回应。谢谢哈维教授对中国的关切。谢谢听众！